本书系公安部公安理论及软科学规划项目（项目编号201211yjgdst023）
——《警察合法权益保护论纲》最终成果；
广东警官学院民商法重点学科资助项目。

警察合法权益保护论纲

JINGCHA HEFA QUANYI
BAOHU LUNGANG

姬新江 / 著

中国检察出版社

图书在版编目（CIP）数据

警察合法权益保护论纲 / 姬新江著. —北京：中国检察出版社，2016. 11
ISBN 978 - 7 - 5102 - 1775 - 3

Ⅰ. ①警… Ⅱ. ①姬… Ⅲ. ①警察 - 权益保护 - 研究 - 中国 Ⅳ. ①D631

中国版本图书馆 CIP 数据核字(2016)第 255423 号

警察合法权益保护论纲

姬新江 著

出版发行：中国检察出版社
社　　址：北京市石景山区香山南路 111 号（100144）
网　　址：中国检察出版社（www. zgjccbs. com）
编辑电话：(010)68658769
发行电话：(010)88954291　88953175　68686531
(010)68650015　68650016
经　　销：新华书店
印　　刷：北京朝阳印刷厂有限责任公司
开　　本：710 mm × 960 mm　16 开
印　　张：20. 75
字　　数：380 千字
版　　次：2016 年 11 月第一版　　2016 年 11 月第一次印刷
书　　号：ISBN 978 - 7 - 5102 - 1775 - 3
定　　价：59. 00 元

前　言

我国目前正处于社会变革、经济快速发展、价值理念不断更新的社会大环境之下，各种思想、理念在百花齐放的同时，也不可避免地产生各种冲突，引发各种社会矛盾。“国家安危，公安系一半”，警察作为一线执法者，承担着解决社会矛盾冲突、维护社会秩序的职责。警察以忠实履职为人民群众创造了一个安定和谐的社会环境，但是在现实生活中侵害警察合法权益的事件却时常发生，这不仅打击了警察规范化执法的积极性，损坏国家的权威与尊严，也不利于对公民权益的保障，阻碍我国社会主义和谐社会的发展进程。目前，我国缺乏一种对警察执法进行合理有效保障的机制，无论从理论还是到实践，对解决警察合法权益保护问题没有形成足够清晰的“路线图”。这就使对警察执法权益保障问题的讨论与研究十分重要。

我们不能因为警察合法权益的法律保护问题敏感、复杂、棘手，就忽视对其进行分析研究，也不能因为研究基础薄弱，现实法律支撑不多而束手，人民群众人为地忽视警察，甚至漠视警察合法权益不符合现代法治精神，也不利于社会健康、良性地发展。因此，坚持立足国情、立足现实、立足法律，认真分析警察合法权益受侵害的现状，探究造成这一问题的深层原因，继而从现行法律法规入手，由民及刑，完善各种警察行政法律法规，辅以各类司法救济手段，综合施策、标本兼治，由内而外地持续改善执法环境，尝试寻求解开这一症结的“良方”。唯其如此，才能回应民众对警察的期待、警察对法律及社会的期待。

笔者系统、深入地对警察权益保护的理论分歧、基本范畴进行了科学的解读，通过全面、客观的分析与探究，对警察权益保护的内涵、外延提出了自己的认知，并明确提出警察权益涵盖公权和私权两个方面，不应褊狭地解读警察权益；全面地对域外警察保护（制度保障、组织保障、物质保障等）及其启示进行了比较研究，既考察了英美法系国家的警察权益保护，也考察大陆法系国家对警察权益保护的制度安排，为完善警察权益保护提供了横向比较的素材。同时对社会管理制度创新与警察权益保护的相互关系、原则、内容等也作了深入研究；在现有立法制度的修订、完善方面，明确提出应当认真考量“袭警罪”在立法上的可行性和必要性，对《中华人民共和国刑法》、《中华人民共和国治安管理处罚法》等作相应修订，满足对警察合法权益的基本制度要求。构建警察执法的权威性也是警察权益保护的有效路径。

姬新江

2016 年 10 月

目　　录

第一章　警察权益保护概述

第一节　警察权益保护国内研究的现状及评述

警察权益保护在我国的《人民警察法》中没有专门的被提到，在我国规范性文件中使用的是警务保障一词。警务保障是指对实施警务活动需要的物质、技术、资金等基础性条件的保障与支持，主要包括警务基础设施保障、警务技术装备保障、警务经费保障等。[①] 在警察执法过程中仅注重这方面的保障是不够充分的，所以应对警察权益的概念进行界定，因为这既是用来研究警察执法权益保障的逻辑起点，又是警务保障问题要关注的焦点。

国内理论及实务界关于警察权益保护的研究始于20世纪90年代。[②] 2000年后，理论界与实务界有关警察权益保护的研究大量涌现，学术期刊上发表了数量颇丰的相关成果。但是，仔细研究会发现，对警察权益保护，学者和实务界人士有不同的认知。对警察权益保护的争议，主要集中在以下几个方面：

一、警察权益表述的争议

"警察权益"一词从结构上来看，权益是主语，警察是定语，因为警察对权益的限定，使警察权益有了具体的范围和特殊的内涵。目前公安理论研究中，对警察权益这一基础性概念的界定，主要有以下不同观点：

---

① 张兆端：《警察哲学——哲学视域中的警察学原理》，中国人民公安大学出版社2010年版，第720页。

② 周忠伟：《警察被害问题的思考》，载《中国人民公安大学学报》1994年第5期。周伟忠在文章中提出如何减少和防止警察被害事件的发生，应成为警察科学研究的重要课题之一，揭开了理论界研究警察自身安全问题的序幕。

（一）"执法权益"说

该说认为，警察权益及保护仅是指警察的执法权益及其保护，而不包括警察作为公民的权利保护。警察权益保护的主要内容包括：警察职权保护；警察使用警械、武器权的保护；警察执法防卫权的保护；警察执法优先权的保护；警察紧急避险权的保护；警察拒绝执行越权指令权的保护；警察休息权的保护；警察生命健康权的保护；警察抚恤优待权的保护；警察名誉权的保护；警察申诉控告权的保护等。①

该说认为，警察权益应该与警察作为普通公民所享有的权利严格区分。"公安民警的身份具有双重性。警察首先是一个普通公民，然后经过国家法律规定的程序成为警察，行使法律赋予的警察权，履行相应的职责。警察的双重身份产生两种不同性质的法律行为，并引起两种不同性质的法律关系。当一名警察以特殊的执法身份行使警察权时，其行为便为公务行为，产生的法律责任由其所在警察机关承担，其权益受国家法律的特殊保护；当警察以普通公民的身份出现时，其实施的行为是个人行为，其法律责任由他本人承担，其权益保护同其他普通公民无异。因此，判断警察个体的行为是警察行为（公务行为）还是个人行为，是决定其权益是否属于警察权益范畴的重要前提。"②

有学者认为，警察权益是指警察个体即某一个特定对象在依法执行警察公务过程中，及之后所应享有的某些特定权利。"警察权益"并不是一个纯粹的法律概念，它应当是若干法定权利及内部规章所赋予的权利的集合。警察权益以警察生存权或生命健康权为基石，同时应当包括司法特别保护权、伤亡抚恤权、精神损害赔偿权、医疗救治权、特殊保险权五个方面。③

（二）"权利与利益"说

该说认为，警察权益既包括警察的执法权益，也包括警察作为公民应享有的权利。警察作为国家公务人员，其权利包括职务上的权利和个人应享受的权利。职务上的权利包括：警察履行法定职责所必需的权力和要求一定工作条件的权利；参加政治理论学习、业务技术和科学文化学习，以提高履行职权能力的权利；对任何机关和任何领导人提出批评和建议的权利等。警察作为个人应享受的权利包括：领取法定工资报酬，享受法定保险、福利待遇的权利；非以

① 耿连海：《警察权益保护》，群众出版社2004年版，第6～10页。

② 周忠伟等：《论警察权益的基本内容》，载《中国人民公安大学学报》2003年第4期。

③ 周忠伟、李小强：《警察权益的法律保护》，载《中国人民公安大学学报》2003年第4期。

法定事由和非经法定程序不被免职、辞退或处罚的权利；依照法律规定辞职的权利；对涉及个人处理决定寻求有效救济的权利，以及宪法和法律规定的公民应当享有的各种权利等。①

有学者认为，警察权益应包括：执行公务时民警的人格不受侮辱和人身不容侵犯；民警在依法执行公务中和执行公务后不容受到诬告陷害，其家庭和亲属不容受到侵扰或打击报复等权益。②

有学者将警察权益从权利来源上，区分为职务权益和民事权益。③ 职务权益又可称为执法权益，是指警察在依法执行警察公务过程中以及之后所应享有的不容侵犯的权利和为履行法定职责要求获得的一定工作条件，具体包括依法执行职务权、依法使用武器警械权、正当防卫权、特别保障权（优先权、接受教育培训权、装备保障权、本人及家属不受打击报复诬告陷害权、伤亡抚恤权）等。民事权益又可称为个人权益，是指警察作为普通人所享有的宪法和法律赋予的公民基本权利，主要包括生命健康权、人格权、财产权、休息权、申诉控告权、社会保障权等。研究警察个人权益不能单纯就公民权利谈权利，而必须把这些权利放在警察特殊职业背景中进行全面的考虑。

（三）“警察职业保护”说

该说认为，“警察执法权益”的表述存在法理上的矛盾，警察权是一种公权力，而权益则是个体获得的利益。权利的主体一般多为公民、法人或者其他社会组织；而权力的主体则是被授予某一项权力的各级国家机关及其公务人员。权利行为一般是权利主体个人意志支配下的民事行为、经济行为或其他法律行为；而权力行为则是代表国家行使的立法、司法、执法和管理国家事务的公务行为。权利行使一般体现的是权利行使者自身的利益；而权力行使则体现的是国家利益，不是行使者自身的利益。因此，警察执法权益应当是指国家设立警察权所追求的良好的社会公共安全秩序。如果执法权益不是追求这一目标，则是权力与权利关系的异化。④

持该观点的学者认为，首先，“警察执法权益”概念容易导致对警察权益保护的主体发生误解；其次，“警察执法权益”并不能完全涵盖警察因职业原因而遭受的种种侵害。因此，将“警察权益”表述为“警察职业保护”更为

---

① 毛瑞明：《浅议公安民警的执法权益保障》，载《江西公安专科学校学报》2004年第4期。

② 湘公研：《关于公安民警合法权益保护的调查与思考》，载《公安研究》2005年第11期。

③ 杜立战：《试论公安机关人民警察的权益保护》，载《北京人民警察学院学报》2002年第5期。

④ 陈醇：《论国家的义务》，载《法学》2002年第8期。

科学。理由是：(1) 明确警察职业保护的国家义务性，有助于完善警察职业保护立法；(2) 有助于从国家层面统筹解决警察职业保障问题；(3) 能促进国家机关积极主动履行其保护警察的职责；(4) 有利于正确处理公安机关、警察与当事人之间的关系。①

执法权益说把警察作为普通公民依法享有并受法律保护的不容侵犯的权利排除在外，使警察权益的范围过于狭窄和片面。虽然警察权益受侵害的情况大多发生在警察执法过程中或执法之后，但这并不意味着在执法之外的场合其权益不会受到侵害。《人民警察法》第19条规定："人民警察在非工作时间，遇有其职责范围内的紧急情况，应当履行职责。"这意味着，警察必须时刻准备履行其特定职责。因此，从法律规定上来看，警察的职务身份具有被动的不间断性，其不可能以绝对单纯的普通公民的身份来实施某一行为。所以，对警察权益的保护不应该仅仅局限在对其执法权益的保护上，否则便违背了法的公平正义的价值取向。

警察职业保护说强调从国家层面对从事警务工作的人民警察权益予以保护，确有可取之处。无论是维护警察执法权威，还是对执法的警察个体而言，由国家为警察权益作背书当然更具保障性。但是，由于警察权益的内涵及外延的扩展性，不可能也不允许将警察的各项权益均纳入国家保护的范围之内。警察的工作具有很大的风险性，需要国家层面的保护，其他代表国家或经授权行使公权力的执法者，如法官、检察官、政府公务员等，其工作也具有风险性，是否也需要国家给予特殊保护呢？

因此，笔者认为，第二种观点更为合理。理由是：第一，警察虽然是国家公务员，但他来源于普通公民，具有双重身份。根据我国宪法、法律的规定，警察具有公民的权利资格，享有普通公民应该享有的所有权利。假如普通公民权不纳入警察的合法权益，则与我国宪法和法律的规定相违背。第二，警察特殊的工作性质，使其处于社会矛盾焦点，狭隘的警察权益观既不利于警察执法权益的保护，也不利于警察个人权益的保护，更不利于警察依法执行职务。第三，由于我国法律的规定，使警察作为一个普通公民与作为一个执法者的界限难于区别。根据我国《人民警察法》第19条的规定，警察在工作时间之外亦有义务履行职责。即警察无论在任何时间、任何地点，只要遇上职责范围内的事，就无法区分其到底扮演的是普通公民的角色还是警察的角色。所以，警察权益应当包括警察的职务权益和民事权益两部分。第四，我国目前处于社会转

① 王平原：《论警察职业保护的国家义务性——"警察执法权益保护"之我见》，载《中国人民公安大学学报》2010年第4期。

型时期，警察的职业特点导致社会各类矛盾在警察身上体现较为突出，狭隘的警察权益观既不利于对警察个人权益的保护，同时也会影响到警察执法利益的保护，最终会影响警察职务的执行。加强对警察权益的保护，不仅是对警察个体的保护，更是对警察执法权威的维护。

二、警察权益遭受侵害原因分析的不同认识

对于警察权益遭受侵害，学者们也有不同的认识。

有学者认为，警察权益遭受侵害的原因有三：（1）警察自我保护意识和能力不强；（2）部分警察实战技能薄弱；（3）我国现存警力严重不足。①

有学者将警察遭受侵害的原因概括为主、客观两个方面。警察权益遭受损害的客观原因是：犯罪暴力化突出和公安打击力度加大的矛盾；执法环境的变化和社会道德水准的下降；有关维护民警合法权益的立法不完善。而警察权益遭受侵害的主观原因是：少数民警的执法行为不规范，工作方法简单粗暴；少数民警警惕性不高，安全意识不强；部分民警的素质不高，实战技能不强。②

还有学者将警察权益遭受侵害的原因归结为：（1）警务活动的范围过于宽泛，缺乏立法性保护。（2）警务活动缺乏完备的保障机制，无法确保警务活动的顺利完成。（3）警务活动缺乏科学的评价机制，警务行为易受外界左右。（4）警务活动缺乏立法性保护，袭警成本低。（5）公安机关在处理警察公共关系上缺乏经验，受传统观念、舆论导向、媒体宣传等负面影响。（6）受执法大环境的影响，以及警察与执法对象素质的不对等产生的冲突。（7）警察接处警的行为及方式欠规范，自我保护意识较差。③

还有学者从警察缉查战术角度分析警察权益遭受侵害的原因：（1）公安机关的战术指挥水平不高，临战处置能力不强。（2）公安民警轻敌麻痹，自我保护意识不强。（3）警察个人实战和临场控制能力不强。（4）公安机关装备保障不足。（5）公安教育训练工作相对滞后。④

还有学者从三个方面对警察权益遭受侵害的原因进行剖析：（1）主观因素，其包括两个方面：一是公安机关对警察执法权益保障在观念上存有偏差，忽视对警察执法权益的保护；二是警察自身执法素质不高，实战能力不强。

---

① 孙茜：《警察执法权益保护研究综述》，载《湖北警官学院学报》2006 年第 6 期。

② 湘公研：《关于公安民警合法权益保护的调查与思考》，载《公安研究》2005 年第 11 期。

③ 金诚、李小芽：《袭警行为研究》，载《浙江公安专科学校学报》2004 年第 6 期。

④ 刘开吉：《公安民警遭遇暴力袭击伤亡的主要原因与对策》，载《中国人民公安大学学报》2005 年第 3 期。

(2) 客观因素，其包括三方面：一是执法环境日益复杂，群众将对社会的不满发泄到警察身上；二是非警务活动多，使警察成为众矢之的；三是装备严重落后，加之警察执法的危险性。(3) 法律因素，其包括两个方面：一是立法不完善，对侵害警察权益的行为缺乏法律依据；二是对侵害警察权益的行为打击不力。①

笔者认为，上述对警察合法权益遭受侵害原因的分析，均不无道理，但是并未全面、准确地概括出警察权益遭受侵害的原因。作者认为，警察权益遭受侵害的原因可以总结为以下五个方面：

1. 公安机关及警察自身的原因，具体可以分为：(1) 警察职业风险的不可避免性；(2) 对执业风险防范意识的欠缺；(3) 职业原因造成的心理健康问题；(4) 部分警察自身素质低下。

2. 执法客体方面的原因，具体可以概括为：(1) 公众对警察职能和职业风险性认识不足；(2) 部分公民欠缺法律素养，恶意举报、投诉。

3. 法律制度保障不足的原因，具体而言：(1)《人民警察法》对警察执法权益保护的规定过于笼统；(2) 欠缺警察权利保护的民事法律规定；(3) 惩罚暴力侵害警察权益的规范依据不具体；(4) 警察执法、执勤的科学规范和具体的操作规范缺乏。

4. 外部社会环境的原因，具体包括：(1) 媒体、社会舆论的误导；(2) 社会转型期社会矛盾聚集、激化；(3) 警察执法环境（网络虚拟社会）的剧烈变化。

5. 警务保障不力的原因，具体可以概括为：(1) 警力严重不足；(2) 工资福利物质保障的不足；(3) 警察武器警械警备制度保障的限制；(4) 执法技能等专业培训欠缺。

三、警察权益保护路径认识上的分歧

对警察权益保护基本路径，有学者概括为：(1) 加强警察自我保护意识，提高实战技能。(2) 充实基层警力，优化警力配置。(3) 改善公安装备，走科技强警之路，增强警察执法防卫能力。(4) 健全维护警察权益的专门机构，为警察正当执法权益保护奠定坚实的组织基础。(5) 协调公安与广大民众及媒体的关系，营造一个和谐良好的执法环境。(6) 完善有关警察执法权益保护的具体法律法规。(7) 加大教育投入和培训力度。②

---

① 王莹：《浅谈警察执法权益的保障》，载《河北公安警察职业学院学报》2006 年第 3 期。

② 孙茜：《警察执法权益保护研究综述》，载《湖北警官学院学报》2006 年第 6 期。

有学者认为，保障警察权益需要从公安机关内部与外部两个方面着手，营造良好的外部环境，但关键要着眼于公安机关自身，构建和谐的内部环境。(1) 转变观念，以现代理念引导警察权益的保障。(2) 用好现有法律，完善有关法律与执法执勤规范。(3) 依托保护机构，健全保护机制。①

还有学者认为，保护警察的合法权益应当主要从法律层面思考：(1) 完善立法，明确规定对侵害警察执法权益行为的处罚。具体可以从四个方面入手：一是在《刑法》中增设“袭警罪”，对袭警行为给予明确的界定和更为严厉的处罚。二是在《人民警察法》中加入警察执法中人身、财产安全受法律保护的规定。三是细化《治安管理处罚法》对于保障警察正当执法权益的规定。四是从立法上明确警察的职务防卫权。(2) 加强执法保护，确保警察依法执行职务的权益。一是应加大对侵害民警执法权益的行为的制裁力度。二是应改善执法环境，排除非法干扰。②

笔者认为，对警察权益的保护既应当有事前的保护——制度上特殊安排(给行为人有规范上后果预期)；也应当有事中的保护——警察合法的防卫、警用器械的适时使用、警用装备的适当配置；还应当有事后的保护——对袭警、侵害警察权益的行为人进行严厉处罚，以儆效尤。当然，警察权益保护的“治本”之策是创新性社会管理机制的构建，对社会的管理、对社会秩序的稳定有赖于全社会共同努力，对社会矛盾、利益冲突应当“综合治理”，警察应当忠实地扮演社会“守夜人”的角色。

第二节　警察权益及其相关范畴

警察权益并不是一个纯粹的法理概念，它应当是法律、道德和习惯赋予警察这一特定主体的所有权利的集合。研究警察权益，不但要考虑警察作为公民个体所享有的法定的基本人权，还要将其放置于警察职业身份以及警察执法行为的背景中，警察权益与警察、警察权等范畴存在内在的逻辑联系。

一、警察

当今社会，警察是维护国家安全和社会秩序的必要工具，任何一个国家、社会及人民都需要一个强有力的、能够保障社会安宁和百姓平安的警察队伍。

① 杨科：《对保护人民警察执法权益的思考》，载《山东警察学院学报》2009年第1期。

② 张恒翔：《论公安民警正当执法权益的法律保护》，载《甘肃警察职业学院学报》2010年第4期。

可以说，警察的产生和发展是建立在社会对警察的需要基础之上的，对于任何一个社会来说，警察的职能都是不可或缺的，它是国家职能的重要组成部分，是维护社会公共秩序之必需。恩格斯对警察曾有精辟的论述，他说："我们已经看到，国家的本质特征，是和人民大众分离的公共权力。雅典在当时只有一支国民军和一支直接由人民提供的舰队，它们被用来抵御外敌和压制当时已占人口绝大多数的奴隶。对于公民，这种公共权力起初只不过当作警察来使用，警察是和国家一样古老的……这样，雅典人在创立他们国家的同时，也创立了警察，即由步行和骑马的弓箭手组成的真正的宪兵队……国家是不能没有警察的。"①

在今天看来，警察存在的正当根据在于维护社会治安，这一点应是毫无疑问的，但从历史发展来看，警察的这种社会职能存在一个演变过程。

"警察"一词在英语中称 Police，德语中称为 Polizei，其词源说法不一。一种说法是来自拉丁文 Politia，意为英文的 organized government（有组织的管理）、civil administration（民政管理）以及 polity（行政组织）；另一种说法是 Police 系从希腊语 Polis 引申而来的。② 在当时，警察一般是指宪法或者有秩序的共同社会的意思。到了中世纪的法国，警察权作为封建领主的一种特别统治权形态而存在。16 世纪以后，警察一词被用来表示一切国家行政，人们将公权力维持一般社会秩序的现象称为警察。随着时代的发展，国家作用的内容不断扩大并不断分化，国家的司法、外交、财政等职能陆续从警察中分离出来，进入 18 世纪后，警察只意味着与社会公共福利及维持秩序有直接联系的内务行政。1786 年玛尔著《警察学》一书专门研究警察问题，警察第一次以理论的形式出现。直至 1829 年，时任英国内政大臣的罗伯特·皮尔敦促议会通过了《大都市警察法》，据此创建了历史上第一支着警装的、享受国家警体的正规职业警察队伍，现代意义上的警察制度正式诞生，警察一词的意义，才比较稳定地成为行使国家治安行政权力并维护公共安全和秩序的政权机构及其人员的专称。③

在大陆法系国家，警察与警察机关是通行的称谓，是指"为保证执行公共安宁、安全与公共卫生等基本目的，决定采取一般的或个别的指令以及适当措施为职责的全体公务人员"。④ 我国于 1995 年颁布的《中华人民共和国人民

① 《马克思恩格斯选集》（第 4 卷），人民出版社 1995 年版，第 114 页。

② 孟宪嘉、江礼华：《警察学》，重庆出版社 1990 年版，第 62 页。

③ 朱启禄、王大伟：《第四次警务革命的启迪》，载《中国人民公安大学学报》1994 年第 5 期。

④ ［法］卡斯东·斯特法尼等：《法国刑事诉讼法精义》（上），罗结珍译，中国政法大学出版社 1998 年版，第 156 页。

警察法》（现已失效）中正式确定了我国“警察”概念的内涵与外延，人民警察是指经过法定程序任命或录用的，在公安机关或公安组织中依法行使警察职权，履行警察职责，执行警察任务的公务人员。第2条规定：“人民警察包括公安机关、国家安全机关、监狱、劳动教养管理机关的人民警察和人民法院、人民检察院的司法警察。”

公安机关是指国家为行使警察权，实现警察职能而设立的执行、实施国家公安法律、法规，管理国家公安事务的行政机关。在国家政权中公安机关与军队、法庭、监狱等都是国家机关的重要组成部分，是统治阶级专政的工具。公安机关是国家意志的忠实执行者，是国家政权的捍卫者，代表国家行使管理权，履行专政与民主职能。我国公安机关的根本性质是由我国社会主义国家性质所决定的。我国是工人阶级领导的，以工农联盟为基础的人民民主专政的社会主义国家。我国公安机关是国家政权的重要组成部分，是人民民主专政的工具，履行着对敌人实施专政、惩罚犯罪、保障人民民主权利、维护社会治安秩序、保护社会主义经济建设的重要职能，执行着上升为国家意志的广大人民群众的意志，以及由此而形成的国家法律、法规；是负责保卫国家安全，维护社会秩序，打击刑事犯罪的专门机关；是维护国家主权，保护公民人身权利，财产权利和其他合法权利，保卫经济建设，巩固人民民主专政的重要工具。就我国公安机关依法履行的职能看，它具有行政、刑事、军事三方面的基本职能。① 就整个警察队伍来说，公安机关是队伍最庞大、职能最广泛、危险性最高的一个不可或缺的组成部分。

公安机关人民警察是指经过法定程序任命或录用的，在公安机关中依法行使警察职权，履行警察职责，执行警察任务的公务人员。公安机关是以每一名公安民警来组成的，公安机关的职能也是通过每一名公安民警的依法执行职务的行为来完成的。

对警察的界定可谓众说纷纭。对警察的定义和解释，目前学术界大致有以下几种：

1. 目的说。该说认为，警察是“从事维持公共秩序和安全以及调查、逮捕犯罪嫌疑人或被正式指控的犯罪的市、县或州的警官的集合体”。② “警察者，以直接防止公共危害，维持社会安宁秩序，指导民众生活，促进一般福利

① 任弼世：《我国公安行政执法权行使中存在道德问题及对策研究》，延边大学2005年硕士学位论文，第6~7页。

② ［美］罗伯特·兰沃西、劳伦斯·特拉维斯：《什么是警察——美国的经验》，尤小文译，群众出版社2004年版，第4页。

为目的，基于国家统治权执法法令，并协助诸般行政之行政行为。”[1]

这一定义方式，仅表明“警察”是一个“集合体”，仅仅是对警察组织的定义，将警察组织的单个成员排除在外。而且，这一定义方式，只是表明了警察的任务或目的，并没有体现出警察的本质特征。

2. 手段说。该说认为，“警察是享有国家授予的在国家领土范围内使用暴力的一般权力的机构或个人。”“不管警察是否在维持公共秩序，警察就是警察。”“警察的意义并不在于做什么，而在于如何做，警务是通过威胁性暴力完成的。”[2]

这一定义方式是对警察的准确社会定位，突出了其暴力性的本质。

3. 工具说。该说认为，警察是指根据国家统治阶级的意志，依靠国家暴力强制手段，并运用公开的和某些特殊的手段，维护国家安全和社会秩序的一支武装性质的国家治安行政力量。[3] 警察是国家机器的重要组成部分，警察的性质是由国家的性质决定的。国家是阶级统治的暴力工具，警察也必然是阶级统治的暴力工具。

根据《人民警察法》的相关规定，人民警察的法定概念可作如下表述：人民警察是依法行使警察职权，维护国家安全，维护社会治安秩序，保护公民的人身安全、人身自由和合法财产，保护公共财产，预防、制止和惩治违法犯罪活动的执法人员。[4]

学术界对警察含义解释的混乱，导致了公众对警察理解的混乱。他们往往把警察置于公民和法人的对立面，认为警察是公民自身权益的保护者而非被保护者，把警察视为独立于公民之外的公众权益的天然保护者。

“警察”在广义上包括公安机关、国家安全机关、监狱、劳动教养管理机关的人民警察和人民法院、人民检察院的司法警察。本文中的警察特指公安机关人民警察。之所以做此概念的限缩，一是警察职业人数的庞大性，公安机关人民警察有200余万，是公务员队伍中最大的职业群体，因此具有最广泛的代表性。二是执法范围的广泛性，相比其他部门的警察，公安机关人民警察承担

---

① 李士珍：《现代各国警察》，商务印书馆1940年版，第32页。

② ［美］罗伯特·兰沃西、劳伦斯·特拉维斯：《什么是警察——美国的经验》，尤小文译，群众出版社2004年版，第4页。

③ 邢曼媛、孟丽萍、杨玉海：《人民警察执法权力与自身权利保护》，中国人民公安大学出版社2005年版，第36页。

④ 《人民警察法》第2条规定：“人民警察的任务是维护国家安全，维护社会治安秩序，保护公民的人身安全、人身自由和合法财产，保护公共财产，预防、制止和惩治违法犯罪活动。人民警察包括公安机关、国家安全机关、监狱、劳动教养管理机关的人民警察和人民法院、人民检察院的司法警察。”

着行政执法和刑事司法的职能，其执法权益也最容易受到侵害，在社会转型期的当下，中国社会研究公安机关人民警察执法权益的保障，具有深刻的现实意义。

笔者认为，警察是依法维持公共秩序，保护社会安宁和国家安全，增进人民福利的行政力量。

二、警察权

警察权是公权力的典型代表，是伴随着国家权力的产生而产生的。作为国家权力的重要组成部分，它伴随着国家形态的发展不断从君权、王权中独立出来，特别是到了资产阶级民主共和国时期，随着立法权、司法权、行政权的三权分立，警察权也日益独立起来，逐渐形成为兼具司法权和行政权的法理型权力。

从一般意义上理解，警察权是指由国家宪法、法律赋予的，国家警察机关执行警察法律规范，实施警察事务的权力。① 这种对警察权的定义方式是符合我国法制现实和实践要求的。

笔者认为，警察权是警察机关依据国家制定法的授权规定，从事警察行政事务、履行警察行政职责以实现国家职能而享有的国家权力，其外化形式是警察职权，它是国家权力的组成部分。

警察权由宪法来确定警察对于公民权利进行的保护，用法律来确认警察对公民行为进行的限制。警察权作为一种公共权力，它适用于公共领域，其主要目的是维护公共利益与秩序，保障社会安定，通过对公民权利进行限制确保公民的各项基本权利。

对警察权可以做以下解读：（1）警察权受制于宪法和法律。没有宪法和法律的确认和设定，警察权就失去存在和行使的合法基础，其中宪法确认的是警察对公民基本权利的保障性权力，而法律设定的是警察对公民行为的限制性权力。（2）警察权只能由警察机关（警察）代表国家行使。由于警察权大抵表现为警察行政职权和警察刑事职权两部分，所以，警察权具体化为警察职权是由不同的警察机关分别行使的。（3）警察权作为国家权力的组成部分，是国家为维护自身安全和社会秩序并为社会提供服务的公共权力的一种。作为公共权力其既对公众的权利实施保护，也对公众的行为进行限制，所以其既有强制的特点，也有救济和服务的特点。

① 高文英：《警察行政法探究》，群众出版社2004年版，第10页。

警察权作为国家权力中立法权和司法权的部分分化组合，具有以下一些主要特征：

1. 权力的法定性。警察权中每一项具体权力，从主体到内容，从适用范围到适用程序，从设立到实施，都是由国家相关的法律和法规等明文规定的。其行使权力的过程不逾越法律许可的范围，也必须按照法律规定的模式、程序和标准运行。同时，警察权非经法律许可，无法转让、变更和放弃。

2. 内容的广泛性。我国警察行使的警察权的内容是极其广泛的，包括了社会生活的各个方面，如治安管理权、道路交通管理权、消防监督权、户政管理权、出入境管理权、侦查权、刑事强制权、刑罚执行权等，这些权力涉及社会生活的各个方面，不仅关系到国家的稳定和社会的安康，还涉及公民权利、义务的变化。现阶段，随着经济体制改革和社会转轨的深入推进，警察权呈现出扩张和强化之势，如在《治安管理处罚法》中，警察就被赋予了 151 种处罚权力，而在之前的《治安管理处罚条例》中，警察仅有针对 73 种违法行为的处罚权。

3. 目的的公共性。警察权的公共性体现在两个方面：首先，警察权的设置目的在于维护和促进公共利益。主权者的职责取决于人们赋予主权时所要达到的目的，即为人民寻求安全。这种安全不单纯是指保全性命，还包括每个人通过合法的劳动、在不危害国家的条件下可以获得的生活上的一切其他的满足。公共性是警察权的合法性基础。其次，在警察权的行使和运作上，必须是基于公共利益考虑，是为了维护和促进公共利益，而不能是出于非公共利益，更不能谋取部门或单位的私利。当警察权的设置和行使不是为了公共利益目的的时候，此时这个社会是危险的，因为公众将不会感受到幸福。

4. 特殊的强制性。所谓特殊强制性，是指警察以国家法律为后盾，能够采取行政的、刑事的强制手段和措施，对违法犯罪分子施以人身方面的强制措施，如限制人身自由、使用武器、警械、武装封锁等，而被实施的对象只能服从。“这种特殊强制性是其他国家机关所不具有的。”① 从警察权力形成并运作开始，强制权、约束权、暴力处置权、枪械使用权、处罚权就与警察紧紧联系在一起。

5. 行使的优益性。警察依法执法过程中为了保障公共利益的实现，法律赋予公安机关在行使警察权时享有一定的优益权。它包括三方面内容：第一，先行处置权。如先行扣留，即时强制，均为法律所特许。第二，获得社会协助的权利。如《人民警察使用武器和警械的规定》第 10 条规定：“人民警察正

① 刘杰：《我国警察权的宪法缺失》，载《河南公安高等专科学校学报》2005 年第 2 期。

在执行公务的各种警车，可以使用特殊音响报警器和红色回转警灯。对使用特殊音响报警器和红色回转警灯的警车，其他车辆应当避让。”第三，推定有效权。警察的处罚决定并非一经作出就生效，有的需要经过复议裁决，有的需要经法院裁判，如果警察的决定要走完所有复议、诉讼程序并被确认有效后方能执行，那么，势必妨碍社会秩序的稳定性。因此，法律特许在这种条件下，推定警察决定有效，可先行执行。

6. 范围的有限性。为了防止警察权使用中的内在扩张冲动，必须找寻出警察权使用的合理范围和可操作边界。“权力是把双刃剑，具有厉害双重性，因此在具体使用过程中，无疑会产生截然相反的结果，即正效应和负效应，依法行使，合乎目的，发挥正常职能，警察权则能产生预期的维护社会公共安全的效果；反之，警察权被拥有者滥用甚至假公济私，对社会公共安全和利益则会造成危险和危害。”①

有学者主张，警察权的行使以维护公共秩序为必要，除此以外警察权不得干涉。② 警察权的行使须遵循三原则：一是私人生活不可侵犯；二是私人住所不可侵犯；三是不干涉民事法律关系。③ 警察权只存在于公共领域，其也止于公共秩序的恢复。当然，当公民人身安全、居住场所和民事法律关系中出现阻碍社会公共秩序的情形时，警察权是可以介入的。

警察权与警察职权虽然说是同源，但是二者之间仍然存在主从之分。警察权作为国家权力中从事警务活动的权力，其内容是复杂和多样的，且在现代社会分工中专业化趋势的加强，警察权的行使不能由抽象的警察机关实施。“从法治国家和法制运行的角度看，警察权只有在法律制度中同一定的警察机关和警察事务相结合，并在法律规范中表现为一定的内容、方式、手段等，方能得到合法有效的行使与实施。因为从法制国家和经济社会发展看，国家立法、行政、司法、军事职能要分开，不同职能的警察机关的职能要划分，都要求警察权转化为法律上的警察职权。”④ 警察职权是具体的警察机构及其警务人员根据其警察行政任务或职位而被依法赋予的警察权，它是警察权的具体化，是警察机构实施国家警察行政事务管理活动的资格及权能。⑤ 警察职权的总体构成了警察权，可以说警察职权是警察权的分解和具体化。因此，警察职权实质上

---

① 刘小荣：《警察权的行使及其规制》，载《吉林公安高等专科学校学报》2006 年第 2 期。

② 陈兴良：《限权与分权——刑事法治视野中的警察权》，载《法律科学》2002 年第 1 期。

③ ［日］田口守一：《刑事诉讼法》，刘迪译，法律出版社 2000 年版，第 86 页。

④ 王缨军、付俊华：《浅论警察权与警察职权》，载《铁路警官高等专科学校学报》2002 年第 4 期。

⑤ 王缨军、付俊华：《浅论警察权与警察职权》，载《铁路警官高等专科学校学报》2002 年第 4 期。

就是警察权的表现形式。警察权与警察职权是抽象与具体、一般与个别的关系。①

总体而言，我们可以说“警察权是出于政治原则，其所肯定的内容，警察职权不得否定。警察职权依据行政机关法规或规章，其所肯定的，警察权可以否定之。或者我们可以说警察权包括警察职权，而警察职权却不能包括警察权”。②

警察权以直接维护社会公共秩序为目的。社会的进步以安定的社会秩序为其基础条件，而欲使社会健康发展，必须首先祛除妨碍，预防危害的发生。而公共秩序或者社会秩序，概括而言，就是当时一般公认的社会健全状态，而警察权在国家政治和法律上都负有维护此种健康状态的任务。当然，警察权的目的只是在于消极地维护公共秩序与安全，而不是积极地改造或者创造新的秩序环境。

警察权有两项基本职能：一是警察行政职能，二是警察刑事职能。

警察行政职能与刑事职能，共同服务于警察维护社会治安的功能。两者相对独立又存在内在的密不可分的联系，并通过不同方式和途径为实现共同目的而作出努力。

基于警察权的行政和刑事基本职能，警察职权包括警察行政职权和警察刑事职权。

警察行政职权是指警察机关依据法律在行政管理过程中行使的权力。警察行政职权极为宽泛，涉及广泛的社会生活领域，具体包括治安管理权、道路交通管理权、消防监督权、户政管理权、出入境管理权等行政管理权力。在法治社会，依据有限政府理论，行政权不再是一种单向的以强制手段为主的管理权，更是一种服务于社会和民众的公共权力。因此，警察行政职权亦称之为行政管理服务权，以彰显其权力本质和追求。警察行政职能的作用在于通过治安管理与服务，维护社会秩序，并在必要时尽可能恢复受到扰乱的秩序。

警察刑事职权是指警察机关在履行刑事职能过程中行使的权力，具体包括侦查权、刑事强制权和刑罚执行权。警察刑事职能的作用是通过行使刑事职权侦缉罪犯。

警察行政职权和警察刑事职权，在性质上，二者均属国家行政权的组成部分，但在所执行的法律种类和行使职权的方式上，二者有明显区别。警察行政职权所执行的法律是国家行政法律、法规，行使职权的方式由行政法律、法规

① 高文英：《警察行政法探究》，群众出版社2004年版，第12页。

② 邱华君：《警察学通论》，台湾茂昌图书有限公司1991年版，第233页。

授权，目标和任务是治安管理，其手段为行政手段，包括行政强制、行政处罚、行政征收、行政执行等；警察刑事职权所依据的法律，程序上是《刑事诉讼法》，实体上是《刑法》，目标和任务是追究犯罪，行使职权的方式有两个特点：一是享有包括采取刑事强制措施以及讯问、监听、扣押、查封等侦查手段在内的侦查职权；二是侦查活动要接受司法控制或司法审查。

三、警察权益

“警察权益”是个偏正词组，权益是中心词，而警察是对权益范围和属性的限定。“权益”一词，在《现代汉语词典》中解释为“应该享受的不容侵犯的权利”。[①] 要确切地理解权益这一概念，首先就必须明确何谓权利。《现代汉语词典》对“权利”的解释是：“公民或法人依法行使的权力和享受的利益（跟‘义务’相对）。”[②] 可见，权利是指法律对法律关系主体能够作出或不作出一定行为，以及要求他人相应作出或不作出一定行为的许可和保障。权利由法律所设定和保护，法律形式的确认是权利能够得以实现和保障的最有效的途径。

其实警察的身份具有双重性。他首先是一个普通公民，然后经过国家法律规定的程序成为警察，行使法律赋予的警察权，履行相应的职责。警察的双重身份产生两种不同性质的法律行为，并引起两种不同性质的法律关系。当一名警察以特殊的执法身份行使警察权时，其行为便为公务行为，产生的法律责任由其所在警察机关承担，其权益受国家法律的特殊保护；当他以普通公民的身份出现时，其实施的行为不是警察行为，而是个人行为，其法律责任由他本人承担，其权益保护同其他普通公民无异，但作为公务员，警察因从事警察职业和执行警察公务的需要，其权益又被赋予特定的内涵，受到特殊的法律保护。

笔者认为，警察权益是依照法律规定，人民警察所享有的，作为普通公民的权益与以鉴于警察职业和执行警察公务的特定条件下，警察所享有的权益的总称。警察权益是国家机关公权益与个人私权益相结合而产生的一种综合权益。

在行政或刑事执法中，警察的主体身份具有双重性，既是特殊主体——人民警察，同时也是普通主体——中华人民共和国公民。另外，警察还属于社会劳动者的一部分，因此，警察合法权益的来源包括两个方面——警察正当个人

---

① 中国社会科学院语言研究所词典编辑室：《现代汉语词典》，商务印书馆 2000 年版，第 1048 页。

② 中国社会科学院语言研究所词典编辑室：《现代汉语词典》，商务印书馆 2000 年版，第 1048 页。

权益和执法权益。[①] 警察个人正当权益基于警察的公民权利而产生；执法权益则源于警察公务员特殊身份而赋予和行使。以下分述：

第一，作为公权力执行者所拥有的执法权益。警察不但享有《人民警察法》、《治安管理处罚法》等法律赋予和保护的执法者不容侵犯的特殊职务权力，而且享有履行管理和服务职能时应当获得一定工作条件的权利。具体包括治安行政处置权、治安行政处罚权、监督检查权、行政治安强制权、刑事侦查权、刑事强制权、紧急状态处置权、依法使用武器警械权、正当防卫权、特别保障权（行政优先权、获得社会协助权、优先使用交通工具的权利、接受教育培训权、物质装备保障权、本人及家属不受打击报复诬告陷害权、伤亡抚恤权、特别保险权）等。

第二，作为普通公民所享有的个人权益。即是指警察作为普通人所享有的我国宪法、刑法、刑事诉讼法以及各种民事法律所赋予的各项基本权利，主要包含生命权、健康权、人格权、财产权、申诉控告权、社会保障权等。

从公权的角度，对警察权益可以做如下解读：

（一）警察权益是警察执行职务根据一般法律应享有的权利

警察权益是警察作为国家公职人员所享有的权益。该权益不能因为警察处在暴力强制性的前沿，就有所减损。《人民警察法》第 5 条规定："人民警察依法执行职务，受法律保护。"而根据《公务员法》第 13 条、《法官法》第 8 条、《检察官法》第 9 条的规定并对这三部法律关于主体权利进行了对照，《公务员法》中规定的公务员权利包括：(1) 获得履行职责应当具有的工作条件的权利；(2) 非因法定事由、非因法定程序不被免职、降职、辞退或者处分的权利；(3) 获得工资报酬、享受福利保险待遇的权利；(4) 参加培训的权利；(5) 提出申诉和控告的权利；(6) 申请辞职的权利；(7) 对机关工作和领导人员提出评判和建议的权利。《法官法》和《检察官法》中除了前五项权利和公务员法一致，还包括：一是履行法官职责应当具有的职权和履行检察官应当具有的职权；二是依法审判案件不受行政机关、社会团体和个人的干涉和依法履行检察官职责不受行政机关、社会团体和个人的干涉；三是人身、财产和住所安全受法律保护。通过以上比较，笔者认为警察除了不享有法官和检察官的"不受行政机关、社会团体和个人的干涉"权利外，根据这三部法的立法精神，警察也应当具有与公务员、法官和检察官相同的权利。将他们的权

① 李宝对、胡素芳：《和谐社会视野下的维护警察正当执法权益工作》，载《公安研究》2011 年第 1 期。

利进行比较，警察权益应该主要包括：（1）履行警察职责应当具有的职权；（2）获得履行职责所应当具有的工作条件的权利；（3）非因法定事由、法定程序不被免职、降职、辞退或者处分的权利；（4）依法获得工资报酬、享受福利保险待遇的权利；（5）参加培训的权利；（6）对机关工作和领导人员提出批评和建议的权利；（7）依法提出申诉或者控告的权利；（8）依法申请辞职的权利；（9）人身、财产和住所安全受法律保护的权利。

（二）警察权益是警察执行职务时根据特别授权职务产生的权利

从根本上来说，对警察执法权益的保护，就是对警察执行公务的保护，因此有关职务权利是最核心的权利，根据《人民警察法》和《人民警察使用器械和武器条例》的规定，警察权益主要包括以下几种权利：（1）使用武器和警械的权利；（2）优先使用交通工具的权利；（3）执法获得社会协助的权利；（4）根据岗位不同获得相应装备的权利；（5）依法采取强制措施的权利；（6）紧急情况处置权；（7）警察正当防卫权；（8）因公伤亡获得抚恤的权利；（9）警察拒绝执行越权指令权和人民警察的行政职权和行政优益权等权利。这些权利主要是由警察因执行公务而产生的职务权利构成。从根本上说，警察执法权益受侵害的原因就在于对执行公务的保护，对警察执行公务的保护涵盖了对警察执法权益的保护。

（三）警察权益是警察执行职务根据特别授权延伸的权利

警察执法权益的保障，并不是指仅仅在执行中所要进行的保护，因为很多侵犯警察执法权益的行为，未必是在执法中通过法律赋予其权利来得到保护，由于警察职业身份的特殊性，其执法活动具有长期性，遭受侵害往往会具有潜伏和突发不定性，因此，其带来的危险也有警察在执法后受到的侵害，必须考虑到执法后警察可能受到的侵害，只有全面保护才可以预防对其保障的缺失。如警察在依法执行公务后不受打击报复、威胁、诬陷、媒体不实报道等权利。在《乌克兰民警法》中，除对警察的劳动报酬、社会保障、民警的国家保险和牺牲或致残时的损害赔偿作出明确详细的规定外，还对警察的法律地位及家庭成员和近亲属的保障作了明确的法律规定。因此在延伸的权利中，笔者认为，警察权益至少还应当包括与警察有密切关系的家庭成员的保护，只有这样才能使警察无后顾之忧。警察的亲属及有密切关系的人，不因警察依法执行公务而遭受威胁、报复、侵扰的权利以及因公伤亡后，其家庭及亲属享有国家规定、法律规定、特别规定的伤亡抚恤权利。[①]

四、公民权

公民权是指由国家的宪法和法律来确认、赋予并对其加以保护的各种法律关系主体所享有的一种自由、安全的权能和权益。它是公民享受自由、权益的一种实际的状态。[②] 而这里所说的公民权是指警察权在有效行使的过程中所保护的公民的各种权利与自由。

公民权与警察权的关系从法理角度来看是一种私权与公权的关系，是对立统一的。二者的统一体现在：警察权既源于公民权同时又服务于公民权。其对立体现在：警察权的行使在一定的条件下会使公民权受到限制甚至是一定的控制。正如有的学者所说："警察权与公民权在一定的条件下是呈现出反比例关系的，即如果警察权扩大这就将意味着公民权要缩小，要是警察权被滥用则公民权就会化为乌有。"[③]

在实行法治的国家里，警察权和公民权都是法律统治下的子民。警察权是由公民让渡并由宪法和法律赋予的，而公民权则是经过法律进行确认和保证的。法律是实现它们二者之间平衡协调的基础。法律赋予警察权力，并规定警察权行使的合理边界，而公民权利的实现也是基于对法律的遵守。[④] 传统观点认为，警察权为公权，具有强制性，它似乎比公民权更加强大。在现实生活中，有的警察打着国家的旗号在执法过程中滥用权力，侵害公众的利益，动摇警察权的合法性、正当性，损害警察的形象，产生了极其恶劣的影响，引起群众对警察的不满。这种不满逐渐转化演变成在执法过程中公民对警察的反抗，暴力袭警等事件频繁发生，警察的执法权益不断遭到侵害。然而，在建设和谐社会的过程中，和谐的关键则是法治。所以，一方面要加强对执法者权力的监督与制约，防止其对权力进行滥用，并对滥用权力者给予惩罚；另一方面要提高公民在守法方面的意识，对违法者给予制裁。在现实层面上，要达到二者之间的平衡绝非易事，所以在对警察权的研究过程中不能仅注重研究怎样限制警察在执法中的权力，还要注意对警察执法权益保障的研究，以便使警察权有效运行，最终达到警察权与公民权协调的状态。

---

① 许韬、刘锦城：《法治语境下的警察执法权益保护新论》，载《浙江警察学院学报》（社会科学版）2012 年第 1 期。

② 刘杰明：《警察权与公民权关系的理论分析》，载《广西警官高等专科学校学报》2010 年第 2 期。

③ 陈兴良：《分权与限权：刑事法治视野中的警察权》，载《法律科学》2002 年第 1 期。

④ 王光、魏永忠：《和谐社会与警务创新》，中国人民公安大学出版社 2007 年版，第 546 页。

第三节 警察权益的类型化探究

警察具有多重身份，即普通公民、劳动者、公务员和警察身份。与此对应，在学理上，警察权益不仅包括警察作为公民、劳动者享有的合法私权益，还包括警察作为公务员、警察享有的合法公权益。但在执法实践中，很难将警察作为普通公民的私权益与作为警察所享有的公权益截然分开。为了在理念上对警察权益有正确而清晰的认识，有必要对警察权益做类型化理论探究。

笔者将警察合法权益分为三大类：警察人身权；警察履行职务保障权；警察权利受侵害救济权。

一、警察人身权

人身权是民事主体基于人格或者身份而依法享有的，以在人身关系（包括人格关系和身份关系）中所体现的人格利益或者身份利益为内容的民事权利。[①] 民事主体的人身权包括：生命权、健康权、姓名权、名誉权、荣誉权、肖像权、隐私权、婚姻自主权、监护权等。[②] 警察在执法实践中及日常生活中享有的人身权利包括：

（一）生命权

生命是自然人存在的基础，因此它是法律所保护的最高利益。生命是所有其他权利的来源。“世界上只存在一种基本权利（所有其他权利都是其结果或推论），即个人拥有生命的权利。生命是一个自我维持和自我创造的过程。拥有生命权就意味着有权利参与自我维持和自我创造的活动；意味着根据理性人的本性，他可以自由地实施所有支持、促进、完成和享受其生命所需的行动。”[③]

所谓生命权是指以自然人的生命安全利益为内容的权利，它意味着：任何自然人均享有维护自己的生命，支配自己的生命利益，免受非法侵害之权利。

① 魏振瀛：《民法》（第四版），北京大学出版社、高等教育出版社 2010 年版，第 616 页。

② 《侵权责任法》第 2 条规定：“本法所称民事权益，包括生命权、健康权、姓名权、名誉权、荣誉权、肖像权、隐私权、婚姻自主权、监护权、所有权、用益物权、担保物权、著作权、专利权、商标专用权、发现权、股权、继承权等人身、财产权益。”

③ ［美］安·兰德等：《自私的德性》，焦晓菊译，华夏出版社 2007 年版，第 92 页。

法律最重要的目标之一就是致力于保障自然人生命的安全和安宁。

《世界人权宣言》第3条规定："人人有权享有生命、自由和人身安全。"在我国，生命权虽然尚未入宪，但在宪法中，明确规定了国家尊重和保护人权，而生命权属于最基本的人权。我国的《民法通则》第98条明确规定："公民享有生命健康权。"最高人民法院《关于确定民事侵权精神损害赔偿责任若干问题的解释》（以下简称《精神损害赔偿解释》）第1条和《关于审理人身损害赔偿案件适用法律若干问题的解释》第1条均对生命权作了规定。《侵权责任法》第2条第2款同样规定了生命权的内容。

警察是一种高度危险的职业，在工作中随时都有生命危险，当警察的生命权被侵犯或者可能受到侵犯威胁时，警察有权依法对自己的生命权予以保护。作为正义脊梁的警察，活着在一定程度上是其责任。① 警察对自己生命的保护，不仅是保障自己的生存，亦是保障更多人的生命财产的安全。警察在执行职务中，不是不能牺牲，而是必须尽一切可能避免无谓牺牲，即使是必需且无可避免的伤亡也应"伤有所值"、"死得其所"。②

（二）健康权

健康权，是指自然人保持身体机能正常和维护健康利益的权利。③ 健康包括自然人的生理健康和心理健康。④ 警务工作的危险性、突发性、应急性等特点，使民警承受着比普通职业从业人员更多的心理压力。高压力常引起民警自身的生理、心理应激反应，而长期处于生理、心理应激状态的民警个体，比较容易产生各种各样的心理障碍。民警不仅心理健康问题突出，在执法中还经常受到精神损害。⑤ 最高人民法院《精神损害赔偿解释》第1条规定，自然人因健康权利遭受非法侵害，向人民法院起诉请求赔偿精神损害的，人民法院应当

① 刘小荣：《警察权益界说》，载《铁道警官高等专科学校学报》2006年第3期。

② 周忠伟、李小强：《论警察权益的基本内容》，载《中国人民公安大学学报》2003年第4期。

③ 王利明：《民法》（第五版），中国人民大学出版社2010年版，第513页。

④ 程啸：《侵权责任法》，法律出版社2011年版，第74页。

⑤ 有学者认为，健康就是指生理机能的完善状态，不包括心理机能。因为心理痛苦或者精神创伤是人的头脑在反映客观现实过程中的不良状态，并非本意上的健康损害。如果将心理健康放在健康的概念中，将会混淆侵害健康权的损害赔偿与精神痛苦的抚慰金赔偿的区别。因此心理健康不是通过对健康权的保护而是通过精神损害赔偿的方法加以实现的。参见王利明、杨立新、姚辉：《人格权法》，法律出版社1997年版，第61页。笔者认为，作为健康权客体的健康，应当既包括生理健康也包括心理健康。因为虽然侵害生理健康可能会对受害人的心理健康产生不利影响，但是两者并不相同，单纯侵害心理健康同样会引起生理健康的受损，例如，因长时间受到噪声干扰而无法入睡，以致失眠，就会损害生理健康，产生各类疾病。只有将心理健康纳入健康的范畴，才能最为有效地保护自然人的合法权益。

依法予以受理。警察在执法中被人诬告、陷害是不可避免的，当事情发生后，用何种方式去解决呢？无疑，在国家走向法治化的今天，警察想要维护自己的正当合法权益，就必须寻求法律的帮助，充分用好现有法律和规定，坚守精神赔偿的法律底线，依法维护自己的心理与精神健康权利。

（三）名誉权

名誉权是民事主体依法享有的维护自己名誉并排除他人侵害的权利。名誉权的客体是名誉，而非名誉感。[①] 所谓名誉，是指社会对特定的民事主体的品德、才干、信誉、商誉、资历、声望、形象等方面的客观评价。

由于名誉直接关涉民事主体的社会地位、人格尊严，它是对民事主体人格价值的一种客观的社会评价，体现了民事主体的精神利益和人格利益，因此名誉权的客体是名誉而非名誉感。一方面，名誉感只是民事主体自我内心的感受，对名誉感的侵害并不会导致社会评价的降低；另一方面，虽然没有对民事主体名誉感造成影响，却可能在客观上降低了社会对民事主体的评价。名誉权保护的是社会对民事主体的评价即名誉而非名誉权，对名誉感的保护可以通过法律对人格尊严的保护加以实现。正因如此，《民法通则》第 101 条才规定："公民、法人享有名誉权，公民的人格尊严受法律保护，禁止用侮辱、诽谤等方式损害公民、法人的名誉。"如果公民、法人的名誉权受到侵害的，则有权要求停止侵害、恢复名誉、消除影响、赔礼道歉，并可以要求赔偿损失（《民法通则》第 120 条）。

《人民警察法》第 35 条规定，对公然侮辱正在执行职务的民警的行为，给予治安管理处罚。民警在执行职务中受到侮辱、诽谤，应当依法保护自己的名誉权。在社会生活中，侵害警察名誉权的行为方式主要有：（1）侮辱；（2）诽谤；（3）新闻报道严重失实。[②] 对警察的侮辱有暴力侮辱、书面侮辱和口头侮辱三种形式。暴力侮辱表现较为明显，如当众以暴力方式撕扯警察衣服，将垃圾、粪便等涂抹在警察住所之上等，凡使用暴力手段对警察名誉进行侵害者，就有可能构成暴力侮辱行为，当然，情节严重的还可能构成侮辱罪、妨碍公务

---

① 程啸：《侵权责任法》，法律出版社 2011 年版，第 94 页。

② 最高人民法院《关于审理名誉权案件若干问题的解答》第 7 条，问：侵害名誉权责任应如何认定？答：是否构成侵害名誉权的责任，应当根据受害人确有名誉被损害的事实、行为人行为违法、违法行为与损害后果之间有因果关系、行为人主观上有过错来认定。以书面或者口头形式侮辱或者诽谤他人，损害他人名誉的，应认定为侵害他人名誉权。对未经他人同意，擅自公布他人的隐私材料或者以书面、口头形式宣扬他人隐私，致他人名誉受到损害的，按照侵害他人名誉权处理。因新闻报道严重失实，致他人名誉受到损害的，应按照侵害他人名誉权处理。

罪等。口头、书面侮辱则是通过口头、书面等方式对警察进行谩骂、人身攻击。[①] 对警察的诬告陷害、恶意投诉等，从诽谤性消息传递形态上来看，包括事实之陈述、意见表达，形式既可是文字性的，也可是非文字诽谤。新闻报道严重失实，发表严重歪曲事实的评论，损害警察名誉。报道、评论要遵循客观标准，要以法律、法规、政策和公认的道德规范为依据，而不以受害人或加害人的主观认识为依据。

（四）人格尊严

黑格尔曾说道："人实质上不同于主体，因为主体只是人格的可能性，所有的生物一般说来都是主体。所以，人是意识到这种主体性的主体，因为在人里面我完全意识到我自己，人就是意识到他的纯自为存在的那种自由的单一性。作为这样一个人，我知道自己在我自身中是自由的，而且能从一切中抽象出来的，因为在我的面前除了纯人格以外什么都不存在。"[②] 按照黑格尔的观点，人格是人所区别于动物的一个重要方面，人之所以为人，不仅仅是因为有了生命健康，更是具有人格尊严。

人格尊严权是指人基于人格尊严所具有或享有的不可侵害、不可转让和放弃的权利，是人格尊严内在的权利属性在法律上的确立和表现，是与客观义务的统一。这种权利是个人的基本权利，是其作为一个个体存在的标志性权利。

基于人格尊严的重要性，国家对公民的人格尊严应予以充分的尊重和保障，这不但要求国家消极的不侵犯，还意味着国家应该积极作为，应该排除社会对人格尊严所形成的妨碍，应该制止他人或组织团体对人格尊严的侵犯，应该对所有人的人格尊严平等的加以保护。

人格尊严权是与个人的人格价值有着内在联系的权利，具有神圣不可侵犯性，普遍受到法律的保障。《宪法》第 38 条规定："中华人民共和国公民的人格尊严不受侵犯。禁止用任何方法对公民进行侮辱、诽谤和诬告陷害。"警察，虽然代表着维护国家安全、社会秩序的一种武装力量、一种工具，但是，警察本身同样也应该是"目的"。而且，维护国家安全、社会秩序的目的也包括保证警察的安全、警察的人格尊严。

虽然警察为了履行特殊义务可以处分自己的生命利益（如为了国家、社会或他人的利益而献出自己宝贵的生命），但他却无法放弃或转让自己的人格尊严权，因为失去了人格尊严，人就不能称其为人了。

---

① 孙强：《警察名誉权保障问题探析》，载《湖南警察学院学报》2011 年第 5 期。

② ［德］黑格尔：《法哲学原理》，范扬、张企泰译，商务印书馆 1961 年版，第 54 页。

二、警察履行职务保障权

（一）司法特别保护权

警察作为被赋予了特殊重要职责的人员，其执法行为代表着国家的意志和法律的权威，其权益必须受到法律的特别保护。违法犯罪分子对警察的侵害，其行为不仅仅是指向警察个体本身，执法民警所代表的政府形象和执法权威同样受到藐视和损害。所以，对伤害警察的行为的处罚，各国都作了较为严厉的规定。如根据美国刑法的一般法则，任何人都不得对正在执行公务的警察人员进行任何形式的威胁、袭击和伤害，不得接触警察的身体。而所谓的威胁，既包括具体行为的威胁，也包括语言上的威胁，甚至威胁警察的直系亲属也构成同样的犯罪。① 1999 年修订的《俄罗斯联邦民警法》第 27 条规定："民警的权利和自由受司法保护。"②

我国对伤害警察的罪犯的惩罚没有设立特别的法律条款，袭警案件的法律适用中，只把警察作为一般的国家工作人员来对待，并没有特别的法律保护措施。由此所造成的后果是：一方面，使刑法失去了刑罚的特别警戒作用；另一方面，当伤害警察的案件发生后，无法通过判例有效地昭示社会、警告后来者，致使袭警事件频频发生，警察实务界和理论界有越来越多的人呼吁，建立警察的司法特别保护制度，维护警察的司法特别保护权。

（二）伤亡抚恤权

"抚恤"一般是指国家对因公伤残人员、因公牺牲以及病故人员家属所采取的一种物质抚慰形式。抚恤是司法救济之外，以国家的名义给予特定对象的法定补偿，其目的在于体现国家对公务、国防、见义勇为等行为的鼓励与抚慰，保障上述人员家庭与亲属的基本生活需要。③ 根据《人民警察法》第 41 条和有关法律法规的规定，警察因公伤亡后，警察及其家属可享受与现役军人同样的抚恤和优待。

警察是和平年代最具危险性、艰苦性的职业群体。他们用鲜血和生命为代价，捍卫国家法律的尊严，换来社会和百姓的安宁。一个法治的社会、一个公

---

① 谷继明、吴卫军：《论完善我国袭警犯罪刑事立法的必要性和可行性》，载《上海公安研究》2003 年第 6 期。

② 张立新：《警察执法中的权益保护》，载《中国人民公安大学学报》2005 年第 2 期。

③ 耿连：《警察权益保障》，群众出版社 2004 年版，第 249 页。

平的社会是讲究权利、义务的对等性的。在每天都有警察牺牲、每个小时都有警察因公受伤的情况下，这些牺牲的、受伤的警察们为了履行义务付出了惨重的代价，他们必须享有对等的权益。因此，警察及警察的家属应该享有伤亡抚恤权。

（三）接受教育培训权

《人民警察法》第29条规定，根据警察工作的性质、任务和特点，国家对录用的人民警察要有计划地进行政治思想、法律知识和警察业务培训。这是提高人民警察素质和执法水平的根本途径，为适应当前与违法犯罪作斗争的形势需要，要着手警察培训工作的规范化、制度化建设，建立科学完善的培训工作运行机制，在内容上要加强民警临战能力的培训，增强克敌制胜的技术本领。应充分利用新警培训、警衔晋升培训、轮训等机会，进行有关执法维权方面的教育培训，切实地提高广大民警执法维权的水平、业务技能和驾驭各种复杂局势的能力；尤其要有针对性地加强防范和处置不法侵害的实战技能训练以及防暴演练，增强民警的抗暴技能，以减少不必要的伤害。

（四）特殊保险权

人民警察在执行任务中经常会面临各种意外事件，甚至受到犯罪嫌疑人的袭击、殴打，从而导致人民警察在执行职务时，生命、健康权面临极大的威胁。针对人民警察职业高危性的特点，人民警察除享有普通的养老保险、人身保险之外，还应享受“特殊保险”。这个是由人民警察职业危险性、复杂性和高强度性的特点所决定的。

曾有人大代表提出，国家应尽快建立民警伤亡保险保障制度，由国家拨出专项经费，给每位在编民警都上一项意外伤亡保险。如果在执行警务工作中出现意外，其本人或家属除按国家规定的标准领取一定的抚恤金外，还可以在保险公司领取相应数额的保险赔付。①

特殊保险权，是指民警因暂时或永久丧失劳动能力而享有从国家和社会获得物质帮助的权利。② 特殊保险权应面向所有在岗的人民警察以及曾在人民警察岗位上工作的退休人员，保险内容以执行公务发生意外或岗位易患的疾病为主。

---

① 殷秀梅：《建立公安民警伤亡保险保障制度》，载《人民公安报》2002年3月11日。

② 邢曼媛、孟丽萍、杨玉海编著：《人民警察执法权力与自身权利保护》，中国人民公安大学出版社2005年版，第562页。

在医疗救治保障方面，可以借鉴有关经验，建立民警大病医疗保险制度。民警参加基本医疗保险的同时，可以享受到公务员医疗补助，将大大减轻其因患重症疾病可能形成的医疗费负担。[①]

（五）警察行政优益权

国家为了保障行政主体有效地行使职权、履行职责，赋予行政主体职务上或物质上的许多优益条件，行政主体享受这些优益条件的资格和可选择性便是行政优益权。[②] 行政优益权与行政职权密切相关，它既不同于行政职权，也不属于行政职权。行政优益权可以被行政主体放弃不用，但行政职权不能被放弃，否则将导致违法或失职。

行政优益权由行政优先权和行政受益权构成。

警察行政优益权可以分为两个部分：一是行政优先权，它体现了行政主体与行政相对方的关系；二是物质保障权，它体现了行政主体与国家的关系。

警察作为行政主体中的一员，依法享有行政优益权。警察的行政优益权中最常用的就是行政优先权，它是国家为了保障公安机关人民警察履行职责而赋予的一项特殊权力，具体是指公安机关的人民警察因履行职责的紧急需要，可以优先乘坐公共交通工具；遇有交通阻碍时，优先通行；因侦查犯罪的需要，必要时，按照国家有关规定，可以优先使用机关、企事业组织和个人的交通工具、通讯工具、场地和建筑物等。《人民警察法》第 13 条明确规定，人民警察因履行职责、侦查犯罪的需要，可以行使优先权。

（六）使用警械、武器权

使用警械、武器权，是指人民警察为了履行职责依法对违法犯罪嫌疑人员使用警械和武器的权力。公安机关作为具有武装性质的国家暴力机关，依法使用警械、武器不仅仅是为了保障警察自身的人身安全，其根本目的是保护广大人民群众的人身和财产安全。根据《人民警察使用警械和武器条例》的规定，人民警察为了制止违法犯罪行为，有权依照规定使用警械或武器。[③]《人民警

---

① 劳动和社会保障部、财政部《关于二等乙级以上伤残人民警察医疗待遇问题的通知》第 7 条规定："人民警察因公负伤，经民政机关或由民政机关指定的伤残评定机构评为二等乙级以上（含二等乙级）伤残的，与二等乙级以上革命伤残军人享受同等医疗待遇，所需医疗费单独列账管理。"

② 罗豪才：《行政法学》，北京大学出版社 2008 年版，第 89 页。

③ 《人民警察使用警械和武器条例》第 2 条："人民警察制止违法犯罪行为，可以采取强制手段；根据需要，可以依照本条例的规定使用警械；使用警械不能制止，或者不使用武器制止，可能发生严重危害后果的，可以依照本条例的规定使用武器。"

察法》第10条规定："遇有拒捕、暴乱、越狱、抢夺枪支或者其他暴力行为的紧急情况，公安机关的人民警察依照国家有关规定使用武器。"公安机关作为武装性质的国家治安行政力量和刑事司法力量，依法使用警械和武器是依法履行职务的重要条件，武装性质是人民警察区别于其他社会群体的一个重要特征。

（七）拒绝执行越权指令权

人民警察拒绝执行越权指令权，是指人民警察拒绝执行超越法定职责范围指令的权利。《人民警察法》第33条规定："人民警察对超越法律、法规规定的人民警察职责范围的指令，有权拒绝执行，并同时向上级机关报告。"人民警察可以在以下几种情况下行使拒绝权：一是上级的决定或命令之违法须达到一定程度，人民警察可以拒绝执行。即人民警察拒绝执行权的行使应针对明显违法的决定或命令，如果上级机关作出的决定或命令只是形式的违法，人民警察可以向上级机关提出意见和建议，在上级机关未更改指令时，人民警察依然要执行上级机关的指令。二是有权拒绝上级地方单位下达越权指令。公安机关的管辖实行属地管辖原则，如果上级地方单位要求人民警察跨地区办理治安行政案件或者其他行政工作，警察有权加以拒绝。三是对于非警务事项，人民警察可以拒绝执行。人民警察拒绝执行越权命令权既是提高行政效率的需要，也是防止警察职能泛化、限制警察权力无限扩张的有力手段。

第四节　警察权益保护的现实意义

警察的执法活动是警察行使国家社会管理职能中最主要的方式，它代表着国家的权威与尊严，但在现实生活中警察的执法权益却被越来越多地侵害，因此，加强警察执法权益的保障有其重要意义。

一、有利于促进社会的公平正义

公平正义是一个法治社会应该具备的最基本价值系统，是法治社会的理论和精髓。柏拉图在《理想国》中称："正义是缔造和谐社会的价值尺度，是人类心灵的秩序。正义衍生了礼法，可凭依断是非曲直，正义恰是树立社会秩序的基石。"[①] 在现代社会公平正义主要体现在三个方面：一是机会平等，这是前提；二是解决方法合理，这是保证；三是救济公平，这是保障。[②] 公平正义是和谐社会的要求，在构建和谐社会进程中，警察担负着打击犯罪、保障人权的重任，是维护社会安定、实现公平正义不可或缺的角色。是维护社会内部各个子系统之间平衡的重要力量。可是，警察自身的人权却得不到充分的保护，我国宪法明确规定公民享有生命权、健康权、物质保障权、受教育权、休息休假权、司法救济权等基本权利，但警察的应然权利没有一样能够充分、完全地变成实然权利。正如罗尔斯所说："正义所要求的社会保障权利公平、机会公平、规则公平、分配公平，更是无从谈起。"[③] 警察也是血肉之躯，警察也有七情六欲，警察也有私人生活，我们不能无限地要求警察无私奉献和牺牲，也不能以牺牲警察的权利来换取社会的稳定，因为那样本身就是有失公允的。

二、有利于维护国家法律的权威

党的十八大在《中共中央关于全面推进依法治国若干重大问题的决定》中就指出，要维护社会主义法制的统一、权威、尊严。亚里士多德认为："凡不能维持法律威信的城邦都不能说它已经建立起了任何政体。法律应在任何方面受到尊重而保持无上的权威，执行人员和公民团体制应在法律（通则）所不及的个别事例上有所抉择，两者都不该侵犯法律。"[④] 在柏拉图看来："如果当一个国家的法律处于从属地位，没有任何权威，我敢说，这个国家一定要覆灭；然而，我们认为一个国家的法律如果在官吏之上，而这些官吏服从法律，这个国家就会获得神的保佑和赐福。"[⑤] 恩格斯也曾指出："一方面，权威是指把别人的意志强加于我们；另一方面，权威又是以服从为前提的。"[⑥]

有学者认为，法律的权威包含以下四个方面的基本内容：（1）在国家生活中，法律应当有至上的效力和最高的尊严，国家机关的一切职权根源于法律，而依法行使；（2）国家行政机关、司法机关应受立法机关的监督和制约，其决定不得与立法机关的一般性决策相冲突，否则无效；（3）政党必须在法律的范围内活动，政党的政策不得违反宪法和基本法律；（4）当国家领导人

---

① ［古希腊］柏拉图：《理想国》，郭斌和、张竹明译，商务印书馆 1986 年版，第 9 页。

② 赵新彬、刘忱：《简论警察权益之保障——以公平正义为视角》，载《铁道警官高等专科学校学报》2008 年第 4 期。

③ ［美］约翰·罗尔斯：《正义论》，何怀宏等译，中国社会科学出版社 1988 年版，第 5 页。

④ ［古希腊］亚里士多德：《政治学》，吴寿彭译，商务印书馆 1996 年版，第 191 ~ 192 页。

⑤ 西方法律思想史编写组：《西方法律思想史资料选编》，北京大学出版社 1983 年版，第 25 页。

⑥ 中共中央编译局：《马克思恩格斯选集》（第 1 卷），人民出版社 1995 年版，第 89 页。

个人以及执政党的意志与法律出现矛盾时，法律必须高于领导人的个人意志。①

警察权威是法律权威的重要组成部分之一。警察权威包括两部分：警察权力和警察威望。警察权力是一种硬实力，具有震慑、强制的功能。而警察威望是一种软实力，具有使警察客体自愿服从的功能。“权威的本质要求服从。”②当警察客体不服从警察权威时，就可能产生逃避、拒绝、阻碍甚至威胁、侵害警察权威的情况，暴力袭警就是不服从警察权威的极端形式。那么，警察客体为什么会不服从警察权威呢？简单地说是因为警察权威弱化了。“在没有一种共同的权力使大家都感到敬畏的时候，人们便处于所谓的战争状态。”③ 警察的执法行为如果失去了权威性，就意味着法律权威大厦的倒塌。法治国家通过法律赋予警察一定的权力，对违反公共法律秩序的行为予以责任追究，以维护国家和社会的安定。警察虽由个体自然人担当，但其依法执行公务时，已进入法律程序，代表国家执行法律，体现国家法律的权威性。公民服从警察绝非服从某个警察个人，而是服从于国家法律；反过来，对执行公务警察的蔑视、攻击，也不单纯是个人对个人蔑视、攻击，实际上是蔑视法律威严，攻击警察所代表的社会秩序和国家尊严。④ 因此，对警察权益的保障不只是维护警察本身的权利，更重要的是为了维护国家法律的尊严。

三、有利于维护社会秩序的稳定

德国社会学家诺贝特·埃利亚斯曾言：“人类的社会群体生存却充满了矛盾、敌对和冲突。上升变成衰落，和平时代战火绵延，经济发展中却危机不断。人类之共同生存全不是这般和谐。”⑤ 自古以来，人类的社会群体生活中都充满了纠纷和冲突，并将长期存在，也无法避免。而秩序可以把群体之间的矛盾和冲突控制在一定的限度内，防止其无限升级而导致社会的混乱无序，从而保障人类的生存和可持续发展。作为一种公共力量的政府的产生就是为了维护人类的生活秩序。国家的产生是为了维护社会的秩序，而在任何一个国家

---

① 张文显：《法哲学范畴研究》（修订版），中国政法大学出版社 2001 年版，第 163 页。

② 李怀泽：《暴力袭警：警察权威弱化的信号——从社会秩序结构谈暴力袭警产生的深层次原因及对策》，载《贵州警官职业学院学报》2006 年第 5 期。

③ 李怀泽：《暴力袭警：警察权威弱化的信号——从社会秩序结构暴力袭警产生的深层次原因及对策》，载《贵州警官职业学院学报》2006 年第 5 期。

④ 柯良栋：《公安法制建设理论与实践问题研究》，中国人民公安大学出版社 2005 年版，第 6 页。

⑤ ［德］诺贝特·埃利亚斯：《文明的进程、文明的社会起源和心理起源的研究》，王佩莉、袁志英译，三联书店 1998 年版，第 98 页。

中，警察作为一种国家机器是维护社会秩序的主要力量。

社会发展过程中不可避免会产生大量的矛盾和冲突，尤其是在当前的改革时期，新旧关系的冲突、行为和观念的冲突尤为突出。秩序对当前社会就更有价值。警察的执法就变得更为重要了。警察的执法有效行使是公共秩序与安全得以保存，在更深层次上是公民对国家内部统治秩序认同的前提性条件：一方面，只有借助于警察的执法活动才能满足人类对秩序的渴求；另一方面，警察合法的履行职责也是自身继续维持和存在的正当性基础。此种正当性基础的成立必须要建立一种合理的警察行政秩序方能达成。秩序是警察存在的实质目的，秩序之形成在于达成警察权的实质性的存在价值，即现实地落实国家统治权对合理秩序的追求，以此来满足人民对安全的心理需求。

四、有利于人本法律观的构建

人本法律观旨在使法律制度以人为立论中心，一切尊重人、一切为了人，平等维护与实现人类的尊严与价值，将人的价值视为法的最高价值，即视人本身为最高价值从而主张善待人、关爱人、把一切人都当作人来看待。人本法律观要求对人的合法利益应予以一视同仁地尊重，对一切违反人的价值尊严，不利于人的价值实现的现象依法予以否定。[①] 人本法律观表明这样一个事实——人是法律之本。人不仅是法律的主体，也是法律的目的。人权是人本法律观的一个基本原则。

综上所述，“国家安危，公安系于一半”，警察代表国家执法，既是国家法律的坚强卫士，更是国家实施依法治国的先锋。古人有言，“奉法者强则国强，奉法者弱则国弱”，如果警察在履行法定职权过程中不断遭受侵害，警察权益得不到应有的保护，必定会影响法律的执行，妨碍社会主义法治建设进程。因此，应尽快建立健全警察权益的保护机制，把维护警察权益工作，放于维护法律尊严、维护执法机关权威和切实保护人民群众根本利益的高度认识。

---

① 汪习根：《论人本法律观的科学含义——发展权层面的反思》，载《政治与法律》2007 年第 3 期。

第二章　域外警察合法权益保护概述

第一节　域外警察职业保障概述

一、域外警察执法保护概况

国外在警察执法权益保障方面将“无障碍执法”上升到了立法的层面，即在警察的执法过程中执法行为不应该受到任何的阻碍，如果发生了受到阻碍的情况，警察人员可以也必须使用武力排除。这一思想给予警察执法权益最大限度的保护，并且维护了警察执法所代表的国家的权威。虽然他们实行无障碍执法，但这并不代表警察在执法过程中可以滥用执法权力，而是在法律授权的范围内，依法执行公务，不受任何人的阻碍。在警察执法中有详尽的立法规定，可以减少警察自由裁量权的行使所带来的警民冲突，并且在警察执法权益受到侵害以后，许多国家和地区都对危害行为有具体明确的定罪量刑标准。①主要表现在以下几方面：

（一）合法使用暴力

在美国，警察作为法律的执行者，具有绝对权威。法律规定：“警察对罪犯（重罪或轻罪）实施合法逮捕时遇到反抗，使他有理由相信被逮捕者即将对他进行人身伤害（致死或致伤），并且合理地相信了对被逮捕者使用适当暴力是制止其反抗的唯一办法，在这种情况下警察使用适当暴力是法律许可的，视具体案件可包括致命暴力。在重罪犯逃避逮捕或者从监所逃跑的情况下，抓捕者对其使用暴力也是许可的。”② 因此，当事人任何言语上的争辩和肢体动

---

① 杨科：《对保护人民警察执法权益的思考》，载《山东警察学院学报》2009 年第 1 期。

② 北京大学法律系国外法学研究室等编：《外国警察法规选编》，群众出版社 1987 年版，第 130 ~ 132 页。

作都有可能被认为有妨碍公务和袭警的嫌疑，从而带来严重后果。[①] 美国联邦刑法将正当防卫分为自身防卫、防卫他人、防卫财产和执法防卫四种，将警察执行职务的防卫行为作为执法防卫规定为正当防卫的一种。美国联邦刑法规定，执法防卫是指国家以刑事法律的形式，允许依法执行职务的警察以及协助警察的公民，在制止不法侵害时有权运用适度暴力。[②]

在美国，对于正在实施犯罪行为的罪犯，只要警察有理由相信该罪犯行为将对其造成人身伤害，而又不能通过其他合法有效的方式将其制止时，或者是针对犯有严重罪行的在逃犯，在追捕过程中对追捕的警察的人身可以造成一定威胁时，允许警察使用适当的暴力予以制止，特别情况下，还包括允许对犯罪分子实行致命性的暴力行为，如使用枪支将犯罪人员击毙。[③]

在美国，警察在抓捕犯罪的过程中，出于自身安全的考虑，可以对可疑人员采取较为激烈的强制措施。如当警察在公路上截住普通违章车辆时，只要他有充足的理由怀疑，就可以举起手枪，喝令车内人高举双手或抱住后脑走出车门，然后对他们进行搜查。如果对方是无辜的，他们也只能表示无奈而不能因此投诉警察滥用权力。被盘查方一旦出现使警察误会的动作，处于备战状态的警察可能会出于自卫的目的而开枪。[④]

在英国，法律规定警察有权对任何人进行讯问，同时被讯问者必须如实回答，否则就会因浪费警力而构成伪证罪并因此承担刑事责任。另外，对于故意妨碍警察执行公务的，警察可以对其实施无证逮捕。《英国警察法》第 51 条规定："殴打警察：1. 任何人如果殴打正在执行公务的警察，或殴打帮助警察执行公务的人，是犯罪，应受到下列处罚：（1）由简易法庭判处 6 个月以下的监禁，在第二次或连续犯罪的情况下，处以 9 个月以下的监禁，或者处 100 英镑以下的罚金，或监禁与罚金并科；（2）不由简易法庭审理的较严重的殴打罪，处以 2 年以下的监禁或处以罚金，或监禁与罚金并科……"[⑤]

《意大利刑法》第 51 条第 1 款规定："……履行法律规范或公共权力机关合法命令规定的义务，排除可罚性。"同时还规定："如果执行命令的行为构成犯罪，由下命令的官员承担刑事责任。"第 53 条第 1 款又规定："除上述两条规定外，在为反击暴力或制止反抗当局的必要所迫时，出于履行职务的目

① 王素霞：《透视国外警察的权益保障》，载《开放潮》2008 年第 3 期。

② 储槐植：《美国刑法》，北京大学出版社 1996 年版，第 56 页。

③ ［美］塞缪尔·沃克：《美国警察》，公共安全研究所外警研究室译，群众出版社 1989 版，第 193 页。

④ 张耀宇：《袭警罪立法——离我们是近还是远》，载《人民公安》2006 年第 8 期。

⑤ 王渤：《发达国家警察管理制度》，时事出版社 2001 年版，第 87 ~ 88 页。

的，使用或依命令使用武器或其他身体强制措施的公务员，不受处罚。”① 这条规定对于警察执法时正当防卫有着深远的意义。

《日本警察官执行职务法》第7条规定：“警察官为了逮捕犯人或防止犯人逃走，或者为了保卫自己和他人，或者为了制止犯人抵抗的需要，在认为有相当理由的场合，按照该事态，在合理判断的必要限度内，可以使用武器。”这些“认为有相当理由的场合”包括：“现行凶恶犯为判处死刑、无期徒刑，或相当于三年以上长期惩役或监禁者。或有充分理由足以怀疑该人已犯了凶恶罪，并对警察官执行职务抵抗或企图逃走时……”②

由此可见，域外对于警察执法权益的保护在法律层面无论形式如何，均持充分肯定的态度，确保警察执法过程中始终保持绝对的权威。相比较而言，我国对于警察执法权益的保护就显得过于笼统且重视不足。

（二）立法上袭警行为入罪

在英美法系的国家和地区中，如英国、美国以及我国的香港地区，或在刑法等法律中规定有袭警罪，或在刑法的量刑指南中专门注明将袭警行为作为从重处罚的情节。

在美国，袭警行为是一类比较严重的犯罪行为，无论是联邦刑法还是州刑法，都对其作出了明确的规定。美国联邦刑法中单设有“袭警罪”，对以暴力行为抗拒警察执法进行严厉的处罚。根据美国联邦刑法规定，警察在执行公务时，任何与其身体相接触的行为都可能被视为是袭警行为，警察为保护自身可以对其采取相应的措施，包括使用致命性的武器对抗。③ 在美国，对于“袭警罪”的量刑，各州的处罚也非常严厉，有的州刑法甚至规定，对暴力袭警造成人身伤亡的罪犯可以判处死刑。

英国在1964年的《英国警察法》第51和第53条中规定了具体的侵害警察执法权益的几个罪名：妨碍警察执行公务罪、非法持有警察衣物罪、冒充警察罪、挑唆不忠罪、殴打警察罪，并且十分明确具体地规定了一一对应的刑罚处罚。④

---

① 刘涛：《警察防卫研究》，郑州大学2007年硕士学位论文，第19页。

② 北京大学法律系国外法学研究室等编：《外国警察法规选编》，群众出版社1987年版，第130～132页。

③ ［美］塞缪尔·沃克：《美国警察》，公共安全研究所外警研究室译，群众出版社1989版，第187页。

④ 李忠诚：《各国警察执法保障对策比较研究》，载《吉林公安高等专科学校学报》2009年第1期。

由于受英国法律的影响，我国香港地区对袭警行为作出明确规定，将袭警行为归为犯罪行为，设立单独的“袭警罪”，并对其作出处罚规定。根据香港《侵犯人身罪条例》的规定，袭击、抗拒或故意阻挠警察执行公务的，包括袭击、抗拒或故意阻挠辅警人员执行公务的人，法律最高可以判处其两年的监禁。如果造成警察人身伤亡的，还要承担相应的刑事责任。同时，在处理袭警罪的诉讼制度上，也颇具特色，对于袭击警察的罪犯可以不经检察官起诉，通过简易程序，直接提起诉讼，予以定罪。

大陆法系的许多国家虽然没有将袭警作为单独的罪名给列出来，但是很多国家都非常清楚地将侵害警察执法行为的各种罪行进行详细的规定，并且包含每一种行为应受的处罚的类型以及在量刑上的幅度。

在德国，对袭警行为的规定方面，并没有像美国那样将袭警行为规定为独立的罪行，而是将暴力袭警行为纳入妨害公务罪的范畴，根据其侵犯警察权益的情节和后果不同，来确定不同的刑事责任。如德国刑法规定，对情节较轻的袭警行为以妨害公务罪论处，对情节特别严重，造成警务人员伤亡的，分别以故意伤人罪、故意伤害罪论处，最重可以判处死刑。[①]

《新加坡共和国刑法典》中，虽然没有单独对警察的权利制约和保障作出规定，只将其放在有关公务员的规定内，但它的规定相当详细，可操作性很强。第十章全章都是“藐视公务员法定权利罪”，共 19 条。受处罚的行为罗列得清晰细致，对“拒绝公务员”的行为就有 4 条条文针对四种情况加以处罚，如 180 条“公务员依法有权要求其在声明上签字而其拒绝签字的，处可长至 3 个月的有期徒刑，或处可高至 500 新元的罚金，或两罚并处”。[②]

无论是英美法系国家还是大陆法系国家的法律，都对侵害警察执法行为进行严惩，侮辱、威胁、身体接触都构成犯罪，轻则 6 个月以下监禁，重则两年以上监禁。且对袭击警察造成伤害或者死亡的犯罪规定为“加重结果的伤害罪”或“加重结果的杀人罪”，作为故意杀人罪或者故意伤害罪的从重处罚情节。[③]

我国法律没有将袭警单独列罪，与袭警行为相关的法律条文规定主要有：

1. 《人民警察法》

《人民警察法》第 5 条规定：“人民警察依法执行职务，受法律保护。”

---

① 宋维：《论公安行政执法中警察权益的保障》，湘潭大学 2012 年硕士学位论文，第 17 页。

② 龚海燕：《完善警察执法法律保障——中外警察执法保障法律比较》，载《上海公安高等专科学校学报》2004 年第 1 期。

③ 林名雄：《浅析维护警察执法权威》，福建师范大学 2010 年硕士学位论文，第 15 页。

第35条规定："拒绝或者阻碍人民警察依法执行职务，有下列行为之一的，给予治安管理处罚：（一）公然侮辱正在执行职务的人民警察的；（二）阻碍人民警察调查取证的；（三）拒绝或者阻碍人民警察执行追捕、搜查、救险等任务进入有关住所、场所的；（四）对执行救人、救险、追捕、警卫等紧急任务的警车故意设置障碍的；（五）有拒绝或者阻碍人民警察执行职务的其他行为的。以暴力、威胁方法实施前款规定的行为，构成犯罪的，依法追究刑事责任。"

2.《治安管理处罚法》

《治安管理处罚法》第23条规定，扰乱机关、团体、企业、事业单位秩序，致使工作、生产、营业、医疗、教学、科研不能正常进行，尚未造成严重损失的，处警告或者二百元以下罚款；情节较重的，处五日以上十日以下拘留，可以并处五百元以下罚款。聚众实施上述行为的，对首要分子处十日以上十五日以下拘留，可以并处一千元以下罚款。第50条规定："有下列行为之一的，处警告或者二百元以下罚款；情节严重的，处五日以上十日以下拘留，可以并处五百元以下罚款：（一）拒不执行人民政府在紧急状态情况下依法发布的决定、命令的；（二）阻碍国家机关工作人员依法执行职务的；（三）阻碍执行紧急任务的消防车、救护车、工程抢险车、警车等车辆通行的；（四）强行冲闯公安机关设置的警戒带、警戒区的。阻碍人民警察依法执行职务的，从重处罚。"

3.《刑法》

《刑法》第277条第1款规定："以暴力、威胁方法阻碍国家机关工作人员依法执行职务的，处三年以下有期徒刑、拘役、管制或者罚金。"第4款规定："故意阻碍国家安全机关、公安机关依法执行国家安全工作任务，未使用暴力、威胁方法，造成严重后果的，依照第1款的规定处罚。"

《刑法》第234条规定："故意伤害他人身体的，处三年以下有期徒刑、拘役或者管制。犯前款罪，致人重伤的，处三年以上十年以下有期徒刑；致人死亡或者以特别残忍手段致人重伤造成严重残疾的，处十年以上有期徒刑、无期徒刑或者死刑。"第232条规定："故意杀人的，处死刑、无期徒刑或者十年以上有期徒刑；情节较轻的，处三年以上十年以下有期徒刑。"

4.《人民警察使用警械和武器条例》

对警察遇到袭警时，使用警械和武器进行了规定，《人民警察使用警械和武器条例》第7条规定，经警告无效，为制止强行冲击警察为履行职责设置的警戒线，以暴力方法抗拒或者阻碍警察依法履行职责，袭击警察等行为，警察可以使用警棍、催泪弹、高压水枪、特种防暴枪等驱逐性、制服性警械。

《人民警察使用警械和武器条例》第 9 条规定，警察在判明有以暴力方法抗拒或者阻碍警察依法履行职责或者暴力袭击警察，危及警察生命安全的紧急情形时，经警告无效的，可以使用武器。

二、域外警察执法的物质保障

（一）临战装备保障

在警察装备方面，德国对警察在执行任务时警械武器配备作出明确规定。在德国，基层的一线警察除标准的配备（警服、皮带、警用对讲机、防弹背心、手套、头盔、警棍等必要的防护装备）以外，还配备一些高科技的武器设备，根据不同的境况予以使用，如 CS 剂（催泪剂）、DM 剂（催吐剂）、CR 剂（能引起皮肤烧灼能力的化学剂）以及高压电击枪、染色弹等武器装备，它们既携带方便，又能有效阻止违法犯罪人员的犯罪行为，使之暂时失去暴力侵害能力，从而也能对在执法过程中警察本身权益带来保障。①

日本政府高度重视警察临战技术装备保障，并通过国家预算予以保障。为了应对日益增加的报警案件，日本各地区警察机关均投入巨资建立了世界一流的信息指挥中心，如超大屏幕电子地图、交通自动控制系统，广泛运用 IT 技术提高信息处理能力，执勤巡逻警车均配备 GPS 系统与电脑查询系统，每名执勤警察都必须配备便携式无线电对讲机，把接警、无线通讯和指挥随时反馈到基层警务部门，快速处置。日本政府为警方统一配备了警用车辆、船舶和直升机，为开展巡逻、紧急处警、追捕犯罪分子等工作提供了有力保障。以日本警察第 6 特科中队 SAT（Special Assault To 的缩写）为例，SAT 全员配备了 66 式头盔、防弹衣以及夜视眼镜。SAT 还根据需要装备了催泪弹、晕榴弹（非致命性震昏手榴弹）以及窃听器等先进的警用器材。② 日本警察由于装备精良和训练有素，在警察临战中伤亡极少。据 1997 年统计，牺牲和负伤者分别只占全国警察总数的 0.26/万和 1.57/万。而同时期，我国警察牺牲和负伤者分别占全国警察总数的 3.76/万和 58.57/万。这些数字充分说明，尽可能提高警察临战中的技术装备水平，可以有效降低警察临战处置的危险性。③

---

① 李忠诚：《各国警察执法保障对策比较》，载《贵州警官职业学院学报》2009 年第 2 期。

② 柳卫民：《日本警察临战保障及其启示》，载《湖北警官学院学报》2007 年第 1 期。

③ 聂国丽：《现代警务保障》，中国人民公安大学出版社 2002 年版，第 123 页。

（二）临战信息保障

美国的情报工作堪称宏伟，每年用于信息情报活动的经费超过 300 亿美元。其信息情报工作不仅拥有庞大的组织体系、先进的技术设备，而且范围遍及全球，内容涉及政治、经济、军事、外交、科技等各个领域，是当之无愧的世界上最大的情报国。有资料显示，全美警方设有 7 万个计算机终端，贮藏着 4.8 亿个犯罪信息资料，2 亿人的指纹，100 万辆被盗车辆记录，30 万名各类通缉犯和 8 万人失踪人口的记录。[①] 在美国，纽约警察局是最早采用情报主导警务的警局之一。从 20 世纪中期，纽约为解决治安混乱的问题，经过认真调查和反复论证，创新性地采取了一种以发案分析和刑嫌情报为核心的自上而下的警务战略。英文将其称为“CompStat”，即“ComputerizedStatistics”（计算机统计据）。“CompStat”就是根据案发的高低，制作了一幅覆盖全纽约市的案发电子地图，然后在地图上用不同的颜色代表不同的案件高发区，以此形成一个庞大详细的犯罪数据库，供警方参考分析。每周纽约市警察局所有 76 个分局局长固定到纽约警察总部开一次 CompStat 会议。会上，各位局长先就一周以来所发生案件的分布、案情的规律，以及新型的犯罪手段进行探讨和研究，并相互质询。然后，根据所收集到的计算机统计数据，制订相应的计划和调配警力资源。[②] 自从实施了这项以犯罪情报为指导的警务战略后，纽约从全美国最不安全的十大城市转而变成最安全的城市之一。信息情报共享为警察有效打击犯罪，提供了强有力的保障。

日本警察在临战中十分注重信息保障，注意充分发挥情报信息在警察临战全过程中的主动性和导向性。日本在法律上规定警察通讯为国家事权，尽管日本的各都道府县警察部门的人、财、物以块管理为主，但各都道府县地方警察本部所设的警察通讯部，其编制、经费、人员培训和系统建设则统一由日本警察厅信息通讯局直接管理，保证了通讯系统和信息应用系统建设的规范性和统一性。日本警察厅预算为 27406 亿日元，信息通讯部门预算为 470 亿日元，其中 90 亿日元用于维护管理。中央维护经费占 80%，地方占 20%。[③] 日本警察拥有自己独立的通讯及情报管理系统，建立了卫星通讯、固定通讯、移动通讯，110 通讯指令室、警察情报管理中心，能够对卫星通讯车、直升机、警察

---

① 王大伟：《欧美警察科学原理：世界警务革命向何处去》，中国人民公安大学出版社 2007 年版，第 78 页。

② 王生安：《情报信息导向警务模式的实践与思考》，载《中国人民公安大学学报》2006 年第 4 期。

③ 任磊石：《日本警察信息化建设基本情况》，载《公安研究》2005 年第 8 期。

机动通讯队、警察车船通讯系统等传回的有线、无线、图像等信息适时处理。在日本，警察厅建立的警察信息管理系统中，存有全国被盗抢机动车、失踪人员等信息，这个系统可以通过网络和无线电电台直接为一线警察提供查证服务，迅速、准确地为临战一线提供信息支持。日本警察的案件信息管理系统则建立在都道府县警察本部（东京为警视厅）全国联网，警察可以将勘查现场的结果迅速送交案件信息管理系统，同时分送犯罪信息分析室，这样就大大增强了警察临战信息处理能力。①

2002 年，英国出台了《警察改革法案》，紧接着“国家警务计划”采用了国家情报模式（The Nnatioal Intelligence Model），简称 NIM。“NIM 是执法部门的一种工作模式，它在 2002 年成为高级警官协会的一项政策，它是为了重新分配资源而必须贯彻实施的专业调整。NIM 提供给警方一种情报信息主导警务的方法，政府要求英格兰和威尔士各警察局必须于 2004 年 4 月之前执行该系统，其他附加的指导性的最低标准，开发后将在 2005 年 11 月贯彻执行。”② 2002 年的《警察改革法案》制定了 135 个国家情报模式运行最低标准，涉及专业知识资源、系统资源、信息资源、人力资源、信息采集、情报或信息记录、情报研发、情报产品、战略或战术任务派遣与巨调、战术决定、情报或战术总结 11 个方面。保证了警察跨界信息共享，减少了对术语的不同解释。

三、域外警察执法的组织保障

许多国家专门设立有警察权益保护组织，这些组织直接代表全体警员的利益，在维护警察权益方面发挥了重要作用。如 2002 年美国洛杉矶警察联合会和警察委员会通过努力，修改了投诉警察程序，根据投诉性质的严重程度和轻重缓急，监察人员可以采取不同的解决方法，引导投诉双方进入调解程序；在调解人在场的情况下，投诉人与被投诉的警官可以进行当面对质，尽可能以最短的时间寻求最公正的解决办法，避免展开正式调查、举行听证会等一系列复杂的程序，有效地保护了警察权益。③

1964 年颁布的《英国警察法》第二章专门对警察代表机关的设置、职能

① 柳卫民：《日本警察临战保障及其启示》，载《湖北警官学院学报》2007 年第 1 期。

② 吕雪梅：《英国国家情报模式对我国信息警务改革的几点启示》，载《北京人民警察学院学报》2007 年第 3 期。

③ 张黎霞：《法治进程中警察权益保障路径初探——兼及警察权的实现问题》，山东大学 2012 年硕士学位论文，第 20 页。

等作了详细的规定。英国的警察联合会代表警察队伍中绝大多数警员，在提高警员工资、改善警员工作条件、提高警务活动效率等方面发挥着重要作用。[①]

在加拿大，设有外部审查委员会，主要负责处理皇家骑警成员对上级处分决定不服、对上级指令不服、对工资差旅补助费不满、对身体和心理健康检查结果不满等方面的申诉，目的是保证皇家骑警的下级成员能够受到上级的公正待遇。[②]

在香港，政府设立了专门的警察维权机构——警察工会，由警察缴纳一定年费，工会代表警察为会员争取权益，维护警察的利益。为保障警察权益，香港还设立了警察福利基金，专门用于警察福利。如用于提供和维护公共设施，以便警察及家人使用；为警务人员、辅警人员及文职人员提供其他的额外服务；为警务人员提供借出贷款；为已故警务人员等提供经济援助等。这些制度不仅保障了警察在行政执法过程中的合法权益，还为提高警察的工作效率和工作积极性打下了基础。[③]

四、域外警察的职业薪酬待遇保障

世界各国不论发达与否，也不论其社会制度，对因警察的特殊性区别于一般的政府公务员而给予高薪是普遍的共识。[④] 一些国家警察的薪金待遇同于军队，甚至高于军队。具有关资料介绍，美国警察的平均年薪高于当地一般职工25%左右，而联邦德国警察的薪金待遇高于其他部门职工33%～36%，意大利、罗马尼亚等国警察不仅薪金从优，并且警龄一年按照16个月计算。[⑤] 日本警察工资高于其他公务员10%。[⑥] 而一国两制下的香港特别行政区，对于警察薪酬等福利待遇保障的规章制度，相对于内地来说更为规范和健全，《警察通例》、《警队条例》、《警队（福利基金）规例》、《警察子女教育信托基金条例》等法律、法规对警察的薪酬等各项福利保障作了详细、具体、规范、操作性强的规定，切实从维护警察身心健康的角度出发，细致周到地予以保护，有效地提高了广大从警人员的工作积极性，维护了警队高效的战斗力。

在美国，以洛杉矶地区警察为例，新入警的警员的年薪是5.1万美元，转

---

① 马云波、欧阳梦春：《国外警察权益保障机制对我国的启示》，载《法制与社会》2011年第25期。

② 王永辉：《人民警察合法权益保护问题研究》，山东大学2007年硕士学位论文，第6页。

③ 宋维：《论公安行政执法中警察权益的保障》，湘潭大学2012年硕士学位论文，第19页。

④ 刘杰：《试论警察权益保护》，暨南大学2013年硕士学位论文，第16页。

⑤ 孙萍：《域外警察待遇掠影》，载《河南公安专科学校学报》1992年第3期。

⑥ 石启飞：《警察职业、职业警察与警察职业化》，载《辽宁警专学报》2007年第1期。

为正式警官后年薪不低于8.88万美元,[①] 其他地区工资略有高低，但普遍高于普通学校教师和企业职工的待遇。并且在美国从事警察行业，无论级别高低，均有权享受多种免税或者减税福利待遇，还可享有丰厚的买房补贴、重大案件风险补贴、节日加班补贴，以及合法的公车私用。在享受正常的养老金、退休金的同时，凡是连续工作满20年的警察即可退休，且一经正式退休，无论级别高低，一律可获得一次性25万美元的退休补偿金。[②] 在美国，一线警察的薪水待遇总体要比其他部门的公务员高50%以上，并可免交15%的所得税，加班加薪1.5倍。[③]

在英国，经过近年来的不断改革，警察系统的工资在不断增加，英国警察的薪酬主要由两部分组成：一是基本工资；二是津贴补贴。英国实行岗位工资制度，警察的工资首先由其岗位确定，即在什么样的岗位就拿什么样的工资。英国警察的岗位就是其警衔，也就是说，英国警察的警衔代表着实际岗位。英国警察的基本工资与其他公共机构的工作人员相比要高出10%～15%，甚至比军队的基本工资还要高，充分体现了警察工作的危险性、繁重性和无规律性等特殊的职业特点。英国警察除基本工资收入（占总收入的80%～90%）以外，还享受一系列的津贴补贴（占总收入的10%～20%）。这些津贴有的是警务工作中增加的某些开支，如食宿、交通、搬家和特殊工作地区补贴等；有的是对警察特殊工作性质的补贴，如随时待命津贴和加班补贴。在英国，没有全国范围内统一的法律或机构负责管理英国警察的津贴补贴，各个警察局均有自己的津贴补贴管理机构，即联合谈判与协商委员会。英国警察的津贴补贴包括：高级警官特有的福利；地区性补贴；住房相关补贴；机动车补贴；差旅费补贴；随时待命津贴以及加班补贴等。[④]

德国警察工资福利相对稳定。警员不论担任何种职务，同衔级者基本工资待遇完全相同，警察待遇比一般官员高。警察除基本待遇（初级警员每月1500欧元纯收入，中级警员2000欧元，高级警官不少于3000欧元，且每年领13个月的工资）外，还有加班补贴、生活津贴、子女津贴、疾病特别补助、圣诞月津贴、休假特别奖金等。警察人员办理人身安全保险，保险费全部由政府负担。一般行政官员退休年龄为65岁，警察退休年龄规定为60岁，但按65岁的标准发放退休工资。对于特殊岗位警员退休时按其职衔的最高工资

① 马可：《警察职业保障制度初探》，载《公安教育》2014年10期。

② 刘杰：《试论警察权益保护》，暨南大学2013年硕士学位论文，第16页。

③ 杭东：《外国警察的权益保障》，载《森林公安》2009年第2期。

④ 张翠梅、安翠丽：《中英警察薪酬保障体系对比研究》，载《中国人民公安大学学报》（社会科学版）2014年第6期。

标准发放。①

《俄罗斯联邦警察法》第 18 条“民警的职责与权力”规定，在俄罗斯联邦领域内，民警不论职位、所处地点和时间，都必须：为遭受犯罪、行政违法行为和不幸事件侵害，以及处在危及生命的孤立无援或其他状态中的公民提供帮助，其中包括紧急救护；在公民向其报告有关威胁到个人和公共安全的事件，或者其直接发现这类事件时，采取措施救人，预防和制止违法行为，拘留可疑人员，保护现场并将此通知附近的民警部门。为此，民警可以行使民警机关的权力。该法第 22 条“民警的劳动报酬”第 3 款规定，民警在夜间和节假日，以及在法定工作时间之外加班的，应按劳动法的规定给予补偿。②

鉴于警察职能的特殊性和警察职业的艰苦危险，香港警务人员的薪酬政策按照“足以吸引、挽留和激励最优秀的人才”的原则制定。1988 年 4 月，香港政府颁行了警务人员薪级表并沿用至今，使警察工资成为区别于其他纪律部队和公务员的独立体系。津贴体系充分体现了警察职业特点，警察在享受所有的公务员津贴的同时，还可享受 20 个符合警察职业特点的津贴。警察津贴大致可分为三类：一是警务人员普遍可享受的津贴。二是只有部分警种可享受的津贴。三是特殊时期、特殊职务及在特殊地区当值可享受的津贴。如台风当值津贴、危险职务辛劳津贴、厌恶性职务辛劳津贴、方言津贴以及偏远警署当值津贴等。香港警察工资分为 59 个级别，普通公务员工资为 49 个级别，相比较，警察的工资晋升空间远高于其他公务员。同职级的警察工资标准还高于其他纪律部队。同为新入职的人员，警察工资标准比其他纪律部队和一般公务员要分别高 10.1%、69.1%。香港警察津贴体系充分体现了警察职业特点，津贴有 20 个种类之多。③

五、域外警察的伤亡抚恤保障

根据《俄罗斯联邦警察法》的规定，对警察因履行公务造成的致伤、致残以及牺牲的，由国家通过相应的财政预算资金予以赔偿；或者通过建立专门的基金，以给警察购买国家保险的方式，从而使其从中获得赔偿。警察因公牺牲或任职期间因伤病解职之后一年之内死亡的，牺牲者家属或其抚养的人可一次性领取相当于牺牲者 10 年工资的抚恤金，该费用从相应的预算资金中支出，

① 宋晓明：《警察的薪酬现状与改进对策研究》，沈阳大学 2014 年硕士学位论文，第 3~4 页。

② 刘伯祥：《外国警察法》，中国法制出版社 2007 年版，第 723 页。

③ 张承先、王军、满俊：《内地与香港警察福利待遇保障之比较》，载《江西公安专科学校学报》2010 年第 5 期。

事后再向肇事者如数追缴；警察因公导致身体受损而不能继续任职的，可以一次性领取相当于5年工资的抚恤金，该费用从相应的预算资金中支出，事后再向肇事者如数追缴；在警察因公致残或健康受到其他损害时，可领取超过本规定确定的抚恤金总额的一定的补充金，该费用从相应的预算资金中支出或由与警察机关签订合同的组织支付；警察或其亲属因警察的职务活动造成的财产损失，全部由相应的预算资金给予补偿，事后再向肇事者如数追缴。①

在我国香港特别行政区，对于因公负伤的香港警察，根据月薪和发生工伤时年龄的不同，他们会得到48个月至96个月不等的补偿金。如果因工作原因死亡，可获得丧葬费补助金和死亡补助金。同时根据服务年限、最高月薪，获得一笔死亡抚恤金。发放“死亡抚恤金”的计算公式为：薪金×年资×1.4930。②

六、域外警察的休假保障

在美国，警察的年休假必须达到137天（含公休假日及公众假期），否则违法。美国洛杉矶警察除正常的法定节假日及公休假期外，每年可以享受5个星期的带薪假期。在俄罗斯，警察除每年享有30天的带薪假期之外，根据工作年限的不同还可以额外享受5至15天不等的带薪假期，并根据休假地的不同给予相应的路程假。③

《俄罗斯联邦警察法》第20条规定：民警工作的时间为每周不超过40小时；必要时，民警可以超时以及在夜间和节假日加班；民警每年有30天的带薪假期，往返于休假地点所需时间另计。民警有额外增加的带薪假期：任职10年以下的为5天；任职10年以上的为10天；任职20年以上的为15天。④

《澳大利亚联邦警察法》第11条规定：（1）警察总长按照薪金审裁机构确定的决定拥有休假的权利。部长可以给警察总长准假，但不是休假。准假期间的薪金或者其他方面的待遇由部长决定。（2）警察总长可以给副警察总长准假。准假期间的薪金或者其他方面的待遇由警察总长决定。⑤ 澳大利亚警察法中规定了警察（总长）的休假权，同时将休假（年休假）与准假（临时休假）加以区分，并对准假期间的薪金或者其他方面待遇的决定主体作出了规

① 王淑合：《俄罗斯联邦警察体制及警察的社会保障》，载《福建公安高等专科学校学报》2002年第5期。

② 张承先、王军、满俊：《内地与香港警察待遇福利保障之比较》，载《江西公安专科学校学报》2010年第5期。

③ 刘杰：《试论警察权益保护》，暨南大学2013年硕士学位论文，第17页。

④ 刘伯祥主编：《外国警察法》，中国法制出版社2007年版，第722页。

⑤ 刘伯祥主编：《外国警察法》，中国法制出版社2007年版，第1092页。

定。警察总长休假权由薪金审裁机构确定；警察总长准假由部长决定，准假期间的薪金或者其他方面的待遇由部长决定。部长可以批准执行主席的休假申请（公休假除外），并以书面方式决定有关薪酬或其他内容的休假条件。①

香港警察休假大致可分两类：一是工作休假。警务人员除固定的公众假期外，每年还享有22天假期，并可积累使用，但不得超过60天；随着工作年限和职级增长，假期可增至31天至40.5天，累积使用限额可增至120天至180天。高级警务人员可享受年假，旅费同时提供给其配偶和子女。二是与医疗福利有关的病假服务年资4年以上者，最高可享受182天全薪病假及91天半薪病假；未满4年者最高可享受91天全薪病假及182天半薪病假。因工负伤可享有2年全薪病假，经法庭或警务处长批准可再延长1年，但超过3年的须由公务员事务局局长批准。未休假或逾时工作的通常会给予补假，并可连同最高限额的事假、基本假期、例假、海外附加假期或年假一起享用。②

七、域外警察的医疗保障

在美国，警察一年可以享受两次公费体格检查，医疗费和住院费实行全额报销。在俄罗斯，警察及家属、配偶、18岁以下子女和由警察扶养的人可以享受内务部各医疗机构提供的各种免费医疗救助。我国香港特别行政区警察亦实行免费医疗，并且完备的医疗救助服务体系不仅针对警察更可荫及家属。在就医过程中，不仅警务处有专门的福利主任到医院争取最优厚的医疗救助条件，同时还可以通过“警察福利基金”给予生活补助，购买特别的医疗设施，或者提供到海外或境外进行治疗的费用。③

八、域外警察的职业心理干预

国外对警察心理问题的探讨起源于20世纪20年代，70年代后达到高峰。基于普通心理研究较为成熟，对警察心理问题的研究主要针对的是由于警察职业的特殊性所造成的特定的心理压力状态，即特定的工作压力。主要集中于四个方面：一是心理压力源研究，即警察工作压力源研究；二是心理压力的研究，即对警察工作压力所产生的后果研究；三是心理压力的特殊表现，即关于

---

① 李铭：《对我国警察休假制度的若干思考》，载《辽宁警专学报》2011年第6期。

② 张承先、王军、满俊：《内地与香港警察待遇福利保障之比较》，载《江西公安专科学校学报》2010年第5期。

③ 张承先、王军、满俊：《内地与香港警察待遇福利保障之比较》，载《江西公安专科学校学报》2010年第5期。

警察职业耗竭问题的研究；四是心理压力问题的补充，即警察工作压力的其他研究。[①] 尤其美国、英国、澳大利亚等国家十分重视警察心理干预研究，选拔警察时的评价指标，几乎遍及所有的心理品质。此外，他们还先后建立了专业的心理咨询机构，用以帮助警察解决工作生活中遇到的各种困难，从而提高警察的心理健康水平。[②] 如美国将涉枪警察的心理干预直接写入法律，警察一旦开枪后，就必须要按照法律的规定接受一系列的心理干预，以确保警察能够保持良好的心理状态重返工作岗位。国外警察心理问题研究虽属实证主义研究，在理论上显得过于杂乱无章、不成体系，但其对警察心理干预的实际意义和效果却是不容忽视的。

第二节　域外警察教育培训比较研究

警察教育训练是警务部门为提高警察队伍素质和战斗力所进行的理论教学和技能训练活动的总称，警察在职培训与学历教育构成警察教育训练的完整体系。[③]

一、警察教育培训模式的比较

警察教育培训模式，是对某种警察教育培训制度、相关院校、学制期限、课程设置和师资力量等方面的概括。[④]

世界警察教育培训可分为五种模式,[⑤] 具体包括：

（一）英美模式

在英美国家，警察实行严格的招募考试筛选制度，分层次、相互衔接的晋升培训相结合的制度。在英国，英国警察教育培训主要分为三大部分：见习警察培训制度（基层警察首任培训）、晋升考试与培训制度、高级警察培训。上述培训基本涵盖了警察职业生涯的始终，它可以为处于不同岗位、不同层次的

---

① 殷明：《国外警察心理压力问题研究综述》，载《山西警官高等专科学校学报》2007 年第 1 期。

② 张振声：《论新时期的警察心理素质问题》，载《中国人民公安大学学报》2003 年第 5 期。

③ 杨建和、张光：《公安管理学》，中国人民公安大学出版社 2006 年版，第 234 ~235 页。

④ 李娟：《中外警察教育培训模式比较研究》，载《湖南公安高等专科学校学报》2002 年第 6 期。

⑤ 王大伟：《中国公安教育的特色与定位——从中西比较的角度考察》，载《中国人民公安大学学报》2003 年第 2 期。

警察提供相应的培训和学习途径。[①] 英美模式下的警察职业培训制度呈分散性，由地方政府及地方警察机关根据警务工作的需要及警察队伍的实际情况，进行多层次、多类型的警察教育培训，注重实战。

（二）大陆法系模式

以法国为代表的大陆法系模式，实行高度集权的行政体制，其警察培训模式也与其国家体制相适应，具有高度集中统一性，日本和韩国虽是东方国家，但由于历史原因，受本国传统与西方的双重影响，其警察教育培训模式与集中型的欧洲大陆模式比较接近。大陆模式下的警察职业培训模式则体现出集中性，警察职业培训自成体系，由国家有关部门统一负责，依法管理，以法保障，教育训练统一有序。

（三）东方综合模式

这种模式以韩国为代表，包括韩国、中国台湾地区、埃及等国家。其以警察内部的高等学历教育为特色；具有比较完善的考试筛选制度；晋升与培训相结合的机制业已建立；警察的学历教育以警察内部的学校为主，以社会上的院校为辅；警察培训为综合培训，具有强烈的本国特色。

（四）原殖民地模式

第二次世界大战前，世界上的殖民地主要有两类，即法国殖民地和英国殖民地。前者深受大陆法系警察模式的影响，教育培训上有严格的筛选标准，以军衔为基干，建立培训与晋升相结合的制度；社会院校是警察学历教育的主要基地，并注重警察内部专业培训学校的建设；警察培训具有浓厚的军事色彩。而英国殖民地的警察教育与培训深受英国警察模式的影响。

（五）中国模式

考试招募制度尚不完备，培训与晋升相结合的制度正在建立之中；警察培训教育主要在警察内部配套较完备的警察院校中进行，普通大学的学历教育是辅助教育；警察教育培训的内容比较广泛，不仅注意理论教育、知识教育，还注意技能培训。

由于世界各国教育制度、历史传统、经济发展等国情不同，教育训练模式

① 张淮：《论英国警察的教育培训体系对我国警训工作的启示》，载《甘肃警察职业学院学报》2007年第1期。

也不尽相同。总的来看，警察教育训练模式可以归结为两类：一是培训教育模式；二是学历教育和培训教育结合模式。实行教育培训模式的有美国、英国、法国、意大利、日本等国家。我国香港地区也属此种模式。[①] 实行培训教育模式的国家或地区，美国、英国和我国香港地区在重视培训的同时，也注重提高警察的学历层次。而在日本、法国等国家，尽管不是警察学历教育，但是培训期限都较长，和实行学历教育并无二致。同时，这些国家把警察高等教育放在普通高校或者实行培训教育，也完全是由其国情决定的。

实行学历教育与教育培训相结合模式的有澳大利亚、德国、西班牙、荷兰、芬兰、韩国、泰国、埃及、朝鲜、俄罗斯、罗马尼亚和我国台湾等国家和地区。这种教育模式除对警察进行职业教育训练外，还将警察教育与相应的学历、学位挂钩。

我国公安机关的警察教育由学历教育和培训教育两部分组成。学历教育分为研究生、本科、专科层次，其中成人学历教育主要是本专科层次，主要方式是自学考试与成人高考等。培训教育有初任培训、警衔晋升和职务晋升培训、专门业务和岗位培训、知识技能更新培训四类，而且近年来大力推行“三个必训”制度。多年来，在我国有关警察教育模式的争论一直没有停息。

我国的警察教育培训，其领导管理体制是以警察部门和教育部门的双重领导为基础，侧重警察部门的领导。由于在机构设置、办学模式、经费等方面均服从于国家教育部门的统一管理，就教学与管理来看，自身的警察职业培训特色未充分体现出来。与西方发达国家相比，我国的警察教育培训还不够制度化、规范化。

在警察教育培训模式上，我们还存在诸多问题，诸如：对公安教育缺乏应有的重视，往往是“雷声大，雨点小”；对公安教育缺乏科学的长期规划；对学历教育和培训教育的关系缺乏科学深入的探讨；对有关国家和地区的警察教育经验缺乏足够深入细致的研究；学历教育和培训教育之间还存在一系列体制性、机制性矛盾难以解决；有些公安院校办学定位不明确；学历教育的实战能力培养不突出；长期重使用轻培养等。[②]

---

① 《中外警察教育比较研究》课题组：《中外警察教育比较研究》（上），载《山东警察学院学报》2007 年第 6 期。

② 《中外警察教育比较研究》课题组：《中外警察教育比较研究》（上），载《山东警察学院学报》2007 年第 6 期。

二、警察教育培训理念的比较

教育培训理念是对教育培训的价值判断和基本看法。教育培训理念渗透着人们对教育培训的价值取向，决定着教育培训的发展方向和管理方式，是教育培训的灵魂和关键。在教育培训理念方面，国外警察教育培训注重依法治教、服务实战、强化科研、文化育警和开放办学的理念。

（一）警察教育培训在法律框架内展开

世界上许多国家的警察法规，都有关于警察教育的规定。美国、法国、英国、意大利、俄罗斯、日本、印度、埃及等国家还单独立法，使警察教育在法律制度和人、财、物等方面有充分的保障。[①] 如法国政府1985年制定了《国家警察训练法》，确立了警察教育培训的目的、原则、体系、规格、类型、组织和实施方法等。[②]《日本警察法》第27条、第32条、第54条分别对警察大学校、管区警察学校和府县警察学校作了规定。《日本警察法》和《日本警察法施行令》还分别就警察教育培训经费作了规定。《日本警察法实施细规则》还在第44条至第70条对警察大学校，第133条至第140条对管区警察学校作了具体规定。韩国在1979年12月28日颁布了《警察大学设置法》。[③]

（二）警察教育培训注重实战

服务实战是警察教育的生命线。许多国家或地区的警察机关普遍重视警察教育的实用性，强调贴近实战，服务实战。

1. 在时间分配上，强调服从实战需要

美国、法国、德国、英国及俄罗斯、哈萨克斯坦等国家，不论学制长短，理论教育和实习各占1/2。日本、意大利等国家理论教学、技能训练和实习各占1/3。以日本为例，《日本警察法》规定，大学毕业生新警培训为期15个月，高中毕业生为期21个月。其中，大学毕业生教育培训的15个月中有6个月接受新任培训课程的教育，3个月在职培训（岗位实习）、2个月新任综合课程教育和4个月实务培训；高中毕业生教育培训的21个月中有10个月接受新任培训课程的教育，3个月在职培训（岗位实习）、3个月新任综合课程教

① 朱恩涛：《世界警察教育概览》，群众出版社1996年版，第48页。

② 李娟：《中外警察教育培训模式比较研究》，载《湖南公安高等专科学校学报》2002年第6期。

③ 《中外警察教育比较研究》课题组：《中外警察教育比较研究》（上），载《山东警察学院学报》2007年第6期。

育和5个月实务培训。[①] 英国、日本则采取培训——工作——培训——工作轮番交替的形式，以提高警察的理论水平和实际工作能力。[②]

2. 在内容上，注重实战能力培养

如法国警察院校的教学内容、课程设置和教学重点都立足于学员从事未来警务工作和担负的责任所需要的各种品质和能力的培养，并根据警务工作的需要而不断调整变化。如专门培训警员的警察学校，设置的课程极为广泛，以巴黎警校为例，共设置了70余门课程。[③] 又如，美国各州市的警察教育除部分理论性课程外，很大一部分都是实用技能训练，对新警察培训的主要目标是培养学员如何在第一线开展巡逻和执法的实战技能。[④] 再如，英国在对新警培训时，会发放给每个新警察《警察训令》，《警察训令》中详细说明了如何进行巡逻、逮捕、在法庭上行事、撰写报告、应对紧急情况等，内容具体翔实，操作性很强。[⑤]

3. 在方法上，突出实战实用

以香港地区警察培训为例，香港警队的教育培训本着"实用、够用和管用"的原则，按照实际警务工作需要开设知识类和技能类两大类课程。基础课程设置以香港法律、法规为依据，专业课程设置从实际出发，按照实际发生的案件来设计训练内容。在教学安排上，纯理论教学只占全部课程的1/3，实战训练教学所占比例很重。[⑥] 香港警队高度重视与实战相类似的逼真的模拟训练，并注意借用高科技手段提高模拟现场教学的质量和效果。如追捕劫匪的模拟教学，从劫匪驾驶车辆逃窜，到给劫匪带上手铐，每个步骤都演绎得十分逼真，特别是警员与劫匪的交火场面，堪称惊心动魄，实战气氛非常强烈。[⑦] 利用现代高科技进行的射击训练，其场面逼真到使人如身临其境一般。[⑧]

4. 在设施上，模拟实战场景

英国警察学院投巨资建立了一系列的模拟训练室，把学生放到近似实战的

---

① 王新民：《国外警察教育培训的启示》，载《公安教育》2010年第6期；王兴发、高春兴：《日本的警察教育和警察管理体制及启示》，载《山东公安专科学校学报》2003年第3期。

② 贺曙敏：《中外警察高等教育的发展比较与启示》，天津大学2008年硕士学位论文，第28页。

③ 熊一新：《法国警察教育培训体制的特点及对我国民警教育培训工作的启示》，载《公安研究》2002年第10期。

④ 王新民：《国外警察教育培训的启示》，载《公安教育》2010年第6期。

⑤ 李学阳：《浅谈英国警察教育与培训的变革》，载《公安教育》2007年第9期。

⑥ 张俪：《香港特区警察教育训练制度的特点及借鉴》，载《山西警官高等专科学校学报》2009年第3期。

⑦ 程胜军：《香港警察训练的体制和特点》，载《公安教育》2005年第3期。

⑧ 李雪冰：《香港警察教育训练的特点》，载《江苏警官学院学报》2005年第1期。

环境和背景下训练。每个训练项目都要提供一个近似实战的场景，提供情况背景，让学生自己提出处理方案，进行实地练习，由教员作出评判。① 美国警察的技能训练突出模拟演练，每个警察学校或者训练中心都有现代化的设施，为了使教学形象化，具有真实感，都建有街道、民房、法庭等训练设施，除进行体能、射击、驾驶、格斗等单项训练外，还进行追捕综合演练，警员佩戴报话机、激光手枪，驾驶高速汽车，在警笛、警灯的配合下，进行高速行车、冲撞避让、安全防卫、行车射击、格斗，直至搜查、逮捕、审讯、起诉，如身临其境。② 香港警察模拟战训练楼，完全根据实战要求设置，楼内主要设施包括：模拟地铁月台、车厢、商店、街角及道路等提供巡逻人员真实的执勤环境；模拟私人及公共场所、住宅以作为家庭事件及入屋搜查而设计的场地；两座五层高楼梯可作为楼宇巡逻及扫荡训练；一所设施完善的控制室，以监察大楼内训练情况，即时作出指导，让学员能够提高安全意识及更深入地了解使用武力的原则。在战训大楼，警务人员可以获得全面战术训练，从而在执法时更有效地依法处理将要面对的各类事件。③

5. 在实习环节，注重丰富实战经验

如法国警察院校最具特色的教学环节，充分体现在它的实习制度上。法国国家高等警察学院的实习时间之长，实习范围之广泛，实习内容之丰富，实习方法之灵活自主，实习设计之周密，为其他高等学校所鲜见。④ 实习为国家警察学院的学员深入警务工作实际，具体观察和了解社会治安问题，深刻认识法国警察制度及其运行机制提供了条件。

（三）警察教育培训注重理论与实务相结合

以德国警察教育培训为例，德国高级警官学院既是教育培训中心，又是科学研究中心。当某地发生重大案件后，学校即派人赶赴现场，了解案情，协同当地警察部门进行学术讨论，总结经验教训，提出指导性意见，经联邦或州内务部批准后下发各地。高级警官学院还经常把培训班学员进行专题讨论的意见

① 上海公安高等专科学校：《英国警察教育训练考察报告》，载《公安教育》2006年第5期；李云昭：《中英警察教育比较研究》，载《云南师范大学学报》2003年第6期。

② 袁广林：《美国警察培训对我国警察教育改革的启示》，载《公安教育》2008年第8期。

③ 李雪冰：《香港警察教育训练的特点》，载《江苏警官学院学报》2005年第1期。

④ 熊一新：《法国警察教育培训体制的特点及对我国民警教育培训工作的启示》，载《公安研究》2002年第10期；熊一新：《论法国警察教育培训体制的特点》（上），载《公安教育》2002年第10期。

加以整理、汇编，直接印发给全国警察部门的2000多名高级警官学习、参考。[①] 俄罗斯强调实践与理论教学的相互印证、弱化相互替代，这是指不通过增减实践教育与课堂教学的课时实现贴近实战的目的，而是把实践教学置于整个警察机构的大环境中，教育培训的起点不是放在学校和课堂，而是放在警察机构中。俄罗斯多年坚持四驾车轮并驱：一是鼓励从实战部门来的人员充实师资队伍的人事制度（实战部门干警到学校任教）；二是师资到实战部门的锻炼；三是学员到实战部门的锻炼；四是毕业生从任职单位回到学校的座谈制度。[②] 莫斯科警察大学近年有214项科研成果被俄联邦内务部、莫斯科及莫斯科州内总局及其下属部门采用，并运用到教学中。[③] 俄罗斯警察教育的科研氛围也十分浓厚。大量举办各种规模的专业学术研讨会，有校内的、州内的、全俄的和国际性的。[④] 法国非常重视警察教育培训师资队伍的建设：一是严格挑选教师。各警校和培训中心的教师主要是来自实战部门的既具备扎实理论功底，又具有实践经验的警务人员，也有一部分是法官和检察官，或者是其他普通高等院校的专业教师及社会名流。二是大量选聘兼职教师。法国各警校和培训中心的专职教师与兼职教师的比例约为1∶2，[⑤] 兼职教师在授课前必须在警校进行为期一周的教学训练。三是实行教师与实战警官双向交流和流动制。此举保证了教师与实际工作的紧密结合，也使教师得以将学校的研究成果以最简洁有效的途径应用于实战，使警察院校真正成为警察系统的教育科研中心。[⑥]

（四）警察教育培训注重开放办学

美国的警察院校体系由联邦执法培训中心、联邦调查局国家警察学院、密执安州刑事司法学院及其他培训机构组成，担负着各种类型、层次的警察教育培训任务。美国警察学校除经常依托社会院校以外，还有一个鲜明特点，就是私立警校的大量存在。[⑦] 罗马尼亚布加勒斯特警察学院非常重视对外交流，与国内的大学、科研机构有广泛密切的联系，还与法国、美国、英国、意大利、西班牙等国家的高等院校、警察院校及科研机构建立了友好合作关系，每年选

① 陈晓林：《德国警察教育训练考察》，载《公安研究》2008年第3期。朱建义：《德国警察教育训练特点及对我国警察教育训练工作的启示》，载《公安教育》2008年第1期。

② 张杰：《俄罗斯警察教育培训体系与制度优势分析》，载《四川警察学院学报》2010年第5期。

③ 张杰：《警察高等教育改革思路探析》，载《武汉公安干部学院学报》2005年第2期。

④ 张杰：《俄罗斯警察教育印象》，载《人民公安》2003年第18期。

⑤ 现代警官素质与警官高等教育教学改革研究项目课题组：《发达国家高等教育基本指导思想与警察高等教育改革趋势》，载《公安教育》2000年第12期。

⑥ 刘姗姗：《中法警察教育培训之比较》，载《吉林公安高等专科学校学报》2006年第5期。

⑦ 李娟：《中外警察教育培训模式比较研究》，载《湖南公安高等专科学校学报》2002年第6期。

派一些教师到国外进修，参加各种国际会议，也邀请外国专家、教授来学院讲学。[①] 英格兰的兰开夏中心大学长期与兰开夏郡警方合作办学，兰开夏中心大学的理、化、生学科师资力量雄厚，便把警察刑事科学技术作为其建设的重点。经过数年的发展，兰开夏中心大学如今已成为全英具有司法与刑事科学教育特色的大学。其司法与警察刑事侦查专业在校本科生达600 名。除了住宿生，还有许多在职、在岗的警官和司法官以不同的形式攻读它的硕士学位和博士学位。[②]

三、警察教育培训制度的比较

教育制度建设对于警察队伍建设具有全局性、根本性和长期性。世界上许多国家和地区都注重警察法制建设，尤其是警察教育的法制建设。英美法国家的警察教育培训制度呈分散性，由地方政府及地方警察机关根据警务工作的需要及警察队伍的实际情况，进行多层次、多类型的警察教育培训，注重实战。欧洲大陆法系的警察教育培训模式则体现出集中性，警察教育培训自成体系，由国家有关部门统一负责，依法管理，依法保障，教育培训统一有序。[③] 但是，他们的共同之处都在于：警察教育培训做到了制度化、规范化，教育培训工作独立进行，不受其他方面的制约。如我国香港警察的管理就是以严格的法律和制度为保证。无论是人员的编制管理、机构设置、晋升条件和程序、人员的调整和编配、人员招募、考试考核、教育训练、工资福利等，香港警队都制定了严格的规定，并用法律和规章的形式固定下来，不随领导的调整、时间和政策的改变而改变，整个管理机制自觉地在法律和规章的范围内执行，各部门相互制约、相互配合，形成了统一高效的工作运行机制。[④]

（一）警察教育培训体系

各国警察教育体系大体可分为两类：一类是警察教育属于国民教育体系的组成部分；另一类是警察教育自成体系。目前，世界上绝大多数国家警察教育自成体系，实行适合本国警察教育需要的体制和模式。警察教育由警察机关负责，在学校设置、教师配备、经费、招生、分配、教学、考试、学位授予等方面均不受国家教育部门的领导和制约。警察教育有严格的规章制度和一套规范

① 马黎：《罗马尼亚警察教育介绍》，载《公安教育》1995 年第 3 期。
② 李学阳：《浅谈英国警察教育与培训的变革》，载《公安教育》2007 年第 9 期。
③ 李娟：《中外警察教育培训模式比较研究》，载《湖南公安高等专科学校学报》2002 年第 6 期。
④ 程胜军：《香港警察训练的体制和特点》，载《公安教育》2005 年第 3 期。

的教育训练计划，实行录用、晋升、教育一体制，遵循从低到高的原则，重视正规化、系统化培养。[①] 如韩国警察教育是按照教育法进行的，国家教育部门基本上不干涉。警察厅统一制定全国警察教育的规划，设立不同类型、不同层次的警察院校、培训中心，实行警察岗前培训、在职轮训、晋升进修、专业深造等多形式、多类型的教育培训。中央警察厅设置教育部门，统一领导和管理全国警察教育，负责制定全国警察教育的总体发展规划和各类教学计划、管理警察院校和训练机构、组织安排各类警察教育培训与毕业分配等。教育培训经费由中央承担。[②]

（二）警察教育培训的管理体制

各国的警察体制因国情、历史和政治、法律制度不同而各不相同，其警察教育管理体制也不相同。主要有三种类型：第一种类型是集中管理体制，即中央和地方实行集中统一管理。中央警察部门设置教育培养的专门管理机构，统一领导和管理全国警察教育。负责制定全国警察教育的总体发展规划和各类教学计划，管理警察院校和训练机构，组织安排各类警察教育培训等。地方只负责本地区警察教育培训工作的具体实施。教育培训经费由国库承担。实行这种管理体制的有法国、日本、意大利、奥地利、泰国、苏联和东欧国家等。第二种类型是分散管理体制，即中央与地方警察机关没有直接领导关系，地方警察机关只接受地方自治政体的领导。全国没有统一的警察教育管理机构、教育培训规划和教学计划。地方警察部门分别设置警察院校或培训中心，负责本地区警察的教育培训任务。教育培训经费由各地承担。实行这种体制的有美国、加拿大、比利时、瑞士等国家。第三种类型是集中与分散相结合的管理体制，即既保持中央警察机关对地方警察机关的领导，又实行地方警察机关接受同级地方政府领导的体制。中央警察机关设有专门的警察教育管理机构，负责全国警察教育训练工作的宏观管理和指导，制定警察教育的总体发展规划、院校布局、教育训练计划等，并承担高级警官的教育培训。地方警察机关在上级警察机关的指导下，结合本地区警察工作的实际需要，负责本地区警察教育培训的领导和管理，并承担初、中级警官的教育培训。教育培训的经费由中央和地方共同承担。实行这种体制的有英国、德国、印度、巴基斯坦等国家。我国现行警察教育管理体制基本属于这种类型。

---

① 程胜军：《中外警察教育比较研究》，载朱恩涛主编：《世界警察教育概览》（上），群众出版社 1996 年版，第 50 页。

② 孙燕：《韩国警察教育的现状及启示》，载《中国人民公安大学学报》2003 年第 3 期。

我国的警察教育是一种特定的国民素质教育，从招生到教学常规管理，与其他国民教育存在共性，即由教育部管理，接受教育部对学校设置、办学规模、学制、招生等方面的宏观领导和具体教学业务上的检查与评估，并由教育部门核定下拨相应的教学经费等。但公安警察教育更有其突出的特殊性，尤其是在招生、教育内容和教学方法、教学管理等方面，英国等大多数国家的警察教育为我们提供了范例。就我国目前的公安警察教育而言，这种特殊性的表现并不十分明显，缺乏应有的特色。

究其原因主要是受到这种双重领导管理体制的制约，各级各类公安警察院校缺乏办学主体地位。各级教育行政部门对公安警察院校的设置、办学规模和教学、招生、经费、学制等进行领导，虽能实际地为公安警察院校解决一些困难和问题，但从其管理职能出发过分强调校与校之间的平衡性，对公安警察院校统得过严，卡得过紧。这种双重领导体制使公安警察院校失去作为教育主体的地位，办学积极性受到压抑，教学质量难以提高，专业特色难以体现。对此，应及早地向包括英国在内的世界大多数国家学习，将公安警察教育体系从普通国民教育体系中独立出来，将目前的全面管理改变为宏观管理、积极引导、微观放权，把专业设置、职称评聘、学位授予、办学规模等权力下放给公安部门和学校自行掌握。仿效军事教育体系，实行由公安机关领导管理为主的公安警察教育体制，统一负责本辖区的公安警察教育任务，以利于我国公安警察队伍的知识化、专业化和现代化建设。

（三）警察教育培训的管理制度

1. 在日常管理制度方面，韩国警察在培训期间，建立严格的管理制度，如第一周要求必须住宿，晚间不许出去喝酒；上课时要着装整齐，不仅春秋装不混穿，而且四季都是黑色皮鞋，深色袜子，不许穿凉鞋；胸前佩带名签，上下课时班长起立，向教授敬举手礼。① 俄罗斯内务部最高学府莫斯科警察大学不雇用保安员、清洁工和杂工，全部工作作为大学生实践内容的重要部分。无论节日还是休息日，无论生日还是假期，即使是全校教师都回家过节休息，留在值班岗位上的支持学校运转的依然是学生，元旦和圣诞节这样隆重的节日也不例外。②

2. 在考核与淘汰制度方面，对警察教育训练采用严格的考核制度是国际警界的一贯做法。如我国香港警察教育训练采用的是教考分离的考核形式。为

① 孙燕：《韩国警察教育的现状及启示》，载《中国人民公安大学学报》2003 年第 3 期。

② 张杰：《俄罗斯警察教育培训体系与制度优势分析》，载《四川警察学院学报》2010 年第 5 期。

了对警员的训练效果有一个科学准确的考评，香港警察训练学校采取了由警队成立的专门考评委员会负责对学员教育训练情况进行考评的办法。考评委员会根据每门课程的特点和实际教学内容，制定严格的考评标准、确定严格的项目和内容，这种考评办法能够客观公正地反映警员学习训练的真实水平，对警员自身产生一定的压力从而促使他们自觉地学习和训练，同时，对教员的教学活动也是一次很好的检验，在提高教师队伍的整体素质方面也能起到促进作用。① 世界上许多国家和地区在警察教育训练方面还实行严格的淘汰制度，以保证警察队伍的素质。如在新警培训时，澳大利亚强调“精英从警”，淘汰率高得惊人，大约占到入学学员总数的85%左右。② 英国布拉姆希尔警察学院也实行严格的学员淘汰制度，每期学员的淘汰率为4%。③ 日本参加新警官培训的学生淘汰率为5%，④ 而且对业务素质不高、平时表现不好的警察，随时都可能送去培训，学习不合格者，予以辞退。⑤ 美国警察在职训练的项目难度也很大，学习内容包括法律、执法规则、警用武器的使用（射击训练、新武器的使用培训）、体能训练（5英里跑、跨越障碍物跑、游泳、拳击、擒拿等）共约500个科目，学员要先后通过100项测试，其中4项不合格即被淘汰出警察队伍或者失去晋升机会。⑥

3. 在培训档案制度方面，为做好教育训练与人事制度的衔接，促进教育训练的质量，提高警察的学习积极性，英国警察实行严格规范的培训档案制度。英国警察进学校学习深造的频率很高。英国现有警察15万人，而苏格兰警察学院每年培训量达6000人次，一个警官平均每两年就要入校学习一次。⑦ 在警察的个人档案中，主要内容是参加各种学习培训的记载，甚至半天时间的学习培训都详细记录存档。

（四）警察教育培训专业教师交流制度

国外警察院校的专业教师基本上来自于具有实际经验且具有高学历的一线

---

① 《中外警察教育比较研究》课题组：《中外警察教育比较研究》（上），载《山东警察学院学报》2007年第6期。

② 浙江省警察教育考察团：《关于澳洲警察教育培训的考察报告》，载《公安学刊》2004年第1期。

③ 上海公安高等专科学校：《英国警察教育训练考察报告》，载《公安教育》2006年第5期。

④ 霍塞虎、梁小锋：《日本警察教育培训模式对我国的启示》，载《云南警官学院学报》2014年第2期。

⑤ 范瑛：《日本的警察教育与培训体制分析》，载《长春师范学院学报》（人文社会科学版）2012年第2期。

⑥ 张小兵：《试析美国的警察教育训练制度》，载《公安教育》2007年第12期。

⑦ 张世瑗：《考察英国警察教育制度的几点思考》，载《武警学院学报》2000年第3期。

警察，而且教师与警察部门的警官经常交流，不搞终身制，一般5年左右轮换一次，任教前要进行一段时间的专门师资培训。[①] 这样的教师占教师总数的70%，而其他30%公共课程教师主要聘请当地大学在学术上造诣深的相关教师兼职授课。如日本警察院校的专业教师都是从全国各级警察部门的优秀警官中选拔出来的，只有以上的警官才有可能成为警察院校的教官，在从事了1年的教学工作后，仍回原岗位工作。[②] 在美国，警察院校的专业教师选拔非常严格，他们都招募有大学以上文凭和5年以上警龄的有丰富实践经验和教学能力的资深警官担任专业教师，不少教官具有硕士、博士学位。[③] 英国警察院校也是一样，专业教师必须从既有理论造诣，又有实际工作经验的优秀警察中挑选，不能从社会上的其他单位和大学直接调入，而且具有严格的选拔制度。选拔对象首先由全国8个警察局筛选推荐，然后对每个推荐对象的任职经历、文化学历、专业知识、领导素质、教学能力、体能技能状况等进行全面考察、考核，做到好中选优，一般任教3年后再返回警察局。[④] 加拿大的警察教官，都来自实战部门，具有丰富的实践经验，有些还是重大事件处置的指导者、重大案件侦破的指挥者和管理专家。如皇家骑警培训学院教官的基本条件是：7年以上警务工作经验，有提拔晋升潜质，提出申请并经考核合格。教官们一般只能任教3~5年，期满后需回实战部门，工作一段时间后再提出任教申请。[⑤] 法国警察院校的师资一般由三部分组成：（1）专任教师，即从治安、刑侦等业务部门选拔实践经验丰富、具有较高学历和理论水平的警官和警务专家到学校任专职业务教师，在学校任教5年后，再回到实战部门工作。（2）兼职教师，即聘请实战部门的在职警官以及法官、检察官、共和国专员、预审法官、宪兵官员、行政官员、法医学家等授课。（3）聘任教师，即聘请其他大学的教师，讲授犯罪学、社会学、管理学、心理学等公共课程。[⑥] 德国警察院校非常注重教师与警察部门的相互交流。学校除有少量专职教师以外，其余主要从各州的警察部门中选择既有实际经验，又有教学能力的警官到学校担任专职教官。学校的专业教师也要定期到警察部门任职，积累实战经验，不断更新和丰

---

① 万四平：《中外警察院校教师之比较》，载《新闻天地》2010年第5期。

② 王兴发、高春兴：《日本的警察教育和警察管理体制及启示》，载《山东公安专科学校学报》2003年第2期。

③ 张弘毅：《中美警察教育培训体系比较研究》，载《云南警官学院学报》2009年第5期。

④ 李云昭：《中英警察教育比较研究》，载《云南师范大学学报》2003年第6期。

⑤ 寿远景：《中加两国警察教育训练体制的比较和思考》，载《公安学刊》2005年第2期。

⑥ 熊一新：《论法国警察教育培训体制的特点》（上），载《公安教育》2002年第10期。

富教学训练内容。[①] 我国香港的警察教官实行轮岗制度，时间期限是3年。从事教学的教官来自各业务部门，有的从事侦缉工作，有的来自机动部队，有的来自警署。他们都有鲜活的实战部门的经验，并有一定的教学能力。[②]

四、警察教育培训课程设置、教学内容和教学方法的比较

日本对警察教育十分重视，依据教育对象的不同，分为高级警察教育、中级警察教育和初级警察教育，其中每级又区分不同对象进行分类教学。日本的高级警察教育主要通过建立警察大学来实现。警察大学主要有五种学制，分别对不同的对象进行不同的教育，主要包括：本科、初任干部科、柔道、剑道教官养成科、现任科和专科。中级警察教育主要包括：对警部补考试合格的巡查部长进行5个月的教育、刑事正科、一般初级干部科、刑事初级干部科、现任补修科和专科。初级警察教育又分为初任科教育、现任科教育和专科教育。教育内容主要涉及国语、宪法、刑法、外勤警察活动、汽车驾驶和枪法等内容。[③] 芬兰在警察基础学位培训和初级警官学位培训中，一是突出警务实战技能的学习、训练，如通讯、驾驶、警械使用、现场勘查、应急处置、审讯、交通指挥等方面实用技能、方法；二是注重执法能力和服务水平的提高，如加强法律、法规学习，培养语言交流、警务管理等方面能力。在时间安排上，重视实践锻炼，学员一半以上的时间用于参加警务实战工作。课堂理论学习与警务实践紧密结合，反复交替进行。对于警察指挥学位和警察硕士学位的教育，则注重理论学习，使学员在社会学、犯罪学、法学、管理学等方面得到理性培养，提高思维能力和管理能力。[④] 英国采取五级培训制度，一级培训：实习生经过两年培训与实习后，由警察局长任命为警员；二级培训：警员晋升警佐、督察，在培训中心或布拉姆希尔皇家警察学院接受“特别课程”（专业课、研究课与管理课）；三级培训：督察晋升总督察，接受6个月“初级指挥课程”培训（独立指挥艺术、警察组织管理、法律与警察权力义务）；四级培训：督察晋升警司，接受3个月“中级指挥课程”培训（包括法律、犯罪处置、组织管理）；五级培训：警司升任副局长以上，接受为期6个月的“高级指挥课程”培训，课程分为（现场指挥艺术、警察权力与责任、科学技术、

---

① 王新民：《国外警察教育培训的启示》，载《公安教育》2010年第6期。

② 李雪冰：《香港警察教育训练特色》，载《江苏警官学院学报》2005年第1期。

③ 范瑛：《日本的警察教育与培训体制分析》，载《长春师范学院学报》（人文社会科学版）2012年第2期。

④ 程胜军、彭知辉：《芬兰警察教育的体制和特点》，载《公安教育》2006年第5期。

决策与计划、组织监督）。[①]

美国警察教育培训的课程内容一般由三大类构成：一是为提高业务水平的课程，如治安、巡逻、缉捕逃犯等。二是为强化和提高警察专业技能方面的课程，如射击、擒拿格斗、人际关系、应变能力等。这类课程在整个在职警察训练中所占的比重较大，达到70%左右，其目的在于强化和提高在职警察的业务技能。三是提高领导艺术和管理水平的课程，如管理学、社会学、经济、历史、地理等。[②]

澳大利亚警察教育培训，在课堂上，除采取讲授以外，教官特别注重采取个人讲演、小组讨论、集体讨论、论辩、个案研究等多种教学模式，让学员结合自己的警务实践，积极参与到课堂教学活动中来。教学活动的展开不是以"教"为中心，而是"多维互动"。[③] 为了使理论与实践得到统一，取得好的教学效果，美国新警培训采用模拟教学和现代化的教学手段。在半年的教育培训中，包括进行900发以上的实弹训练。在教学手段上一般采用电化声像，使环境、气氛、形象逼真，具有身临其境的真实感。[④]

俄罗斯警察教育培训中，教学方法一般采取课堂讲授、模拟演练、技能训练、课外实习等四种，课堂讲授与技能训练相结合。以克拉斯达尔警察大学为例，在教学计划中规定，理论教学占总课时的40%，实践教学占60%，而有些实践性强的专业，实践教学占的比例更多，能达到70%，理论教学只占30%的课时。[⑤]

我国香港地区警察教育培训大多采取小课堂、互动式、启发式教学，单纯的理论灌输少，注意调动学员的积极性和参与意识，激发想像力和创造力。[⑥] 学校电脑资源资料辅助中心开发了多门课程游戏软件。如"侦缉人员处理严重罪案现场程序"，案件侦破的各个关键点被设计成游戏软件的形式，问题设计环环紧扣，每个问题有多个解决方法供选择，每答对一个，都有积分，最后累计确定是否及格。整个过程引人入胜，寓教于乐，趣味性强。[⑦] 香港警察训练学校形成了较完备的科技网络系统，大大提高了训练工作的科技含量。如模

---

① 张世瑗：《考察英国警察教育制度的几点思考》，载《武警学院学报》2000年第3期。

② 程智勇：《美国警察院校培养目标与课程设置特点》，载罗锋、朱恩涛主编：《世界警察教育概览——美国警察和警察教育》，群众出版社1998年版，第68页。

③ 栗长江：《澳大利亚警察培训的方法及启示》，载《公安教育》2007年第2期。

④ 张弘毅：《中美警察教育培训体系比较研究》，载《云南警官学院学报》2009年第5期。

⑤ 张衔复、高宏宇：《浅谈俄罗斯警察教育及其特点》，载《公安教育》2011年第4期。

⑥ 程胜军：《香港警察训练的体制和特点》，载《公安教育》2005年第3期。

⑦ 李雪冰：《香港警察教育训练特色》，载《江苏警官学院学报》2005年第1期。

拟实战训练靶场。警员可通过微机对屏幕上出现的劫案现场情况进行分析判断和控制处置，根据场景变化选择隐蔽或警告、射击等战术方法，并通过微机分析其判断的准确性，以及战术运用是否合理等。[①]

在课程设置、教学方式、方法以及教材等方面，我国的警察教育培训均有进一步完善的必要。（1）我国的公安警察院校在专业上分得越来越细，甚至在有的学校，按照现有的业务部门或警种来设专业，几乎每个警种都设有专业，在课程设置上过于繁杂，然而专业的区分又不太明显，缺乏专业特色。同时，由于专业面太窄，分类太细，培养的学生知识面窄，适应性差，难以适应岗位转换。（2）我国公安警察院校的专业教材在层次性、实用性、针对性和可操作性等方面都不够强，应通过加强调研和科研工作，修订编写计划和编写大纲，切实改变专业教材陈旧落后，不适应实战需要的状况。[②]（3）我国的各级各类公安警察院校不论是全日制学历教育，还是在职警察的短期培训，往往是课堂理论讲授多，实战技能训练少，缺少创新，这很不利于学生对工作所需知识的掌握和实际动手能力的提高。

在教育内容方面，近年来，我国以提高“四个能力”、“两个水平”为目标，以提高民警的职业能力和执法水平为重点，积极建立按警种专业分类、按职衔分级的民警岗位能力标准、训练内容和考核体系，积极推进教育训练的正规化建设，初步形成了分级分类的教育训练体系，教育训练内容的实战性大大增强，教育训练的方法不断创新，现代教育技术广泛应用。[③] 但是，目前我国内地警察教育是学历教育和培训教育同步发展，公安类学历教育与非公安类学历教育同时并存，呈现多元化态势。从在职培训来看，有警衔培训、岗位业务内容培训、各部门领导培训、新警培训（包括转业干部入警培训）等，名目繁多。此外，还有根据各阶段中心工作需要开展的各种培训。从承担培训任务的单位来看，有各本、专科院校、警察职业学院以及各市地警察培训基地和相关业务部门等。由于对培训目标、培训层次、培训重点等缺乏系统科学论证，导致诸如课程设置重叠交叉、培训重心不突出、培训内容随意性大、内容针对性实用性不强、教学方法单一等问题都不同程度存在。

因此，我国的各级各类公安警察院校不论是全日制学历教育，还是在职警察的短期培训，应贯彻“三三制”的教学原则，即1/3时间课堂讲授、1/3时

① 冯冠强：《香港学警培训的能力本位课程浅析》，载《广州市公安管理干部学院学报》2008年第2期。

② 李云昭：《中英警察教育比较研究》，载《云南师范大学学报》2003年第6期。

③ 《中外警察教育比较研究》课题组：《中外警察教育比较研究》（上），载《山东警察学院学报》2007年第6期。

间技能训练、1/3 时间社会实践。尤其应强化学生的查缉战术、擒拿格斗、射击、驾驶等专项技能的训练力度，以适应形势的发展和对敌斗争的需要。[①] 同时，还应坚持“有所为有所不为”，加强学科之间的交叉、渗透与合作，逐步拓宽专业，精简课程。增加学科前沿知识和现实学科知识，把科研和公安实战工作中的最新成果充实到教学中来，让学生了解学科的发展动态和趋势，重点引导学生学习科学的思维方法，掌握基本理论、基本知识和基本技能，增强学生独立观察、分析和解决实际问题的综合能力。在教学方法上，大力提倡开展案例教学、情景模拟教学等综合实训方式，做到教学实战化、课堂实践化。[②]

五、警察教育培训保障的比较

（一）经费保障

美国警察机关普遍重视教育训练，一般由联邦政府提出训练要求，并给予经费支持。美国“LEEP 计划”（执法教育计划）为各地警察教育训练提供必要的资金、技术援助。在司法部执法支援署（LEAA）经费补助下，美国警察教育蓬勃发展，警察素质不断提高。同时，普通大学按“LEEP 计划”开设有关警察的课程，对大学和学生给予补助。目前，受“LEEP 计划”资助的学生中，有 80% 是现职的刑事司法人员，其中的 80% 又是现职警察，警察人员在“LEEP 计划”所指定的大学就读，可以每年获得 3000 美元的贷款及奖学金（其中贷款 2200 美元，奖学金 800 美元），毕业后在执法机关服务一年，即可免除 25% 的贷款，毕业后服务满四年就可以免除一切贷款。[③]

法国内政部和警察总局高度重视警察的教育培训工作，认为警察需要在实践前先接受教育，并认为虽然教育培训要花钱，但是比增加编制要省钱。因此，要通过培训提高素质使警察发挥更大的作用，以弥补警力的不足。正是在这种思想指导之下，法国内政部和警察总局投入大量经费用于警察的教育培训，2002 年培训预算达到 300 亿法郎（约 49 亿欧元），使当年法国警察培训经费在国家警察总局的预算中占到第三位（第一位是城市警察，第二位是巴黎警察局）。[④]

---

① 李云昭：《中英警察教育比较研究》，载《云南师范大学学报》2003 年第 6 期。

② 霍塞虎、梁小锋：《日本警察教育培训模式对我国的启示》，载《云南警官学院学报》2014 年第 2 期。

③ 张翠梅、张小兵：《中美警察教育训练比较研究》，载《浙江警察学院学报》2009 年第 2 期。

④ 熊一新：《论法国警察教育培训体制的特点》（下），载《公安教育》2002 年第 11 期。

日本警察的经费十分充裕。国家警察厅的经费引入国家财政预算，地方都道府县警察机关的经费由地方财政支出，但其特定事务所需要的经费，由国家财政支出。其中包括：警视正以上（含警视正）各级警官的工资和津贴；都道府县警察学校的行政管理费和教育训练费；警用设施及警察专用电话的经费；直升机、车、船等警用装备的购置、保养和维修费用；刑事科学技术鉴定费用；要人警卫方面的开支；涉及国家安全及其他特种犯罪案件侦查所需要的费用等。①

芬兰在警察教育方面资金投入充足。警察学校和警察学院的经费开支都列入了国家财政预算。以 2004 年为例，警察学校支出额达 1712.34 万欧元，94% 来自国家财政预算。警察基础学位培训学员人均培训金额为 38115 欧元，初级警官学位培训学员人均培训金额为 21075 欧元，每名学员培训金额平均每天约 123 欧元。②

（二）培训设施保障

英国警察学院重视实践教学环节是其教学中突出的特点。他们投巨资建立了一系列的模拟训练室，把学生放到近似实战的环境和背景下训练。如民宅模拟室，主要用于研究处理家庭暴力犯罪、住宅被窃、失火等案件的现场调查处理；储蓄所模拟室，主要研究怎样对付抢劫、诈骗等犯罪；商店模拟室，主要用于研究对付抢劫、盗窃犯罪；酒吧模拟室，主要用于研究处理公共娱乐场所的各种犯罪；吸毒贩毒模拟室，用以研究贩毒人员的识别、跟踪及毒品藏匿的搜查等；模拟法庭，用以练习掌握有关出庭作证、同嫌疑人谈话、回答法官的询问等知识技巧。由于警务工作经常受到新闻媒体的监督，还专门建有一个新闻采访模拟室，专门训练警察如何面对新闻记者的提问，如何面对镜头，表现得不卑不亢、落落大方等。此外，还在电脑上模拟凶杀案件的侦破等。总之，每个训练项目都要提供一个近似实地或实战的场景，提供情况背景，让学生自己提出处理方案，进行实地练习，由教员作出评判。③

我国台湾地区的中央警察大学共有 18 种不同类型的实验室，是学校科技研究的中心和学生的实验场所，也是台湾最具规模的刑事、消防鉴定中心。1992 年建成了设备先进的靶场。该靶场有四十个靶位，是目前世界上最大、

---

① 王兴发、高春兴：《日本的警察教育和警察管理体制及启示》，载《山东公安专科学校学报》2003 年第 2 期。

② 程胜军、彭知辉：《芬兰警察教育的体制和特点》，载《公安教育》2006 年第 5 期。

③ 张世瑗：《考察英国警察教育制度的几点思考》，载《武警学院学报》2000 年第 3 期。

设备最佳的靶场之一。①

（三）师资保障

英国警方十分重视教师队伍建设。苏格兰警察学院认为，警官教员必须从既有理论造诣又有实际工作经验的优秀警察中挑选，不能从社会上的其他单位和大学直接调入。为了把优秀的人才吸纳到学院来，英国警方建立了严格的教官选拔制度。选拔对象首先由8个警察局筛选推荐，然后对每个推荐对象的任职经历、文化学历、专业知识、领导素质、教学能力、体能技能状况等进行全面考察、考核，确实做到好中选优。被选中者，一般要晋升一职到学院任教，任教三年后再返回警察局任职。对返回警察局教员的任用，有关方面要提前留出位置，其中的佼佼者回警察局任职时会再次得到提升。②

法国警察院校师资队伍的组成具有鲜明的特色。其教师队伍由专任教师、兼职教师和聘任教师三部分组成。法国警察院校十分注意各类教师来源的合理比例，做到全面考虑、各方兼顾、综合平衡。教师来源的多样化，保证了教师具有广泛的代表性，保证了教师既具有很高的职业化程度，又具有很高的学术水平。同时可避免学术上的“近亲繁殖”和过分的同质性，有利于扩大学员的接触面，拓展学员的视野，开阔学员的思路，使学员得到全面发展和提高。③

隶属于俄罗斯内务部的圣彼得堡警察大学，2007年580名师资中，有109名博士，471名副博士；282名副教授，121名教授，8个国家院士。俄罗斯内务部所属教育机构的师资来源有三：一是专业课教师主要来源于警察实践部门的高级警官。二是高校毕业的硕士生、博士生到警察学院任教的，必须是内务部系统高校自己培养的学生。因此，在内务部高校中一般都设有师资培养系（有的称为师资和科研队伍培养系，实质上是研究生部）。三是从普通高校毕业的毕业生到学校任教，只能从事基础课程的教学，不能因入校而入警。④

在教育训练保障方面，公安部早在2002年就提出：“各级公安机关要积极争取当地党委、政府和有关部门的支持，将培训经费作为专项经费列入财政预算，各级公安机关要将不低于5%的公安业务费用于在职民警培训工作，并将公安院校和培训机构列入公安机关业务装备范围。”“要在国家政策允许的范

① 马黎：《台湾的警察教育》，载《公安教育》1996年第1期。

② 张世瑗：《考察英国警察教育制度的几点思考》，载《武警学院学报》2000年第3期。

③ 熊一新：《法国警察教育培训体制的特点及对我国民警教育培训工作的启示》，载《公安研究》2002年第10期。

④ 张杰：《俄罗斯警察教育培训体系与制度优势分析》，载《四川警察学院学报》2010年第5期。

围内，支持和鼓励学校多渠道筹措教育经费，改善办学条件，提高教育培训质量。鼓励适当运用金融、信贷等手段发展公安教育事业，有效利用现有公安教育资源，拓宽增资渠道。公安院校和培训机构可以适当举办社会公共安全以及其他具有优势和特色的非公安类的教育培训。”① 但从实际来看，我国警察教育培训面临的问题主要还是经费保障问题。当前，学历教育与培训教育模式之争的实质在一定程度上就是经费保障问题。部分公安院校招收非公安专业学生也是解决经费困扰的无奈之举。“巧妇难为无米之炊”，由于经费问题的困扰，教育培训的基础设施、实验训练设施，甚至师资都难以适应新时期公安工作和队伍建设对教育训练的要求。特别是在师资方面，我国公安警察院校任课教师只占教职工总数的40%，90%以上的教师未在公安实战部门工作过，给学生讲课空洞，理论脱离实际，有的甚至落后于实战。我们应当借鉴国外的经验，推行“兼职教师为主”和“警官、教官轮换岗位”的制度，赋予警察教官相应的执法职权，如现场勘查权、鉴定权等。把实战部门中优秀的警官选聘到公安警察院校来任教，同时学校也应加强对在校教师的下派锻炼力度，形成教育、实战的良性循环，并活跃公安警察业务研究气氛。②

第三节 域外警察教育培训的启示

一、美国警察教育培训模式及其启示

（一）美国警察教育培训体制

美国的警察教育自成体系，具有很强的独立性。美国的警察教育只由警察机关负责，各级警察机关自己开办学校或培训机构，有关警察学校的课程设置、师资设备、经费来源、招生分配、教学计划均由警察部门负责，不受国家教育部门的领导和制约。

（二）美国警察教育培训模式

美国的警察教育，不论是职前教育、在职进修教育还是警察高等教育，都属于以培训为主、以补充知识为辅的职业教育模式。这种教育模式不计学历，

---

① 公安部政治部：《公安教育发展“十五”规划》。

② 李云昭：《中英警察教育比较研究》，载《云南师范大学学报》2003年第6期。

也不授予学位，主要是为职前警察和在职警察提供必须的警察业务技能和知识。这种职业教育模式有三个特点：一是学制短（一般为 1 ~ 2 年），收效快；二是有很强的针对性、实用性，把警察工作所需要的法律知识、警察业务知识和警察技能训练作为教育培训的主要内容；三是注重知识的更新。[①]

美国警察教育有两个体系，一是警察系统的职业培训。由于美国有发达的高等教育，新招募的警察学历较高，美国国家刑事司法准则与目标委员会建议，到 1982 年，新录用的警员的最低教育水平要达到学士学位，[②] 因此，对新招募的警察训练时间较短。各个城市对新警员的训练时间也不一致，一般为 3 ~ 6 个月，近来有延长的趋势。二是普通大学举办的有关警察的学历教育。美国警察学历教育完全由高等院校承担。主要有两种形式：其一是普通大学中的警察教育。其二是社区学院（community college）中的警察教育。[③] 在普通大学设立有关警察的学系或学院，或单独设立有关警察的学院，这些学院的名称分别是法执行学院、刑事司法学院、犯罪学院、警政学院、行政管理学院、公共安全学院等，主要提供 2 年和 4 年警察学历教育，对高中毕业生和具有高中学历的在职警员进行大学本科或者专科学历教育。[④]

美国警察教育培训可分为三类：一是警察基础教育，即对新进警察施与任职的必要教育。目前，多数警察的基础教育都规定在 3 ~ 6 个月。基础教育结束后即以实习名义派往实务单位，由资深的警员进行个别指导。二是专业教育，指定期对在职警察进行新法律、新警察知识、新警事技能的训练提高，对各专业警察进行专业知识更新。美国警察机关明确规定，在职警察必须每年进行教育训练，否则不再继续任用。例如，警察每半年要举行一次射击测验，对射击训练无法达到某一水准的人员，即施与再教育，务必达到合格为止。三是升职教育，美国实行职务、警衔与培训相结合的制度，任何一名警察晋升一级都必须到警察院校培训，经考试合格才能晋升。美国警察机关基层与中级警察人员升职对象资格须具备一定的年资、经历、考核或相当的学历。通过甄试人员，原则上应先接受一段时间的升职训练方能晋升。换言之，升职系以先训后升为主，先升后训为辅，并于升职后 1 年内完成升职训练。升职训练期间通常不超过 3 个月，一般认为职务越低者，越需较长期间之升职训练，职务越高

① 李英才：《中美警察教育培训体系比较》，载《中国人民公安大学学报》2002 年第 2 期。

② ［美］罗伯特·兰沃西、劳伦斯·特拉维斯：《什么是警察——美国的经验》，尤小文译，群众出版社 2004 年版，第 253 页。

③ 张翠梅、张小兵：《中美警察教育训练比较研究》，载《浙江警察学院学报》2009 年第 2 期。

④ 袁广林：《美国警察培养对我国警察教育改革的启示》，载《公安教育》2008 年第 8 期。

者，则其需求较不殷切。①

（三）美国警察教育培训给我们的启示

1. 警察教育训练注重专业技能

美国警察的职业教育培训，在教育内容筛选和课程设置上，十分重视教育与应用相结合，理论与实践相结合，把技术训练放在高于知识训练的地位，强调实用性和实践性。

主要表现在：（1）在教育训练中，理论教学和实践教学相比，实践技能教学占有相当大的比重。美国各警察院校和训练中心所设课程虽不很一致，但教学内容均是从警察工作实际出发，一般来说，主要有纪律教育、警察业务、职业道德、警察武器使用规则与技术、刑法及有关法规、犯罪侦查、巡逻技术、交通管理、物证分析、跟踪监视、体能、自卫术、逮捕技术、射击、驾驶等。（2）为了使理论与实践得到统一，取得好的教学效果，采用模拟教学和现代化的教学手段。如美国新警察的半年培训中，包括进行900发以上的实弹训练。为了搞好射击课教学训练，培训中心设有室内外靶场、模拟街道、商店、银行、民房及各种动态群体人像，包括罪犯。其他如车辆驾驶、犯罪现场勘查、审问犯人、抢救人质、搜查罪犯等，都有实验室、训练场地以及模拟教学设施。在教学手段上一般采用电化声像，使环境、气氛逼真形象，具有身临其境的真实感，能收到比较理想的教学效果。（3）重视警察身体素质的训练。美国的警察当局和警察院校把警员的身体素质训练作为教学计划的重要组成部分，并把身体素质的教育训练同人文科学、社会科学和警察科学摆在同等重要的地位，列为必修课。警员除参加一般体育课之外，还要进行长跑、攀绳、举重、游泳等训练，同时要进行格斗、拳击、摔跤、抢救、追捕等专业性的训练，以提高惩治犯罪、保护自己的技能。②

2. 注重警察教育培训师资队伍建设

美国的警察当局对警察学校高度重视，不但在财政上给予保证，而且在人力、物力上给予支持。为确保警察教育培训的质量，警察部门十分重视建设一支高素质的教师队伍。（1）挑选教师很严格。一般都是招募联邦、州、市警察机关有大学文凭和5年以上警龄的有丰富实践经验和教学能力的资深警官担任专业教师，这部分专业教师约占70%，不少教官还具有硕士、博士学位。其他公共课程主要聘请当地大学有真才实学、在学术上造诣深的相关教师兼职

① 张翠梅、张小兵：《中美警察教育训练比较研究》，载《浙江警察学院学报》2009年第2期。

② 李英才：《中美警察教育培训体系比较》，载《中国人民公安大学学报》2002年第2期。

授课，这部分教师约占30%。（2）美国警察当局规定，教员就是警察，享有办案权，并鼓励教师与业务部门双向交流。学校为提高教师的实际业务水平，每年还派遣他们到警察机关去实践一段时间，丰富感性认识，总结新经验，更新知识，充实教学内容，再回到学校继续任教。（3）由于警察院校教师是塑造和培养警官的职业，受到社会的高度尊重，并且从事教师职业的人有很强的成就感和荣誉感，因此，警官都争当教官，警察学院拥有一支愿意从教的高素质的教师队伍。①

3. 注重警察教育培训的质量

美国的警察局非常注重警察培训的质量，这一点可以从他们对训练机构的管理和师资配备上略见一斑。一般来说，警察训练机构都是警察局的一部分，警察局的一名副局长主管或兼任培训机构的负责人，这在管理体制上决定了警察训练机构的重要地位。训练机构的师资直接来自警察实战部门，对师资的学历、理论水平和工作经验都有很高的要求。美国的警察以能到警察学校任职为荣，而且美国的警察教育培训体制保证了警察局的警官与培训学校之间的有效交流，甚至在普通大学的刑事司法学院或犯罪学系也聘请优秀的在职警察讲授某些课程。另外，在训练机构中的教官，在待遇上和执法权等方面与一线警察相同。并且保证教官的流动性，这些措施都激励了警官与教官的交流和提高，从而保证了教育训练的质量。②

二、英国警察教育培训模式及其启示

（一）英国警察教育培训模式

从世界范围来看，英国是现代职业警察制度的创立者，1829 年大伦敦警察厅的建立标志着现代侦察制度的开端。同时，英国也是警察教育培训的首创者和成功典范。③ 英国的警察教育培训制度与其警察职业变革的历史变革相适应，可以分为四个阶段。第一阶段是 1929 年警察制度建立到 1856 年《郡市警察法》颁布，其间警察职业变革的核心是非职业警察转向职业警察，警察教育培训的重点是招募的程序和标准，强化警察纪律和职业操守。第二阶段是 1856 年到 1945 年“二战”结束，是职业警察向专业警察转换期，加强警察在

① 李英才：《中美警察教育培训体系比较》，载《中国人民公安大学学报》2002 年第 2 期。

② 杨学锋：《美国警察教育史迹及借鉴》，载《吉林公安高等专科学校学报》2009 年第 1 期。

③ 李云昭：《中英警察教育比较研究》，载《云南师范大学学报》（哲学社会科学版）2003 年第 5 期。

职培训，并组建了伦敦亨登警察学院。第三阶段是“二战”结束到20世纪80年代初期，1964年警察法的实施，使中央政府进一步加强了对警察的控制力度，警察教育培训体系正式确立，警察教育培训得到大力发展，各地警察培训中心采用统一的教学大纲，并建立了国家警察学院。第四阶段从20世纪80年代到现在，警察职业变革的核心是警察从打击罪犯为主的战士，转变为社区警察。这一时期也是英国警察教育培训的转型时期，一方面，在教学内容上加大了对社区与种族关系的培训力度，注重培养警察的人际沟通等社会技能；另一方面，面对新公共管理带来的压力，市场机制被引入警察教育培训体系之中，进一步整合资源，增强警察教育培训的竞争力，为提高警察队伍的绩效作出贡献。[①] 英国的警察教育培训经历了奠基、探索、确立和转型四个时期，可以看出，警察职业变革是警察教育培训的前提。警察教育培训的历程是与警察职业变更的历程联系在一起的，并反过来对警察职业变革起积极的促进作用。

英国十分重视警察教育培训，在内政部所属的警察司设立警察教育培训部，负责制定全国警察教育培训总体规划、管理学校、指导教育培训、经费预算（警察教育培训经费约占警察司经费的10%）和各层次警察教育培训的教学计划、教材。属警察司教育培训部直接管理的学校有20所。其中，新警培训学校6所，侦探学校5所，警官培训学校8所，高级警官学院（布拉姆谢尔警察学院）1所，还有1所专门培养计算机操作、管理人才的学校。[②]

英国真正意义的警察教育体系是一个职业培训体系。英国警察的学历教育完全由地方院校承担，在英国开设与警察相关的学士、硕士、博士学位课程的有近百所大学与大专学校，[③] 警察学及相近专业的学位取得渠道为普通综合大学的相关专业及警察学研究所。如莱斯特大学（The University of Leicester）的警察与司法行政研究所、基尔大学（The University of Keele）的犯罪研究所、霍尔大学（Hull University）的犯罪学及刑事司法研究所等。

英国警察职业培训严格遵循从低到高、晋升与培训相结合的原则。招募新警必须经过严格的培训，试用两年合格后才正式录用。任何警察必须从警员当起，每晋升一级都要经过相应层次的院校培训，从初级警察到高级警官的累计培训时间为两年。警察培训大致分为三个层次：（1）初级培训。培训对象主要针对新招募的警察，英国警察分为从社会招募和从大学毕业生中招募两种。

① 李涛：《英国警察职业变化与警察教育发展》，载《公安教育》2008年第5期。

② 朱恩涛：《世界警察教育概览》，群众出版社1997年版，第185页。

③ 王大伟：《中国公安教育的特色与定位——从中西比较的角度考察》，载《中国人民公安大学学报》2003年第2期。

新警培训时间为两年，学校集中训练 16～20 周，其余时间到警察实务部门，指派有实践工作经验的警官进行指导，边工作边学习。在校培训内容分为 3 大类，即法律、警察业务（占 65%）；联系群众、社会调查（占 20%）；身体素质训练（占 15%）等课程。（2）中级培训。中级培训主要针对警察职务、警衔晋升。每期培训的时间为 3 个月，对象是警司以上的警官。培训内容分为三方面：警察的权力、职责、警政、警民关系；警察工作业务、打击犯罪、资源分配；管理学、警察部门的行动指挥等课程。（3）高级培训。主要针对高级警务指挥人员，培训时间为 6 个月。学员入学经过 3 天面试，考官由地方行政首脑、学校代表和心理学专家共同担任。主要学习指挥、领导学、战略决策等课程。①

英国警察的教育培训，无论是初级、中级还是高级培训，均强调内容的实用性。培训内容的确定有两个基本原则：一是要“学的有用”。课程内容的立足点就是解决问题，学员学到的是有用的知识；二是要“学的能用”，不是纯学理论去解释问题，而是解决实际问题。

（二）英国警察教育培训模式给我们的启示

我国的警察教育培训主模块是学历教育，其网络的终端即公安本科院校、专科学校、中专警校。由此决定了我国警察教育培训是国民教育的一个组成部分，在学校设置、办学模式、教学、招生等多方面受到国家教育部门的制约，在教学与管理上都难以突出其专业特色，无法与警察队伍的建设要求和公安实战的需要紧密结合。中国的警察教育培训若要达到英美等国家警察教育培训具有实战性的效果，就必须改革现有的教育培训模式，将警察教育培训的主模块定位于职业培训教育，将主要人力、物力、财力从学历教育中剥离出来，自成警察教育培训体系，脱离国家教育部门的制约，在学校设置、办学模式、教学、职称评定、人员聘任上都体现警察特色。而警察学历教育则应由少数几个警察本科院校承担，集中力量办大办好，增强其竞争力。同时各级警察教育培训机构脱离同级教育部门的领导，直接作为公安部门的组成部分，接受公安机关的单独领导，使培训机构与公安实战部门融为一体，在教育培训机构与其他公安部门间实现人员自由流通、资源共享。使公安机关能够真正独立地决定自己的职业培训，不受教育部门的制约。

---

① 李光文：《英美警察教育架构对我国公安教育的启示》，载《湖北警官学院学报》2003 年第 3 期。

三、法国警察教育培训模式及其启示

（一）法国警察教育培训模式

法国模式下的警察职业培训体现出集中性，警察教育培训自成体系，由国家有关部门统一负责，依法管理，依法保障，教育培训统一有序。警察教育培训做到了制度化、规范化，教育培训工作独立进行，建立了独立的警察教育培训体制，独立于国家普通教育体制之外。在学校设置、教师配置、经费等方面均不受国家教育部门的领导和制约，并有严格的规章制度和规范的教育训练计划，招募录用、教育培训、晋升一体化。全国警察教育培训工作由内政部人事培训部统一领导，并负责审定教育培训计划，指导学校工作和招收分配学员。法国的大行政区设培训领导小组，负责本区的警察教育培训工作。省以下设具体培训点，负责具体落实教育培训任务。[①] 如此形成的自下而上、层次清楚并且独立的警察教育培训体系，使其组织健全、分工明确，保障和推动了警务工作的发展。此外，法国有不同类型的警察院校和训练中心，担负各种类型、层次的警察教育培训任务，重点进行职业和技能的培训，而非学历教育，其警察的学历教育是借助于社会办学力量来完成的。所以就性质而言，法国的警察教育培训是一种职业和技能培训。新警员未经正规警察院校教育培训的，不能从事这一职业；警察不经培训，不得晋升。[②] 法国统一、独立的警察教育培训体系，其组织健全，分工明确，指挥得力，有力地保证了法国警察教育培训事业的发展和教育培训质量的不断提高。

法国警察职业培训任务主要由各级警察院校承担，根据不同的警察教育培训对象和任务，都建有不同类型和层次的警察院校与之相适应，大致可分为岗前、晋升和专业提高三类。警察院校列入警察机关建制，实行严格的警务化管理。法国的警察全部来源于警察院校的毕业生，警校是步入警察队伍的唯一入口，只有经过警校培训才能成为警察，这就确定了警察院校的把关作用。因此，学员入校即入警，具有警察身份，享受普通警察的待遇，必要时可听令外出执行警务。

法国警察职业培训的课程设置与教学方式坚持以适应警务工作的实际需要为原则。首先，法国警察院校的教学内容、课程设置和教学重点都立足于学员从事未来警务工作和担负的责任所需要的各种品质和能力的培养，并根据警务

① 刘姗姗：《中法警察教育培训之比较》，载《吉林公安高等专科学校学报》2006 年第 5 期。

② 公安部外事局：《欧洲主要国家警察概况》，群众出版社 2003 年版，第 64 页。

工作的需要而不断调整变化。其次，教学方式贴近实战。法国警察常采用模拟教学和情景教学的方式，整个教学活动直观、生动、贴近实战。

（二）法国警察教育培训给我们的启示

1. 警察教育培训须法治化

法国政府在1985年制定了《国家警察培训法》，明确了警察教育培训的组织机构类型、时间、方法等，并明文规定了“法国警察教育培训由内政部下设的人事培训局领导”、“新录用警察必须经过半年以上的训练，考试合格者方可充实到警察队伍；警察晋升必须通过培训，考试合格者方予晋升”。虽然我国的《人民警察法》规定，“国家发展人民警察教育事业，对人民警察有计划地进行政治思想、法制、警察业务等教育培训”，但相比之下，我国的警察教育培训缺乏具体的、有针对性的明确规定，在实践中，使警察教育培训工作无法切实开展。因此，我们必须加快警察职业培训的立法和规章制度建设，使警察职业培训立法与《国家公务员暂行条例》相衔接，与《人民警察法》相配套，制定完备的规章制度和实施细则，使警察教育培训逐步走上正规化、法制化的轨道。①

2. 警察教育培训内容须贴近实战

法国警察教育培训所设课程注重实用性和实践能力的培养，理论课程不多，实用技术、领导管理占较大比例。法国警方认为，警校同社会普通学校不同点之一就是警察院校更着重培养具有警务实际工作能力的学生。②

3. 师资实施双向交流

法国警察教育培训的专职教师，都是从法国治安、刑侦等业务实战部门选拔实战经验丰富、具有较高学历和理论水平的警官和警务专家到学校任专职教师。在学校任教5年后，再回到实战部门工作，即教师的双向交流制度。此举保证了教师与实际工作的紧密结合，既使教师得以将学校的研究成果以最简洁有效的途径应用于实战，也使警察院校真正成为警察系统的教育科研中心。

---

① 张奎斌：《我国公安教育改革和发展的历史与展望》，载《辽宁行政学院学报》2004年第3期。

② 赵可：《国外警学集粹》，中国人民公安大学出版社1999年版，第62页。

四、香港地区警察教育培训模式及启示

（一）香港地区警察教育培训模式

香港警察建立于1844年，第二次世界大战后重组，20世纪70年代形成比较稳定成熟的警察制度。1997年中国恢复对香港行使主权后，依据《香港特别行政区基本法》确立了“一国两制”的基本原则，香港警察制度的体制和模式，没有发生重大改变。香港力图建设世界最优秀的警察队伍，警察建设的战略任务与目标是：要使香港成为世界上“最安全及最稳定的社会之一”。

香港警察教育培训的特色在于其分级分类的模式。香港警察实行“警衔和职务相等”的制度，从上往下依次是处长级、警司级、督察级和初级人员，其培训分级进行：处长和警司级的高层管理人员主要进行“行政发展”、“专业发展”方面的培训，一般派往英国、美国、澳大利亚、新加坡、加拿大等海外培训机构进行。初级和督察职级进行“职业发展”培训，一般在香港警察学院完成。[①] 在分级的基础上，再根据培训对象和目的的不同进行分类，如新警基础训练、晋升及进修训练、专门科目训练等。分级分类是根据不同职级和岗位对警务人员才能需求的不同进行的，“分级”反映了警察培训过程的递进性，“分类”注重警察培训内容的差异性。不同职级和类别培训的课程内容各有不同，总的来说，初级人员注重警务知识、专业技能培训；中级人员既有专业技能培训，也有一定的管理及指挥课程；高级警务人员则完全侧重管理、指挥、领导才能训练。

（二）香港地区警察教育培训给我们的启示

1. 健全组织机构，完善法律制度

香港警察培训具有组织健全、权责统一、层级分明、法律体系完备的特点，为警察培训提供了有力的组织和法律保障。[②] 借鉴香港警察培训的特点，应以发展的观点审视公安教育培训，用改革的精神加强和完善公安教育训练体系。首先，要在组织机构上得以保障。要建立国家、省（市）、地（市）三级公安教育训练行政管理机构和三级警察院校（培训中心）的教育培训网络，逐步形成统一规划、分工明确、分级管理、分级培训、指挥顺畅、运作高效的

---

① 张淑平：《香港与内地警察教育培训制度之比较和借鉴》，载《云南警官学院学报》2010年第1期。

② 程胜军：《香港警察训练的体制和特点》，载《公安教育》2005年第3期。

公安教育培训体系。其次，要在法规制度上得以保障。应建立与《公务员法》相衔接，与《人民警察法》相配套的公安教育培训法规体系，以《人民警察训练条令》和“三个必训”制度为基础，明确公安教育培训的指导思想、原则、组织领导、任务目标、经费保障等，推进公安教育培训工作的制度化、规范化。

2. 树立“以人为本”的警察教育培训理念

香港警队十分重视对警察的教育训练，在强化战术训练的同时灌输一种人本化思想，使警察伤亡率保持在较低甚至近无的水平。① 他们认为，警察有的是时间对付疑犯，很多情况下没有必要与他们做生死斗争。在训练中，专门设置了自我保护、自救和防范的内容。我们要改变过去只用兵不养兵，警察是“工具”的错误观念，把警察教育培训当作一种责任、目标和结果，使警察在顺利完成警务工作的同时，实现自身的完善和发展。② 同时还应树立现代执法理念，实现执法为民。香港警察追求的理念“服务为本”与我们的“执法为民”、“热情服务”是相通的。随着内地民主的推进和法制的健全，公民对自身权益的维护将更加关注，对警察文明执法要求将更高，警察不单是执法者，还在调解社会矛盾、解决社会纠纷中扮演着服务提供者的重要角色，教育培训要在提高实战技能的同时注重培养警员的敬业精神、团队精神及良好的警察职业素质，以保障公民合法权益为目标，坚持现代法治理念，实现警民和谐的良好关系。

3. 警察教育培训应贴近实战、融入实战、先于实战③

警察的教育训练要紧密结合公安工作改革和发展的需要，围绕公安实践进行。要立足于实战、实用，深入推进公安教育培训在课程设置、教育训练内容、方法、手段等方面的改革，注重理论联系实际，加强实践性教学训练环节，培养学生的动手能力，使教育培训具有针对性、实用性和前瞻性，教学方法和手段具有多样性、实效性。如采用模拟演练和案例教学，以提高警察的实战技能。技能来源于知识，尤其是经验知识。④ 围绕案例讨论而展开的课堂教学活动，可使学生运用模仿和批判性分析的方式来学习、感受案件的处理经验；技能的掌握还要亲身亲历的实践，仿真的模拟演练可以使学生在具体化、情景化的环境和相应的职业角色中领悟相关的经验知识、规范与技巧。彻底摒

① 李雪冰：《香港警察教育训练特色》，载《江苏警官学院学报》2005 年第 1 期。

② 张俪：《香港特区警察教育训练制度的特点及借鉴》，载《山西警官高等专科学校学报》2009 年第 3 期。

③ 程胜军：《香港警察训练的体制和特点》，载《公安教育》2005 年第 3 期。

④ 史捷：《论公安院校实验教学新体系的构建》，载《辽宁行政学院学报》2006 年第 3 期。

弃那种“我讲你听”的单向灌输式教学方式。要将单纯的讲授转向专题讨论、案例分析、现场情景模拟、实地考察、社会实践、角色扮演、思维训练等多种培训方法，调动学习积极性，激发受训者的潜能，提高其分析和解决问题的能力。[①]

4. 构建教员与教官相结合、专职与兼职相结合，具有丰富实战经验和理论素养的警察教师队伍

香港警察培训教官全部来自一线实战部门，一般有着 10 年以上的基层工作经历。这些人员具有扎实的文化基础和丰富的实践经验，在警务工作的某一领域具有一定的专长。香港警队教官实行定期交流制，每 3 年必须进行一次岗位轮换。一般是在任教 3 年后返回警务部门，然后再从警务部门选拔教官进行补充，也可以在校内轮换。[②] 这样可以使教官能够给学员传授最新的知识和警务工作一线实战经验和技能。根据公安部制定的《关于公安院校教师参加公安业务实践和选聘公安机关业务骨干到公安院校任教的暂行办法》，各地政府及公安机关应采取有效措施，实行政策倾斜、引导，调动一线骨干到公安院校任教和公安院校教师到公安业务部门挂职锻炼的积极性，从根本上解决警察教育培训理论脱离实际的状况，真正达到教育培训与警务实战的互动、互补，以提高警察教育培训的水平。

---

① 张俪：《香港特区警察教育训练制度的特点及借鉴》，载《山西警官高等专科学校学报》2009 年第 3 期。

② 冯冠强：《香港学警培训的能力本位课程浅析》，载《广州市公安管理干部学院学报》2008 年第 2 期。

第三章　我国警察权益保护现状考察

第一节　我国警察权益保护的立法状况考察

目前，我国涉及警察权益的法律法规及规范性文件主要有：《宪法》、《民法通则》、《刑法》、《治安管理处罚法》、《人民警察法》、《国家安全法》、《监狱法》、《公务员法》、《人民警察使用警械和武器条例》、《关于人民警察在执行职务中实行正当防卫的具体规定》、《公安机关督察条例》、《公安机关人民警察录用办法》、《公安机关人民警察辞退办法》、《公安机关人民警察训练条令》、《公安机关人民警察内务条令》、《公安机关人民警察奖励条令》、《公安机关人民警察基本素质考试考核暂行办法》等，再加上一些地方规范性文件和部门规范性文件，初步形成了我国警察权益保护的法律规范体系。

一、我国警察权益保护的法律规范

（一）《宪法》

《宪法》第38条规定："中华人民共和国公民的人格尊严不受侵犯，禁止用任何方法对公民进行侮辱、诽谤和诬告陷害。"

（二）《公务员法》

《公务员法》第9条规定："公务员依法履行职务的行为，受法律保护。"第13条规定："公务员享有下列权利：（一）获得履行职责应当具有的工作条件；（二）非因法定事由、非经法定程序，不被免职、降职、辞退或者处分；（三）获得工资报酬，享受福利、保险待遇；（四）参加培训；（五）对机关工作和领导人员提出批评和建议；（六）提出申诉和控告；（七）申请辞职；（八）法律规定的其他权利。"

（三）《治安管理处罚法》

《治安管理处罚法》第 50 条规定："有下列行为之一的，处警告或者二百元以下罚款；情节严重的，处五日以上十日以下拘留，可以并处五百元以下罚款：……（二）阻碍国家机关工作人员依法执行职务的……"

《治安管理处罚法》较之前的《治安管理处罚条例》，在保障公安民警执法权益方面有着明显的进步，但还是存在不少的缺点。（1）对公安民警执法权益的保护规定过于简单、抽象。《治安管理处罚法》只在第 50 条中列举了警车的通行权和关于警戒的两项内容。对于其他有关公安民警执法权益保护的内容没有提及，这也就将从事危险系数高的人民警察执行职务的行为，同一般的国家工作人员执行职务划为等号了，根本不能体现公安工作的特殊性和危险性。[①]（2）没有明确界定违警、扰警、袭警行为。在《治安管理处罚法》的相关规定中，只用了"阻碍国家机关工作人员依法执行职务的行为"这样的表述，代替了所有的具体违警行为。"阻碍"是指采取非暴力的行为拒绝、阻碍国家工作人员执行职务的行为。在实际生活中违警的现象很多，如采取吵闹、谩骂、无理纠缠、拒不执行民警的合理指令等。这些行为能否认定为阻碍国家工作人员执行职务的行为？如果能够认定，以什么为认定的标准？如何认定是无理纠缠还是有理纠缠？等等。（3）公安民警的人格权被侵害时，《治安管理处罚法》中没有特别的规定，只能适用侵犯普通人人格权的规定。《治安管理处罚法》第 42 条规定："有下列行为之一的，处五日以下拘留或者五百元以下罚款；情节较重的，处五日以上十日以下拘留，可以并处五百元以下罚款：……（二）公然侮辱他人或者捏造事实诽谤他人的。"侵犯一名普通人和侵犯正在执法的公安民警是一样的处罚结果。这不仅震慑不了违法犯罪分子的嚣张气焰，反而助长了敢于跟执法公安民警对抗的违法分子的思想苗头。

（四）《戒严法》

《戒严法》第 28 条规定："在戒严地区遇有下列特别紧急情形之一，使用警械无法制止时，戒严执勤人员可以使用枪支等武器：（一）公民或者戒严执勤人员的生命安全受到暴力危害时；（二）拘留、逮捕、押解人犯，遇有暴力抗拒、行凶或者脱逃时；（三）遇暴力抢夺武器、弹药时；（四）警卫的重要对象、目标受到暴力袭击，或者有受到暴力袭击的紧迫危险时；

---

① 崔明浩：《我国公安民警执法权益的法律保障缺陷及完善》，延边大学 2009 年硕士学位论文，第 16 页。

（五）在执行消防、抢险、救护作业以及其他重大紧急任务中，受到严重暴力阻挠时；（六）法律、行政法规规定可以使用枪支等武器的其他情形。”

（五）《监狱法》

《监狱法》第46条规定：“人民警察和人民武装警察部队的执勤人员遇有下列情形之一，非使用武器不能制止的，按照国家有关规定，可以使用武器：（一）罪犯聚众骚乱、暴乱的；（二）罪犯脱逃或者拒捕的；（三）罪犯持有凶器或者其他危险物，正在行凶或者破坏，危及他人生命、财产安全的；（四）劫夺罪犯的；（五）罪犯抢夺武器的。”

（六）《人民警察法》

1995年颁行的《人民警察法》第一次以法律的形式规定了对警察执法活动进行保护。

《人民警察法》第5条规定：“人民警察依法执行职务，受法律保护。”

《人民警察法》第10条规定：“遇有拒捕、暴乱、越狱、抢夺枪支或者其他暴力行为的紧急情况，公安机关的人民警察依照国家有关规定可以使用武器。”

《人民警察法》第35条规定：“拒绝或者阻碍人民警察依法执行职务，有下列行为之一的，给予治安管理处罚：（一）对公然侮辱正在执行职务的人民警察的；（二）阻碍人民警察调查取证的；（三）拒绝或者阻碍人民警察执行追捕、搜查、救险等任务进入有关住所、场所的；（四）对执行救人、救险、追捕、警卫等紧急任务的警车故意设置障碍的；（五）有拒绝或者阻碍人民警察执行职务的其他行为的。以暴力、威胁方法实施上述行为构成犯罪的，应当追究刑事责任。”

《人民警察法》第41条规定：“人民警察因公致残的，与因公致残的现役军人享受国家同样的抚恤和优待。人民警察因公牺牲或者病故的，其家属与因公牺牲或者病故的现役军人家属享受国家同样的抚恤和优待。”

但《人民警察法》在执行过程中，暴露出诸多问题与不足：（1）妨害警察执法的各种行为包括扰警行为、袭警行为、恶意投诉行为等，具体的行为在《人民警察法》第35条中作了规定，但是第35条在列举了四种妨害行为后，以“有拒绝或者阻碍人民警察执行职务的其他行为”作为兜底条款，但什么是“其他行为”，由于规定不明确很难加以认定。实践中只能对部分袭警行为进行处罚，对扰警行为大都不予认定，而且法律没有就扰警、袭警的具体情形、程度、标准加以详细规定，实践中认定相当困难。（2）《人民警察法》虽然明确规定警察有权拒绝执行超越职权的指令和其他警务的条款，但缺乏具体的操作、保障措施。没有救济就没有权利，在实践工作中因为没有对要求警察执行超越职权之外的行为规定如何处罚而使这一条款变成一纸空文。

（七）《刑法》

《刑法》第 277 条第 1 款规定："以暴力、威胁方法阻碍国家机关工作人员依法执行职务的，处三年以下有期徒刑、拘役、管制或者罚金。"第 4 款规定："故意阻碍国家安全机关、公安机关依法执行国家安全工作任务，未使用暴力、威胁方法，造成严重后果的，依照第一款的规定处罚。"

《刑法》第 277 条的规定，仅将警察作为一般的国家工作人员来看待，未注意到警察工作的特殊性和危险性。当警察遭受伤害时，法律无力对加害警察的犯罪分子予以应有惩罚，使得此类案件的惩处起不到应有的震慑作用。① 有的学者认为，立法中应当有专门保护执法警察的条款，对公然蔑视警察执法权威、侵害警察执法权益情节严重的行为予以刑事处罚。②

我国《刑法》中的"妨害公务罪"没有根据不同的情况对此予以细分。如妨害公务罪规定只要以暴力、威胁方法阻碍国家机关工作人员依法执行职务的，就处三年以下有期徒刑、拘役、管制或者罚金。而在现实中，犯罪的情节及犯罪的方式有很多的表现形式，如可以表现为个人无预谋的妨害或者有组织有预谋的妨害，也可以表现为空手妨害或者是持武器妨害，而持武器妨害是使用一般工具妨害还是使用器械甚至是枪支妨害等。由于其不同的表现形式，自然会产生程度不同的后果。但是，从目前我国"妨害公务罪"的相关规定来看，对此并没有细分区别。

现行《刑法》对侵犯警察权益的违法犯罪行为处罚过轻。例如，我国《刑法》第 277 条规定对妨害公务罪，仅处三年以下有期徒刑、拘役、管制或者罚金，无论情节如何、后果轻重都归为这仅有的一档刑，因此，即使非法拘禁正在执法的警察，只要没有造成其重伤或死亡，最多也只能处三年以下有期徒刑。而对于拒绝、阻碍人民警察依法执行职务未使用暴力这一在许多国家被规定为犯罪的行为，在我国更多的是根据《治安管理处罚法》之规定，处以治安拘留。③

再者，从《刑法》第 277 条的字面来看，只要是采用暴力或威胁方法阻

① 陈春蓉：《论建立和完善警察权益保障机制》，载《福建公安高等专科学校学报》2003 年第 3 期。

② 张立新：《关于应对阻碍警察执法行为的思考》，载《北京政法职业学院学报》2007 年第 1 期。

③ 胡彬：《论完善我国袭警犯罪刑事立法的必要性和可行性》，载《犯罪研究》2004 年第 3 期。

碍警察依法执行公务的，就可构成犯罪。但在司法实务中，阻碍警察执行公务构成犯罪，不仅要求以暴力或威胁方法，而且该行为必须造成较严重的后果（如殴打警察要构成轻伤）。由此一来，大部分袭警案件只能施以治安处罚了事，袭警成本的低下，更是让不法分子为所欲为。

1983年8月10日，最高人民法院、最高人民检察院、公安部、国家安全部、司法部联合颁布了《关于人民警察执行职务中实行正当防卫的具体规定》，对警察在执行职务时行使正当防卫权的情形虽然作了原则性的规定，但《刑法》、《人民警察法》都已进行了修改，所以此规定已经失效。修订后的《刑法》没有明确涉及警察防卫权的内容，也没有对警察如行使防卫权造成暴力抗法者伤亡的，不负刑事责任的相关规定。而此种现状，直接导致了在实践中，一旦警察遭遇暴力抗法而行使防卫权致使对方伤亡的，不仅无法得到法律的保护，而且往往会因此蒙冤受屈，甚至还会因此被追究相关刑事责任。这使很多警察在执法过程中往往顾虑重重，甚至有的警察在执法时遭遇暴力袭击时，首先想到的不是如何将对方制服，如何去维护自身的安全，而是陷入只想到“如何息事宁人”、“如果防卫是否会被投诉”的怪圈。

二、我国警察权益保护的行政法规

我国警察权益保障的行政法规，主要是指《人民警察使用警械和武器条例》。

1996年1月8日，国务院第四十一次常务会议通过《人民警察使用警械和武器条例》。《人民警察使用警械和武器条例》第7条规定，人民警察遇有下列情形之一，经警告无效的，可以使用警棍、催泪弹、高压水枪、特种防暴枪等驱逐性、制服性警械：（1）结伙斗殴、殴打他人、寻衅滋事、侮辱妇女或者进行其他流氓活动的；（2）聚众扰乱车站、码头、民用航空站、运动场等公共场所秩序的；（3）非法举行集会、游行、示威的；（4）强行冲越人民警察为履行职责设置的警戒线的；（5）以暴力方法抗拒或者阻碍人民警察依法履行职责的；（6）袭击人民警察的；（7）危害公共安全、社会秩序和公民人身安全的其他行为，需要当场制止的；（8）法律、行政法规规定可以使用警械的其他情形。

《人民警察使用警械和武器条例》第9条规定，人民警察判明有下列暴力犯罪行为的紧急情形之一，经警告无效的，可以使用武器：（1）放火、决水、爆炸等严重危害公共安全的；（2）劫持航空器、船舰、火车、机动车或者驾驶车、船等机动交通工具，故意危害公共安全的；（3）抢夺、抢劫枪支弹药、爆炸、剧毒等危险物品，严重危害公共安全的；（4）使用枪支、爆炸、剧毒等危险物品实施犯罪或者以使用枪支、爆炸、剧毒等危险物品相威胁实施犯罪的；（5）破坏军事、通讯、交通、能源、防险等重要设施，足以对公共安全造成严重、紧迫危险的；（6）实施凶杀、劫持人质等暴力行为，危及公民生命安全的；（7）国家规定的警卫、守卫、警戒的对象和目标受到暴力袭击、破坏或者有受到暴力袭击、破坏的紧迫危险的；（8）结伙抢劫或者持械抢劫公私财物的；（9）聚众械斗、暴乱等严重破坏社会治安秩序，用其他方法不能制止的；（10）以暴力方法抗拒或者阻碍人民警察依法履行职责或者暴力袭击人民警察，危及人民警察生命安全的；（11）在押人犯、罪犯聚众骚乱、暴乱、行凶或者脱逃的；（12）劫夺在押人犯、罪犯的；（13）实施放火、决水、爆炸、凶杀、抢劫或者其他严重暴力犯罪行为后拒捕、逃跑的；（14）犯罪分子携带枪支、爆炸、剧毒等危险物品拒捕、逃跑的；（15）法律、行政法规规定可以使用武器的其他情形。

人民警察依照前款规定使用武器，来不及警告或者警告后可能导致更为严重危害后果的，可以直接使用武器。

从《人民警察使用警械和武器条例》规定的使用武器警械的法定情形，可以归纳出使用武器警械的三大适用规则：（1）保护生命规则；（2）排除重大危害规则；（3）制止重大危险犯逃跑规则。①

但该《人民警察使用警械和武器条例》也存在以下问题：

1.《人民警察使用警械和武器条例》第 4 条规定的使用武器应当以制止违法犯罪行为，尽量减少人员伤亡、财产损失为原则。第 14 条规定“使用警械、武器造成不应有的人员伤亡、财产损失，构成犯罪的，依法追究刑事责任”。这两个重要条款规定的“尽量”和“不应有”的概念都很模糊，不仅在实践中不宜把握，也给不当追究人民警察的法律责任提供了法律依据。

2.《人民警察使用警械和武器条例》第 9 条规定，使用武器前要对暴力犯罪行为进行判断，而且只有在判明的情况下，方可使用武器。这里所谓的判明是实质意义上的判明，还是形式意义上的判明，以及衡量标准是什么，在我国立法和司法上都没有明确界定。在实践中，人民警察的“判明”只是根据相对人的行为作出一个基本的判断，但立法上的“判明”显然并非如此，而是要对相对人的行为性质、目的以及行为后果都要作出明晰的判断，否则就没有尽到“判明”的义务。对于面对迫在眉睫危险的人民警察而言，这样的义务就有过高之嫌。现实生活中，一个行为是否被定性为正当防卫在事后还经常有争议，而要求人民警察在执行职务的当时便要作出准确无误的判断，无疑是

① 孙萍：《论人民警察使用武器权的法律规制与保障》（下），载《公安研究》2011 年第 3 期。

过分苛求。①

在“判明”问题上，可以考虑借鉴美国的“合理的确信”的标准。所谓“合理的确信”，是指根据现场的事实和情景，一个理性的执法人员能够合理地推论出在当时使用致命武力的理由有很大可能性是真的。“合理的确信”强调，形成“合理的确信”是要考虑到警察使用致命武力的决定是在充满高度紧张、高度不确定性的情景下瞬时间作出的。“合理的确信”标准可资借鉴主要在两方面：一是“合理的确信”确保了警察在判断是否开枪时，认真考虑相关的因素，避免了开枪的随意性；二是避免设定过高标准来责难警察。②

3. 理念上的分歧。20 世纪 90 年代，有学者批评《人民警察使用警械和武器条例》草案在性质上把警察使用警械的职权行为混同于公民的正当防卫。③因此，在《人民警察使用警械和武器条例》制定中，极力在警察使用警械与正当防卫之间划清界限。来自官方的解释是：一是性质不同，人民警察制止违法犯罪是履行法定职责，代表国家履行的一种社会义务，而正当防卫行为则是为了使公共利益、本人或者他人的人身和其他权利免受正在进行的不法侵害而行使的一种公民权利；二是约束力不同，人民警察制止违法犯罪是人民警察的职责所在，也是人民警察的法定义务，体现了国家意志，是不可放弃的，否则就是失职甚至是渎职，而公民的正当防卫则是可以选择的行为。④ 可以看出，《人民警察使用警械和武器条例》彻底抛弃正当防卫，转向依法令之行为。

第二节　警察合法权益遭受侵害的现状考察

当前，我国正处于社会转型期，社会矛盾急剧增长日渐恶化，有的甚至相当尖锐，而解决矛盾和利益争端的机制还不完善、不健全，社会治安形势和执法环境不容乐观，因此，给警察执法工作带来了前所未有的压力。阻碍执法、暴力“袭警”情况时有发生，执行公务的警察的生命、身体、健康权等诸项权利受到侵害。

2013 年 4 月 2 日，公安部公布了最近五年来中国警察因公伤亡数据。

---

① 孙萍：《论人民警察使用武器权的法律规制与保障》（下），载《公安研究》2011 年第 3 期。

② 高文英：《警察使用枪支的若干法律思考》，载《中国人民公安大学学报》（社会科学版）2009 年第 4 期。

③ 余凌云：《警察使用枪支与警械的两个基本理论问题》，载《武警学院学报》2002 年第 4 期。

④ 公安部：《〈中华人民共和国人民警察使用警械和武器条例〉宣传提纲》，载《公安法制建设》1996 年第 6 期。

2008年至2012年，中国警察因公牺牲2204人，因公负伤16821人，平均每年有441名警察因公牺牲、3364名警察因公负伤。[①] 另外，根据公安部公布的自新中国成立至2005年中国警察因公伤亡数据，我们可以看到，警察因公伤亡呈逐年上升趋势：1949年至1980年是警察牺牲的一个低发期，年平均牺牲人数为32人；1981年至1989年是迅速上升期，最高年牺牲人数为254人，年平均牺牲人数是131人，是新中国成立后前30年年均牺牲人数的4倍；1990年至1995年是高发期，最高年牺牲人数为395人，年平均牺牲人数是341人，大大高于20世纪80年代的年牺牲人数；1996年至2001年是超高发期，最高年牺牲人数突破了500人，年平均牺牲人数是484人；2004年以后更是超高发期，当年民警因公牺牲人数就达到492名，负伤7032名；2005年略有下降，全国公安民警因公伤亡4548人，其中因公牺牲414人；2008年至2010年，全国公安民警牺牲1332人，年平均牺牲444人；全军现役官兵牺牲756人，年均牺牲252人，公安民警的年均牺牲人数为军人的1.76倍。[②] 根据数据显示，中国平均每一天就有1~2名警察牺牲，平均每一个小时就将近有1名警察负伤。人民警察是我国和平建设时期伤亡数量最大的职业群体，可谓"时时有流血、天天有牺牲"。当前，国际刑警组织已将中国列为警察伤亡严重的国家之一。[③] 侵害警察权益的行为形态，可以概括为：

一、暴力袭警

近年来，暴力袭警事件在各地时有发生。而且暴力袭警呈现出由城市向农村推进，由发达地带和区域向不发达地带和区域发展，暴力行为的程度也在加强等趋势。

1999年4月20日，银川市发生特大袭警和爆炸案件，被歹徒预先埋设的爆炸装置炸毁的是巡警支队110处巡警大队4名巡警和其警车，4名巡警当场牺牲。这是宁夏回族自治区自新中国成立以来后果最严重的恶性案件。[④]

2006年10月23日23时许，云南省广南县发生震惊全国的特大袭警案，当杨柳井乡派出所民警罗明与治安协管员罗洋要求赵某某到派出所接受调查时，赵某某掏出匕首猛刺罗明4刀后逃离。次日凌晨，当公安机关部署抓捕

---

① 公安部：《过劳死成民警牺牲首因》，载《南方都市报》2013年4月3日第22版。

② 任生德、解冰：《守护平安》，载《国风》2005年第6期。

③ 罗云杨：《人民警察因公伤亡抚恤法律保障研究》，大连海事大学2013年硕士学位论文。

④ 琴剑阁：《1999年震惊全国的4·20特大袭警爆炸案》，载 http://www.chinesecop.com/shield003020.htm，访问时间：2014年11月18日。

时，赵某某将4包炸药投向警车，致使警车被炸毁，3名警察和2名联防队员被炸伤。①

2008年7月1日上午，一名北京来沪无业人员杨某携带了匕首、榔头、喷雾剂、防尘面具等，向上海市闸北区一幢综合行政办公大楼楼口抛投了8枚用啤酒瓶自制的燃烧瓶。然后杨窜入大楼，在底楼大厅及闸北公安分局治安支队值班室，使用匕首刺伤4名正在办公来不及防备的警察。杨又窜至10楼、11楼和21楼，在几个不同的房屋内，趁民警不防，用匕首刺伤5名警察。最终致6名警察牺牲、3名警察负伤。②

2008年8月4日上午8点左右，新疆喀什公安边防支队集合出操至怡金宾馆门前时突遇两名犯罪嫌疑人驾车袭击，并引发车上爆炸装置，16人死亡，16人受伤。③

2009年12月4日下午13时许，宁波市象山县公安局巡特警大队一名民警和三名协警在处警后，遇几名男女围攻，身上多处受伤，有的民警重伤至骨折。④

暴力袭警的特点主要呈现为：

（一）暴力袭警的警种对象相对特定

暴力袭警主要针对派出所民警、交警、巡警、刑警等警种。从暴力袭警案件致民警伤亡的情况看，伤亡数量较多的警种依次是派出所民警、交警、巡警、治安警和刑警，案件大多发生在民警处置突发事件、处理交通违法行为、查处治安案件和执行抓捕任务过程中。⑤

（二）暴力袭警的参与者呈组织性

从个人突发性抗法向有组织的集体性抗法发展，有些违法人员及其亲属为了逃避罪责，发泄个人私愤，故意煽动群众围攻或阻挠警察执法，对公共安全造成极大的影响。袭警人员成分复杂。袭警犯罪嫌疑人中既有文化程度低、法

---

① 薛宗兰：《民警执法权益被侵害的现状》，载《人民公安报》2007年7月23日。

② 忻文轲、潘高峰：《上海暴力袭警案已致6名民警牺牲3民警1保安受伤》，载 http：//www.china.com.cn/news/txt/2008－07/02/content_ 15922757.htm，访问时间：2014年12月25日。

③ 《新疆喀什公安边防支队遭爆炸袭击16死16伤》，载 http：//www.china.com.cn/news/txt/2009－07/06/content_ 18080125.htm，访问时间：2014年12月25日。

④ 曹美丽、周华敏：《宁波警察遭暴力袭击时开枪击中夺枪者》，载 http：//www.xinhuanet.com/chinanews/2009－12/14/content_ 18486489.htm，访问时间：2014年12月26日。

⑤ 徐祥辉：《从警察执法权威缺失透析暴力袭警问题》，载《行政与法》2008年第6期。

律知识淡薄、自制能力差的人，也有对法律知识略懂、恶意攻击民警的人；既有为个人利益激情犯罪的人，也有受过公安机关的打击处理，对公安机关不满，对社会报复情绪强烈，一旦和民警接触，情绪极易失控，对民警实施侵袭。还有个别醉酒人员，过量饮酒致使行为失控，袭击执法民警。

（三）暴力袭警行为的突发性和暴力性

无论何种袭警案件，犯罪分子通常采取突然袭击的方式实施袭警犯罪，执行职务的民警往往没有预先的判断，被犯罪分子袭击，从而受伤或牺牲。在严重的袭警案件中，犯罪分子往往采取暴力袭击等人身伤害手段，多运用一定的刀具、枪支等杀伤性较强的器具，甚至采取驾车撞击、爆炸、投毒等手段，极具暴力性，手段残忍。①

（四）暴力袭警后果的严重性

袭警案件的频繁发生，不仅会助长犯罪分子的嚣张气焰，而且会使人民群众怀疑公安机关维护社会治安、打击违法犯罪的能力，降低对公安机关的信任度和满意度，甚至会由此削弱对民警职业安全的保障，影响民警严格执法的工作积极性，从而严重损害国家与法律的尊严。

二、恶意投诉、不实投诉

警察在执法过程中除受到暴力侵害日益严重外，对公安民警的恶意投诉、不实投诉、诬告、陷害也带有相当的普遍性。所谓恶意投诉，是相对于正常投诉而言，指投诉人出于私人报复目的，故意捏造事实投诉警察的行为。② 根据公安部警务督察局统计，2007 年全国共受理反映公安警察违法违纪的信访举报和案件线索 48507 件，查处 3971 件，占全部投诉案件的 8. 186%，涉及警察 5724 人。2008 年共受理反映公安警察违法违纪的信访举报和案件线索 42312 件，查处警察违法违纪案件 3449 件，占全部投诉案件的 8. 151%，涉及警察 4877 人。2005 年 4 月 1 日至 7 月 20 日，全国各地公安机关接到的投诉有

① 王江琼：《袭警行为的特征和危害性及频发的原因》，载《广州市公安管理干部学院学报》2009 年第 1 期。

② 恶意的认定必须满足以下两个要件：第一，出于个人的私心报复；第二，故意捏造事实投诉警察。如果投诉人虽然出于私心报复而投诉，但投诉基本属实，则不构成恶意投诉；或虽然捏造事实投诉警察，但非出于私心报复，也不以恶意投诉论，可以作其他行为处理。吴小龙：《论警察执行公务的法律保护——一种警察执法权益保护的法律进路》，载《北京人民警察学院学报》2007 年第 1 期。

37615起，其中不实投诉竟高达78%。[①] 据南京市公安局统计，南京市公安局2004年上半年受理的700多起群众举报投诉，不实投诉和部分不实投诉高达92.20%。[②] 湖南省公安厅警务督察部门受理投诉7589件，其中，4781件属不实投诉。110报警服务台共接到对公安民警的投诉电话1186起，其中，不实投诉高达60%以上。[③] 根据统计数据显示，浙江省110指挥中心共受理群众投诉2628起，经查情况不实的有1824起，占总数的69.4%。全省公安纪检监察部门共接到投诉、举报11994起，失实和查无实据的占74.7%。[④]

在这些不实投诉中，有被告人、犯罪嫌疑人、犯罪分子或亲属发泄私愤、威胁报复的；有无理取闹、故意给公安机关难堪的；有为逃避违法处罚故意给民警“泼脏水”的；甚至有故意诋毁公安机关和政府形象、对公安机关和民警进行无端报复和攻击的。

对警察的恶意投诉、不实投诉、诬告、陷害等行为，其直接的法律后果是：（1）警察的社会评价降低。对警察社会评价的降低是侵害警察名誉权造成的主要损害后果。警察作为国家公职人员，良好的名誉对其执法工作的开展及个人发展具有重要意义。而当加害人对警察进行侮辱或诽谤这一事实被第三人直接或间接知悉后，影响第三人对警察的看法，首当其冲就是对警察社会评价降低，社会成员对警察产生不良看法，在履行职责中产生困难，在社会中受孤立等。[⑤]（2）造成警察的精神损害。这种损害轻则表现为痛苦、焦虑，重则表现为精神失常甚至精神疾病的发生，这种损害存在于警察的精神、心理中，而非存在于警察与其他人的相互关系之中，因而也被称为内部名誉的损害。

三、超负荷工作

劳动者有休息的权利、有获取劳动报酬的权利，这是劳动权中两项很重要

① 刘金玲：《试论警察正当执法权益及其保障》，载《河南公安高等专科学校学报》2005年第4期。

② 谢根明：《维护民警执法权益的实践与思考》，载《江苏警官学院学报》2004年第5期。

③ 湘公研：《关于公安民警合法权益保护的调查与思考》，载《公安研究》2005年第11期。

④ 詹肖冰、谢佳、叶欢：《遭遇恶意投诉——对警察执法权益的再思考》，载 http：//www.china110.com，访问时间：2014年12月27日。

⑤ 当然这种评价的降低是作为一种观念、认识存在于第三人的思想当中，难以量化，这也造成受害人举证和证明的困难，对此学者们多主张对名誉侵害案件应免除受害人对名誉损害事实的举证责任，而采取推定方式确认损害事实的存在，只要受害人提供证据证明对自己名誉的损害为自己以外的第三人知晓，法官根据经验法则来推定损害结果是否存在。对于以重复传播方式损害警察名誉的，往往是因好奇、不良习惯所致，并非基于恶意，对此类情形应由受害人举证加以证明，而不能一概采取事实上的推定。参见孙强：《警察名誉权问题探析》，载《湖南警察学院学报》2011年第5期。

的权利，也是公安警察劳动权中最易受到侵犯的权利。

北京市社科院社会科学研究所的一项长达两年的跟踪调查表明，警察在所有行业中是工作时间最长的。研究发现，在所有的公务员中，警察的工作量最大：一个警察一年的工作量已经相当于同级政府部门公务员两年半的工作量。[①] 一项来自广州的调查显示，当地巡警人均日加班4.4个小时，派出所警察、刑警人均日加班3.5个小时，而广州警力数量在全国位列前茅。其他警力缺乏的地区更是可想而知。全国的数据则显示，中国警察一般每天要工作11～15个小时，而且平均3周才能休息一天。[②]

由于警力配备不足，加之警务工作的突发性、紧迫性、不确定性的特点，要求警察处于"全天候"待命状态，"连轴转"就如家常便饭一样。警察已成为加班时间最长的职业之一。[③] 据北京、天津、河北等地统计，基层一线的警察平均每周加班时间都超过了20个小时，派出所、刑警队警察每周加班最高可达50个小时。即使按每周加班20个小时计算，每年就要多工作130个工作日。[④]

当前，基层警力无法满足治安形势的需要，基层公安民警大多三天两头要值班执勤，全天24小时应付接出警，多发的案件往往使公安民警穷于应付。一旦案件上手，民警不得不靠没日没夜的加班加点来完成任务，只能靠自己的身体去拼，用自己的健康来搏。一个时期以来，有关部门为了加大社会救助力量，建立了社会联动救助服务机制，取得了较好成效。但从目前运行的情况看，事实上是"联而不动"，特别是到了夜间，出动的往往都是公安民警，一些本属其他部门的职责也被公安机关"抢"了过来。繁重的非警务活动，导致公安民警力不从心，无法专心做好本职工作。公安机关临时性工作面广量多，如举办各种大型活动、各个阶段性整治活动，使一线公安民警普遍没有休假，疲于奔命，消耗了大量的警力和警察体力。

长期超负荷的工作不仅严重侵害了警察的休息休假权，而且经常性的加班加点、无规律的生活节奏、高风险的工作环境，使警察的体力严重透支，心理负担过重，绝大多数警察处于身心疲惫的亚健康状态，民警的健康权也受到了严重侵害。《人民日报》曾报道，中国前卫体协于1999年对北京、辽宁两地

---

① 刘爽、雷风：《中国警察——一支疲惫之师》，载《中国人民公安大学学报》（自然科学版）2003年第1期。

② 曾兰青：《论警察权益及其保护》，湖南师范大学2009年硕士学位论文，第24页。

③ 王大中：《流动人口与警力配置》，载《中国人民公安大学学报》2003年第4期。

④ 公安部：《通报2005年全国公安民警因公牺牲负伤情况》，载人民网 http：//www. gov. cn/2006－02－23. html，访问时间：2014年12月29日。

的 15887 名公安民警进行了一次体检，结果显示：两地民警患病率高达 86%，其中 45 岁以下年龄段民警身体健康状况较差，并呈逐年恶化的趋势。[①] 据统计，民警因积劳成疾英年早逝或猝死在工作岗位上的比例竟占牺牲民警总数的 30%，民警的平均寿命大大低于全国平均数。[②] 2004 年，江苏省公安厅组织对南京、无锡等地开展调查测试，发现当前警察中有 80% 的人认为工作、生活压力很大，其中有 10% 的人认为无法消除这种压力。同时发现，警察群体化症状、抑郁、焦虑、人际敏感四个因素的分值高于社会一般群体。2002 年至 2003 年，广东省公安机关组织对广州、佛山、云浮三个市的 628 名警察进行测试，结果显示：警察的心理健康水平远远低于普通人群。[③]

四、经济收益权得不到保障

警察的工资是警察维持生活的必要条件，也是警察社会地位的反映。《人民警察法》第 40 条规定："人民警察实行国家公务员的工资制度，并享受国家规定的警衔津贴和其他津贴、补贴以及保险福利待遇。"目前，警察工资报酬得不到保障主要表现为两个方面：一是除少量警察实行聘任制外，就主体队伍而言，警察在工资报酬标准上，没有协商请求权和决策权，即警察不能与国家约定自己的工资标准，国家单方面确定警察的工资报酬标准；二是在实践中，警察被拖欠工资、克扣津贴的现象比比皆是，特别是一些落后、偏远地区更是如此。[④] 在一些地方，医药费、工伤医疗费、加班补助费、警衔津贴、服装费等不能得到保障。[⑤] 据报载，到 2000 年底，全国公安机关累计欠发民警基本工资及各项补贴共 16.4 亿元，涉及民警 34.7 万名，占全国公安民警总数的 26.3%。另外，2002 年全国公安民警未报销的医药费达 4.2 亿元。[⑥]

---

① 毛磊：《警察积劳成疾堪忧》，载《人民日报》2004 年 1 月 14 日。

② 周忠伟、李小强：《论警察权益的基本内容》，载《中国人民公安大学学报》2003 年第 4 期。

③ 陈嘉：《给民警"安"一个快乐的心》，载中国警察网，http：//www. Cpd. com. cn/2005－09－23. html。

④ 《人民警察法》第 38 条规定："人民警察工作所必需的通讯、训练设施和交通、消防以及派出所、监管场所等基础设施建设，各级人民政府应当列入基本建设规划和城乡建设总体规划。"从法条的规定可以看出，警察的一部分经费由地方财政负担。然而，在一些欠发达或老少边穷地区，在当地政府的基本开支都难以保证的情况下，如何能期待警察的工资一定得到保障。

⑤ 张学军、谢明善：《新时期加强民警维权工作的几点思考》，载《公安机关反腐倡廉理论与实践》，中国人民公安大学出版社 2005 年版，第 452 页。

⑥ 《民警的医疗保障再次成为"两会"代表委员关注的热点》，载《人民公安报》2004 年 3 月 15 日。

五、伤亡抚恤权得不到充分保障

根据《人民警察法》和有关法律法规的规定，因公伤亡后，警察及其家属享受与现役军人同样的抚恤和优待。

到20世纪80年代，随着社会保障制度改革的全面启动，国家对公安警察抚恤制度进行了一系列重大的调整和改革。既扩大了抚恤覆盖的范围，又提高了抚恤的力度。

1999年，民政部、公安部联合颁布的《公安机关人民警察抚恤办法》规定，人民警察死亡，根据死亡性质和本人死亡时的工资收入，由持证明书的死亡人民警察家属户口所在地的民政机关，计发一次性抚恤金的标准为：追认为革命烈士的发放40个月工资；属因公牺牲的，发放20个月工资；属病故的，发放10个月工资。

2004年，民政部、公安部联合颁布的《关于国家机关工作人员、人民警察伤亡抚恤有关问题的通知》规定，革命烈士一次性抚恤由原来的40个月工资提高到80个月工资；因公牺牲的，由原来的20个月工资提高到40个月工资；病故的，由原来的10个月工资提高到20个月工资。

2005年，公安部、教育部、民政部《关于印发〈人民警察优抚对象及其子女教育优待暂行办法〉的通知》规定：（1）烈士子女入学入托的，在同等条件下优先接收；在公办学校学习期间免交学费、杂费，对其中寄宿学生酌情给予生活补助；报考普通高中、中等职业学校、技术学校时降20分录取；报考普通或成人高等学校的，由省级招生委员会决定，可在高等学校调档分数线下适当降低分数要求投档，降分幅度不得超过20分；（2）因公牺牲人民警察子女、一级至四级残疾人民警察子女报考普通高中、中等职业学校、技术学校的，招生时降10分录取；残疾人民警察、因公牺牲人民警察子女、一级至四级残疾人民警察子女报考高等学校的，在同等条件下优先录取；残疾人民警察在校学习期间免交学杂费；（3）凡是国家实施“西部开发助学工程”地区的优抚对象及其子女，在符合资助标准的前提下优先享受“西部开发助学工程”的相关政策优待；（4）各类优抚对象在同等条件下优先享受国家设立的各类奖学金、学校自行设立的奖学金以及社会各界出资设立的奖学金，优先享受国家提供的各项助学贷款，优先享受学校提供的困难补助和社会捐助，同时学校应优先为他们提供勤工助学岗位。

但是，上述规定存在诸多不足：第一，上述规定只是针对牺牲和致残的警察，而在被害警察中，牺牲及致残的显然只占少数，因此，抚恤面过窄，对伤而未残的被害警察也显得不够公平。第二，抚恤标准偏低。参照现行工资标准，以每月 2000 元计算，因公殉职的抚恤金只有 8 万元，就是烈士也只有 16 万元。

此外，尽管中央财政和各级地方财政在编制经费预算时，对公安机关实行了一定的倾斜政策，中央财政和各级地方财政通过一般性补助与专项补助相结合的方式，给予公安抚恤工作有力的支持。但是人民警察的抚恤权还是得不到有效的保障。由于地方财政紧张，尤其是落后地区，根本无法落实国家有关人民警察的抚恤政策。

第三节　警察合法权益遭受侵害的原因考察

一、中国社会转型期与社会失范

社会失范对于社会的影响不能就社会失范的经验事实本身进行评断，而是必须把社会失范放到一个具体的现实的历史背景下进行评判。[①] 社会失范一般分常态下的社会失范和转型时期的社会失范。

常态下的社会失范，它所形成依赖的那个社会生活方式在根本上没有丧失其合理性根据。因此，这种社会失范不会形成大规模、全局性持续的失范现象，一般表现为局部的、短暂的意义上的失范。这种社会失范对社会秩序而言，更多的是具有直接的消极性。

而转型时期的社会失范，其存在的根据在于现有的生活方式和交往方式已经或正在失去存在的合理性根据，社会生活本身也正在发生深刻的变化。一方面，意味着原有的社会价值规范体系的合理性受到冲击，一个新的社会价值规范体系产生的必然；另一方面，意味着失范的原因在于两种不同社会生活方式的更替，以及由此决定的两种不同社会价值规范体系的更替。

社会失范在我国社会转型期的行为表现：（1）经济生活领域的“不正当竞争行为”。经济主体从个人所处的利益关系出发，在市场经济活动中，违反、背离社会主义市场经济公平竞争、自愿诚信的基本道德原则，制造伪劣商品欺骗消费者；诋毁、贬低竞争对手的商业信誉，侵犯他人的经济利益；非法

① “失范论”：迪尔凯姆提出，在社会转型期，因出现“规范真空”、“规范冲突”、“规范重叠”而导致社会“失范”。而社会“失范”又会导致社会失序。刘祖云：《社会转型与社会治理》，载《广东外语外贸大学学报》2014 年第 6 期。

集资与非法传销，破坏自由公平交易的原则；贿赂牟利，钱权交易。[①]（2）在政治生活领域里“权力的寻租”和“权力的资本化”。少数党政官员通过各种手段动用公共权力谋求个人私利。他们利用在改革过程中出现的规范松弛、规范缺乏的情形，将“权力”这一稀缺资源作为“资本”投入市场，使权力发生了“异化”和“畸变”。这种“权力经济”实质上是中国社会长期实行经济管理行政化，各种经济活动离不开行政权力和长官意志所造成的。[②]（3）社会生活领域的集体无意识行为和去社会化行为。社会生活的激烈变动，利益格局的重大调整和失序行为的增加必然导致社会心理失调，如公众冷漠心态与相对剥夺感心态。而见死不救、“红眼病”、欺负弱势群体、打架斗殴、显富攀比等行为就是这种社会心理失调的行为表现。随着社会分化的加剧，城乡经济和区域经济发展的不平衡，导致个人收入差距拉大，社会地位发生相对的变动，使社会个体或群体将自己的利益得失与他人或群体进行对比时会产生一种不平衡心态。[③]

“社会转型”一词来源于西方发展社会学和现代化理论。西方社会学家用此概念来描述社会结构具有变迁意义的转变。它是指社会生活具体结构形式和发展的整体性变迁。一般认为，中国的社会转型是从1840年的鸦片战争正式开始的，从1978年以来中国社会的转型进入加速期，面临从传统社会向现代社会的艰巨转变。[④] 当前中国社会的转型呈现出许多新的特点：

第一，社会资源配置方式的转变。世界一些国家社会转型的动力最初并主要来自市场，即市场力量既是社会转型的初始动力，又是社会转型的主要动力。当代中国的社会转型则不完全相同，1978年开始的改革不仅是政府和市场双重启动，而且是政府和市场双重推动。[⑤] 在中国社会转型过程中，政府和市场表现为两种不同的推动力量，这两种力量的巧妙结合，是世界现代化进程中的一个成功范例。改革前，中国是一个高度集中的实行计划经济分配和管理的国家。在社会转型过程中，国家对社会经济的宏观调控和干预，开始从指令性为主转向指导性为主，从直接管理为主转向间接管理为主，从行政手段为主转向以经济手段为主，市场在资源配置中逐渐起基础性作用。

---

① 任亮：《社会转型期的社会失范行为——基于社会共享价值观的分析》，载《理论学刊》2007年第7期。

② 夏玉珍：《转型期中国社会失范与控制》，载《华中师范大学学报》2002年第5期。

③ 任亮：《社会转型期的社会失范行为——基于社会共享价值观的分析》，载《理论学刊》2007年第7期。

④ 孙立平：《社会转型：发展社会学的新议题》，载《社会学研究》2005年第1期。

⑤ 刘祖云：《当前中国社会转型特征再探讨》，载《武汉大学学报》2002年第6期。

第二，社会分配关系的转变。一方面，改革开放使中国走上了机会逐步开放的市场化过程，导致分配关系由直接转向间接、从单一转向多样，使社会成员的收入差距明显扩大。另一方面，由于中国社会机会分配平等化的过程是有限的，加之一些重要的社会机会实质上并没有向大众开放，于是出现某些特殊人群凭借自己对机会的占有来获得社会财富。

第三，社会功能结构的转变。在社会转型中，中国社会从高度综合转向高度分化，原有的公共秩序体系受到冲击，其功能被弱化了。原有的以国家权力为中心的正式社会组织体系的控制力明显弱化，削弱了国家对个人的全面控制。同时，原有社会公共秩序中的以家庭、家族、单位等非正式社会组织的控制力也削弱了。

第四，社会阶层结构的转变。改革开放使新中国成立以后形成的三级式社会阶层结构（工人、农民和知识分子）发生了高速度、大规模的分化，分化出职业、收入和声望等不同的阶层和利益群体，产生了新的阶层和利益群体。

第五，社会政治与公共生活的转变。市场经济的发展和社会结构的转型，使政治权力的纵横划分和相互制约逐渐成为必然，这是一个由集权到分权、由伦理型管理到法治型管理的转变过程。在这一过程中，社会各利益群体、阶层和个人的社会参与意识日益增强，政治活动方式和社会决策过程逐步走向民主化、规范化、法治化。

除上述特点外，1978 年以来的社会转型，还表现为：社会转型的速度大大加快，社会转型的广度空前未有，社会转型的深度史无前例，社会转型的向度十分明确。①

失范并非今日中国社会特有的现象，巨大的社会变革和社会转型中文化和价值冲突，是现代化过程中任何国家都会面临的问题。特别是现代化过程中，越是晚发（与发达国家的早发相对应）国家，社会冲突和社会失范就表现得越突出。“一方面，它标示的是文明演进过程中的历史性断裂；另一方面，它标示现代（性）社会相对于传统社会地位上的优越性，从而达到对传统社会的‘异质性超越’。”②

在社会转型时期，社会规范的变迁率较高，因而容易产生所谓的“规范真空”状态，主要表现在规范对调节社会团体或社会成员行为与社会关系的能力在不断降低。在这种社会失范状态下，由于各种旧的规范、新的规范在社会生活中共同存在，使越轨行为受到社会规范制裁的力度大大降低了，使人们

① 郑杭生：《中国特色社会学理论的探索》，中国人民大学出版社 2005 年版，第 256 页。

② 高兆明：《制度公正论：变革时期道德失范研究》，上海文艺出版社 2001 年版，第 14 页。

有了投机心理，从而促使了大量越轨行为的产生。如果用历史眼光看，可以说社会转型中的社会失范是社会发展的内在环节，但它不能自然而然地可以成为社会发展的直接环节，需要我们克服社会失范现象，这样社会失范才可能成为历史发展的现实中介。

需要注意的是，转型期中国所面临的社会失范，不但不同于作为常态的社会失范，而且这种社会失范极易以一种社会风险的形式出现，给社会运行造成巨大的威胁。

转型期中国社会的失范表现在社会治安的稳定上：（1）社会控制能力弱化。从社会学的视角看，社会控制意味着社会通过各种机制或手段对个人和集团的行为进行约束，从而达到维持社会秩序、保持社会和谐稳定、避免社会群体危险的目的。[①] 社会控制的主要工具和手段是共享的价值观、有效的制度和组织、统一的行为规范（包括法律、规则、习惯、传统等），通过外在的强制和内在的认同两个重要机制，达到约束行为，维持相互依赖、保持沟通、推进不同社会群体和社会成员相互合作的目的，从而实现社会秩序的维持和有序的变迁。中国现在正在进行的社会转型，是近代中国现代化开启以来发生的最为深刻的变化。社会转型使社会控制体系处于新旧交替和转换之中，传统型的与过去计划经济模式相适应的社会控制体系不断受到冲击而失去其效能，现代型的与社会主义市场经济相适应的社会控制体系尚处于形成的过程中，造成整个社会控制功能弱化。在农村，由于基层组织疲软，有关控制职能难以发挥，对外出人员、监管帮教对象等难以实施有效的教育管理。在城市，由于“单位制”的变化，城市拆迁面扩大，各类人员变动频繁，社会交往的“匿名度”大为提高，难以实行有效的控制。企业单位作为基本的社会组织从“管理型”向“效益型”转化，对人们的控制作用越来越弱。社会人员从“单位人”向“社会人”甚至到“网民”的转变，造成无序流动。（2）社会治安管理难度加大。与改革开放初期相比，社会治安管理的范围不断扩大，内容不断增多，难度不断加大，尤其是城市治安管理在时空上正向全天候、全方位延伸和拓展。随着市场对劳动力资源调整的规模扩大，流动人口和社会失业人员增多，大中城市和经济发达地区犯罪问题更为突出，城市的发案率明显高于农村。随着科学技术的迅速发展，高科技犯罪增多，犯罪的智能化、科技化水准进一步提高，并呈现出一些不同于传统犯罪的新特点。随着对外开放扩大和外资的进入，跨国犯罪和国外、境外人员犯罪将会增多，一些新兴行业治安情况更为复杂，带有境外色彩的治安问题可能出现。随着贸易自由化步伐加快，资

① 李路：《社会变迁：风险与社会控制》，载《新华文摘》2004 年第 12 期。

本和金融流通频繁，电子虚拟化的普及，证券期货、投资贸易、银行保险、知识产权领域活动日趋活跃，经济犯罪的种类、行业分布、作案手段将会发生新的变化。随着第三产业的兴起，文化市场、服务市场逐步放开，毒、赌、色等社会丑恶现象可能在一些地方蔓延，败坏社会风气，诱发违法犯罪。

二、警察权的不合理配置

所谓警察权的配置，是指以立法的形式优化警察权力组合和结构，即有关机关依据国情以法律的形式对警察权力进行的科学调配与合理设置，以求最大限度地发挥警察权力保护公民合法权益、维护社会秩序的作用，最大限度地避免、克服警察权力行使所带来的负效应，从而将警察权力纳入法治轨道，实现警察公权与公民私权的动态和谐的立法行为。

对警察权进行配置时必须要考虑到以下相关社会因素：

（一）社会治安现状和公民对警察权的需求度

警察权来源于公民的授权，因而警察权必须尊重公民的权利和正当的意愿。从这个意义上说，警察权的配置必须根据社会治安的现状和公民对警察权行使的需求度而定，随意扩张或收缩可能都不利于公民权利的实现。

（二）国家法治文明水平

国家法治文明水平是指国家对警察权力的赋予仅止于维持公共秩序所必要的最低限度。从长远看，随着社会的发展和治安状况的好转，我国的法治文明程度必将越来越高，法治文明程度越高，法律所调配的警察权力就应该越小。对警察权的扩展和限制不能脱离我们所处的法治文明的时代背景。

在我国，警察权配置不合理主要表现在：

1. 警察权力过于巨大

我国警察权兼具治安管理与刑事侦查双重职能，其管辖范围非常宽泛。同时，我国公安机关不仅行使着广泛的警察权，而且罚权之大在世界上也是独一无二的，涉及公民的自由、权利、财产的限制乃至剥夺。① 例如，在治安行政领域，可以科处包括警告、罚款和拘留在内的各种行政处罚以及有权采取劳动教养措施。

① 法治国家在行政领域极少设定行政拘留等自由罚，一般将自由罚作为行政刑罚对待，或者只要涉及限制剥夺自由的都被划入刑事范畴，必须经过正当程序的司法审查。

2. 警察权力高度垄断与混同

我国除国家安全机关以外，绝大部分警察权都由公安机关行使。虽然，我国除一般警察机关以外，还有建立在铁路、交通、民航、林业、海关等行业的专业警察机关，但在业务上受中央公安机关垂直领导，因而并没有削弱警察权的垄断性。警察行政职权与刑事职权也只在公安机关内部存在部门上的划分而已，如治安、边防、交警等部门则兼具行政与刑事两种职能，从而形成一种高度垄断的警察体制。这种权力体制虽然客观上提高了中国警察办案效率，但是助长了部分警察的特权思想，实践中，常出现行政与刑事这两种不同性质、不同法律依据的权力被随意混用，导致对相对人合法权益的损害。此外，我国的看守所（拘留所）基本上由公安机关控制，即警察权还同时拥有羁押公民自由的权力，在某种意义上，这正是警察刑讯逼供、超期羁押的根源。

3. 非警务活动的普遍存在

公安机关及公安机关的人民警察从事或参与超越职权范畴的各种活动，被称之为非警务活动。[①]

根据非警务活动的结果或后果，可以把非警务活动区分为积极非警务活动与消极非警务活动两种基本的类型。[②] 积极非警务活动是指公安机关及人民警察的活动虽然超出了其职权范围，但其结果对社会、公众是有益的，如近年来“110”报警服务台及处警人员为公众提供的某些服务，是符合公安机关为民众服务宗旨的，因此不能简单、笼统地予以否定。而消极非警务活动则是指公安机关及人民警察的活动不但超出了其职权范围，而且给国家、社会或公众带来了危害，是必须予以遏制、禁绝的活动。

消极非警务活动具体表现形式多种多样，归纳起来主要有以下几种：(1) 从事与职责无关的行政行为。这主要是指公安机关基层单位根据所在地政府的指令从事征粮讨款、计划生育、派工收税、查无照经营商贩等各种按规定应该由其他部门负责的行政行为。(2) 违规调处纠纷。这主要有以下三种表现形式：一是公安机关插手经济纠纷或强制干预经济活动，如设置非警务关卡，越权检查、扣押车辆及其他物资产品；二是对民事纠纷的当事人违规进行调解；三是越位处置劳动关系纠纷。(3) 参与重点项目征地、房屋拆迁、旧

① 龚海燕：《非警务活动现状梳理与探究》，载《上海公安高等专科学校学报》2004 年第 3 期。

② 马亚雄：《消极非警务活动：形式、危害、原因与遏制》，载《中国人民公安大学学报》2003 年第 3 期。

村居改造、农村调地等。如在一些强拆现场，警察代替法院履行强制执行的职能。[①]（4）强制进行农田基本建设、推广农业生产技术。有些地方的县、乡政府无视农民的意愿和经济承受能力，不顾当地的自然条件，脱离实际、搞形式主义，进行农田基本建设、推广农业生产技术。遇到农民抵制时，就指令公安机关予以威吓、压制，强制推行。[②]（5）从事干预基层民主选举等活动。贵州瓮安“6·28”事件，就反映了这一点。在贵州瓮安群体性事件中，被免职的公安局局长申贵荣在接受《中国新闻周刊》采访时称：“作为公安，这两年我们的非警务活动比较多，这不是我们的问题。比如，遇到群体事件就出动警察，这种得罪老百姓的事，都得我们去做。我计算过，这几年，针对群体事件，我们出动百人以上的大行动就有5次。这其中包括矿权纠纷、移民搬迁、房屋拆迁等等。我们几乎把人都得罪完了。”[③] 瓮安事件由一起简单的刑事案件演变为群体性事件，背后有其深层次的原因，而当地治安混乱，警察执法效果令群众严重不满，公安机关威信扫地，警民关系高度紧张，应当是重要的原因之一。[④] 申贵荣所说虽有辩白色彩，但也反映了非警务活动过多给警察权威带来的伤害。

三、警察执法理念及相关执法制度的缺失

在现代社会，警察的执法权极其广泛，涉及社会管理和公民生活的方方面面，警察执法的状况，直接关系到法律实施的成效。警察执法权力运行失范引发的社会信任问题，以及在这些社会问题背后隐藏着的则是民众对公安执法的不信任、不认可、不服从，这是警察执法合法性的危机所在。然而，我国目前警察执法的状况却并不理想，公安机关及人民警察执法不严、履职不力、违法行政、滥用职权等问题，屡屡成为民众和媒体关注的焦点。

（一）警务活动的基本法律原则

1. 法律优位原则

法律优位原则，也称法律优先原则。法律优位“要求行政必须接受法律

① 强制拆迁依现行法律、法规规定，本应由法院的执行部门具体实施，法院也有自己的法警，因此，公安机关的人民警察代替法院履行强制执行的职能是于法无据的。参见侯成林、倪斌：《非警务活动初探》，载《江苏警官学院学报》2007年第3期。

② 万生梓等：《关于公安民警参与非警务活动的调查》，载《公安研究》2000年第1期。

③ 钱真：《被免职的公安局局长：我所看到的瓮安江湖》，载《中国新闻周刊》2008年第25期。

④ 李延军：《关于强化警察权威的思考——从警察维权说起》，载《福建警察学院学报》2008年第5期。

的拘束，一切行政活动（指权力性行政活动，但也适用于非权力性行政活动、侵益行为、以及事实行为等）不得与法律相抵触。在某一行政领域，只要存在现行有效的法律，行政机关就必须予以适用（用之强制）且必须正确适用而不能有所偏离（离之禁止）其法理基础在于有效法律的约束力，对法律优位原则，所有的行政活动必须遵守，没有条件与范围的限制。这是着眼于对行政违反法律的消极禁止，因此又被称为消极的依法行政原则"。[①] 根据这一原则，警察权的行使必须做到"有法可依，有法必依"，这也是对警察行使权力的最低限度要求。法律优位原则的精神实质是"法律之上"，即执法者必须做到"有法可依，有法必依"。

法律优先原则旨在防止警察行政行为违背法律，并不要求一切警察行政行为都必须有法律之明文依据，只需不消极违背法律规定即可。但为达到此目的需具备两个前提：一是确认规范的位阶性，且授权命令仍应受法律优先的限制；二是法律须具有明确具体的内容，一旦违反即有制裁的效应出现。如果法律规定空洞不具实质含义，亦无制裁效应，则所谓法律优先就毫无意义可言。[②]

2. 法律保留原则

法律保留原则主张："在某些领域，行政机关必须有法律的授权才能采取行动，作出行为。因此，原则积极要求行政行为的法律依据，因此也称为积极的依法行政原则。"[③]

对警察而言，法律保留原则，是指警察行政机关实施警察行政行为必须有法律的授权，无法律授权的警察行政行为无效。法律优先原则仅仅消极地要求警察行政按现行法律办事，不得采取与法律规定相冲突的措施，因此，只要警察行政行为不违反法律规定，就达到了法律优先原则的要求。而法律保留原则要求对人民义务的负担，权益的侵害，均属立法权的范围，警察行政非有法律授权不得为之，越权无效。它要求警察机关实施警察行政行为必须得到法律授权，没有得到法律授权的行为即使与法律规定不抵触，也是无效的。显然，法律保留原则对警察机关的要求比法律优先原则严格，故法律保留原则被称为积极的依法行政，而法律优先原则为消极的依法行政。在判断警察行政活动的合法性时，首先应适用法律保留原则，只有有关事项不属于法律保留的调整对象时，才能考虑适用法律优先原则。因此，法律保留原则较法律优先原则更集中地体现了依法行政原则的要求，是依法行政原则的核心内容。

---

① 姜明安：《行政执法研究》，北京大学出版社 2004 年版，第 76 页。

② 张强：《法治视野下的警察权》，吉林大学 2005 年博士学位论文，第 103 页。

③ 姜明安：《行政执法研究》，北京大学出版社 2004 年版，第 77 页。

3. 程序公正原则

程序公正原则对行政权力的控制主要存在两种模式：一是严格规则模式，即从行政行为结果着眼，通过详细的实体规则来实现法律对行政权力的控制功能；二是正当程序模式，即从行政行为本身着眼，通过合理的行政程序设计来实现控制行政权力的目的。[①] 警察权力的运行，涉及对公民个人自由与权利的限制，必须经过法定程序，实现法律对警察执法的控制，防止警察权力滥用与扩张。

警务程序公正原则作为警察行政法领域中的“自然正义”原则，要求警察机关在行使警察行政权力时保持最低限度的公正，具体包括公平听证和避免偏私两项规则。避免偏私要求警察行政行为必须由没有利益牵连的人作出，回避制度就是这一原则的反映和体现。“没有利益牵连”通常指作出某一警察行政决定的警察的本人及其亲属对该警察行政决定没有财产上的利益，或其他足以影响警察行政决定的非财产利益，如感情利益和精神利益。公平听证原则要求警察行政机关在作出不利于公民的警察行政决定时必须听取对方的意见，公民有为自己辩护的权利。公平听证原则实质上是正当程序观念的另一称谓。[②] 在这一原则的安排下，警察权行使首先要符合法定程序，其次还要符合正当程序，即虽然没有明定于法律，但对于权力的理性行使来说是最重要的那些程序，如回避原则等。

4. 责任原则

责任原则，是指警察机关及其警务人员必须对自己行使警察权的行为承担责任。坚持责任原则，明确警察机关及其警务人员违法执法所必须承担的法律后果，有助于形成对警察权的制约和警察权的合法、适度、谨慎行使。

责任原则主要有以下三个要求：一是要使警察权力的行使处于责任状态，责任和权力要相适应。要根据警察权的性质、种类确定相应的责任。责任内容以及承担责任的主体必须在法律中明确，从而为判明和追究责任奠定基础。二是要明确追究责任的机关，使责任原则得到执行，这是责任原则的保障。三是对警察权行使所造成的损害应予以救济。[③] 无救济则无权利，公民的合法权益因警察权的违法或不当行为而受到侵害或损失，警察机关及其警务人员应承担赔偿责任。

---

① 姜明安：《行政法与行政诉讼法》（第4版），北京大学出版社、高等教育出版社2010年版，第96页。

② 张强：《法治视野下的警察权》，吉林大学2005年博士学位论文，第102页。

③ 彭贵才：《论我国警察权行使的法律规制》，载《当代法学》2009年第4期。

（二）警务活动中的警察权滥用

1. 超越法定权限行使警察权

警察权的行使主体只能是法定警察机关及其警务人员，而且，警察的任何职权都具有法律授权属性，没有相关立法的明确授权规定，警察机关及其警务人员不得行使该项权力。然而，在现实生活和工作实践中，却有某些警察机关或警务人员超越本机关、本部门、本警种的职权范围行事；有的随意参与非警务活动，滥用警察职权；有的擅自变更、转让法定职权，动用非警察人员从事警务活动。

2. 滥用警察裁量权

警察权中的警察行政自由裁量权是一种具有特殊地位的行政管理权，具有其存在的客观价值及意义。警察行政自由裁量权主要表现在警察行政执法过程中滥用、乱用以及对自由裁量权的怠惰。

笔者认为，警察自由裁量权的滥用、乱用和怠惰主要存在以下两个表象：（1）逾越权限的行政裁量现象普遍。从理论上讲，裁量逾越可以分为两种情况：第一种是“无权限”，即警察机关不具有组织法上的事务权限，是绝对的裁量权逾越，也是无效行政行为；第二种是警察机关享有组织法上的事务权限，即在行使法律所赋予的裁量权过程中，超越了法律所规定的法定权限的范围，导致该裁量权行为违法，是相对的越权。在警察执法的实践中，以上两种裁量权逾越是相当的普遍。[①]（2）“裁量怠惰”现象普遍。所谓“裁量怠惰”，是指如果行政机关依法享有裁量权，但是因为故意或者出于错误，而不行使其裁量权。我国警察法体系不够完善，在许多方面缺乏必要的法律规范，这就意味着警察拥有相当大的裁量权；但是，警察在应当行使裁量权的情形下却往往不能积极行使警察裁量权，机械执法，导致了许多“形式上公正”而“实质上不公正”的案件发生。

3. 拒绝或拖延履行法定职责

我国现行的法律法规中，对行政机关履行法定职责有时限要求的有两类：一是行政许可行为；二是行政保护行为。无论哪种情况，法律法规的时限规定，有的明确，有的含糊，因此，警察机关于何时履行法定职责都有自由裁量的权力。根据行政管理的效率原则，警察机关应及时行使行政权，履行法定职责。但在实践中，违反效率原则或者出于某种不正当动机，拖延履行法定职责的行为大有存在，这种行为也是对警察自由裁量权的滥用。

---

① 徐文新：《警政革新与警察自由裁量权的规范》，中国政法大学2007年博士学位论文，第122页。

4. 违反法定程序行使职权

根据《人民警察法》、《行政处罚法》、《治安管理处罚法》等有关法律、法规规定，警务人员在行使职权过程中，必须严格履行相应程序。而一些警察机关和警务人员由于程序意识缺乏，还在一定程度上存在重实体轻程序现象。在行使职权时，应当履行审批手续的不履行审批手续，应告知权利的不告知权利，在证据调取和认定事实上表现出很大的随意性，难以保障所处理案件的公正性，并影响了警察权力行使工作的严肃性。

5. 滥用行政处罚和强制措施权

首先，行政处罚必须与违法行为的事实、性质、情节以及社会危害程度相当；依法应当给予行政处罚的，行政机关必须查明事实，事实不清的，不得给予行政处罚。但从现实情况来看，警察机关往往在证据不足或者根本没有证据的情况下，对当事人实施了处罚。究其原因在于某些警察机关和警务人员受利益驱动，把市场经济中商品交换的原则渗透到行使权力和执法办案活动中，把法律赋予的权力当作一种“特殊商品”，把执法权与经济利益挂钩，以解决办案经费为由违规收费、乱罚滥罚，把查处赌博、卖淫、嫖娼等罚款数额较高的案件，当作创收的来源，严重偏离和违背了法律精神。其次，警察执法几乎所有的行为都离不开强制措施的运用，但在现行立法所规定的几十种警察行政强制措施的实施过程中，其中相当一部分在实施过程中都存在因滥用而侵犯公民权的问题。

（三）警务活动制度性规范的缺失

1. 警务活动中警察使用警械和武器的规定缺乏可操作性

警务活动中，警察在什么情况下可以依法使用警械和武器，在我国现行的《人民警察法》、《人民警察使用警械和武器条例》、《城市人民警察巡逻规定》中都分别作了规定。如《人民警察使用警械和武器条例》规定：“人民警察依法使用警械和武器的行为，受法律保护。”《人民警察使用警械和武器条例》还规定了在什么情况下可以使用警械，在什么情况下可以使用武器。这些规定大体上是与国际惯例接轨的，但在实践中由于缺乏细化，过于笼统，实际操作往往会有一定的困难。如《人民警察使用警械和武器条例》第9条第1款规定：“人民警察判明有下列暴力犯罪行为之一的，经警告无效的，可以使用武器……”这时的“判明”是形式上的“判明”还是实质上的“判明”，“判明”的标准是采取主观标准还是客观标准，相关法规及相应解释未作规定。[①]

① 裴小梅：《论对警察人身安全的保护》，载《河南社会科学》2006年第7期。

再如，《人民警察使用警械和武器条例》第9条第10款规定："以暴力方法抗拒或者阻碍人民警察依法履行职责或者暴力袭击人民警察，危及人民警察生命安全经警告无效的，可以使用武器。"此处，"危及人民警察生命安全"的标准是什么，是行为民警个人的判断，还是作为职业人员应有的一般性判断，抑或是一般公民的常识性判断，有关法规和相关解释等也未作出相应说明。与此同时，《人民警察法》第49条规定："人民警察违反规定使用武器、警械，构成犯罪的，依法追究刑事责任；尚不构成犯罪的，应当依法给予行政处分。"为了避免发生问题，现在许多一线警察放弃使用武器的权力，在出警的时候随身并不携带警械、武器，而且在执法实践中，公安机关领导怕出事，基本上都采取"刀枪入库"的做法，街头交巡警、一线执法民警根本就不配备枪支，只在发生重特大紧急任务时才配发枪支。

2. 警务活动中警察配备警械和武器的标准、种类等缺乏制度规范

《人民警察法》第10条规定了"遇有拒捕、暴乱、越狱、抢夺枪支或者其他暴力行为的紧急情况，公安机关的人民警察依照国家有关规定可以使用武器"；第11条规定了"为制止严重违法犯罪活动的需要，公安机关的人民警察依照国家有关规定可以使用警械"。但是，在警务活动中，各警种在执法过程中应当配备何种警械、武器，其标准是什么，现行法律、法规没有明确规定，因此，在执法实践中，警察持有的警械、武器"异彩纷呈"、"缤纷夺目"。广东恩平市发生一特大杀人案，凶手手持利刃，接到报警的两名警察没有武器，一人手握竹竿，一人手拿一根一米多长的木棒，因为返回派出所取枪而贻误战机，致使受害者一家四口身亡。[①]

3. 警务活动中警察的正当防卫权制度不清晰

早在1983年最高人民法院、最高人民检察院、公安部、国家安全部、司法部颁布的《关于人民警察执行职务中实行正当防卫的具体规定》就明确指出，刑法关于对不法侵害采取正当防卫行为的规定，适用于全体人民。鉴于人民警察是武装性质的国家治安行政力量，在打击和制止犯罪、维护社会治安、保护公共利益和公民合法权益、保卫国家政权和社会主义现代化建设方面，负有特定责任，故而对人民警察执行任务中实行正当防卫问题，特别作出具体规定。这一规定无疑是正确的和必要的，一直受到理论界的肯定，一些学者将这类人员的防卫称为"正当防卫的特殊形式"。[②] 在理论界对人民警察职务防卫权研究成果的基础上，1996年10月10日印发的《刑法（草案）》（征求意见

① 《广东恩平凶杀惨案，取枪警察应否担责》，载《法制文萃报》2006年5月29日第10版。

② 陈兴良：《正当防卫论》，中国人民大学出版社1987年版，第282页。

稿）曾经专门设立了一个条文，对公安人员、武装警察在执行公务期间行使防卫权的问题进行规定。该条规定的具体内容是："人民警察在依法执行盘问、拘留、逮捕、追捕逃犯或者制止违法犯罪职务的时候，依法使用警械和武器，造成伤亡后果的，不负刑事责任"，"人民警察受到暴力侵害，采取制止暴力侵害的行为，造成人员伤亡后果的，不负刑事责任"。但 1997 年 3 月 14 日正式通过的修订后的《刑法》却又删去了这一条文。至此，关于人民警察职务防卫权的问题在立法上应当是尘埃落定。①

《刑法》第 20 条第 2 款规定："正当防卫明显超过必要限度造成重大损害的，应当负刑事责任，但是应当减轻或者免除处罚。""明显超过必要限度"没有一个切实可行的标准，影响了司法实践中正当防卫作用的有效发挥，也影响了警察同违法犯罪作斗争的积极性。在《关于人民警察执行职务中实行正当防卫的具体规定》的"人民警察在使用武器或其他警械实施防卫时，不能超过必要的限度，必须注意避免伤害其他人"的规定中，这个"必要限度"到底是多少？它的随意性有多大？有学者将"明显超过必要限度"归为以下几种情况：（1）为了保护轻微的合法权益，而将侵害者置于死地，如某甲抢夺某乙一顶帽子，某乙就将某甲一刀捅死；（2）对于并非立即危及人身安全的不法侵害，采用致残、致死的方法进行防卫，如某甲发现某乙正在撬自己的自行车锁，便手持砖头砸某乙头致其死亡；（3）对于非急迫的不法侵害，采用致残、致死的方法进行防卫，如某甲对某乙进行敲诈，要求两天内给付 5 万元，否则将放火烧毁某乙的房屋，某乙就一刀捅死某甲；（4）采用缓和的方法完全能制止不法侵害，却采用致残、致死的方法进行防卫，如某甲对某女正实施猥亵行为，某丙、某丁正巧撞见，二人完全可以把某甲扭送派出所，却手持棍棒将某甲打死。②

但是，这种学理上的归结并不能改变司法实践中出现的这种情形：人民警察在抓捕犯罪嫌疑人受到暴力攻击开枪致犯罪嫌疑人死伤，不仅得不到法律的保护，反而被以防卫过当为由追究刑事责任。因此，现实中正义不能够伸张，防卫得不到保障。"必要限度"表述模糊，在某种程度上使人民警察的执法活动受到妨碍，随时都面临流血牺牲。同样，关于紧急避险权的规定没有对警察职业和工作性质的特殊性予以特别规定，使警察遇到紧急情况时难以把握其限度和尺度，造成伤亡。③

---

① 程应需：《人民警察执法权保护问题的刑法学思考》，载《云南大学学报》2006 年第 5 期。

② 王国宾：《正当防卫疑难问题论要》，吉林大学 2007 年博士学位论文，第 71～72 页。

③ 裴小梅：《论对警察人身安全的保护》，载《河南社会科学》2006 年第 7 期。

4. 警务活动中警察行政强制权的配置失衡

行政强制权，是指警察为了保障警察行政管理的顺利进行，通过依法采取强制手段迫使拒不履行警察行政法定义务的相对方履行义务或者达到与履行义务相同的状态；或者出于维护社会秩序或保护公民的人身安全和合法财产的需要，对相对方的人身或财产采取紧急性、即时性强制措施的权力。[①] 行政强制权按照适用的目的和程序的不同，又可以分为即时性强制和执行性强制。其中，即时强制权是指遇有严重影响国家、集体或公民利益的人或物，警察行政主体为了维护社会治安秩序，在来不及发布命令，科以相对人义务，或者即使发布命令也难以达到目的时，可以不经过预先的告诫等程序，直接对相对人的人身、财产或场所施以强制力的警察行政权力。[②] 如强制隔离和治疗、强制带离现场、盘问、约束、拘留、使用武器警械、强制检疫等。即时强制是一种很重要的警察强制措施形态，其实施依据、实施条件、实施程序与执行性强制均有不同。警察的即时强制权可分为对人身的、对财产的和对住宅、工作场所三个方面，其中枪支、警戒具的使用权是即时强制权的终极形式和最终保障。

我国警察行政强制权、特别是即时强制权的配置，呈现的却是某种失衡的状态：一方面，我国警察的强制权限很大，范围很广，因此，警察强制权容易被滥用而成为公众呼吁制约的重点；另一方面，我国警察的即时强制权配置不尽如人意，导致警察现场执法经常受到袭击而无能为力，公众对警察的执法权威缺乏应有的尊重。表现为：一是即时强制权的配置缺乏警务法定规范的规定。我国行政立法涉及警察现场执法权时经常出现的是“公共利益”、“社会秩序”、“必要”、“紧急情况”、“情节严重”、“不适当”等模糊字眼，缺乏对实施条件、内容、程序、手段、时限的详细规定，特别是没有对相关操作规程的详细规定。二是对警察即时强制权的宣传不到位。老百姓不知道警察行使即时强制权时遇到暴力抗法可能采取武力，当然也就没有起到必要的警示作用。[③]

四、警力配置不足

改革开放以来，因区域性经济存在明显差异，我国流动人口的数量大幅增长，各类刑事犯罪案件的发案率随之上扬，但公安民警数量的增速却与之相差

---

① 聂福茂、余凌云编：《警察行政法学》，中国人民公安大学出版社 2005 年版，第 28 页。

② 聂福茂、余凌云编：《警察行政法学》，中国人民公安大学出版社 2005 年版，第 28 页。

③ 庄京伟、李群英：《警察职权的配置与警察权益的保护》，载《法学杂志》2007 年第 5 期。

甚远，这给社会治安的管理带来了极大的难度。[①] 公安部人事训练局官员曾指出："警力不足导致的问题是多方面的，人均工作量不断增加，民警身心健康严重受损，极易导致疾病突发；办案人手不足，民警疲于应付，导致一些案件难以及时办理，同时影响办案质量；执法时特别是抓捕过程中力量单薄，形不成震慑，诱发暴力对抗导致伤亡等。"[②]

公安部办公厅2007年公布的部分国家的警力配比资料，[③] 如下图所示：

世界主要国家人口数量与警察数量平均比率

国　别	人口数量	警察数量	警民比
中　国	136000万	1800000人	1.3‰
美　国	28300万	920000人	3.25‰
英　国	5800万	920000人	2.6‰
德　国	8220万	260000人	3.16‰
法　国	6090万	242881人	3.98‰
瑞　典	883万	21951人	2.49‰
俄罗斯	14490万	1226000人	8.46‰
意大利	5768万	378000人	6.55‰
土耳其	6164万	442623人	7.18‰
韩　国	4485万	163998人	3.65‰
日　本	12678万	282159人	2.23‰
越　南	7500万	210000人	2.8‰
老　挝	509万	16000人	3.14‰
新加坡	310万	12000人	3.87‰
柬埔寨	1040万	50000人	4.81‰

从图表可以看出：美国的警察92万，人口2.83亿，万人警察比是32.5；日本警察28.3万，人口1.268亿，万人警察比是22.3；英国警察15万，人口0.58亿，万人警察比是26；而我国的万人警察比仅是13。城市警力与城市人

① 张兆端：《警察权益保护问题透视》，载《山东警察学院学报》2006年第3期。

② 孙茜：《警察执法权益保护研究综述》，载《湖北警官学院学报》2006年第6期。

③ 张凌燕、徐心磊：《警察权利保护问题新诠释》，载《净月学刊》2013年第3期。

口的比例西方国家平均是1∶300；我国的是1∶1250。[①] 这也就是说，我国每一位警察相当于要承担西方国家3名警察的警务工作量。

五、警察教育培训及执法装备的保障机制不健全

我国警察教育与培训积弊甚多，主要表现为：（1）偏离职业教育特点，重知识、轻体能技能。职业教育的最大特点是传授从事特定职业的必备知识和培养实用技能，并不需要过度追求知识的广博和深度。而现行的警察教育偏重理论灌输，轻视实战训练，即便是有一些训练，也缺乏针对性和实用性。训、战严重脱节，学术研究缺乏有效引导，对新经验、新战法没有专门机构收集、研究，没有及时转化为教学内容生成战斗力。“满堂灌”、“注入式”的教学方法虽已受到批评，但是改进措施难以寻觅。几乎所有课程都一律从概念入手，知识结构雷同，结论单一，学生没有讨论质疑的余地，考试的内容以记忆性的知识为主，“贝多芬”（会背则多分）现象普遍存在。知识老化现象突出，新知识、新观点、新信息进入教材的过程缓慢，案例教学、情景模拟教学基本上处于“点缀”状态。[②]（2）师资力量薄弱，教材教法明显滞后。许多从事警察教育培训的教师，多是“从校门到校门”，不完全了解警务工作实际，所开设的课程，要么枯燥无味的“照本宣科”，要么就是表面上热热闹闹的“案例故事集锦”。现有的警用培训教材弥散着趋同、僵化、过时的经验总结，空话、套话，缺乏实用性、操作性，有的甚至几年、十几年不变；教学手段更是落后，基本采用“满堂灌、填鸭式”的教学方法，具有警察训练特色的教法却难得一见。[③]（3）从警察角度而言，基层工作千头万绪，任务繁重，学习训练任务应接不暇，工、学矛盾，工、训矛盾突出，基层民警难以静下心来，致使岗位培训常常流于形式，技战术长期停留在低水平上。

“工欲善其事，必先利其器。”当民警面对穷凶极恶的犯罪分子时，如果自身处于赤手空拳的尴尬境地，不要说制止犯罪、保护人民，就连自身的安全也难以保证。当前武器装备不到位，主要体现在四个方面：一是配备标准低。从公安基层单位统计的情况看，警械装备的配备标准低，警械装备的科技含量低。担负日常巡逻任务的民警装备基本上只有一条武装带、一副手铐、一根警棍，电警棍、自卫喷射器等比较实用的装备只配发了少量岗位，网枪、GPS卫

---

① 康健、杨大越：《对河南省警务体制改革的观察与思考》，载《辽宁公安司法管理干部学院学报》（社会科学版）2011年第10期。

② 汤啸天：《关于我国警察教育训练的思考》，载《山东警察学院学报》2008年第2期。

③ 张云等：《公安院校人才培养模式建构》，载《云南警官学院学报》2006年第2期。

星定位系统、防爆毯、强光手电、防弹（刺）背心、防弹头盔、防割手套等科技含量较高的常规警械装备还未能得到普及。二是配备数量少。武装带、手铐、警棍等这些最基本的警械装备还不能达到人手一套。三是携带不规范。主要表现为巡逻、出警不按规定携带警械装备，将装备放在车上不随身佩带。四是使用率低。在日常勤务中，民警能够及时、有效使用警械装备的并不多。民警受到不法侵害时，积极主动运用所配警械装备进行自我防护的则是少而又少，有相当数量的民警因未能很好运用现有警械装备而导致受到伤害。公安机关忽视软制服性武器的研发和使用，软制服性武器，如警用电手套、催泪弹等，以其无与伦比的优点为各国警方所青睐，既不会造成人身重大伤害又能使对手失去抵抗能力，将其制服。①

① 姜忠：《论完善公安民警执法权益的保护机制》，载《山东警察学院学报》2007 年第 4 期。

第四章　我国警察合法权益保护的制度构建与完善

第一节　警察体制的完善与构建

一个国家采取什么样的警察体制，是由该国的政治制度所决定的，但同时也受所在国家的经济、文化、历史环境和国际环境的影响。世界上还没有一个适合所有国家的政权结构形式，当然也没有适合所有国家的警察制度，因此，当代世界各个国家的警察体制存在一定差异，当然，也存在一定的共性。

研究比较警察体制，是因为警察体制是警察执法保障制度存在的基础，不同的警察体制下对警察执法保障的理念、制度规定和具体保障方法都有不同，从比较中我们可以对照我国警察体制的特点，扬长避短地吸收其中好的经验，促进我国警察体制改革的良性发展，进而提升警察执法保障的构建力度。

一、警察体制的类型化研究

警察体制模式是对一国警察体系、结构、组织、机构和管理机制的概括。① 它包括三个部分：警察机关的管理机构设置；警察机关相互之间的关系如何，即组织体制；警察机关内部事项领导制度。②

目前，世界警察体制大致分为三种模式：集权型警察体制、分权型警察体制、混合型警察体制。③

（一）集权型警察体制

集权型警察体制，是指在有些国家内，警察机构直接由中央政府领导。尽管事实上警察部门在管理方式和业务机构方面也享有很大的自主权，但中央政

① 雷鸣霞：《各国警察体制比较研究》，载《公安研究》2000年第6期。

② 俞雷主编：《公安管理学概论》，中国人民公安大学出版社1986年版，第128页。

③ 龚驰所：《国外警察管理体制概述》，载《公安研究》2002年第1期。

府要对执法工作的成败负责。与外行人针对各种警察体制的利弊发表的看法相反，中央集中的警察体制并不为集权国家所特有。

集权型警察体制，即所谓欧洲大陆模式，以法国和意大利为代表，还包括芬兰、以色列、泰国、瑞典、爱尔兰、丹麦和我国台湾地区。

集权型警察体制的特点是：国家设有中央警察机关，集中统一管理全国警察力量，实行垂直领导的体制。经费装备主要由国家财政负担，地方政府对其地方警察事务无权过问。

缺点主要是：(1) 过度集权，容易在管理中出现不顾地方的利益、妨害地方自主发展的问题；(2) 各地的风俗、文化、经济环境各异，需求也不完全相同，中央是难以顺利推行统一法令；(3) 中央往往不一定完全了解地方实际情况，且官吏亦由中央统一任命，容易造成官僚政治，破坏地方民权；(4) 中央过度集权易漠视地方自由，减少人民参政之机会，有悖民主自治原则。①

（二）分权型警察体制

分权型警察体制，也被称为“无体制”或“极端分散的体制”。在有些国家，由于人们担心一个庞大的有组织警察机构滥用权力，因而在全国范围内建立了许多地方自治的警察机构。在这些国家，除了在组织机构上对警察实行限制外，还对警察的权力进行了一定的限制。此外，影响警察工作效率的因素还包括国家的大小、地理环境、人口密度、工业化程度、政治气候、文化史及社会条件等因素。这些国家宁愿以较高的犯罪率来换取人们更多的自由。

分权型警察体制即所谓美国模式，以美国、英国为代表，还包括比利时、加拿大、荷兰、瑞士等国家。

分权型警察体制的特点是：国家不设统一的中央警察领导机构，联邦警察机构与地方警察机构各自为政，不存在垂直的上下级领导关系，其执行的法律也不同，联邦警察机构执行联邦法律，地方警察机构则执行各州的法律，其经费主要由各地方财政负担，各地方政府全权负责管理本地方警察事务，联邦政府不得干预。

缺点主要是：(1) 各地方各自为政，法令、规章混乱，容易妨害国家政令统一；(2) 易养成不顾大局之褊狭的地方观念，国家兴革大事难以取得一

---

① 祝悦：《我国警察行政法制之基本构建》，中国政法大学2007年行政法学博士学位论文，第48页。

致赞同与拥护，影响全国政治经济文化制度之进步；（3）中央政令难以贯彻至地方；（4）地方权力易为少数富豪或派系所操纵，造成政务腐化，罔顾大众利益。[①]

（三）混合型警察体制

混合型警察体制又称中度分权体制、联合体制或妥协体制，这种警察体制有时被称为“轻度分散体制”、“结合体制”或“妥协体制”，因为在实行这种体制的国家中采取了国家和地方共管的方法。这种体制既消除了公民对国家警察机构滥用权力的担心，还提供了比分散体制更有效果的警察组织，行动更有效率，工作更为统一。地方按照国家统一标准进行管理。警察机构也不像实行自治制度的国家那么众多，例如，在英国，英格兰、威尔士、北爱尔兰和苏格兰只有52个警察机构。[②] 实行这种警察体制的国家有日本、澳大利亚、巴西及德国等。世界上多数国家的警察体制都可归结于这一类型，区别在于偏向集权、分权的程度不同而已，中央集权制国家多偏向集权型，联邦制国家多偏向分权型。英国近几十年警察体制改革的方向即趋于该类体制模式。

混合型警察体制的特点是：国家设有最高中央警察机关，领导和管理各地方警察机关的业务工作；但同时，各地方政府也对当地的警察机关进行政治上的领导和监督。因此，混合型警察体制实行中央和地方双重领导的体制，经费保障由中央和地方共同承担。这种体制既避免了集权型警察体制可能造成的国家警察滥用职权问题，又避免了分权型警察体制组织效率低下和警务目标难以有效整合的问题。[③]

新中国成立后，逐渐形成的警察体制遵循“统一领导，分层管理，条块结合，以块为主”的领导体制方针，是典型的混合型警察体制类型。在这种混合型的警察体制之下，他们在政治和行政上受同级党委政府的领导，在业务上又受上级警察机关的领导。

① 龚驰所：《国外警察管理体制概述》，载《公安研究》2002年第1期。

② 张强：《法治视野下的警察权》，吉林大学2005年博士学位论文，第51页。

③ 李温：《英国现代警察制度的产生、发展及其现行体制》，载《北京人民警察学院学报》2006年第2期。

二、我国现行警察体制改革之必要

（一）我国现行警察体制特点

1. 警种分设，分别履行职能

根据人民警察法的规定，我国警察由公安机关、国家安全机关、监狱、劳动教养管理机关（现已取消）的人民警察和人民法院、人民检察院的司法警察组成，这五类警察根据相应的法律和法规各自设立相应的机构，履行自身的职能，承担相应的行政和法律责任。其中国家安全机关的组织机构，分为国家和地方两级，主要与公安机关相互配合，负责防范、制止和打击境内发生的危害国家安全的犯罪活动，具有犯罪侦查权和其他检查特权。监狱负责对罪犯实施惩罚和改造，是刑罚执行机关。司法警察机构负责法庭警卫、传唤当事人、押解人犯、送达法律文书、协助执行发生法律效力的决定、裁定以及实施强制措施，是法院和检察院的内设机构。①

2. 公安警察体制是我国警察体制的核心

警察体制，在我国实质指公安警察体制，这不仅是因为公安力量在所有警察力量比重中占绝大部分，更是由公安警察体制在我国警察体制中的核心地位所决定的。公安行政领导体制是警察体制的典型模式。我国公安机关的行政领导体制，一言以概之，即为“统一领导，分级管理，条块结合，以块为主”。我国的公安警察体制自新中国成立以来，一直实行双重领导，即各级公安机关在公安部的统一领导下，接受本级人民政府为主和上级公安机关为辅的双重领导，并领导和管辖公安机关的工作。②

3. 警察机关置于党的绝对领导之下

我国人民警察体制同许多国家还有极为重要的一点不同是：这种体制最适宜体现中国共产党对人民警察机关的领导，③ 在其领导体制中，既强调条块结合，又强调以块为主，公安机关既要接受同级党委的政治领导，又要接受同级地方政府的行政领导，还要接受公安部和上级公安机关的业务领导，然而这种领导关系并非平行的，而是“以块为主”，即同级党委和政府的领导是主要方面，而公安部和上级公安机关的业务领导次之。

面对社会结构的快速分化，警察体制原来所依附的政治整合机制（表现

① 郑洁：《警察体制研究》，西南政法大学 2010 年硕士学位论文，第 10 页。

② 魏克枝：《警察体制改革的思考》，郑州大学 2006 年法律硕士学位论文，第 12 页。

③ 雷鸣霞：《各国警察体制比较研究》，载《公安研究》2000 年第 6 期

为街道委员会、单位制度以及治保会等）所发挥的作用在逐渐削弱，这是因为国家对资源全面垄断地位的丧失以及新的社会分化和社会生活的复杂化对社会整合不断提出了新的要求。[①] 同时传统社会的先赋性整合（以血缘、地缘为基础）和现代社会的契约性整合在一定程度上又没有有机结合，因此，本质上适合原来一元社会结构的警察管理体制，在面对这种多元化的转变时就出现了种种不适应，这种不适应表现为警民关系的紧张、恶化；犯罪率的大幅提高；居民安全感的降低等。虽然也采取了诸如“严打”、“收容审查”、“专项治理”等一系列传统管理手段，但是，这些措施的适用未能有效地扭转整个局势。换言之，这一现象的实质就是在新的背景下，警察职能的定位、警察管理体制、警察管理方式、警察责任体系等没有作出相应的、整体性的变革。

现行警察体制的缺陷，在国家经济、社会快速发展的过程中显现的愈加明显：

1. 中央与地方事权划分不清，导致警察事权受制于法外因素和地方利益

从警察行政管理实践来看，警察事权可以分为三种：一是国家警察事权，如国内安全保卫、边防等业务，这类业务应该由国家统一管理，地方不适合参与管理；二是地方警察事权，如人口管理、交通管理、治安案件管理等，这类事项不涉及国家；三是国家和地方共管事项，具体可以分为国家为主、地方为辅和地方为主、国家为辅两种。但我国“统一领导，分级管理，条块结合，以块为主”的警察体制模式，由于受到诸多因素的影响，“以块为主”的地方警政自主性并没有得到良性发展，导致业务上过度依附于中央，财政上过度依附于地方，人、事、财三环节管理严重脱节，不但中央无法统一有效地指挥全国警务活动，而且使令行禁止难以有效实现。

“以块为主”的警察体制原本是为了充分调动地方公安机关的积极性，增强其工作的主观能动性，但由于警察机关的机构编制、人事任免、财务经费等方面都由地方政府决定，再加上现今的法治状况，缺乏科学有效的法律来规范，地方政府对警察部门的领导行为，难免使地方警察机关处处受限于地方政府，导致地方公安机关并没有收到预期的“较强灵活性”的效果，反而约束了其自身职能的有效发挥。一方面，警务活动受地方利益驱动，受制于地方行政机关。特别是在当前警力不足、警务经费得不到保障等情况下，干预公安机关执法活动的行为造成了法律地方化、司法地方化的严重后果；另一方面，由于时常要参与各种形式的“联合执法”、“联合办公”等非警务性事务，导致

① 孙立平、王汉生、王思斌、林彬、杨善华：《改革开放以来国家社会结构的变迁》，载《中国社会科学》1994 年第 2 期。

公共的警察权力被变相利用处理与其本职无关的事务，人为造成警察和群众的对立。因此，我国必须在科学划分各级政府的事权、财权的基础上，以法律形式将中央、地方之权责制度化、法律化，在维护中央权威基础上实现地方政府的有限自治，从而避免公共的警察权被挪作他用，警察的自身职能却难以有效发挥。

“条块结合、以块为主”的体制缺陷表现为：

(1)“条块结合、以块为主”的管理体制越来越难以适应现实斗争的需要，而且在一定程度上造成了刑事执法中的地方保护主义。随着市场经济的发展，人、财、物的流动性不断加大，犯罪的流动性、跳跃性、复杂性也随之日益增大，在处置各种突发事件、打击严重暴力犯罪、侦破经济犯罪、堵截各种重大逃犯的斗争中，都需要跨地区警力资源的协调运作。而“以块为主”，囿于由行政区造成的分割，使一些地方公安机关警令不畅。一方面，是“以块为主”体制下警力难以形成整体合力，在区域边缘结合部之间形成了警力的“真空地带”，难以对动态社会治安实施强有力的控制；而在刑事执法区域协作中，有偿服务则是一个普遍存在的问题；更有甚者，某些地方公安机关以邻为壑、互相拆台。另一方面，从地方与中央的关系看，由地方财政负担的警察，对直接侵犯中央财政利益的走私案件和涉税犯罪案件，乃至那些对地方有利而对国家经济安全有重大威胁的非法集资案件、证券案件往往虚张声势，雷声大雨点小。

(2)“条块结合、以块为主”的体制导致公安机关职责不清，助长了滥用警力等不良现象，弱化了公安机关的基础控制能力。由于事权划分不清，刑事执法权与行政管理权相混淆。从公安机关外部来看，由于人、财、物统一归同级政府管理，因此，地方政府也并不区分刑事执法权与行政管理权，经常随意动用警力，甚至以刑事执法权相威胁解决行政管理问题。从公安机关内部来看，除刑侦、经侦部门负责案件侦破外，治安、技侦、交警、消防等部门也都承担着打击刑事犯罪的任务。一方面，由于互不隶属，往往各自为政，协调配合不够；另一方面，行政管理部门，特别是治安管理部门无法全力投入治安防范工作，仍习惯于靠发证和收费进行管理，造成公安机关基础控制能力低下。

(3)“条块结合、以块为主”的体制导致机构设置机关化，制约了公安机关战斗力的提高。在“条块结合、以块为主”的体制下，尽管公安部一再强调，在机构设置上不要求上下一致，不要干预地方公安机关的机构设置，但由于事权划分不清，实际上地方公安机关不得不按照上级公安机关的机构对应设置。同时，公安部内部兼具行政管理权和刑事执法权的各部门，也要求地方公安机关成立相应的机构或部门，导致各级公安机关混同于一般行政机关，机构设置臃肿，机关队伍庞大，一线人员相对不足，实战能力低下。[①]

2. 公安机关警察兼有刑事执法权与行政管理权，存在权力滥用现象

我国目前的警察机关，不但拥有广泛的行政权力，还拥有部分司法权力。实践中，警察往往同时使用这两项职权来达到维护治安与追究犯罪的目标，这是维护社会治安秩序的必然要求。“我国公安机关的警察体制，与世界上任何一个国家的警察体制不同，它是一个包括行政和刑事警察的双重组合体。”[②]由于事权划分不清，刑事执法权与治安行政管理权相混淆。“我国公安机关是具有武装性质的刑事司法力量和国家治安行政力量，它具有双重职能，即刑事司法职能和治安行政管理职能。我国公安机关的警察权是刑事侦查权和治安行政管理权相混合的结构。”[③] 警察权性质的二元性为警察进行有效的社会控制提供了很大的便利，但同时也使警察机关可以十分便利地将两权混用。

由于我国的警察体制是以块为主，人、财、物统一归同级政府管理，因此地方政府并不区分刑事执法权与行政管理权，经常随意动用警力，甚至以刑事执法权为后盾解决行政管理问题。实践中经常出现公安机关警察查处一般的治安违法行为时，为了获得高额罚款，将行政性的治安管理权与司法性的刑事侦查权衔接，把治安案件上升为刑事案件。有时甚至以刑事强制措施为手段，进行正常的治安行政管理。具有司法性质的刑事侦查权用于治安行政管理领域之中，严重扭曲了治安行政管理的本来性质，严重威胁公民的法律安全。

在行政管理领域，公安机关的行政处分权极为强大，可以采取包括行政强制、行政处罚、行政征收、行政执行等诸多行政手段。强大的行政处分权却没有相应的司法监督配套措施予以限制，例如，公安机关看守所的管理权就最为典型。看守所是在审判前暂时羁押被采取强制措施的犯罪嫌疑人的场所，也负责剩余刑期在一年以下的罪犯刑罚的执行，与关押已决犯的监狱不同。我国的看守所在体制上隶属于公安机关，由公安机关的预审部门对看守所进行监管。这种自押自审的做法造成“侦查活动中犯罪嫌疑人始终被控制在公安人员手中，侦查人员理所当然的就产生了看守所是刑侦大队的后院”，[④] 这样的现实，使侦查工作产生了对犯罪嫌疑人口供的依赖，使刑讯逼供大幅增加。同时，这种自押自审的做法，也使得超期羁押少了一道监督的途径，妨碍了有冤屈的被关押者向第三者申诉的可能性。所以，从某种意义上说，公安机关控制看守所

① 尤小文：《关于警察体制改革的几点思考》，载《中国人民公安大学学报》2002 年第 2 期。
② 黄忠培：《论警察权力的监督》，载《上海公安高等专科学校学报》2004 年第 2 期。
③ 刘冰：《刑事侦查权与治安管理权分离与议》，载《政法学刊》2003 年第 4 期。
④ 赵春燕：《看守所独立的必要性与可行性》，载《山西警官高等专科学校学报》2001 年第 4 期。

是刑讯逼供、超期羁押的根源。

在刑事执法领域，警察机关还拥有一系列强制处分权。根据我国刑事诉讼法的规定，公安机关有权直接发布决定、自行执行、自行延长和变更一系列刑事强制措施（包括拘传、取保候审、监视居住、刑事拘留等）和刑事侦查手段（包括搜查、扣押、通缉等），除逮捕须由检察院批捕外。而且，在我国刑事诉讼实践中，刑事拘留、逮捕后对犯罪嫌疑人羁押期间的延长、强制措施的变更等，警察机关基本上也是自行决定，自行执行的。可以说，在刑事诉讼审前的措施中，基本都是由公安机关自行完成的。法律对刑事强制措施的适用未规定严格的法治程序，从而导致这些强制措施在侦查实践运行中使用的随意性，导致刑事侦查权力的滥用，造成了侦查实践中众多的非法羁押、超期羁押、非法搜查和非法扣押等严重侵害犯罪嫌疑人合法权益的行为，破坏了国家法治的尊严。

3. 机构设置不科学，警力呈“倒三角”分布

从比较法的角度来看，警察机构总体上应该是“执行机构”，也就是呈“正三角”形态分布。但是，在我国恰恰相反，大量的警力集中于机关，形成“倒三角”形态。在警力配置方面，我国基层公安机关主要存在“两多两少”，即机关警力多，基层警力少；“官”多、“兵”少，基层警力不足，影响了公安队伍积极性的发挥。据调查，大多数县级公安机关派出所警力只占总警力的1/3左右，而中层干部却超过民警总数的1/3。这不仅造成了机关存在大量冗员，而且也造成了一线警力的极度缺乏，挫伤了普通民警的工作积极性。①

特别是20世纪80年代以来，各级公安机关的内设机构撤并，不仅机构的名称、级别五花八门，而且数量也急剧膨胀。由于机构设置的无序和膨胀，导致公安机关内设机构小而全，建制分散，权力交叉重叠，责任不明确，互相推诿扯皮，“原本一个部门能办好的事，现在需要两三个部门共同办理，造成谁都负责，谁都不负责的状况，增加了指挥和协调的难度”。②

当前，警察机构设置主要存在两方面的问题：一方面是纵向环节过多，这直接导致警务成本过高，效率降低。另一方面是横向又过细。从公安部到县公安局，机构交叉重叠，结果导致了决策机关、幕僚机关和执行机关比例失调及结构性警力缺失等问题。③

① 李相红：《关于基层公安体制改革的思考》，载《平安时报》2003年第130期。

② 吕卓：《大力推进警务改革，合理配置警力资源》，载《公安研究》2002年第10期。

③ 李晓哲：《城市警力资源配置的问题及对策——以济南市为例》，山东大学2008年硕士学位论文，第14页。

4. 保障体制设置不科学

由于相关法律对警察财务保障制度规定不具体，中央和各级地方政府权责不明晰，加上已有的规定没有认真落实，最终导致警务保障落空。笔者认为，现行公安经费保障体制存在的主要问题有：（1）保障机制缺乏相应的法律规范。《人民警察法》第37条规定："国家保障人民警察的经费，人民警察的经费，按照事权划分的原则，分别列入中央和地方的财政预算。"第38条规定："人民警察工作所必需的通讯、训练设施和交通、消防以及派出所、监管场所等基础设施建设，各级人民政府应当列入基本建设规划和城乡建设总体规划。"但是，由于该法没有相应的实施细则以及我国财政预算制度总体上的"法治化"不足，再加上我国各地区经济发展的不平衡，不少地方财政困难，在"条块结合、以块为主"的管理体制下，"块"上的财力普遍有限，警察经费无法得到有效保障是一个普遍存在的问题。少数地方的公安机关为了维持日常工作的正常开展，不得已以罚代刑、以罚代拘，严重影响了公安机关的形象。（2）公安机关内部财务管理和监督不到位。公安机关财务管理和监督由于相关法律规范的缺乏，一直由各级公安机关自行管理。最为典型的是在某些地方"收支两条线制度"得不到有效贯彻，导致经费管理混乱，各自为政，漏洞百出。在一些经济较为发达地区的公安机关，为了缩小与其他行政机关公务员个人收入的差距，通过挤占公用性经费，进而达到收入差距的缩小，从而造成公用经费的紧缺。

（二）我国警察体制改革的指导思想和理论基础

我们通过对世界主要国家警察体制的比较研究，发现各国的警察体制顺应社会历史的发展变化处于不断的变化过程中。我国的警察体制在世界各国的警察体制中独树一帜，特色鲜明，有效地维护了社会秩序的稳定，促进了我国经济的快速发展。但随着世界经济一体化进程的加快，随着我国社会主义市场经济体制的建立和政治体制改革的深入，特别是依法治国、建设社会主义法治国家方略的确立，我国现行警察体制的弊端以及与现实的矛盾日益凸显，所以，改革现行的警察体制已成为当务之急。

"任何一个社会要充分发挥警察组织的作用，推动社会向前发展，都必须不断地对警察组织进行改革。因此，公安工作从观念到体制都必须随着社会经济的变革而变革。这是历史的必然，也是客观现实的需要。"①

① 王淑波：《深入警务改革的几点思考》，载《公安教育》2003年第8期。

1. 我国警察体制改革的指导思想

警察体制改革是我国政治体制改革的一个重要方面，所以“警察体制改革应在遵循政治体制改革总体目标和基本原则的前提下，从警察机关自身的性质、任务和警察工作的实际出发，研究制定不同于一般行政机关、充分体现警察特点的改革总体方案”。[①] 具体来说，应坚持以下原则：

（1）坚持党对警察工作的绝对领导。中国共产党的执政地位是近代中国社会中国革命的历史性选择，在当代中国社会，没有任何一种政治力量可以取代。“要特别强调党对公安工作的集中统一领导，这既是历史的传承，也是现实的需要。”[②] 坚持党对公安机关和公安工作的领导，是我国公安工作的优良传统和最主要的政治优势，是实现公安机关职能的首要前提，所以，警察体制不管如何改革，都必须坚持党对警察工作的绝对领导。

党的领导主要是政治、思想和组织领导，以及党对公安机关贯彻党的路线、方针、政策和执行法律法规上的领导。但是，这并不表示党委领导就包揽一切。相反，法治型警察体制要求党委政府和公安行政首长在职责、权限方面有所区分，这是建立法治型警察体制的关键。党委领导重在宏观决策和监督，行政首长重在日常的行政指挥与管理。同时，进一步完善党对公安工作的领导方式。党委对警察行政的领导要制度化、规范化，各级党委政法委员会负责领导协调公检法工作，其领导方式和具体职责应该明确。因此，明晰地方党委与各级公安机关党委领导与行政首长业务领导之间的关系，在公安工作上接受“党的绝对领导”，这是我国警察管理体制改革的根本原则，也是“政治建警”、建设“政治坚定、业务精通、作风优良、执法公正”的公安队伍的根本要求。

（2）法治原则。“任何值得被称之为法律制度的制度，必须关注某些超越特定社会结构和经济结构的基本价值。尽管社会秩序会因社会制度和经济制度的特定性质不同而呈现出不同的表现形式，笔者却依然相信，一种完全无视或根本忽视上述基本价值中任何一个价值或多个价值的社会秩序，不能被认为是一种真正的法律秩序。”[③] 我国的警察体制改革也是如此，“法治意味着政府的权力必须有法律的授权”。[④]

① 尤小文：《关于警察体制改革的几点思考》，载《中国人民公安大学学报》2002 年第 2 期。

② 韦苏玲：《巩固共产党的执政地位，是现阶段公安机关的重要职能》，载《理论与当代》2004 年第 5 期。

③ ［美］博登海默：《法理学：法律哲学与法律方法》，邓正来译，中国政法大学出版社 2004 年版，第 5 ~ 6 页。

④ 张文显：《二十世纪西方法哲学思潮研究》，法律出版社 1996 年版，第 85 页。

（3）保障人权原则。法律的真谛在于对人权和公民权利的确认和保障，法治的根本宗旨在于尊重和保障人权和公民权利。尊重和保障人权和公民权利是法治的精髓。[①]“纵览人权发展的历史进程，人权之树植根于世界各地的古老文明，人权之花初绽于近代的欧美数国，人权之果遍挂于当今全球的每个角落。人权的精神体现于普遍性与特殊性、共性与个性有机而完美的结合之中。”[②] 确立人权和权利思维，一定要确立和强化人权和权利神圣的观念和信念，任何情况下，人权和权利具有优先性。要懂得只有政府认真对待人权和公民权利，人民才会认真对待政府、法律和秩序，良性的官民关系与和谐社会才能够建立起来，建设法治中国的梦想才能实现。[③] 警察机关作为一项干涉人的自由与权利的广泛而巨大的机构，虽为维护公共安全与秩序所必需，但不加限制即会侵犯人权，因此，警察机关运行的首要价值目标即合理限度的底线即是保障人权。

（4）权力制衡原则。“一切有权力的人都容易滥用权力，这是万古不易的一条经验。有权力的人们使用权力一直到遇有界限的地方才休止。”[④] 警察权是国家公权力，警察权过于集中的危害已为历史所证明。因此必须合理界定，规范行使警察权，才能实现警察权设置所预期的社会正义，避免造成对公民权利的侵犯。分权是权力制衡的一个重要手段，我国中央集权和大一统的历史传承，使公安部在各个方面呈现主导地位，这种模式固然有着警令统一的相当优势，但是也在相当程度上削弱了地方政府的警务自治能力，导致了形式主义。显然，警务在本质上应该是地方事务，警察职能又有着时空的确定性，每个时期和地方的群众需求的“公共产品”都不同。这就必然要求中央事权和地方事权合理划分，这既是警察权追求控制权的目的，又是警察权分权的尺度范围；既避免公安部在制定执行各种政策的过程中，无法有效地结合各地的现状制定出切合当地实际的政策，又避免地方权力过大而干涉警察行政和诉讼职能的合理适用。因此，中国的警务改革，就是要通过警察体制的改革，理顺不同的权力关系，使警察权能够规范化行使，并受到立法权、司法权等其他权力的制约，保证警察权良性运行以更好地实现警察职能。

对警察权力的制衡可以通过以下途径：（1）程序控制。通过严格的执法程序来规范警察权的行使，实现程序正义，程序的违法将会导致实体的无效；

---

① 张文显：《法哲学范畴研究》，中国政法大学出版社 2001 年版，第 135 页。

② 《国际人权法教程》项目编写组编：《国际人权法教程》，中国政法大学出版社 2002 年版，第 2 页。

③ 姜明安：《改革、法治与国家治理现代化》，载《中共中央党校学报》2014 年第 4 期。

④ ［法］孟德斯鸠：《论法的精神》（上册），张雁深译，商务印书馆 1959 年版，第 1 页。

（2）司法控制。引入司法审查和司法裁判来对警察权进行法律控制；（3）分权。将警察权的行政职能与司法职能分离，限制过于强大的警察权；（4）执法监督。通过警察机关内外部的多种监督机制防止警察权滥用或利用警察权违法、违纪。

2. 警察体制改革的理论基础

（1）西方警务革命的理念。西方警务改革已经经历了四次革命，通过这四次警务革命，我们可以看到，警察体制经历了从非职业化到专职化，从依附到独立，从传统到现代化的历史演进；改革目标则经历了从预防为主到打击犯罪再到回归社会作用的螺旋上升的过程，尤其是以社区警务理论为代表的第四次警务革命，更是对历次警务革命的理性反思。在警力、装备、警务风格、工作重点、衡量标准、警务合作等多个方面对原有的警察组织结构、理论观念进行了批判，是警察现代化技术与警察哲学的理性整合。① 我国经过 20 多年的持续努力，作为社会政治体制改革的一部分，我国的警务改革取得了巨大成就。构建了适应形势发展需要的快速反应机制，警察的装备有了较大改善。在用人机制和权力设置等难度最大的公安条块体制问题上，各地结合实际进行了富有创造性的尝试，但是由于我国社会处于经济起飞的高速发展，新旧体制转轨时期，利益重新分配频繁，致使社会治安形势复杂多变，最近群体性事件的频发更是加剧了社会治安形势的严峻。目前我国警察机关疲于应付，已有装备捉襟见肘，在数量、质量上都暴露出太多的问题，同时，由于我国原有警察体制的原因，我国警察的职业化建设进展缓慢，而现代法治国家必须有职业化的警察；社区警务的概念虽已不新鲜，但社区警务的实践依然存在诸多问题，所以我国在警察体制的改革中应注意吸收西方第三、四次警务革命的理论成果和成功经验，警务装备的现代化，警察的职业化、警务社区化等应成为我国警察体制改革的基本指导思想。

（2）权力的合理界定与行使。在一国领域内，国家权力表现为一种对一国国内的重大事务的决定权以及组成成员的控制权。在国家权力的配置方面，目前人们比较统一的看法是“国家权力的行使应以人为本，以促进广大人民的最大利益为基本原则”。② 然而国家权力是一种欲望，具有无限的扩张性。霍布斯曾言：“全人类有一种普遍的倾向，即一种至死方休，永无止境的追求权力的欲望。”③ 人为什么追求权力？有学者认为：“权力的直接拥有者或者管

① 曹咏：《西方警务革命对我国警务改革之启示》，载《湖北警官学院学报》2008 年第 5 期。

② 王莉君：《权力与权利的思辨》，中国法制出版社 2005 年版，第 146 页。

③ ［英］霍布斯：《利维坦》，黎思复、黎建弼译，商务印书馆 1985 年版，第 72 页。

理者能够从权力的运用中或多或少地获得合法或者非法的利益。”警察权是国家公权力，一旦突破合理的边界，势必会造成对公民权利的侵犯，违背国家权力配置的初衷，所以必须合理界定，规范行使，才能实现警察权设置所预期的社会正义。而对警察权行使结果产生影响的诸多因素中，警察体制具有决定性的作用，怎样才能建立警察权运行的良好的警察体制呢？西方国家的警务从不那么民主发展到比较民主，经历了无数次的变革；西方国家的警察体制也经历了无数次的变革，才使警察权的行使比较规范，比较令公民满意。中国的警务改革，就是要通过警察体制的改革，理顺不同的权力关系，规范警察权，制约警察权的行使，保证警察权的效力，更好地实现警察机关的职能。

（3）现代管理科学理论。现代管理科学认为，任何社会组织要充分发挥自身的职能作用从而实现组织目标都离不开合理的组织结构的支撑。“设计组织的结构是执行职能的基础工作……”“需要管理的组织活动总是在一定的环境中利用一定的技术条件，并在组织总体战略的指导下进行的。”① 在既定的组织任务目标和一定的管理资源条件下，组织结构合理，组织内部的资源配置就会形成条理化、有序化的状态，资源要素就会形成互补机制，从而带来“1 +1 >2”的效应。反之，组织结构不合理，组织内部管理资源的配置就会出现相互联系和协调的障碍，组织整体效能的发挥就会受到影响。因此，在管理资源总量不再增加的前提下，立足现有条件，通过组织结构的合理调整，就可以实现组织效能的大幅度提高。从行政管理理论的角度讲，一个行政组织的高效运转依靠管理幅度和管理层次的协调运作。管理层次是指组织中划分的管理层次的数量，体现上层组织与下层组织间的距离、决策者与执行者间的距离。管理幅度是指一个组织或一个行政首长能直接而有效管理下属单位的个数或下级的人数。在一个确定人数和工作量的组织中，管理幅度与管理层次成反比例关系，也就是说，管理幅度大，管理层次就越小，反之亦然。任何社会组织中每一个机构都有一个管理幅度的问题，过宽则必然机构臃肿，人浮于事；过窄则事多人少，工作压力大。因此，管理幅度过宽过窄都不利于人力资源的开发和合理使用。现代生产已经进入协同制造的大规模定制时代，在现代社会，无论是盈利性组织还是政府机构都在寻求变革和发展之道。这其中一个重要途径就是实现组织形态的变革，即由传统的科层制组织向“扁平化”的组织形态转变。政府管理改革的方向也是如此，塑造企业化、扁平化政府是大势所趋。综观西方各国行政改革的具体措施，内在相通之处不难察觉，精简组织

① 周三多、陈传明、鲁明江编著：《管理学》，复旦大学出版社 1999 年版，第 278 ~ 279 页。

与人事；压缩官僚层级，扩大管理幅度，压平了组织结构；分散权力。[①] 我国现行的警察体制是典型的科层制形态，在一定程度上制约了公安机关应有功能的发挥，限制了公安机关的工作效益，必须对警察体制进行改革。

（三）完善我国警察体制的具体举措

前面我们分析了我国警察体制的弊端，可以看出来需要解决的核心问题有三个：（1）警察事权的明确划分；（2）警察机构的科学设置；（3）确定合理的警察编制，整合警力资源。为此，我们不能囿于现有体制，而应触动“条块结合，以块为主”的体制的核心，从公安系统统一实行“条块结合，以块为主”的模式向“条块结合，高层公安机关以块为主，基层公安机关以条为主”转变，从整体上建立适合我国国情的法治型警察体制。具体举措可以概括为：

1. 合理划分中央与地方的警察事权，实现中央与地方警务功能的合理互补

中央与地方的关系始终是警察行政组织法治化过程中的一项重点内容。因此，必须明晰警察业务中中央与地方的事权，理顺“条”、“块”之间的关系，划清相互之间的职责与权限。在明确区分中央和地方事权的基础上，实行分层授权负责，调整内部结构，明确各自的职责、权限、财政、编制等一系列后续问题。

针对我国实际，未来警察体制改革发展的趋势将是在基本保持现行“条块结合、以块为主”管理体制的前提下，进一步完善目前我国融合集权制和分权制优点的混合型警察体制。首先，明确划分中央和地方各级公安机关的职责权限。公安部主要负责属于中央事权的工作和承担人、财、物保障，管理以条为主；省、市、县公安机关分别负责属于该地方事权的工作，管理以块为主。其次，地方各级公安机关之间，根据警务功能的实际需要进行部门撤并和互补建设。省级公安机关应切实加强高精尖侦查技术、犯罪试验室和指纹库等技术装备保障方面的研究和建设，为市、县公安机关提供定期教育培训、高端技术服务、业务指导和跨地区案件的指挥协调工作。[②]

---

① 宁海峰：《警察权力制约的若干“瓶颈”分析》，载《福建公安高等专科学校学报》2004年第5期。

② 徐春华：《美国现代都市警务运行模式及其启示——以洛杉矶市警察局为例》，载《山东警察学院学报》2007年第3期。

2. 明确警务活动与非警务活动的界限，实现权力和职责的理性回归

传统的警务宗旨被不断扩大和异化，甚至产生了警务全能观念。这种无限扩大警察事务活动和能力的要求，必然要求由全能专家或精英群体组成的庞大的机构体系以负责全方位的社会事务，但由于警力资源的有限性和警察素质的关系，这种被神化的社会治安控制能力和全面服务能力必然无法实现。警方虽已负担了大量的各种非警务工作，但群众的评价仍然不高，警察的警务功能反而因此受限。第四次警务革命所倡导的“无增长改善理论”和“再造社会凝聚力”理论也指出，犯罪只与社会环境存在必然联系，警力的无限制增长并不能使之有效减少，应转从警务管理体制改革上深挖警力。而我国警察机关是具有武装性质的国家治安行政力量和刑事司法力量，其职责主要在于治安管理和刑事侦查两方面，而非形形色色的诸如征收税费、房屋拆迁、市容整顿等非警务职能。因此，我们应当以现代警务理念为指导，完善人民警察法的实施细则，从法律上限制有关领导和部门机构的滥用警察指挥权行为，将警力由其他相应部门可承担的非警务工作中解放出来，集中警力实现警察“维护、保护、预防、制止和惩治”国家公权性质的职能，维护社会治安稳定秩序和有效打击违法犯罪活动。

3. 重新整合警察职能，实现对警察行政管理权与刑事侦查权的司法控制

我国现行对于警察权的控制模式并非理想状态，为了防止警察权在保护人权的同时又出现侵犯人权的现象，就必须进行司法改革，引入司法权限制的功能和分离部分警察权，以重新整合警察职能，避免警察机关因职权多元、事权划分不清而造成警察权滥用。具体而言可做如下设计：（1）行政管理领域，将公安机关拥有的如行政拘留权等一系列行政管理权和行政处分权纳入司法权规制之下，使公安机关变成申请权机关，最终处罚是否适用由法官的令状来决定。再如看守所的管理权也划归司法系统管理，以有效监督警察刑事事权的行使。（2）在刑事侦查领域中，将公安机关自行决定执行的刑事拘留、监视居住、取保候审、搜查、扣押、窃听等一系列涉及限制个人财产、自由等基本人权的刑事强制措施和强制性侦查手段，由不受中立司法机构的专门授权和合法性审查变为由法官令状主义来决定，使其纳入司法权控制之下。为此，我们需要确立一系列的司法授权、审查和救济机制，以有效避免警察行政职权与刑事职权混用和滥用，形成一个由警察机关、法院、检察院和当事人共同参与，并且保证控辩双方力量均衡的立体结构，从而将警察权（包括警察行政管理权与刑事侦查权）纳入司法权的控制之中。

4. 优化机构设置和保障体制

（1）优化机构设置充实基层警力。我国警察机关实施的“统一领导，分

级管理，条块结合，以块为主”领导体制更强调集权式领导，追求政令警令统一、纪律的严肃性和对上级的绝对服从性，因此，我国警察组织内部层级之间存在明确的隶属关系，权力和责任由上而下逐渐集中，呈现“倒三角形”状态；而对外执法权则由上而下上扩大，呈现“正三角形”状态。这种不成对比的关系使机关权力过于集中，不断增加对下级的办案审批监督程序，而一线实战民警则在行使自由裁量权时处处受限，不利于依照公正程序和实际情形灵活办案。

因此，我们需要吸收借鉴美英和我国香港地区警察的组织设计模式和先进管理经验。美国的警察机构设置职级层次少，且没有要求上下一一对口。其警种分工也比较简单，如洛杉矶警察局人员仅分为业务行动部门（特警、侦探、情报三个警种）、巡逻警和文职人员三类。香港地区警察的机构设置分为行动与管理两个系统，以区分警务工作与警队行政管理工作。尽可能简化警队内部的管理部门和行政工作，按照执法工作内容和警务行动、作战的要求设计组织结构，将总区、警区和警署划归为行动系统，并划分为一线实战部门与支援部门，既防止了一线部门的“机关化”倾向，也直接体现了警队作为纪律部队不同于其他政府部门的特点，即警务工作的高效性。①

在警力配置上要从目前的“倒三角”变成“金字塔状”，机关的人要少，基层的实干人要多，要把警力推向基层，深入社会，面向群众。原则上，今后新增的公安编制要充实到基层一线单位，县级公安机关领导班子特别是一把手必须有基层所队长的工作经历，基层所队实有警力要占到所在公安机关或部门、警种总警力的85%以上。

进一步全面推行派出所警务制度改革，把基础工作、防范工作、群众工作置于派出所各项工作的首要位置，强化派出所的防范、管理职能。要使责任区民警集中精力从事治安管理警务，从过去单一的重点人口列管、户口登记与调查、人口统计与普查、身份证登记与发放等以“人”为中心的管理工作向人防、物防、技防相结合的阵地建设和阵地控制转变，切实加强基础工作，形成以安全防范为中心、以群众工作为重点、以治安管理为基础的新机制，提高派出所各项工作的规范化水平。②

（2）确定合理的警察编制。警察的主要职能是维护社会秩序，保一方平安，所以警察编制的确定一定要考虑各地的实际情况，在综合人口、管辖面

---

① 李健和：《香港警察的组织、人事管理及启示》，载《中国人民公安大学学报》（社会科学版）2005年第1期。

② 尤小文：《关于警察体制改革的几点思考》，载《中国人民公安大学学报》2002年第2期。

积、治安状况诸因素的基础上科学确定，不能搞平均主义。具体分析起来应当考虑如下四个因素：①本级人民警察机构所担负的职责、任务。一般情况下，警察机构所担负的职责和任务越重，所需警察数量越多。②本地区人口的数量。人口多的地方，相对来讲事务就多，也需按照实际情况设置较多的警力。③社会治安状况。社会治安状况好，社会秩序稳定的地区，可以设置较少的警力；与之相反，社会治安状况差，社会秩序混乱的地区，需要设置更多的警力。④本地区政治、经济、文化等方面的发展状况。相比较而言，政治、经济、文化发达的地方，比落后的地方需要更多的警察编制。

但现实是公安机关警力不足、职能多元化，导致警察编制不断扩张，同时短时期内，国家财政也不可能负担大规模增加的警力，仅依靠地方财政又易导致警政受制于地方政府。

笔者认为可借鉴香港地区的警务管理经验，引进“文职雇员”制度，采用社会智力资源分离公安机关的后勤、科研人员，以优化警力资源的有效配置。具体做法是将公安机关工作人员分成“实战警察、文职警察和雇员”三类。实战警察由正规化警察院校毕业或经过刑侦、刑技等技能培训的人员组成，直接负责一线实战和指挥管理；文职警察由非警察院校的警务相关专业毕业或者部队转业人员通过社会招录组成，从事公安部门行政管理工作或内部事务文书工作；雇员是按劳动合同聘用的人员，提供保障服务工作。实战和文职警察为国家正式招录的人民警察，可以独立行使警察权并承担相应责任，而雇员则在正式警察的指挥管理下从事辅助性的非执法性活动。①

（3）确立科学的经费保障机制。在合理区分中央与地方事权的基础上，本着财权与事权统一，分级负担的原则，在完善中央对省市转移支付的前提条件下，建立省市一级转移支付制度，以进一步建设完善公安经费保障机制。具体可从以下几个方面着手：首先，明确事权与财权相统一的原则。在现有的分税制框架下，公安机关应尽快梳理中央与地方、地方与地方之间的事权，并通过立法的形式让中央和地方明晰自身的权责。如果事关全局，属于中央事权的事项，中央财政应该以转移支付的方式承担资金经费；凡是事关本地区社会治安，属于省市事权的事项，各省市地方财政以转移支付的方式承担资金费用。其次，确立经费独立预算原则。公安经费保障必须足额纳入国家和各级人民政府财政预算，并由人大审议通过，任何人都无权变更，否则就要承担法律责任，这就从根源上避免了警察机关的财、权受制于地方政府。最后，制定、完

① 李晓哲：《城市警力资源配置的问题及对策——以济南市为例》，山东大学 2008 年硕士学位论文，第 28 页。

善公安经费使用审批与监督制度。实行公安经费使用审批制度，加强经费使用的财务监督制度，并将经费使用状况列入本单位“警务公开”的范围，保证经费审批不受行政首长干预，已有经费被合理合法使用。除此之外，还要进行配套制度的改革完善，如施行“收支两条线”管理、降低同地区公务员之间收入的差距等。

第二节　警察合法权益救济制度的构建与完善

一、构建警察职业保障制度

中共中央《关于全面深化改革若干重大问题的决定》（以下简称《决定》）提出：“建立符合职业特点的司法人员管理制度，健全法官、检察官、人民警察统一招录、有序交流、逐级遴选机制，完善司法人员分类管理制度，健全法官、检察官、人民警察职业保障制度。”《决定》把建立健全人民警察管理制度、职业保障制度纳入了全面深化改革的范畴，无疑对现有的人民警察管理制度、职业保障制度将产生积极而深刻的影响。客观、系统地梳理出域外警察职业保障的各种制度安排，对于构建我国新形势下人民警察职业保障制度意义重大。

警察职业保障内涵极为丰富，包括警察的职业权力保障、职业身份保障、职业收入保障、职业教育保障、职业安全保障、职业监督保障等。

警察职业保障制度是指国家通过相关法律法规确保警察能依法行使职权，赋予警察在职业权力、职业地位、职业身份、职业待遇、职业尊严等方面获得与其职业风险相适应的保护措施，以维护国家法律尊严，增强警察的职业权威与职业尊荣。①

（一）警察的工资待遇制度

《人民警察法》第40条规定：“人民警察实行国家公务员工资制度。”《公务员法》第74条规定，公务员工资包括基本工资、津贴、补贴和奖金。《公安机关组织管理条例》第35条规定：“公安机关人民警察享受国家规定的符合其职业特点的工资待遇。”根据上述规定，人民警察实行国家公务员工资与

---

① 安瑛：《我国警察职业保障制度初探》，载《中国人民公安大学学报》（社会科学版）2014年第3期。

警衔津贴相结合的工资制度。国内警察工资体系与公务员基本一致，各地区由于经济发展水平的不同，待遇存在一定的差距。在结构上，通常包括级别工资、岗位工资、薪级工资、绩效工资、职务工资、岗位津贴、工作性津贴、警衔津贴、延时补助、生活性补贴、取暖费补贴，其他福利等项目中的某些项目。

人民警察虽然是国家公务员，但工作性质又不同于一般的政府公务员。警察工作危险性大，值班备勤和执勤时往往不能按时上下班，遇有重大治安事件和刑事案件时，加班加点是家常便饭。有调查显示，中国一线民警平均每天工作 11～15 小时，平均 3 周才能休息 1 天。因此，警察的休息休假权利难以保障。据北京、天津、河北等地统计，基层一线警察平均每周加班时间都超过了 20 个小时，派出所、刑警队警察每周加班最高可达 50 个小时。即使按每周加班 20 个小时计算，每年就要多工作 130 个工作日。[①] 所以“二十公”确定了人民警察生活待遇“高于地方，略低于军队”的原则。

（二）警察的伤亡抚恤制度

《人民警察法》第 41 条规定：“人民警察因公致残的，与因公致残的现役军人享受国家同样的抚恤和优待。人民警察因公牺牲或者病故的，其家属与因公牺牲或者病故的现役军人家属享受国家同样的抚恤和优待。”这是国家对人民警察因公致残、牺牲或者病故后，对其本人及其家属抚恤作出的法定保障。

《公安机关组织管理条例》第 36 条规定：“公安机关人民警察实行国家规定的保险制度，保障其在退休、患病、工伤、生育、失业等情况下获得帮助和补偿。”第 37 条规定：“公安机关人民警察因公致残的，应当享受必要的治疗、康复，其中被评定残疾的人员享受国家规定的抚恤和优待；公安机关人民警察因公牺牲或者病故的，其家属享受国家规定的抚恤和优待。”该《条例》将国家对人民警察基本生活、伤亡抚恤以及家属优待逐一明确，作出了法定保障。

1995 年公安部和财政部联合发文《关于发给公安机关作出特殊贡献的牺牲、病故人民警察家属特别抚恤金的通知》；1996 年、2004 年先后制定了《公安机关人民警察抚恤办法》、《因公牺牲公安民警特别补助金和特别慰问金管理暂行规定》；2005 年建设部、公安部联合发文《关于因公致残的人民警察乘坐市内公共交通工具享受与残疾军人同样待遇的通知》；2005 年公安部、教

① 张承先、王军、满俊：《内地与香港警察待遇福利保障之比较》，载《江西公安专科学报》2010 年第 5 期。

育部、民政部联合制定了《人民警察优抚对象及其子女教育优待暂行办法》。

1997 年 1 月，公安部组织设立了全国公安民警英烈抚恤补助基金。2003 年 1 月，民政部批准设立了中国公安民警英烈基金会。基金补助项目包括烈士抚恤补助金、英烈子女助学金和英烈抚恤慰问金。

上述关于警察因公伤亡抚恤的规定，存在两个方面的问题：一是法律规定的有限；二是法律规定的空白。

1. 法律规定的有限

《人民警察法》及相关规定关于警察因工伤亡的抚恤与《军人抚恤优待条例》对军人的抚恤差异巨大。

依《人民警察法》第 41 条的规定，在因公伤亡待遇上，人民警察因公致残、牺牲、病故的与现役军人享受同样的抚恤和优待。然而，《军人抚恤优待条例》是一部基于军人身份和活动的特殊性而制定的行政法规，具有军人的专属性，并不完全适应人民警察的职业特殊性和活动特征，人民警察的伤亡抚恤参照《军人抚恤优待条例》执行，在具体的实践应用中存在很多的问题。

（1）2004 年 12 月 24 日民政部发布的《关于国家机关工作人员、人民警察伤亡抚恤有关问题的通知》（以下简称为《通知》）规定，“国家机关工作人员、人民警察死亡一次性抚恤金标准，参照《军人抚恤优待条例》执行（不享受现役军人立功和获得荣誉称号者死亡时增发抚恤金的待遇），具体计发标准，仍按照现行规定执行”。根据该《通知》的规定，警察死亡一次性抚恤金的标准有所提高，即被评为烈士的由 40 个月工资提高到 80 个月工资，因公牺牲的由 20 个月工资提高到 40 个月工资，病故的由 10 个月工资提高到 20 个月工资。该《通知》的规定虽然提高了警察因公死亡一次性抚恤金标准，但由于警察的工资水平明显低于军人的工资水平，如一名军龄为 7 年的副连级军官的工资为 3630 元，一名警龄为 7 年的警察的工资为 2600 元，所以在没有改变具体计发标准的情况下，警察的死亡一次性抚恤金仍然是大大低于军人死亡一次性抚恤金的。

（2）现在军人伤亡待遇建立了“国家抚恤 + 两个保险（因公伤亡保险、人身意外伤害保险）”的职业保障模式，国家不但提高了军人因公伤亡保险标准，而且为军人购买了人身意外伤害保险，双重保障切实地提高了军人伤亡抚恤待遇。如一名因公牺牲的排长或战士的抚恤标准，至少在 150 万元以上。人民警察伤亡抚恤参照军人的抚恤待遇执行，但是人民警察伤亡抚恤未实行“国家抚恤 + 保险”的制度，按照《公安机关人民警察抚恤办法》和《因公牺牲公安民警特别补助金和特别慰问金管理暂行规定》，民警伤亡抚恤享有的是“国家抚恤 + 公安部特别补助金”的模式，所以在实践中民警因公伤亡待遇与军人因公伤亡抚恤待遇存在很大的差距。

2. 法律规定的空白

(1) 警察因工负伤没有专门医疗保障。根据劳动保障部、财政部2000年4月29日颁布的《关于实行国家公务员医疗补助的意见》第4条的规定，警察参加基本医疗保险，根据一定条件每月要在工资中扣除一定金额用于交纳医疗保险费。在就医时，门诊治疗可报销75%，住院治疗可报销80%。[①] 警察在因公负伤后，没有专门的法规保障其可以享受到公费的医疗，民警负伤后，经过治疗，只有拿到了医疗终结评定伤残等级证明，相关抚恤才能兑现，漫长的治疗过程中医药费用都是自己垫付。

(2) 警察职业病、心理疾病治疗保障没有明确规范。随着社会与经济的发展，疲劳、神经衰弱、肌肉劳损等病症正成为都市人群突出病症，这些疾病在国际医学上统称为工作相关疾病，许多发达国家已把其列为职业病。[②] 2002年5月1日修改后实施的《职业病预防法》规定，职业病是企业、事业单位和个体经济组织等用人单位的劳动者在职业活动中，因接触粉尘、放射性物质和其他有毒、有害因素而引起的疾病。[③] 从同年发布的《关于印发〈职业病目录〉的通知》中我们可以看到职业病仅限于粉尘等低等级工业生产常见职业病，并未将警察因工作关系常患的肝病、肺病、胃病、肌肉劳损等病症列入职业病名录，警察所患的职业相关病、心理疾病并没有专门的法律保障。

(3) 警察优待存在诸多空白。与军人相比，在警察优待方面，现行法律也存在诸多空白。如军人在参观风景区、博物馆时享有优惠；国家兴办军人优抚医院、荣军医院，治疗或者集中供养孤、老和生活不能自理的军人，而警察却完全没有这方面的优待。

(三) 警察的休假制度

《公安机关组织管理条例》第38条规定："公安机关人民警察实行国家规定的工时制度和休假制度。"《全国年节及纪念日放假办法》规定，人民警察作为公务员享有以下几种法定假：第一种节假。节假分为两类：一是全体人员享有的节假，计10天；二是部分人员享有的节假，"三八"妇女节女警察放

① 张承先、王军、满俊：《内地与香港警察福利待遇保障之比较》，载《江西公安专科学校学报》2010年第5期。

② 罗云杨：《人民警察因工伤亡抚恤法律制度研究》，大连海事大学2013年硕士学位论文，第17页。

③ 钟金花：《破解职业病防治症结问题——解读新版〈职业病防治法〉》，载《湖南安全与防灾》2012年第7期。

假半天，“五四”青年节青年民警放假半天。第二种探亲假。探望配偶每年一次不得超过30天，未婚者探望父母每年一次不得超过20天。第三种婚丧假。可酌情给予1~3天。第四种年休假。天数最多不超过2周。第五种女性公务员的生育假。天数最多不超过90天，晚育者在此基础上增加30天。公务员在法定工作日之外加班的，应当给予相应的补休。① 没有享受其他特别的休假待遇。

（四）完善警察职业保障制度

1. 完善警察职业保障制度的立法基础

《宪法》第45条规定：“中华人民共和国公民在年老、疾病或者丧失劳动能力的情况下，有从国家和社会获得物质帮助的权利。”这是建立、完善警察社会保障的宪法基础。

《公务员法》第13条第3款规定：“公务员享有获得工资报酬，享受福利、保险待遇。”第77条规定：“国家建立公务员保险制度，保障公务员在退休、患病、工伤、生育、失业等情况下获得帮助和补偿。公务员因公致残的，享受国家规定的伤残待遇。公务员因公牺牲、因公死亡或者病故的，其亲属享受国家规定的抚恤和优待。”《人民警察法》第41条规定：“人民警察因公致残的，与因公致残的现役军人享受国家同样的抚恤和优待。人民警察因公牺牲或者病故的，其家属与因公牺牲或者病故的现役军人家属享受国家同样的抚恤和优待。”这两部基本法对警察伤亡抚恤权、患病后获得帮助权利、获得保险待遇权利以及家属优待权也做了明确规定。

2. 修订、完善警察抚恤优待规范

目前，对警察因公伤亡的抚恤、优待，散见于《人民警察法》、《公安机关组织管理条例》、《公安机关人民警察抚恤办法》等法律法规和相关的政策性文件中，没有一部法律法规来系统、全面地规定警察抚恤、优待。笔者认为，基于我国社会治安状况以及警察执法权益保障的现实，应尽快修订、完善人民警察因公伤亡后的抚恤制度。建议如同国家保障军人权益的《军人抚恤优待条例》那样，及时制定一部系统的、全面的、专门的法规来切实地为警察提供职业保障，一方面使从事警察职业的人得到公正的待遇，另一方面稳固国家暴力机关这一特殊群体，促使警察更尽职尽责地管理社会、服务社会。

---

① 张承先、王军、满俊：《内地与香港警察福利待遇保障之比较》，载《江西公安专科学校学报》2010年第5期。

3. 设立民警互助基金补充完善保障

民警互助基金是公安局内部民警互帮互助的基金组织，主要任务是依照基金章程和管理办法的有关规定，对民警或其家属进行抚恤补助、慰问、奖励、安抚、资助。其经费来源主要靠民警自愿捐助、政府财政补贴、社会力量参与等。民警互助基金通过单独的机构进行管理，政府有关部门进行监管，防止出现随意挪用和任意使用的现象。在具体的实施过程中，可以根据公安民警的缴费年限、等级、警衔等制定详细的补助办法。[①] 中国公安民警英烈基金会于2003年1月7日由公安部策划、申报民政部批准成立。基金会成立以来积极开展资金募集，妥善进行基金管理，大力推动抚恤工作，共抚慰了12000多个民警家属和困难民警。[②] 例如，深圳市公安局自2005年10月设立警察基金会以来，共向社会各界筹集善款约1.3亿元，总资产从原来的2640多万元增加到1.63亿元。自深圳经济特区建立以来，深圳市公安机关共有54名民警光荣殉职，其中烈士9人；同期还有290名民警在职病故，平均年龄42岁；因公致残民警及癌症患者近200人，还有其他患重大疾病的民警70多人。至2010年清明节前，基金会先后对深圳市公安英烈遗属、伤残、重病和特困民警慰问援抚5300多人次，支出2600多万元。[③]

4. 建立警察因公患病医疗保障制度

在警务实践中，反映警察职业特点及满足其特殊需要的医疗保障制度却很不完善。主要表现在：警察医疗保障水平不能满足实际需要，没有体现出行业差别和警察职业的特殊性；全国因公牺牲和患重大疾病、伤残民警家庭的困难问题较为突出；因公负伤治疗尤其是后期治疗、伤残康复费用没有明确标准和经费保障，民警因病致贫问题突出等。[④] 为解决上述问题，笔者认为，人民警察的医疗保险不应纳入现行的普通医疗保险，而应建立与公安机关性质相适应的、能够为警察提供良好的医疗保障、解除后顾之忧的医疗保险机制。同时，可以效仿军队建立专门的警察医院，或者制定医院对警察实行免费医疗，警察家属享受医疗费用减免政策，最大限度为警察医疗提供保障。

对于警察所患“职业病”应当比照《职业病防治法》的相关规定予以救

① 邓雁玲、孙笑淞：《警察职业保障体系构建初探》，载《河北法学》2011年第8期。

② 罗云杨：《人民警察因工伤亡抚恤法律制度研究》，大连海事大学2013年硕士学位论文，第22页。

③ 王贵胜、周明红：《浅议和谐社会中警察权益的保障机制》，载《新疆公安高等专科学校学报》2007年第3期。

④ 安瑛：《我国警察职业保障制度初探》，载《中国人民公安大学学报》（社会科学版）2014年第3期。

治。警察在警务活动中以下两种情形可以纳入"职业病"范畴：（1）因接触粉尘、放射性物质和其他有毒、有害物质等因素而引起的疾病，主要是基于警察的工作环境而造成的疾病；（2）因接触有关传染源而引起的疾病，主要是由于警察在执行任务时犯罪嫌疑人患有乙肝、艾滋病等传染性疾病而被传染引起的疾病。警察因患"职业病"的医疗待遇应当包括：（1）警察患职业病的医疗所需合理费用应当由财政拨款建立的专门款项支出，通过各地公安机关具体支付；需要住院治疗的，享有伙食补助；需要异地转院的，享有交通补贴，这些补助同样由财政拨款建立的专门款项支付。（2）警察患职业病治疗期间，原工资福利待遇应予以保留；只是伤残待遇，警察患职业病鉴定为伤残的，按照因公伤残待遇办理。①

5. 建立警察特殊的退休制度

对警察退休的年龄条件，根据有关规定和警察机关某些警察的职业特点和国外警察自愿退休年龄和工龄普遍低于一般公务员的情况，我国警察自愿退休年龄和工龄应低于和少于一般公务员。对工作条件艰苦的一线警察，可以规定在艰苦岗位工作达一定年限后，自愿退休的年龄可适当提前。

警察虽是公务员，但是与其他公务员工作的性质和强度相比，有很大区别；即使在公安机关内部，各警种之间差别也是很大的，在建立养老保险制度时，应当充分考虑这些因素，实行不同工作性质和强度之间，保险金缴纳有所差别。同时，应当考虑强制基本养老保险和补充保险相结合，既有基本的养老保障，又能够锦上添花。②

二、社会救济制度的构建与完善

目前，单纯依靠国家给予的补偿，不足以弥补警察受到的损害。可以由国家出资，由公安机关统一为警察购买人身意外伤害保险。在发布《军人伤亡保险规定》的同时，中国人民解放军总后勤部已经下发《关于军队统一为现役军人购买人身意外伤害保险的通知》，并于2010年1月1日实施，通过国家为军人提供的伤亡保险和商业保险相结合的保障方式，来提高军人伤亡补偿水平。按照《人民警察法》的规定，警察理应享受人身意外保险，而且现实生活也迫切要求国家为警察购买这种保险。2002年6月，内蒙古自治区公安厅为全区公安机关3万多人民警察全部办理了公安民警因公伤亡责任保险。从2002年6月15日开始，民警因公伤亡后，除享受国家规定的抚恤待遇以外，

① 周宝妹、郎俊义：《试论人民警察社会保障的法律保护》，载《公安研究》2005年第4期。

② 胡玥：《警察退休金应纳入养老金制度范畴》，载《人民公安》2014年第5期。

还会得到1万到10万元不等的保险金。[①] 早在2002年3月全国人大九届五次会议上，公安部特邀监督员殷秀梅就曾提出过“尽快建立全国公安民警伤亡保险保障制度的”议案。[②]

（一）工伤保险方面

我国《公务员法》第77条规定，国家建立公务员保险制度，保障公务员在退休、患病、工伤、生育、失业等情况下获得帮助和补偿。可见，依法享受工伤保险是公务员的法定权益，人民警察作为公务员的主体自然也不应例外。将人民警察纳入工伤保险范围，既符合我国社会保险制度的发展方向，也能更好地保障人民警察因工作遭受事故伤害或职业病时获得医疗救助、经济补偿和职业康复的权利。然而，长期以来，公务员一直被排除在工伤保险的范围之外，直到1995年海南省才在我国最早将公务员纳入工伤保险，此后北京市、天津市、云南省、湖南省等才相继将公务员纳入工伤保险。[③] 目前，将人民警察纳入工伤保险只是地方行为，全国并不统一，随意性也较大，全国公安机关的差异性也较大，建议由人社部、公安部联合出台相关政策，明确将人民警察纳入工伤保险的范畴，彻底解决民警工伤后要由单位或民警本人先垫付医疗费；到外地医治的车费、食宿费要由受伤民警自己承担；民警长期康复过程中治疗费用和辅助器材费无法报销及子女入托、入学学校的加分照顾、住房等实际问题。

（二）人身意外伤害保险方面

人身意外伤害保险是商业保险的一种模式，是对伤亡人民警察抚恤、工伤保险、医疗保险的一种补充，针对高风险职业的人民警察参保人身意外伤害保险十分必要，其为完善我国公安民警多渠道、多层次、较高水平的保障机制起到了积极的作用，而且保险范围不仅仅限于因公所致伤残、死亡，也包括了其他原因所致的意外伤害。但是，我国公安民警人身意外伤害保险制度的各项建设依然处于刚刚起步的阶段，普遍存在对该制度认识程度不一致、缺乏全国统一的制度依据、保障水平需提高、与基本医疗保险制度之间冲突与协调等诸多问题。[④]

---

① 王晓音：《我国警察健康权的缺失及其保障措施》，载《河北法学》2011年第2期。

② 耿连海：《警察权益保护》，群众出版社2004年版，第263页。

③ 《公务员将纳入工伤保险》，载 http：//www. xiangrikui. com/shehuibaoxian/gongshangbaoxian/20120321/199832. html，访问时间：2015年5月25日。

④ 欧阳梦春、马云波：《人民警察人身意外伤害保险权利保护的探讨》，载《法制与经济》2011年第8期。

对于警察伤亡保险保障应做到三统一：

1. 统一认识

自2004年前后尝试的人民警察人身意外伤害保险制度和自1995年尝试的人民警察工伤保险制度，在提高伤亡人民警察的待遇、解决他们的后顾之忧方面作用明显，但对于这两个保险的作用和意义，各地政府和公安部门的认识并不统一。首先，一些地方的思维仍然停留在传统的以抚恤金为核心的保障思路上，强调人民警察的奉献精神而对于伤亡人民警察的保障重视程度不够；其次，受地方财政影响，参保积极性不高，保障力度不够，并没有从根本上解决人民警察的实际困难。对此，公安部应当加大对伤亡人民警察权益保障的宣传力度，协调地方公安机关加强伤亡人民警察权益保障的制度构建，按照“以人为本，从优待警”的原则，在全国统一认识，将伤亡人民警察的权益保障作为队伍建设的重要工作来抓。

2. 统一标准

人民警察的工伤保险在全国做到基本统一应当困难不大，但是，伤亡人民警察的人身意外伤害保险是一种商业保险，是一种补充性的保险，人民警察的人身意外伤害保险的赔偿标准，因投保险种和保额的差异，地方公安机关却极易产生极大的差别。例如，四川省2007年公安民警人身意外伤害保险标准为，意外死亡6万元/人，意外伤残6万元/人。湖南省公安厅2004年签订的《湖南省公安民警人身意外伤害保险协议》，平均每人意外伤害最高保险额为30万元。上海市公安局在2008年签订的《上海公安民警世博安保意外伤害综合保险协议》，太平洋保险将在2010年世博会举办期间，为上海每位公安民警提供保额为42万元的意外伤害综合保险。[①] 可见，全国地方公安机关投保的伤亡人民警察人身意外伤害险的保额差异巨大，并没有一个限制性的标准。我们认为的统一标准是指在投保险种、保障范围、投保资金的来源等方面的统一，而不是要求必须保额全国统一。事实上，由于我国地方的差异性，片面要求全国的保额相同也不现实，应当综合考虑地方的经济发展水平、财政实力、消费水平等因素，由公安部确定一个最低保障标准。

3. 统一保障

无论是国家的抚恤、工伤保险还是商业性质的人身意外伤害保险，其目的都是体现从优待警，切实保障伤亡人民警察及其家庭的权益，因此，三者之间

① 马顺成：《伤亡人民警察“1+2”保障机制的思考》，载《河北公安警察职业学院学报》2014年第2期。

是互相补充共同发挥作用的。[①] 首先，防止三者之间的竞合关系出现，尤其防止因享受工伤保险而减损人身意外伤害保险的情况出现。当一名人民警察既享受工伤保险又享受人身意外伤害保险时，特别要谨慎选择人身意外伤害的险种和保障范围。公安部门可以通过招标采购的方式与保险公司签订特殊人身意外伤害保险，保证两个险种之间的保障是相加的而不是重叠或者交叉的，要实现对伤亡人民警察权益保障的最大化。其次，对于已经参保基本医疗保险的人民警察，公安部门在投保人身意外伤害保险时，也应当审慎考虑，既不能出现两者之间的交叉导致财政资金的浪费，也不能在两者之间出现空白（特别是不能将人民警察非因公伤亡的情况排除在外）导致伤亡人民警察的权益得不到最大限度的保障。

三、司法救济制度的构建与完善

为切实保护广大民警的合法权益，维护法律尊严和公安机关的执法权威，保护民警的工作积极性，公安部 2005 年印发的《关于进一步规范警务督察工作的意见》，要求各级公安机关在 2006 年 6 月底以前，建立由主要负责人牵头的保护民警执法权益委员会，由纪检、监察、督察机构归口管理，负责组织开展维护公安民警执法权益的日常工作。要求建立、落实保护公安民警执法权益的领导责任制。

2006 年以来，各地各级“维权办”已经投入工作，对阻碍警察执法的行为人予以刑事拘留、行政处理和批评教育。有些地方推出了维权新举措，如北京市公安局“维权办”实行“正名制”，为遭遇恶意投诉的警察洗刷冤屈。除了设立受理侵犯民警合法权益的专门机构，在一些地方还启动了民事救济程序，这在以往的程序规则中是很少见到的。上海市普陀区公安分局维权委员会于 2000 年成立后，支持警察发动民事诉讼程序维护警察执法中受到侵害的合法权益，堪称是有益尝试。[②]

对于警察在执法过程中遭受损害而提起的民事诉讼，法院对于此类案件是否应当受理存有争议。因为按照惯例，警察执法受到人身和财产上的损失是职业风险，属于行政机关内部的事情，不应通过民事诉讼解决；有的法官用警察与相对人不是平等主体的主体不适格为理由驳回了诉讼请求，并认为警民之间的纠纷不能适用民事诉讼程序。但是，也有一些受理案件的法院，他们表示，

① 马顺成：《伤亡人民警察“1+2”保障机制的思考》，载《河北公安警察职业学院学报》2014 年第 2 期。

② 张立新：《关于应对阻碍警察执法行为的思考》，载《北京政法职业学院学报》2007 年第 1 期。

警察拥有作为普通公民的民事权利，可以选择民事诉讼维护权益，只要具备了侵权的构成要件，法院应当受理并作出裁判。[①] 无疑，民事诉讼使警察维护执法权益又多了一条救济的途径。对于提起民事诉讼的警察，警察机关应当为其提供法律咨询条件，尤其在诉讼程序问题上，警察并不完全是专家，警察局为其提供的咨询协助也是一种人性化的关怀。[②]

但是，现实的问题是：

（一）受害民警的被害人地位规定不明确，受害民警提起附带民事诉讼存在障碍

警察在执法过程中遭受人身或财产损害（人身遭受轻微伤或轻伤），能否以受害人的身份提起附带民事诉讼，以维护自身权益，成为民警维权的一个难点。例如，2004 年 12 月的一天，陈某等 3 名无业青年翻墙进入事先踩好点的某市一公司，盗窃人民币 2 余万元，后被公司保卫科人员王某发现，但未追赶上。数月后的一天，陈某等人又到该公司围墙外，准备再踩点，当地派出所民警杨某和王某等人刚好巡逻至此，杨某、王某等人遂对陈某进行抓捕，陈某在无法脱身的情况下，拿出先藏在身上的水果刀抗拒抓捕，将杨某的手与脸部划伤。检察机关以陈某的行为构成盗窃罪为由对其提起了公诉，杨某同时以受轻微伤为由向陈某提起刑事附带民事诉讼，要求陈某赔偿其医疗费及精神损失费共 5000 元。[③] 该案在审理过程中，对于杨某作为警察是否有权提起刑事附带民事诉讼有两种不同的意见。一种意见认为，杨某可以提起刑事附带民事诉讼，理由是最高人民法院《关于刑事附带民事诉讼范围问题的规定》中规定，因人身权利受到犯罪侵犯而遭受物质损失或者财物被犯罪分子毁坏而遭受物质损失的，可以提起刑事附带民事诉讼。另一种意见认为，杨某不能提起刑事附带民事赔偿，而只能另行提起民事诉讼。原因是杨某不是陈某犯罪行为的被害人。之所以产生上述分歧意见，关键是民警在执行公务中受伤害，现行法律对其被害人的地位界定不明。《刑事诉讼法》第 99 条第 1 款规定："被害人由于被告人的犯罪行为而遭受物质损失的，在刑事诉讼过程中，有权提起附带民事诉讼……" 对于此规定中的被害人有不同的理解。有人认为，并非所有的刑事被害人都应作为附带民事诉讼原告人，特别是依法执行职务的工作人员为刑事被害人时，应由其所在单位以原告身份提起附带民事诉讼。因为刑事被害人

---

① 金光明：《权威的困惑与维权的路径》，载《四川警察学院学报》2008 年第 2 期。

② 赵洪河：《警察权益问题研究》，东北师范大学 2009 年硕士学位论文，第 16 ~ 17 页。

③ 李和仁、杨新京等：《警察抓捕犯罪嫌疑人受轻微伤能否提起刑事附带民事诉讼》，载《人民检察》2005 年第 19 期。

依法执行职务的行为应视为其所在单位的行为，所在单位才是真正的实体权利人。并认为，根据我国法律规定，工作人员因执行职务而遭受损害时，应由其所在单位予以补偿。[①] 由于本案检察机关对陈某是以盗窃罪提起公诉的，民警杨某的人身伤害与检察机关指控的犯罪之间不具有直接的因果关系，因此民警杨某不能成为本案的被害人。还有人认为，警察在执行公务中的人身伤害应由国家负担，因为依法履行职务的警察实际上已经脱离公民个人身份成为国家机器的代理人，在某种意义上，警察受害也就是国家利益受损。从这个角度上讲，可以提起附带民事诉讼要求赔偿，但提起诉讼的主体是国家，而非警察。[②] 上述问题的存在，使受害民警通过刑事附带民事诉讼进行维权陷入困境。[③]

笔者认为，警察在执行公务过程中受到损害，可以提起民事诉讼要求赔偿。理由是：（1）执行公务时警察是作为公权力载体，但同时也是作为一个具有独立人格的个体而存在，一个"所有的范畴、价值基准、阶层、能力、贫富等都被置之度外……不可替代的只有一次的个体"的存在。[④] 所以，警察在人身或财产权益遭到侵害时，同样应当得到民事救济。公民享有平等的民事权利，不因其是不是警察有所区别。如果因为受害人是警察，不允许其通过民事诉讼的方法主张权利，因而丧失获得权利救济的一种法律途径，于法于理不符。[⑤]（2）对公法法律关系中的公权力的限制，可能是另一种公权力，也可能是私权。同样，对私法法律关系中的私权利的限制，可能是另一种私权利，也可能是公权力。当公权力的行使者因行使公权力而遭受损害，国家基于对执法者的权威、利益保护以及国家法律尊严的考量，须对相对人或犯罪嫌疑人的权利加以限制，警察的人身或财产权等私权利是作为宪法法律关系中公权力的内在界限而出现的。（3）于法有据。最高人民法院《关于审理人身损害赔偿案件适用法律若干问题的解释》第 12 条规定："依法应当参加工伤保险统筹的用人单位的劳动者，因工伤事故遭受人身损害，劳动者或者其近亲属向人民法院起诉请求用人单位承担民事赔偿责任的，告知其按《工伤保险条例》的规定处理。因用人单位以外的第三人侵权造成劳动者人身损害，赔偿权利人请求第三人承担民事赔偿责任的，人民法院应予支持。"警察在执行职务过程中遭

---

① 刘德良：《浅谈刑事附带民事诉讼当事人》，载《山东法学》1996 年第 1 期。

② 王薇、陈妙英：《"官告民"案件的可诉性辨析》，载《湖北警官学院学报》2003 年第 2 期。

③ 任素玲、林龙：《公安民警维权法律规定的缺陷及完善》，载《河北法学》2008 年第 9 期。

④ ［日］星野英一：《民法劝学》，张立艳译，北京大学出版社 2006 年版，第 67 页。

⑤ 修艳玲：《论警察名誉权的民法保护——从两起警察状告嫌犯亲属侵犯名誉权案说起》，载《福建警察学院学报》2008 年第 4 期。

受损害当系工伤，享受工伤待遇自不待言。[①] 警察工伤，也应允许做这样的选择。

（二）刑事附带民事诉讼中精神损害赔偿的缺位，无法使受害民警的精神损害得到赔偿

公安民警与普通公民一样，同样具有独立人格和人格尊严。无论暴力袭警侵害执法民警的身体权、健康权、生命权，还是侮辱、诽谤、诬告陷害民警，侵害执法民警的名誉权、荣誉权，都可能造成执法民警的精神损害。但刑事附带民事诉讼中，精神损害赔偿制度的缺位，无法使受害民警的精神损害得到赔偿。《刑事诉讼法》第 99 条规定，“被害人由于被告人的犯罪行为而遭受物质损失的，在刑事诉讼过程中，有权提起附带民事诉讼”，将精神损害赔偿排除在外。2000 年 12 月，最高人民法院《关于刑事附带民事诉讼范围问题的规定》的第 1 条又规定：“因人身权利受到犯罪侵犯而遭受物质损失或者财物被犯罪分子毁坏而遭受物质损失的，可以提起附带民事诉讼。对于被害人因犯罪行为遭受精神损失而提起附带民事诉讼的，人民法院不予受理。”2002 年 7 月，最高人民法院《关于人民法院是否受理刑事案件被害人提起精神损害赔偿民事诉讼问题的批复》答复：“根据刑法第三十六条和刑事诉讼法第七十七条以及我院《关于刑事附带民事诉讼范围问题的规定》第一条第二款的规定，对于刑事案件被害人由于被告人的犯罪行为而遭受精神损失提起的附带民事诉讼，或者在该刑事案件审结以后，被害人另行提起精神损害赔偿民事诉讼的，人民法院不予受理。”[②] 由于上述规定，我们在调研中发现，许多在执行公务中受到侮辱诽谤、受重伤害甚至死亡的民警，法院在追究被告人的刑事责任时，对于受害民警自身以及近亲属受到的精神损害赔偿请求因无法律依据都被驳回。

---

① 张立新：《警察是否可以成为民事赔偿的请求权主体——从被劫出租车撞警车一案说起》，载《前沿》2005 年第 5 期。

② 在刑事附带民事诉讼中不能另行提起精神损害赔偿，其理由是：（1）如果认为对精神损失可以另行提起民事诉讼，很有可能意味着只有遭受物质损失才可以提起附带民事诉讼的法律规定将失去实际意义。可以想象，这个口子一开，绝大部分被害人都会选择在刑事案件审结后另行提起民事诉讼，要求同时赔偿物质损失和精神损失，这势必会导致附带民事诉讼制度被架空、虚置。（2）如果认为对精神损失可以另行提起民事诉讼，还将意味着被害方可以就同一犯罪行为，以同一理由两次提出损失赔偿要求，从而出现“一事两诉”现象，无论是从效率的角度还是公正的角度都是不能容忍的。（3）从司法实践看，刑事案件审结特别是被告人被送监服刑或者执行死刑后，往往连有关赔偿被害方物质损失的附带民事判决都难以得到实际执行，如果赋予被害方对精神损失可以另行提起民事诉讼的权利，只会制造“空判”，引发新的社会矛盾。参见刘为波：《刑事附带民事诉讼制度修改内容的理解与适用》，载《法律适用》2013 年第 7 期。

事实上，允许受害人在刑事附带民事诉讼中提起精神损害赔偿在现行法律框架下是具备条件的。（1）民事立法的完善为其提供了法理基础。2001 年施行的最高人民法院《关于确定民事侵权精神损害赔偿责任若干问题的解释》、2004 年施行的最高人民法院《关于审理人身损害赔偿案件适用法律若干问题的解释》，均对精神损害赔偿权利人提出精神损害抚慰金作出明确具体的规定。2010 年 7 月 1 日施行的《侵权责任法》，有关精神损害的司法救济制度在民事法律方面得到了充分的体现。《侵权责任法》第 22 条规定："侵害他人人身权益，造成他人严重精神损害的，被侵权人可以请求精神损害赔偿。"同时，根据最高人民法院《关于执行〈中华人民共和国刑事诉讼法〉若干问题的解释》第 100 条规定："人民法院审判附带民事诉讼案件，除适用刑法、刑事诉讼法外，还应当适用民法通则，民事诉讼法有关规定。"依此规定，与刑事犯罪并案审理的附带民事诉讼既要适用刑法、刑事诉讼法，又要适用民法通则和民事诉讼法，此表明，民事实体法规定的精神损害赔偿应当适用于附带民事诉讼中。将精神损害赔偿纳入刑事附带民事诉讼赔偿范围，"不仅体现了侵权责任的公平原则的现代侵权法的发展趋势，而且可以有效消除刑、民规范在立法上的背离和冲突，使我国侵权赔偿制度实现统一和平衡。使被害人在获得相应物质补偿和心理慰藉的同时，缓和并解除其精神及心理上的痛苦和折磨，减少和避免报复和过激行为发生"。[①]（2）将精神损害赔偿纳入刑事附带民事诉讼范围符合世界法律发展趋势。关于附带事诉讼应否包括精神赔偿问题，许多国家都经历了一个由不承认到承认的发展过程。随着人们对精神损害认识观念的变化，对人权保障的重视，越来越多的国家将精神损害纳入附带民事诉讼的赔偿范围。如《法国刑事诉讼法》第 3 条第 2 款规定："刑事附带民事诉讼可以包括作为起诉对象的罪行所造成的物质的、肉体的、精神的全部损失。"在美国，因伤害身体并直接引起精神痛苦就足以构成赔偿的理由，被害人除伤情部分可以得到赔偿外，还可以再行请求给予精神损害赔偿。（3）保障刑事被害人的精神损害赔偿请求权是私权发展的必然要求。刑事侵权案件中，被害人遭受的不仅仅是身体的伤害，而且给其心灵造成巨大的痛苦。单纯给予犯罪分子刑事处罚并不能完全弥补被害人遭受的精神创伤。将精神损害赔偿纳入刑事附带民事诉讼赔偿范围，不仅可以解决目前我国刑事法律和民事法律互相冲突的问题，符合世界法律发展的总体趋势，也能全面保护

① 张挧：《刑事附带民事诉讼的合理性探讨》，载《法律适用》2002 年第 6 期。

当事人合法权益，促进社会和谐发展，真正实现惩罚犯罪和保障人权的立法目的。[①]

（三）域外立法的借鉴

由于侵权行为受到的损害，最终由加害人给予赔偿，在其他国家的警察法中已经有所体现，如《俄罗斯联邦民警法》第29条规定，民警因公导致身体受损而不能继续任职的，可以一次性领取相当于5年工资的抚恤金，而该费用从相应的预算资金中支出，事后再向肇事者追缴。民警或其近亲属因民警的职务活动造成的财产损失，全部由相应的预算资金予以赔偿，事后再向肇事者如数追缴。[②] 俄罗斯为了保障警察健康权，首先用相应的预算资金给予警察及时、足额的补偿，之后再向肇事者如数追缴，既没有纵容侵权者，也会节省国家开支。笔者认为，俄罗斯的做法很值得借鉴，先由国家出资保障警察获得及时的救治，之后再向侵害人追缴，既具有合法性，又具有合理性。

第三节　警察合法权益保障相关制度的构建与完善

一、警力资源保障制度的构建

警力，在通常意义来讲，就是单纯的警察数量，亦即狭义上的警力概念，即警察队伍的实有在编人数。而从理论研究的角度看，警力应该是一个总和，它包括警察编制、训练、战术、科技、策略、经费、装备与社会的关系等诸多因素。这一概念综合了狭义的警力概念及西方警察学研究中所运用的“警力”（policeforce）这一概念的各项要素。警察编制人数只是警力资源的要素之一。[③]

警力资源是从“人力资源”这一概念引申而来，即公安机关的人力资源。传统的警力观，仅是一个数量上的概念，而现代管理理论认为，警力是指一定范围内警察劳动能力的总和，即以劳动能力而非人数衡量的警力。有学者将警力资源定义为：在警察队伍内行使警察职能、完成警察任务的警察总和。警力资源有两方面的构成要素：一是警力资源的数量；二是警力资源的质量，即警

① 李爽：《论刑事附带民事诉讼制度的立法完善——寻求利益平衡的途径》，载《中国人民公安大学学报》（社会科学版）2012年第1期。

② 陈真、陈合权：《世界警察概论》，四川大学出版社2008年版，第411页。

③ 黄新春：《论警力资源的科学配置与使用》，载《公安研究》2009年第2期。

力资源的总体素质。[①] 这样界定警力资源过于狭隘。警力资源应是警察的数量、质量、装备、执法手段、运转程序和工作效率等诸多要素组合而成的社会治安控制能力的总和。

警力资源是警务资源的一种，警务资源包括社会资源、财政资源、科技资源、物质资源、政策资源等。警力资源具有不同于其他人力资源的特点，主要体现在数量的有限性、素质的制约性、职能的不可替代性，以及服务范围的广泛性。数量的有限性、素质的制约性与后两个特点形成了一对矛盾，使警力资源始终处于稀缺状态，这就要求大力加强警力资源的开发和利用，以缓解警力资源紧张的矛盾。[②]

国外的警察85%以上都是一线的实战警察，而我国警力分布呈现的是机关警察比例高、基层警察及一线实战警察比例少的“倒三角”。资料显示，中国的警力从整体上是严重不足的，而这种整体的不足，又因为层级分布的“倒三角”而更突出。据不完全统计，全国派出所警力仅有40万人，占全国警察人数的23.5%。[③] 但在公安工作中，派出所的工作量占据了总数的80%。工作量和警力的比例严重失调，这些都导致了很多公安基层及实战民警长年奔波辛苦，超负荷工作，生活无规律，积劳成疾致使体力严重透支的现象。[④]

（一）我国警力资源的制约因素

尽管在总体上看我国社会稳定，人民安居乐业，但影响国家安全和经济稳定的不确定因素在不断增加，一些社会转型所带来的诸多矛盾没有得到及时有效的疏导、缓解和消除。随着经济的发展，社会的进步，公安机关打击犯罪、侦查办案和治安管理的难度也加大了很多，面对这些新问题、新挑战，合理配置警力资源，提高警力资源的使用效率就成为当前关系公安工作的一个亟待解决的问题。

警力资源配置的制约因素主要有以下几个方面：

1. 社会环境的巨大变异

当前我国正处于政治、经济、文化等诸多方面转型、变革的时期，在这一时期，人们的思想和生活方式发生了快速而巨大的变化。国内城乡、区域、产

---

① 姜博、任亚丁：《警力资源配置问题浅析》，载《北京人民警察学院学报》2004年第3期。

② 何光英：《警察人力资源开发与警力提高关系的思考》，载《铁道警官高等专科学校学报》2005年第2期。

③ 张楚、李娜：《基层警察的权益保障对策研究》，载《北京人民警察学院学报》2007年第3期。

④ 褚婷：《从立法与制度角度分析警察权益保护》，载《山西警官高等专科学校学报》2013年第3期。

业之间以及不同社会人群之间利益失衡、利益冲突在不断扩大。网络虚拟社会改变了人民的工作、生活方式。尽管在总体上看我国社会稳定，人民安居乐业，但影响国家安全和经济稳定的不确定因素在不断增加，一些社会转型所带来的矛盾没有得到及时有效的疏导、缓解和消除。随着经济的发展，社会的进步，公安机关打击犯罪、侦查办案和社会治安管理所面临的困难也前所未有，面对这些新问题、新挑战，警力资源的配置，就成为当前关系公安工作的一个亟待解决的问题，社会环境的快速变异，也成为制约警力资源配置的重大要素。

有利于警力资源配置的良好社会环境应具备以下几个条件：（1）警察队伍管理制度能体现人力资源管理的先进理念，能充分激发警察的内在积极性和主观能动性；（2）警察机关的每一个工作职位都能受到管理者及任职者的充分重视，进而能够有效地引导警力资源的优化配置；（3）能够有效激励公安民警对业务素质和自身技能进行主动性开发，并能顺利引进各级各类人才。①

2. 警力职能目标或缺

21 世纪对公安民警能力的新要求、新目标是全方位的，即要求建立法治型警力、有限型警力、公正型警力、服务型警力、人权型警力、责任型警力。随着我国民主和法治水平不断提高，警察在社会中的角色也发生了很大的转变，已不再是以前的那种仅具有打击功能，而更多的被赋予了治安防范与服务功能。警察原来的那种“事后补救式”的工作模式，即在案发后再进行侦查的破案工作模式已很难适应当前社会治安现实的需要，而是需要形成打、防、管、控的一体系和全方位的工作模式，将更多的警力向防范和服务工作倾斜。以往重打击、轻预防；重管理、轻服务；重实体、轻程序的职能观念已经不适应新时代的要求。对适应时代要求的职能一定要强化，对不适应时代要求的职能一定要弱化，对交叉重叠的职能也一定要整合，否则将直接影响警力的科学配置。②

3. 警察权利的扩张

从当前行政改革的角度看，行政权力普遍呈收缩之势，但公安机关的权力则一直处在收缩与扩张的较量当中。一方面是公安机关的行政审批项目逐步缩小；另一方面在加强社会控制、维护社会稳定方面公安机关的权力则呈不自觉

① 孙丹：《我国公安警力资源配置问题研究》，天津大学 2012 年硕士学位论文，第 10 页。

② 张跃进：《深化警务改革提升警务效能的实践与思考》，载《公安研究》2006 年第 3 期。

的扩张之势（很多权力扩张是隐性的、被默许的，并无明确的法律规定）。[①]这种权力扩张的目的是想达到对社会的全方位有效控制，从而维护社会的全面稳定。这一目的既是盲目的又是不切实际的。权力的扩张必然导致对保障权力运作的资源需求的膨胀，这种膨胀与警力资源的有限性之间也必然会构成一对矛盾。

在很多场合，警察权力的扩张完全是被动的。如一些地方政府频繁调用警察介入非警务活动。目前正处在社会转型时期，社会分化和经济的快速发展引发的社会矛盾日益增多。许多地方党政领导开展工作不得不借助于公安机关的强权力量，将公安机关推到解决矛盾的风口浪尖和第一线。而“条块结合，以块为主”体制更使公安民警参与非警务活动成为“理所当然”。下级公安机关受上级公安机关和地方党委政府的双重领导，公安机关既要执行法律，也要执行政策，两者之间既互相联系又相互统一。在执行法律和执行政策过程中，由于存在政府各行政部门的联合行政，在责任不是特别清晰，职能不是特别明确的情况下，加之在人们思想意识中固有的公安机关执法威慑力和公安民警认真负责的工作态度影响，往往属于其他行政部门的职责和责任逐渐转移到公安机关。本应由其他行政部门执行政策的事项转由公安机关以执行法律的做法完成，导致公安机关的工作不断的丰富和扩大，而警力资源的紧张也日益加剧。[②]

4. 警员的个体素质

从目前的情况看，公安民警的素质不尽如人意。

政治素质上，专政意识较强，大局意识、危机意识、服务意识、宗旨意识等较薄弱，反映到工作上，就是理想信念淡化，功利心增强；业务素质上，由于民警的来源广泛，有从社会上招考的、部队转业的、普通院校毕业的，真正来源于公安专业学校的较少，公安业务知识基本上都是到岗位后从头开始学习，普遍有一个漫长的适应期；科技素质上，有相当一部分民警不会计算机操作，更不懂高科技知识，科技设施存在建而不用的现象，造成科技资源的巨大浪费，也影响了警力资源的效率；法律素质上，对一名警察而言，掌握一定的

---

① 警察权的扩张表现在：第一，随着服务型警务的开展，警务工作的强制性色彩大大降低，而对于非强制性方法的采用，只要在维护社会治安的警务目标之下，几乎不受限制。第二，警务行政合同的大量采用丰富了警察权的运行方式和实现手段，使在以往警察强制力不宜介入的领域，也可通过合同方式发挥警务功能。第三，打击恐怖犯罪、有组织犯罪、跨境腐败犯罪等国际性犯罪的国际合作，使警务工作与国际接轨，在有关国际公约和惯例的框架下，警务能力得到进一步强化。参见刘贵峰：《我国警察权研究》，中国政法大学2006年博士学位论文，第100页。

② 焦高峰：《我国公安人力资源优化管理研究》，上海交通大学2011年硕士学位论文，第23页。

法律知识，做到依法行政，是一种最基本的素质，但是目前民警执法违法，特别是不按程序办案等情况还大量存在，经常招致投诉，一对一的对抗能力、自我保护能力欠缺甚至引起诉讼；技能素质上，民警的基本体能、战术配合意识等都还比较薄弱，不适应有组织犯罪、暴力犯罪越来越突出的实战要求；文化素质上，民警的学历总体偏低，文化基础薄弱，从事警察工作后，知识的自我更新能力、创新能力相对不足；① 心理素质上，由于警察工作的高压力、高负荷、高风险，要求民警有较好的自我调适能力，但由于培训中、工作上没有相应的训练和疏导，招入时也没有这方面的要求，民警的心理素质与一般公民没有应有的差异。素质的不适应是基础性问题，对警力资源的开发和利用造成了根本性的制约和影响。

5. 警力资源配置与使用的结构性障碍

目前，我国公安机关的警种都是根据业务工作来划分的，不同的业务工作由不同的警种来承担，公安机关随着职能的调整，每增加一项业务，就会增加一个警种，如防暴警察、网络警察、维和警察。这种根据业务工作划分警种的合理性是值得怀疑的。在警察内部根据不同的专业和业务分工划分不同的职责岗位，有利于充分发挥警察个人的专业特长，有利于提高组织效率，但不同的业务部门和职责岗位之间也难免出现交叉的现象。与此同时，警种专业划分过细，导致的直接后果就是每个警种画地为牢，自各为战，分散警力，重复劳动，而且是麻雀虽小五脏俱全，每个警种横向形成了独立的机构，拥有自己的综合部门；纵向形成了自己的一个业务线条，上下对口。

公安部根据业务工作划分了警种，设置了相应的业务部门，各省级、市级甚至县级公安机关也相应地设立了上下对口的组织架构，由于全国各地区之间的经济社会发展不平衡，相应的公安业务工作也存在严重的不平衡问题，如经济发达地区经济犯罪案件可能较多，而经济欠发达地区可能传统的刑事案件较多；有的地区毒品犯罪严重而有的地区可能很少；有的地区反恐任务繁重，而有的地区则不存在反恐压力。过于强调组织架构的对口设置忽视了这种地区之间的差异，人为地造成了警力资源的大量浪费。②

---

① 目前，全国公安民警中有大专以上学历者占 57.3%，与法院系统和检察系统比较差距巨大。由于公安民警的知识储备不足，文化层次不高，面对各种新事物、新问题、新技术、新知识，许多人接受起来很有难度，结果导致工作总是处于被动状态。参见姜博、任亚丁：《警力资源配置问题浅析》，载《北京人民警察学院学报》2004 年第 3 期。

② 黄新春：《论警力资源的科学配置与使用》，载《公安研究》2009 年第 2 期。

（二）我国警力资源保障的制度构建

1. 完善《公安机关组织管理条例》——推进公安机构改革

2007年1月1日实施的《公安机关组织管理条例》（以下简称《条例》）对公安机关的设置、警察职务、编制和经费以及警察管理和待遇进行了比较原则的规定，为当下推进机构改革提供了制度设计，是公安机关机构改革的重要依据。《条例》第7条规定，县级以上地方人民政府公安机关和公安分局内设机构分为综合管理机构和执法勤务机构，执法勤务机构实行队建制，称为总队、支队、大队、中队。《条例》的缺陷在于没有对综合管理机构和执法勤务机构设置的标准作出详细的规定，很可能导致原来的综合部门和业务部门直接改变一下名称而并未触及机构改革的实质。[①]

（1）完善警力资源管理制度，推行分层次管理。公安机关是一个组织庞大、业务繁多的组织机构，要充分开发警力资源的内在潜力，就需要建立层次清晰、责任明确的管理体系。一是探索等级化管理方式。要通过全局公开招聘、岗位竞聘等市场调节方式，使现有各警种间的警力资源在文化、技能等方面的配置趋于合理和平衡，一般岗位用低学历民警；要求较高的岗位用高学历、高技能的民警；专业岗位用具备专业技能的高素质民警，确保个体能力得以充分发挥，达到高能高就、低能低就的目的。二是完善针对性管理措施。要对现有岗位进行分类梳理，将职能分解与岗位设置相结合，制定公安职位说明书和工作规范，使每个部门、每个民警明确该职位的工作内容、职责、标准、需要执行的相关工作规范以及应具备的素质要求，并在总体考核的要求下，制定各岗位的具体考核细则。要加大对民警的等级制管理，根据民警岗位的工作量和难度设定考核办法及奖惩标准，并依据民警完成的情况和工作实绩的累积评定等级和落实相应的待遇。开展评选岗位业务能手活动，把一批确实有真才实学、作用发挥大的民警评定为科级、处级民警，形成民警群体层次的多样性。此外，各级领导要通过对各层次民警及其能力的合理配置，使各层次的民警都能找到自己的目标，充分发挥其能力，真正做到各得其所。

（2）探索适合的警务运行模式。一是要合理设定警务目标。警务目标设定必须在现有警务资源所能承受的范围内，并且要根据警务目标的设置和变化来决定和调整警力资源的投入，这样才能使警力资源得到最充分的利用。同时，在用警成本范围内控制职数增加。这样不仅可以有效使用现有警力资源，而且可以提高警务机制的整体效益。要爱护警力。爱护警力，是激发民警活

---

① 黄新春：《论警力资源的科学配置与使用》，载《公安研究》2009年第2期。

力，挖掘民警潜力，调动民警积极性的最佳方式。二是建立和完善人才调配机制。要建立全局性的警力资源库，加强对人才配置的宏观调控，逐步推行民警个人自主择岗、部门自主用人的双向选择机制，实现警力资源的柔性流动。要通过建立科学的利益机制，引导人才向人才紧缺的单位、部门流动，特别是向高层指挥调控部门、基层实战部门流动，以达到警力配置的最佳效益。要特别注意培养青年英才和专业人才，建立有效的激励机制和公正公平的竞争秩序，创造条件使其脱颖而出，为人才的成长和公安工作可持续发展奠定基础。三是完善警力资源的录取和淘汰机制。要把好“进入关”，把有坚定的政治方向、有较高的文化素质、有健康的身体素质、有吃苦耐劳的精神作风和有良好心理素质的优秀人才吸收到公安队伍中，为公安队伍注入新鲜血液。要完善劣警淘汰的公安人事“出口”制度，把那些工作无实绩、平时不努力，大错不犯、小错不断的民警和不宜从事公安工作的人员通过公务员辞退制、末位淘汰制、转岗制和半薪待岗制的途径清理出去。四是改革现行的警察退休制度。随着公安工作的不断发展，单一的退休制度已经不能适应公安实战的需要，民警队伍的年龄结构逐渐老化，学历层次也得不到显著提高，特别是对于一线实战部门，年龄结构的老化将会直接导致整体战斗力的削弱。建议根据不同警种、不同部门的实际情况，分别推行50岁、55岁以及60岁三个退休年龄段。对于那些体力要求较高而学历层次要求较低的警种和部门，建议推行50岁退休制，并给予他们比较优厚的退休待遇；对女性警察以及中等层次的警察实行55岁退休制；对高级警察以及技术人员则实行60岁退休制。

2. 修订《人民警察法》——打破警种限制，重组警力资源

对公安机关而言，强调过细的警种分工、职能分工、工作分工，其后果就是将系统化的警务工作人为割裂开来，虽然单项工作的效率可能有所提高，但组织整体可能出现系统僵化、反应迟钝、协调困难的状况，并使公安工作的整体效能大为降低。从当代管理流程再造的全新理念来看，组织效能的提高不一定产生于过度的分工，反而可能产生于合理的整合之中。[①] 建议取消按业务部门划分警种的做法，将经侦、刑侦、禁毒、反走私、反恐警察等，与侦办《刑法》所规定的刑事犯罪案件为主要业务的警种合并为刑事警察，建立大刑侦业务；根据防暴警和特警的人员结构特点和业务工作性质，将其划归武装警察部队管理；将除交警、刑警以外的警察归并到治安警察，建立大治安业务。从警种上分，全国公安系统可划分为三个警种，即刑事警察、治安警察和交通警察。机关综合部门正式在编警察按治安警察管理，赋予治安警察的权力和职

① 姜博、任亚丁：《警力资源配置问题浅析》，载《北京人民警察学院学报》2004年第3期。

责。行业公安局的警察确定为治安警察和刑事警察。① 这种大刑侦、大治安业务格局，有利于从根本上解决警力配置不合理的问题，达到警力优化配置的目的。

3. 修订《人民警察法》——探索公共安全服务产品多元化的新路径

《人民警察法》第 1 条开宗明义："为了维护国家安全和社会治安秩序，保护公民合法权益，加强人民警察队伍建设……制定本法。"显而易见，公安机关的人民警察担负着提供公共安全服务这种公共产品的法定职责，且该职责具有高度的垄断性。警务社会化的提出，是对传统警务理念和警务模式的挑战，主张引入多元化的社会治理主体来完善公共安全管理、实现公共安全目标。除涉及警察执法权范畴的警务活动外，许多警务活动和公共安全服务是可以由社会其他组织来履行的。其意义在于：一是警务社会化打破了传统上安全的社会秩序由警方单一供给的现状，通过建立多元化的供给机制以提高安全社会秩序的供给效率。② 其核心是允许社会其他组织提供部分公共安全服务，使其进入良性的竞争状态，为公众提供选择更好安全服务的机会。二是节省大量警力资源，使有限的警力资源专注于打击犯罪、维护治安等专门执法活动，从而破解"警力"瓶颈等难题。③

公共物品理论为警务社会化多元主体制度安排提供了理论支持："对于任何公共服务，包括警察服务在内的各类服务，都不存在唯一最优的组织模式。无论是政府安排，还是市场安排或者多中心的安排，任何一种制度安排对于解决复杂的公共事物问题时，都可作出一定的贡献。但是，我们也相信其效用又都是很有限的，没有一种是唯一最佳的制度安排。所以说，公共安全服务不一定由政府来垄断经营，政府也可以利用市场的力量，引入市场竞争机制，运用多中心的制度安排等综合运用各种方式，来实现公共安全服务的有效供给。"④ 在我国，传统上一直把安全的社会秩序作为纯粹公共物品来看待，相应地采用政府供给的单一模式，一元化的警务体系无法满足日益多样化和多元化社会体系的需求。多元化的社会结构注定了政治国家的控制力将下降，市民社会的自治程度将上升。如前所述，只有培育成熟的市民社会，才能建立与国家权力抗衡的力量，也才能建设成熟的法治国家。⑤

---

① 黄新春：《论警力资源的科学配置与使用》，载《公安研究》2009 年第 2 期。

② 单桔平：《试论警务社会化的路径选择》，载《湖南警察学院学报》2011 年第 6 期。

③ 王新文：《试论公共领域的警务社会化》，载《山西警官高等专科学校学报》2011 年第 1 期。

④ ［美］埃莉诺·奥斯特罗姆等：《公共服务的制度建构——都市警察服务的制度结构》，宋全喜、任睿译，上海三联书店 2000 年版，第 12 页。

⑤ 廖斌：《论社区警务的社会化》，载《甘肃政法学院学报》2004 年第 6 期。

安全的社会秩序则是一个较为复杂、抽象的概念，它包含为创造安全的社会秩序所具有的决策力和执行力，还包括民众心理上对社会秩序的安全感等。依据物品特性我们可以把安全的社会秩序具体化为三类产品：（1）纯公共物品，如治安行政执法活动、刑事侦查活动等；（2）准公共物品，如居民社区和单位内部安全服务、大型社会文体活动的安全保卫工作、娱乐行业的安全服务工作等；（3）私人物品，如私人保镖服务等。① 因此，除纯粹公共物品必须直接由公安机关供给外，其他物品都可以采用市场供给和社会供给的方式。

警务社会化的具体模式包括：社区警务战略的推进、治安自治组织和保安公司的发展、社会治安综合治理的强化、辅警制度的推广以及私人侦探业、警事志愿者的普适等。警务社会化是市民社会成长及其与国家关系调整的结果，作为治安秩序维护和违法犯罪防控中的警察与社会、公众的合作互动，其包含丰富的功用和意义。②

警务社会化的基本路径是：

（1）弱化警务管理直接服务职能，将对公民的直接服务职能转由其他社会组织承担。有困难找警察的承诺，混淆了警察的根本职责，导致警察工作外延的无限扩大，导致群众对警察职责的“泛化”理解和权力的“神化”定位。③ 剥离警务活动中的一般性社会服务事项，将纯粹生活服务职能交由其他社会组织承担，如抢救病人、上门开锁、维修煤气泄漏、处置电线落地、水管断裂等非紧急救助事务。④ 对警察职能科学定位，收缩警察权力作用领域，把属于社会的权力放给社会，属于市场的权力放给市场，属于公民的权力放给公民，建立“有限警察”，防止职能的泛化。⑤ 公共选择理论主张政府的全面回退，通过政府职能的卸载，将更多的政府职能让渡给市场和社会，以此来解释

---

① 方圆：《我国警务社会化的制度分析》，载《福建警察学院学报》2010 年第 4 期。

② 王智军：《警事治理：国家警事社会化的新定义》，载《中国人民公安大学学报》2005 年第 1 期。

③ 张楚、李娜：《基层警察的权益保障对策研究》，载《北京人民警察学院学报》2007 年第 3 期。

④ 公安部《地级以上城市公安机关指挥中心工作规范》规定，紧急救助包括：（1）发生溺水、坠楼、自杀等危急情况，需要公安机关紧急救助的；（2）老人、儿童及智障人员、精神疾病患者等行为能力、辨别能力差的人员走失，需要公安机关在一定范围内帮助查找的；（3）公众遇到危难，处于孤立无援状况，需要立即救助的；（4）涉及水、电、气、热等公共设施出现险情，威胁公共安全、公众生命或者财产安全和生产生活秩序，需要公安机关先期紧急处置的；（5）各种可能引发人身伤亡事故或公私财产重大损失的险情，需要公安机关紧急处置的；（6）需要公安机关处理的其他紧急求助事项。根据上述规定，笔者认为，公安机关职责范围以外的非紧急救助事项，不是人民警察的法定职责和义务，但紧急救助本身却是公安机关的职责所在。

⑤ 何英：《新公共管理下的现代警务改革》，载《上海公安高等专科学校学报》2008 年第 2 期。

政府失灵。[①] 对警察职能的界定包括两个方面：一是除去那些警察职责以外的事情，如各地的非警务活动、联合执法等；二是对警察职责范围内的事，进行必要的删减或者将其转给中介组织承担。

（2）退出部分管理职能，实行社会化管理。在公共领域，公安机关可以通过培育安全技术服务公司等有偿服务企业，将公共安全服务产品推向市场，引入市场竞争，自身作为更高层次的协调者、监管者、裁判者来主导公共领域警务的社会化。[②] 例如，公安机关的餐饮、卫生、绿化、维修等都可以通过招标的方式，由社会上的专业公司经营，这样，既减轻了公安机关的负担，也可以提高服务质量。早在2004年，上海警方就推行了警务用车社会化管理。上海市公安局车辆管理改革在取消“沪”号牌后，于2004年10月1日起采用社会化管理模式，上海市公安局机关的数百辆公务车由社会专业汽车公司派员实施管理，警车加油、维修全由专业人员代劳。[③]

在居民社区管理方面，居民小区安全服务需求可由私人如开发商或物业管理公司提供，由这些私人单位组建小区内部保安队，通过建设硬件环境和加强安全巡逻、24小时值班及为必要的安全教育宣传等服务工作，创建安全的小区治安环境。[④] 在交通管理方面，将车辆安全的检测工作、驾驶员交通安全宣传教育工作等工作推向市场，公安交管部门重点交通事故的调查，责任认定、裁决以及事故赔偿调解应由人民法院负责等。在消防管理方面，引入市场的主体如保险公司到消防服务的供给机制中来，使投保收益与投保成本紧密联系起来，以促使投保单位自觉改善消防安全条件，形成相互促进的良性互动机制。[⑤]

（3）加强和发展保安业，促使保安业社会化。据报道，全球私人安保业正迅速发展，全球安保从业人员数量达2000万人，保安人员数量是警察的两倍，意味着在过去20~30年中增加了两至三倍，英国的警察与保安人员的比例约为1∶2.5，美国的警察与保安人员的比例更是高达近1∶3。1998年国务院批准了公安部关于组建保安服务公司的报告，此后保安服务公司在各地迅速发展起来。[⑥] 到2007年年底，公安部提供给《瞭望》新闻周刊的统计数字显示，

① 崔国贤、谭琦：《公共选择理论与我国公安机关行政改革》，载《吉林公安高等专科学校学报》2005年第1期。

② 王新文：《试论公共领域的警务社会化》，载《山西警官高等专科学校学报》2011年第1期。

③ 薛典武：《警务社会化探析》，载《公安研究》2010年第1期。

④ 单桔平：《试论警务社会化的路径选择》，载《湖南警察学院学报》2011年第6期。

⑤ 薛典武：《警务社会化探析》，载《公安研究》2010年第1期。

⑥ 徐甲：《中国警务社会化的理论与实践》，载《辽宁警专学报》2011年第3期。

我国保安人员总数已达到230万人，超过了我国现有公安警力的总人数。[①] 保安服务公司是我国公安机关维护社会治安，实现警民合作与联防的重要辅助力量，特别是我国人多地广，保安从业人员是供给我国社会秩序安全的重要力量。由于我国政府把保安服务公司定位为公安机关直接管理的企业，这种管理体制束缚了保安业的发展，限制了保安业在社会防范方面优越性的发挥。其实，对一些非公益性大型活动的安全保卫，通过市场竞争等方式交由保安公司或其他类似组织承包，而公安机关只负责指导监督，并发展各种类型的治安自组织，强调社会组织和公众对公共安全维护的责任，拓展公共安全服务的供给制度。

由于我国保安业起步晚，发展时间短，加之国情和地域的差异性，对保安服务业的法制建设显得滞后，在保安数量最多、制度比较健全的广东省，其制定的《广东省保安服务管理条例》，也不尽如人意，说明我国的保安业目前还处在探索、讨论、实验的过程中。[②] 在今后与警务社会化相关的立法中，笔者认为需要重视的问题有：首先需在法律上明确警务社会化中的各种社会辅助警察力量的地位；其次需通过专门法律规定各类辅助警察力量的成立条件；最后需在法律上明确警务社会化中的各种社会辅助警察力量的工作职责及服务范围。

4. 修订《人民警察警衔条例》——取消警衔与行政职级挂钩

根据《人民警察警衔条例》的规定，我国编制警衔等级，在坚持德才兼备的前提下，以现任职务为主，兼顾担任现职时间和参加工作年限等条件，综合衡量，评定警衔。但是，从目前警衔管理工作情况来看，在某种程度上存在论资排辈、靠年限吃“大锅饭”的问题，缺乏竞争性。现行警衔制度严重依附于行政职务、职级和工龄。工龄是先天决定的，不依人们的意志决定，后天努力的因素只有职务、职级，但职务、职级又受单位级别之大小、单位内设职务、职级位置之多寡等诸多不确定因素制约，与个人主观努力和业务水平联系不大。这样对民警个人的激励作用不大，警衔成了职务、职级的副产品，不能客观地对每个人的功过得失进行评价。[③] 尤其是基层一线民警，职级较低，如果单纯按目前的方法评定警衔，就会导致一线执法警察职业发展空间狭小，影响他们的积极性。有的地方借评衔之机，乱设机构，盲目提高机构级别，以多设机构和领导职数来解决民警的待遇问题。这种做法不仅没有激励作用，反而

① 单桔平：《试论警务社会化的路径选择》，载《湖南警察学院学报》2011年第6期。

② 张成：《警务社会化的模式分析及法律制度构建》，载《广西社会科学》2010年第1期。

③ 朱健雄：《改革我国人民警察警衔制度的几点思考》，载《湖北警官学院学报》2008年第4期。

导致部门之间相互攀比，甚至挫伤一部分民警尤其是基层民警的工作积极性。

因此，建议适时修改《人民警察警衔条例》。(1) 对警衔首次授予准则在现行警衔制度的基础上根据实际情况进行调整。在研究生毕业加入公安工作授衔的问题上，应充分考虑实际情况，不受研究生学习学制限制授衔，做到相同的情况下首授警衔平衡。对于调入人员和军转干部的警衔授予问题，先按其本人参加工作年限、现任职务以及担任现职年限确定首授警衔衔级。[①] (2) 在现行职级警衔基础上，增设岗级警衔，设置岗位警衔编制，实行按岗位等级编制警衔制度，确立不同岗位级别的警衔等级，通过科学论证，将每个岗位科学合理划分出相应的级别等次序列，设立考试考核目标，制定切实可行的操作规程，并以此为凭据，对广大基层民警进行授衔、晋升。[②] (3) 取消警衔与行政职级挂钩的规定，而将工作年限与工作表现作为晋升的重要依据，对基层工作时间达到一定年限、表现成就突出的民警，最高可以优先选升为三级警监。[③] (4) 适当扩大提前晋升警衔的条件范围，如将荣立个人三等功、连续获得个人嘉奖、年度考核连续优秀、被评为先进工作者等奖励，与提前晋升有机地结合起来。深化改革、有效激励、充分激发、调动民警工作热情，做到使民警充分感受到人民警察警衔所赋予的荣誉感和使命感。[④]

二、警察执法物质保障制度的构建与完善

警察执法物质保障亦即狭义的警务保障。警务保障有狭义和广义之分。狭义的警务保障主要是指警察装备保障，即为各项警务工作提供必要的警用装备、设施、器材、工具、服务等以及公安经费保障。其包括三个方面：经费保障、装备保障和基础设施保障。广义的警务保障是指为警务活动提供各种保证和支持的人力条件、物质条件、技术条件和精神条件相互联系而构成的一个整体。[⑤] 其涉及警力资源保障、组织资源保障、政策保障、法律法规保障、技术保障、信息保障等。[⑥] 警务保障工作的核心是安保经费落实、装备物资配发、

① 韩婧：《现行人民警察警衔制度探究》，载《福建警察学院学报》2011 年第 6 期。

② 方宏林：《论我国现行警衔制度的完善》，载《中国人民公安大学学报》（社会科学版）2014 年第 5 期。

③ 黄新春：《论警力资源的科学配置与使用》，载《公安研究》2009 年第 2 期。

④ 韩婧：《现行人民警察警衔制度探究》，载《福建警察学院学报》2011 年第 6 期；朱健雄：《改革我国人民警察警衔制度的几点思考》，载《湖北警官学院学报》2008 年第 4 期。

⑤ 刘须群：《中国特色警务保障论——由传统走向现代》，载《江西警察学院学报》2011 年第 2 期。

⑥ 曹通、张玲：《论现代警务保障的要求》，载《云南警官学院学报》2013 年第 3 期。

基层基础建设、综合服务提供以及警保团队构建。[①]

《人民警察法》第37条至第39条对人民警察的经费、通信、训练等基础设施、装备等作了原则性规定。近年来，国家高度重视警察执法的后勤和技术装备保障的规范化建设。发改委、建设部组织编制了《县级公安机关业务用房建设标准》。公安部制定的《公安装备财物工作规范（试行）》，对公安装备财物各项工作范围、程序、职责等作出了规定；修订了《公安机关人民警察制式服装及其标志供应办法》等10余项制度；财政部修订了《公安机关财物管理暂行办法》，形成全国统一的公安经费收支科目。[②]

《人民警察法》第37条规定："国家保障人民警察的经费。人民警察的经费，按照事权划分的原则，分别列入中央和地方的财政预算。"第38条规定："人民警察工作必需的通讯、训练和交通、消防以及派出所、监管场所等基础设施建设，各级人民政府应当列入基本建设规划和城乡建设规划。"第39条规定："国家加强人民警察装备的现代化建设，努力推广、应用先进的科技成果。"从上述三个条文的规定可以看出，对于警察经费，中央和地方财政分担的比例、项目装备标准、开支渠道、拨付办法、经费使用的监督管理等都缺乏明确具体的规定，以致实际操作中的无所适从。该法并没能起到应有的警务保障的法律功能。

（一）警察执法的经费保障

新中国成立以来，先后施行了"垂直统一"、"分级管理"两种经费保障体制。历史经验表明，分级管理较之垂直统一管理更为可行。而我国的《宪法》、《预算法》、《人民警察法》以及财税制度更是确定了"分级管理"的警察保障制度。

因此，警察经费保障体制不是要推翻重来，而是要健全完善现有的基本框架。[③] 按照事权划分和事权与财权相统一的原则，公安经费由同级财政预算予以保障；建立中央对地方、上级对下级的公安经费补助制度，并以转移支付的形式予以规范；逐步实现定额定量供应制度；公安经费保障要从单纯追求资金增长转到以提高战斗力为标准，讲求效益和效率上来；公安经费要随着国民经济的发展而逐年有所增长。

---

① 董毅、李宁：《新时期警务保障的多维内涵》，载《公安研究》2014年第6期。

② 陈怀远、吴大江：《中国警务保障法治化相关问题研究》，载《武汉公安干部学院学报》2013年第2期。

③ 任惠明：《关于公安经费保障体制建设的几点思考》，载《湖北警官学院学报》2004年第3期。

建议修订《人民警察法》时，应当明确与人民警察性质、与新型领导管理体制相适应的经费保障体制。进一步明确界定中央事权和地方事权，规定按照公安事权与财权相统一原则，以中央、省、市、县四级为经费保障主体，划分各级的保障责任、保障范围、保障项目投入比例。地方财政管理工资和基本建设，中央财政管警用装备和办案经费。另外，一些属于中央事权的工作如出入境、国内安全保卫等统一由中央财政保障。同时还应明确公安经费预算与财政支出的比值，使公安经费与国民经济生产总值成比例的发展，同步提高。①

在公安经费保障问题上，应该依照循序渐进的原则逐步进行：

1. 梳理中央与地方、地方与地方之间事权，明晰职责

在现有的分税制框架下，按照事权与财权相统一的原则，尽快对中央和地方、地方与地方之间的事权进行梳理，并通过法律的形式让各方明晰自己的权责。可以从三个层面来解决警察经费保障：（1）中央财政保障。中央财政除了公安部及所属部门、院校、科研机构的所需经费外，对全国性的大案要案、公安重大科研项目、公安高科技装备的配备以及经济欠发达地区公安机关在装备、基础设施建设、因公牺牲的特别抚恤金和特别慰问金、枪支弹药费等方面，所需经费应该由中央财政预算保障。②（2）省级财政保障。省级财政保障除了保障省级公安机关以及所属部门、院校等所需经费外，对全省性的公安设施建设、公安科技研究和全省公安系统开展的大型活动等所需的经费，如公安民警培训基地建设、大型侦控工程建设以及全省性的表彰奖励、公安业务培训等应该由省级财政预算和保障。（3）地市级财政保障。地市级公安机关除了保障地市公安机关自身及所属部门的所需经费外，对其所属地县、区基层公安股、所、队建设、装备、基本的基础设施建设，以及本地区的大案要案侦破、开展的大型活动等所需经费应该由地、市财政预算保障。③

2. 健全和完善现行法律，公安经费保障必须纳入国家和各级人民政府财政预算

（1）不断健全完善《预算法》及其配套措施，改革、纠正政府预算外财政的运行模式，使政府财政运行完全纳入《预算法》的监督之中。（2）积极推行部门预算。实行部门预算后，有关部门必须严格按照现行法律规范按期足额将预算经费拨付到公安机关，使整个过程制度化、形式化，避免各种外界因

---

① 吕卓、唐雪莲：《修改〈人民警察法〉势在必行》，载《四川警官高等专科学校学报》2003 年第 3 期。

② 么子国：《试论建立和完善公安经费保障机制》，载《公安研究》2004 年第 12 期。

③ 刘军杰、刘军：《关于新形势下公安经费保障机制建设的几点思考》，载《公安研究》2006 年第 1 期。

素的影响。经过权力机关审议的警察经费预算，任何人都无权变更，否则就要承担法律责任。①

3. 积极推进经费体制改革

就中央层级的警察机关而言，其应该根据法律赋予的职责，积极从两个方面进行经费体制改革：一方面加紧研究制定公安经费保障制度，并形成相关的法律规范。这主要包括公安经费开支标准、分级保障体制、随财政支出增加同步增长、补助方式、管理监督等。另一方面要加强财务管理，提高经费的使用效率。

4. 建立公安经费使用标准以及健全、完善经费使用审批制度

建立各级公安机关关于经费使用的标准、程序和责任。同时增强民主性，根据经费使用的数量和性质，作出不同的规定，哪些需要集体讨论决定，哪些需要经办人员审查决定，哪些需要行政首长批准决定，他们的程序如何等。

5. 构建健全有效的公安经费监督机制，提高资金使用效益

（1）完善外部监督。应针对公安经费保障的重要性和特殊性，通过检查、审议、质询、建议等方式，将各级公安经费保障情况纳入人大、政协和社会组织的监督范围，督促各级党委政府加大保障力度，促使公安机关提高资金使用效益。对因非财力因素造成公安经费保障不到位而影响公安机关履行职能的，要追究有关领导和部门的责任。（2）强化内部监督。各级公安机关要积极开展自查自纠活动，坚持什么问题突出就集中力量整治什么问题、哪些单位财务管理混乱就重点整治哪些单位的原则，认真查处、纠正经费管理工作中存在的挤占挪用、挥霍浪费和以权谋私、损公肥私等问题，强化监督效果。②

（二）警察执法的装备保障

俗语说“工欲成其事，必先利其器”，优良的装备是克敌制胜的有效武器，也是保护自己最好的盾牌。提高武器和防护装备水平，可以有效防止和减少由于物质条件落后而造成的警察在依法执行公务中遭受侵害的发生。

目前的公安装备保障体系还存在一些问题。主要表现在以下方面：（1）体系建设上，缺乏整体性、系统性和配套性。基本上是由各个部门或警种计划，以某一局部的保障需求为依据进行投资建设。这种建设方式，基于“小而全”的指导思想，致使有限的经费投入、物资资源、技术力量过度分散，不能综合利用、发挥整体优势，导致装备建设比例失调，发展不平衡。在一些地方没有

① 么子国：《论公安经费保障机制的完善》，载《中国人民公安大学学报》2005年第2期。

② 么子国：《论公安经费保障机制的完善》，载《中国人民公安大学学报》2005年第2期。

装备经费预算，装备建设经费主要靠自筹解决。由于投入不到位，也造成了一些基层公安机关装备落后、数量不足，甚至零装备的状况。由于我国现行的财政管理体制和各地区经济发展的不平衡，也导致了不同地区公安装备水平差异很大。(2) 管理模式上不尽规范。在现行的公安管理体制中，没有相对独立的装备管理部门，没有建立起公安装备的开发、论证、购置、配备、管理、维护、淘汰等长效运作机制。装备保障模式形成了由各个警种内部各自的管理、供应维修、培训体系，保障工作基本上是在各警种内部完成，呈现一种封闭状态且管理不规范。①

据了解，2004 年，中央财政新增公安补助专款 12 亿元用于改善装备条件，2005 年达到 24 亿元，现在每年还在继续增加。② 公安部组织研制了适应实战需要的非致命性武器，及时装备基层警队；制定了民警防护装备规定，保证出警、出勤民警装备防弹防刺背心及防弹头盔。2006 年 9 月，公安部正式颁布《公安民警装备标准》，公安民警单警装备配备标准：警服、警棍、手铐、催泪喷射器、强光手电、警用制式刀具、警用水壶、急救包、多功能腰带、防割手套等必配项目和枪支、对讲机、警务通、防刺服和警用装备包等选配项目共 15 种，这是新中国成立 50 多年来，制定出台的第一部公安机关警察单警装备、配备标准，标志着公安民警单警装备、配备从此走上标准化、制度化、正规化的道路，公安装备建设工作迈上了一个新的台阶；对于提升公安民警在执法执勤、巡逻防控、擒敌追捕时的战斗力和防护能力，对于震慑和打击犯罪活动将起到重要作用。③

除重视杀伤性武器的更新外，还应加强对非杀伤性武器以及防护性装备和通讯、交通设施及相关器械的配备，以增强民警紧急情况下的应变处置能力及自身的防卫能力，尽可能减少执法活动中的伤亡。④

现实生活中发生的许多侵犯执法权益的行为，包括不实投诉，由于缺乏必要的取证设备保全证据，导致在法庭上证据不充分，结果不能通过法律途径维护执法权益。因此，有必要加大对取证设备和监控设备的投入和使用。世界各国在改善警用装备上都是不遗余力的，发达国家更是如此。我们可以借鉴美国的做法。美国新一代警车，前后都装有摄录机，巡警一出警就必须打开摄录机，出警的全程进行录像，处警完毕由领导取出录像带或软盘，妥善保管，以

① 王强：《现代警务机制下公安装备保障体系建设的探讨》，载《公安研究》2006 年第 2 期。
② 张兆端：《警察权益保护问题透视》，载《山东警察学院学报》2006 年第 3 期。
③ 王锐：《关于新时期警察执法权益法律保护的思考》，载《辽宁警专学报》2008 年第 6 期。
④ 徐天合：《警察执法权益保障机制研究》，载《湖北警官学院学报》2006 年第 6 期。

备发生纠纷时核对。[1] 这样，就能避免民警流血、流汗再“流泪”了。

与发达国家相比还有很大差距，我国用于警力装备的财政支出仅占国家各项投资的1%，远远落后于发达国家9%和发展中国家3%～5%的平均水平。[2]

三、警察权益的组织保障

建立、完善人民警察维权机构是维护警察权益的组织保障。2000年2月28日，上海成立了全国第一个“人民警察正当执法权益保护委员会”之后，全国其他省相继建立了此类组织。公安部亦提出要在全国公安机关中设立“公安民警正当执法权益保护委员会”。[3] 目前，全国只有省一级、北京、上海等城市相继成立了警察工会、警察权益保护委员会等维权机构，这既有利于加强执法监督的力度，又可使民警的执法维权工作落到实处，真正为民警主持正义，维护执法。维权机构的主要职责是：一方面，接受群众举报，对公安机关和人民警察的各种执法行为进行监督；另一方面，及时受理民警在正当执法和执行公务时，受到污秽语谩骂等严重的人格侮辱或情节严重的人身伤害，以及受到诬陷、诬告或家庭、家属受到寻衅报复等事件调查、取证工作，负责帮助民警维护自身的民事权利，受民警委托进行诉讼，要求赔偿，为被诬告、恶意投诉、误告的民警恢复名誉等。维权机构要及时承担侵犯公安机关人民警察执法权益案件的跟踪、监督、指导和协调工作，彻底改变公安机关及其人民警察维权工作的被动局面。

警察维权也可以通过介入律师等第三方进行维权。通过第三方的维权机制，把警察内部的维权向社会维权拓展，既提高了维权工作的公信力又增强了社会的认可度，也提高了对侵权等行为的震慑力。因为通过第三方的介入就会避免公安机关既当裁判员又当运动员的情况，使维权工作更有公信力和信服力，否则自己怎么说都百口莫辩，难以得到信服。[4]

2004年12月22日，由南京市公安局与市律师协会联手创办的“民警维权法律服务中心”成立，该中心通过律师提供的法律服务，帮助在执法过程中受到人身或财产侵害的公安民警维权。据不完全统计，2008年1～6月全国公安机关受理侵害民警执法权益案（事）件3781起，共有4091名民警遭到侵

---

① 叶晓川：《人民警察执法权益遭受侵害原因及其保障措施》，载《江苏警官学院学报》2007年第2期。

② 徐心磊：《论我国警察权利的保护》，载《山西警官高等专科学校学报》2013年第2期。

③ 朱云龙：《限制与保护视角下警察维权问题研究》，南京理工大学2013年硕士学位论文，第35页。

④ 许杉：《警察执法权益保障问题的研究》，西南政法大学2013年硕士学位论文，第35页。

害，其中5名民警牺牲、2885名民警受伤，与去年同期相比分别下降11.9%、25.7%、29%和4.5%，实现了侵权行为数量和危害程度双下降，维权工作取得了一定的成效。[①]

在警察维权机构的设置上，有两种不同的观点。一种观点认为，警察权益保障机构应该独立于公安机关，形成一个政府部门，才能切实履行其保障的职能。[②] 另一种观点认为，机构应设立在公安机关内部，最好设置在政治工作部门，一方面便于协调各相关部门，共同查处或应对警察维权事（案）件；另一方面便于从优待警措施的落实，如对受侵害警察的医疗救治、救助慰问、法律援助、心理辅导、伤亡抚恤等。[③] 目前普遍采用的是第二种观点。

笔者认为，虽然独立于公安机关的维权组织能够站在第三方角度，更为中立和有效地对公安机关本身对民警的侵权进行监督，从而更好地保障民警的休息权、获取劳动报酬权、受教育权等权利，但为了一个职业群体的保障，独设一个政府部门，显然与法无理。我们应该更为关注的是维权机构法定化，机构法定化是依法维权的法律基础，不仅可以使维权机构具有法律规定的调查取证权和行使各类维权手段。同时也体现了警察执法保障构建在组织构架上的法定性，法治国家下，一切均应按照法律规范实施。

笔者认为，在维护警察执法权益的具体操作上，一是应当制定完善《维护民警正当执法权益的实施办法》，以制度的形式保障民警执法环境、保障民警正当执法权益，对侵害民警执法权益的行为运用法律武器从严及时查出，旗帜鲜明、理直气壮地维护民警的合法权益。同时，在依法维权时，还要加强与检察院、法院的沟通和交流，确保暴力妨害公务犯罪嫌疑人得到及时公正处理。二是对民警的不实举报和投诉，纪检督察部门要在认真核实的基础上，及时澄清事实，消除群众的误解和民警的心理压力。对于恶意诬告、陷害、诽谤，对民警名誉造成损害的，要依法追究有关人员的责任，并通过各级媒体如实报道，以正视听，安抚警心。三是积极探索建立民警执法中遭受袭击、伤害的快速救治制度、抚慰金补助制度等。协调政府和医院等部门，建立公安民警因公受伤紧急救济机制，开辟救治“绿色通道”，并落实专门的医疗经费。积极争取社会各界的理解支持，多方争取和筹集警察维权资金，当民警的合法权

---

① 高永恒：《论警察权益维护》，苏州大学2008年硕士学位论文，第26页。

② 于龙：《我国警察执法保障问题研究——以袭警问题为中心》，复旦大学2010年硕士学位论文，第30页。

③ 李宝对、胡素芳：《和谐社会视野下的维护警察正当执法权益工作》，载《公安研究》2011年第1期。

益受到侵害时，能够予以相应的补偿。[①] 通过合理、完善的维权机制才能有效保障公安民警的合法权益。

四、警察教育培训保障制度的构建与完善

1995年公安部颁布《公安机关人民警察培训暂行规定》要求公安机关的人民警察必须依照规定接受培训，参加和接受培训期间工资、福利待遇不变。可见，参加培训既是警察的权利，也是义务。1999年的中共中央《关于进一步加强政法干部队伍建设的决定》则进一步要求“今后三年内，政法部门的全体干警都要到各级党校、政法院校或者政法部门的培训机构轮训一次”。

在落实教育培训权的基础上，通过加强人民警察身体素质和战斗力来切实保护自身的健康和安全。这一原则和措施在前述多部法律、法规、政策中都被反复强调。此外，2001年公安部专门出台《公安机关人民警察训练条令》，对公安机关人民警察训练的保障、组织、要求等问题作了较为全面的规定，要求各级公安机关必须保证每个民警定期接受训练，应当每三年参加一次专业训练。2003年公安部作出了全面实行“三个必训”制度的决策，即民警上岗和首任必训、职务和警衔晋升必训、基层和一线民警每年实战必训。为贯彻落实“三个必训”制度，公安部先后制定出台了《关于加强基层和一线民警实战训练工作的通知》、《关于在全国公安机关组织开展大练兵活动的意见》、《公安部关于全国公安民警苦练基本功的实施意见》等制度措施。[②]

（一）构建结构合理的师资队伍

目前，我们的警察教育培训教师队伍主要是由专职教师构成的。全部设置为专职教师固然有很多优点，教师人员相对稳定，有足够的时间和精力对所讲授的内容进行深度和广度的拓展。但是，这种模式的不足之处也是众所周知的，知识内容偏重于理论，脱离实战应用，缺乏实际应用经验，知识更新不及时等。这些已经不能适应目前公安“大教育、大培训”的需求，有必要改进现有的教师构成模式，形成一种开放的、动态的公安教师队伍。当代警察不仅要掌握基本的警务技能，还要掌握包括社会学、行为学、心理学等多元化的知识，具备综合素质和能力。因此，有必要采用多元化的方式对教师队伍进行配置，广泛吸收不同学术背景、不同专业特长、不同阅历的社会人员在警察教育

---

① 李锐：《暴力袭警与警察执法权益保障问题研究》，载《公安简报》2009年第48期。

② 林蕾：《我国公安民警权益保护制度的历史沿革与发展》，载《福建警察学院学报》2008年第5期。

培训中任职，以达到知识结构上的互为补充和各取所长。具体讲就是建立专职教师、兼职教师和聘任教师相结合的教师队伍，实现教育资源的优化配置。①

1. 专职教师

为了确保警察教育培训的质量，形成相对稳定的教学模式和规律，必须具备一定数量的专职教师。专职教师的职责包括日常教学和科研开发两方面，这两方面的工作同样重要。教学与科研之间是相辅相成的关系。教学是主体，科研是教学发展的动力，没有科研的学校将失去创造能力和竞争能力。科研的开发能够丰富课堂教学内容，开拓学员的视野，掌握本学科的前沿问题和新技术、新方法。

2. 兼职教师

兼职教师的人选是从警察机关的治安、刑侦等业务部门选拔的实战经验丰富、理论修养深厚的优秀警官。他们既是优秀的教师，也是破案专家。如果说专职教师的特长在于“理论和研究”，而兼职教师的特长则是有效的“实战应用”。

兼职教师的制度保障：（1）规定现役（包括退休）的警务人员有从事公安教育培训工作的义务，在完成本职工作的同时要主动地将教学工作纳入日常工作安排之中。（2）在晋升时将到警察学校任教作为优先考虑的条件，以此鼓励优秀的警察从教。警察院校的教学工作是整个公安队伍建设的重要部分，在公安工作中的作用也是很明确的。因此，经验丰富的优秀民警充实到教学活动中非常有利于教学水平的提高，也能够实现对警务人才培养的迫切需求。（3）在个人经济待遇方面予以适当的补贴，在制度上体现对民警从事教学工作的人文关怀。

3. 聘任教师

为了充分利用全社会的教育资源和人才资源，有必要设置聘任教师。聘任的对象是那些从事与公安工作相关的其他领域的专家，这些专家的工作范围可以是医生、法律研究者、管理专家、心理学专家、金融专家、计算机专家，甚至可以不是传统意义上的“专家”，而是具有某一特殊才能的人员，如防身术、自卫性驾驶等。根据不同时期犯罪的特点、犯罪技术手段、社会时代背景的不同有针对性地进行聘任教师专业的选择。

由以上这三种人员组成的这种开放的、动态的教师队伍，对于提高警察教育培训的整体水平是非常有效的。专职教师为学员打好警务知识的理论基础，由资深警察组成的兼职教师将学生所学的理论知识融入实际应用中，充分发挥

① 王辉：《我国警察教育培训制度改革的思考》，载《甘肃警察职业学院学报》2013 年第 1 期。

学员分析问题、解决实际问题的能力，在解决问题中深化知识。同时，专职教师由于具有足够的科研能力，还能够及时针对实战需求开展相关的科研工作，在学校和实战部门架起沟通和互补的桥梁。另外，充分利用聘任教师的广博知识面，借鉴其他学科的优秀成果，使学员的知识结构既具有深度又具有广度。实现将知识、能力、人格三种素质相统一的教育根本目标。教师的外聘可以是政府官员、地方大学的教师、社会人士，与公安教官一起达到师资队伍“四位一体”的模式。

在专兼职以及外聘教官选拔过程中，必须注重教官梯队建设，在年龄结构上，既要挑选年轻教官，又要挑选年长教官；在职称职务结构上，既要选拔资历较深、经验丰富的博士、教授、基层公安机关领导，又要选拔讲师、基层优秀的普通民警等。通过开展教研活动，组织集体备课等，一方面发挥专家、教授对年轻教官的“传、帮、带”作用，促进年轻教官的成长；另一方面也有利于理论教官与实战教官的相互交流，取长补短，从而有助于教官队伍的成长发展，使教官梯队更趋合理。①

要不断拓宽教官培养途径：（1）针对不同的学科培训和公安实战的要求，选派教官参加实战能力培训和教学职业能力培训等基本技能培训。（2）选派教官到知名大学、科研院所参加较为系统的理论提高培训。（3）有计划地选派教官到知名大学开展短期专业进修，以充实、更新教官的本专业知识。（4）建立教官每三年的基层交流、任职制度，保持教官队伍的知识、实践技能的鲜活，促使教官和基层领导的整体素质提高，真正打造符合公安工作实际的领导干部队伍和教官队伍。安排专职教官参与实战工作，收集调研服务基地发生重大案（事）件及典型经验，深入了解公安实战动态，获取研究资料，更新训练内容。②（5）制定教官的考核评估机制。就是采取考试、考核、听课、问卷调查等手段，坚持“公平、公开、公正”的原则，对培训过程实施监督和控制，对培训成效进行测试和评价，并获取与教学活动有关的信息反馈给培训组织单位、学员和教官，从而不断提高警察职业培训水平的运行模式。

要科学、合理配置师资。（1）专业分布上，尽可能地保证各个公安专业领域都有可供使用的教官。（2）层次分布上，按照教育训练的层次对教官进行配置，如负责领导干部训练的教官，监督训练教官，警务技能训练教官，初

---

① 陈玉川：《论现代民警培训教学体系的构建》，载《政法学刊》2008 年第 6 期。

② 朱菊银：《民警培训教官队伍建设存在的问题及对策》，载《武汉公安干部学院学报》2011 年第 4 期。

任训练教官等，以满足不同层次教育训练的需求。[①]

（二）充实警察教育训练的课程体系

警察教育培训的基本课程应当包括通识教育课程、岗位专业课程、技能课程等。

1. 通识教育课程

警察教育培训中的通识教育，应突出警务工作的特点。[②] 通过相应的通识教育，旨在培养警察的基本素养和能力。主要体现在推理判断、人际交往、沟通协调、法治观念、生命意识、人性关怀、国际视野等与警务工作密切相关的价值、观念、态度等方面。[③] 因此，通识教育理当被置于警察职业素质培养的基础地位。

通识教育课程包括：（1）政治理论课程，包括马克思主义基本理论、中国特色社会主义理论等。目的在于让学生或学员对我国意识形态、政治制度的选择等有深刻的认识，坚定具有中国特色的社会主义立场。（2）工具类课程，包括外语、计算机技术等。目的在于让学生或学员有效地领会和表达自己的思想和情感，有效地利用逻辑推理、数量分析、计算机技术分析等处理有关问题。（3）人文学科课程，包括文学、历史、哲学、艺术等。目的是培养学生的认知能力、批判能力和领悟鉴赏能力，了解各种文化传统和各种文学艺术的表现形式和价值，增强生命意识和人性关怀。（4）社会科学课程，包括政治学、社会学、人类学、经济学等。目的是增强学生对政治体制、社会机制、社会现实的认识，了解我们赖以生存的社会，认识当今社会中人类各种行为的依据和结果，揭示社会和机构的组织结构和功能，把握社会的运行机制和运行规律，学会用政治、经济等分析方法来观察、思考和处理现实生活中的各种问题。（5）自然科学课程，包括生物学、环境科学、法庭科学等。目的是让学生了解自然现象、自然规律以及自然界既有序又共生的本质，培养学生求真务实的科学态度、科学精神和科学方法。

2. 各岗位专业课程

在警察专业教育培训中，应以法学、警察学科为基础，着重解决“是什么”和“为什么”的问题，以培养学生在警务工作中的思维能力、研究能力、洞察力以及解决社会治安问题的能力。

---

① 宋波：《公安民警在职培训良性循环的思考》，载《天津职业院校联合学报》2009 年第 4 期。

② 刘光明、万川：《关于公安院校办学特色的思考》，载《公安教育》2002 年第 6 期。

③ 汪永铨、李曼丽：《通识教育——一种大学教育观》，清华大学出版社 1999 年版，第 12 页。

各岗位专业课程包括学科基础课、专业主干课，在保持适当比例的同时，增加与人文素质课程的交叉与渗透，提高警察的知识素质和能力素质。

警察技能课程强调对学生实际警务技能技巧的培养，以提高警察的能力素质和心理素质。①

在课程建设和培训项目设置上，应当遵循以下原则：（1）突出实战原则。② 民警培训应当根据公安机关打击犯罪的需要，提高民警履行岗位职责所需要的警务技能，组织实施警察盘查、检查、追击堵截、缉拿犯罪、讯问、危机谈判和救助、处置突发事件等基本警务技能的实战训练和战术演练。为了真正落实"教学练战一体化"教育训练模式，教师或教官应当深入基层单位进行调研，尽力做到"把典型案例搬进课堂"，真正做到把"实战中的问题变成训练中的课题，把工作中的难点变成课堂上的重点，把民警摸索出的答案变成教官实训的教案，把训练场变成实战场"。同时把警察学理论和法学理论研究中最前沿的一些课题带进教育培训课堂。（2）目标层次原则。根据公安实际工作发展的需要，多门类多层次设计培训课程，以适应不同的教学对象。对于中高级警官教育培训，既要注重政治素养、业务能力、领导和管理能力的培养，也不应忽视其科学研究能力的培养，这样才能提高其创新工作方式和方法的能力。③（3）突出重点原则。民警培训包含了政治理论、警察心理训练、公安业务知识、法律基础和警务技能、体能训练等方面的内容，学习内容繁多，而学习时间有限，很难进行全面系统的学习，如果培训内容不突出重点，有选择性地进行课程设置，不但增加了民警的学习负担，而且很难收到实质性的学习效果，因此，课程设置应当按照"少而精、少而专"的原则，突出培训重点，优化课程设置，从而起到事半功倍的效果。④

3. 岗位技能训练课程

警务是实践性很强的工作，通过招警考试的新警，在上岗前，像医生一样，必须有较熟练地处理具体问题的能力，因此，针对不同岗位对知识、规范、经验、技能的要求，应讲求实用，突出实战。对新警进行有针对性的训练，强化其职业意识，提高其岗位任职能力，这些就是该培养模式中的"岗位技能训练"所要解决的问题。对新警进行上岗前培训，既符合公安部"上岗必训"的要求，也是欧美国家警察培养百余年经验的总结。

---

① 闫东升：《论西部地区公安教育培训体系框架的完善与创新》，福建师范大学 2003 年硕士学位论文，第 34 页。

② 钱晓：《走向专业化的民警培训》，载《公安教育》2007 年第 10 期。

③ 赵新彬：《公安民警继续教育问题探析》，载《山东警察学院学报》2012 年第 4 期。

④ 谢军：《论民警培训课程设置的规范化建设》，载《湖南公安高等专科学校学报》2008 年第 1 期。

课程内容可根据各警种岗位的要求，以警务一线民警岗位核心能力为主导，直接指向任职岗位，突出岗位性、实战性、实效性，可借鉴上海公安高等专科学校新警培训课程设置的经验。他们以交通、巡逻、治安、社区、监管等警种的岗位核心能力为主导，对传统培训课程进行修订、完善、充实、整合、优化，形成以"5+4"岗位核心能力为主要内容的新课程体系，实现教学训练从"学科为中心"向"能力为中心"，从"懂不懂"向"会不会"的转变，如对刑事侦查人员训练的专业课程包括：侦查技术（含侦查记录技术、侦查勘验技术、侦查鉴定技术、测试技术、技侦技术等）、侦查措施（含侦查强制措施、侦查紧急措施、侦查手段、侦查常规措施等）、现场勘查、侦查程序、案件侦查（含盗窃案件侦查、抢劫强奸案件侦查、爆炸案件侦查、纵火案件侦查、投毒案件侦查、诈骗案件侦查、高科技犯罪案件侦查等）等。①

（三）警察教育培训教材体系的正规化建设

在职民警培训正规化建设，教材是基础。应当按照标准体系，制定相应的课程和教材建设计划，针对培训对象的职业需求，编写专用教材，增强针对性；建立教材更新机制，根据公安工作发展变化，及时修订教材，编写年度训练讲义和教案；定期组织教材评优活动，积极推进精品教材建设；研究开发在职民警培训教学软件，拓展教材形式，形成适应实战需要、区分训练层次、突出警务技能的在职民警培训教材体系。②

（四）教学方法

对在职警察的教育培训方法，学者们从不同角度、不同层面进行了不同的理论总结和分析，有所谓的仿真教式学法、③ 互动式教学法、④ 情境模拟式教学法、⑤ 项目教学法⑥等。笔者认为，无论如何称谓警察教育培训方法的名称，其核心应当是解决警察培训"授鱼"抑或"授渔"的问题。项目教学法应该是警察教育培训可以认真思考选择的方法之一。项目教学法，就是以项目为载

① 袁广林：《我国警察培养模式的重构》，载《山东警察学院学报》2008年第2期。

② 陈德祥：《在职民警培训正规化建设若干思考》，载《中国人民公安大学学报》（社会科学版）2008年第6期。

③ 王海龙：《公安民警培训仿真教学法》，载《山西青年》2013年第22期。

④ 曲京璞：《互动式教学法在公安民警培训中的应用》，载《北京人民警察学院学报》2004年第1期。

⑤ 程智强：《情境模拟教学在民警培训中的运用》，载《净月学刊》2013年第1期。

⑥ 张俊霞、万政伟：《论项目教学法在警察培训中的应用——以法学课教学为例》，载《浙江警察学院学报》2014年第6期。

体，基于一定的教学目的，将特定的教学内容设计成项目的形式而展开的研究性学习方法。其具体内容是，教师在对教学内容进行充分整合的基础上，以现实需求为导向，选取适当项目并以该项目为对象，让学员分组围绕各自的项目进行讨论、协作学习，最后以共同完成项目的情况来评价学员是否达到教学目标。其特点是：（1）开放性。项目教学法在学员围绕主题所探索的学习方式、方法和展示、评价上具有多样性和选择性。（2）实践性。项目的主题与真实世界密切联系，在学习内容、学员的学习方法上更加具有针对性和实用性。（3）主动性。项目教学法主张以问题为导向，在教师的引导下先练后讲，先学后教，强调学员的自主学习，主动参与，从尝试入手，从练习开始，调动学员学习的主动性、创造性、积极性等。

项目教学法是在教学过程中将学员的学习能力、合作能力、交往能力、独立自主能力、责任意识等，突出表现出来的一种新的教学方式，强调学生的“学”，学习的重点在学习过程而非学习结果，使学员在过程中锻炼各种能力，因而受到国内外教育界的广泛重视。①

项目教学法的基本内容：（1）项目研发，即教学内容和教学目标的选择确定。（2）项目教学的流程设计，包括实施目标设计、教学过程设计等。（3）项目考核，具体包括：考核时段、考核形式、考核标准以及考核成绩等。

（五）构建互动循环的警察职业教育模式

互动循环的教育模式主要解决两个矛盾、突出一个环节、实现一个循环、达到一个互补。② 从而为“警学结合，校局互动”提供坚实的教育机制平台。

解决两个矛盾就是要解决教、学矛盾和工、学矛盾。从警察教育训练的过程来看，警察的教育训练分为招募教育和在岗教育，从上海警察的教育训练来看，上海采取的是以选拔培养、定向培养为主的直接接受模式，依靠地方大学的培养，招收已具备一定学历的专科、本科生再开展上岗前培训的模式，整体提高民警的素质，解决了学历教育的矛盾；在职训练采取相对集中，结合警衔晋升和专业培训的办法，既是集中学习，又是作为市局的备勤力量，可以随时出动处理突发事件，而且达到了提高整体素质的目的。

---

① 张世泽、刘同先等：《浅议项目教学法在我国的发展、应用和建议》，载《教育教学论坛》2014 年第 50 期。

② 廖正康、唐颖：《构建警察院校互动循环人才培养模式理论初探》，载《公安研究》2004 年第 11 期。

突出一个环节就是要突出综合性实战教学的环节。改变以往“课堂讲课、课堂演示”的老框框，把实际操作和实战教学引进课堂，让考核走出教室，在实战岗位上开展教学和考核。

实现一个循环就是达到教育目标的实现与教育思想、教育观念“与时俱进”的互动循环。

达到一个互补就是促进整体教育训练循环培训达到互补。2001 年公安部公布的《公安机关人民警察训练条令》明确人民警察的教育训练包括初任训练、专业训练和晋升训练。但这远不能涵盖警察教育训练的内容，其还包括警衔晋升培训、专业培训、知识更新培训、职级晋升培训、兴趣培训等。通过各个不同培训的交替和重复循环，达到互补的要求，最终达到素质提高的目的。

（六）完善教育训练的保障体系

所谓保障体系，是指以政策法规的形式明确公安教育的发展所需要的经费、人员等方面的体系。但政策的保障是其他各项保障的基础，它包括公安改革发展所需要的所有教育政策法规。法规明确公安教育发展的目标、战略和指导方针，阐发教育体制改革、教育质量提高、师资队伍建设、教育经费投入等内容。

在警察培训方面，我国可以借鉴国外，根据不同的培训内容和培训对象，制定不同的培训计划和目标，包括短期、中期、长期计划，并对警察进行有针对性的培训，增强警察的自我保护能力，包括对警察的擒拿格斗水平、射击水平、处理突发性事件的能力等，使警察真正做到“说得过、追得上、跑得过”。除注重技能和战术的培训外，还要注重公安民警的心理素质培训。

开展执法维权方面的专项教育、培训。

例如，上海市公安局教育培训处组成了“防范暴力袭警培训科目开发组”，将全市各单位、各警种发生的袭警案例作为调研课题进行深入调查研究，编写暴力袭警案件的防范教材，同时，通过观看自制教学参考片、举办讲座等增强民警执法维权、防范暴力袭警的意识，深入剖析、学习各类暴力抗法、妨碍公务的案例处置和应对突发性群体冲突、快速反应的相关知识，增强了文明执法、规范执法、严格执法的意识和实战技能。①

---

① 忻文柯、张佳莹：《从事后保护转向事前保护确保民警执法权益不受侵犯》，载《人民公安报》2004 年 7 月 9 日。

第四节　警察合法权益相关法律制度的修订与完善

在我国，根据《人民警察法》第5条规定：“人民警察依法执行职务，受法律保护。”第35条规定：“拒绝或者阻碍人民警察依法执行职务，有下列行为之一的，给予治安处罚：A公然侮辱正在执行职务的人民警察的；B阻碍人民警察调查取证的；C拒绝或者阻碍人民警察执行追捕、搜查、救险等任务进入有关住所、场所的；D对执行救人、救险、追捕、警卫等紧急任务的警察故意设置障碍的；E有拒绝或者阻碍人民警察执行职务的其他行为的，以暴力、威胁方法实施前款规定的行为，构成犯罪的，依法追究刑事责任。”《刑法》第277条规定：“以暴力、威胁方法阻碍国家工作人员依法执行职务的，处三年以下有期徒刑、拘役或者罚金。”该条第4款规定：“故意阻碍国家安全机关、公安机关依法执行国家安全工作任务的，未使用暴力、威胁方法，造成严重后果的，依照第一款规定处罚。”根据《治安管理处罚法》第50条规定：“有下列行为之一的，处警告或者二百元以下罚款；情节严重的，处五日以上十日以下拘留，可以并处五百元以下罚款：A阻碍国家机关工作人员依法执行职务的；B阻碍执行紧急任务的消防车、救护车、工程抢险车、警车等车辆通行的；C强行冲闯公安机关设置的警戒带、警戒区阻碍人民警察依法执行职务的，从重处罚。”根据《关于人民警察执行职务中实行正当防卫的具体规定》第1条的规定，“遇有下列情形之一，人民警察必须采取正当防卫行为，使正在进行不法侵害行为的人丧失侵害能力或者中止侵害行为：执行收容、拘留、逮捕、审讯、押解人犯和追捕逃犯，遇有以暴力抗拒、抢夺武器、行凶等非常情况时；人民警察遭到暴力侵袭、或佩带的枪支、警械被抢夺时”。另外，人民警察执行职务中实行正当防卫，可以依照1980年7月5日国务院批准的《人民警察使用武器和警械的规定》，使用警械直至开枪射击。人民警察对采取的正当防卫行为，不负刑事责任。

然而，一直以来，我国保障警察执法权益的法律条款还不够完善，已施行的法律条款在实践操作中也有很多束缚，警察执法过程中受到的干扰因素多，法律尚不能切实地为民警维权。①

研究表明，从立法层面为民警执法权益提供法制保障，是遏制袭警行为的有效措施。许多国家，特别是英国、日本、法国和美国等西方发达国家的相关

① 李忠诚：《各国警察执法保障对策比较研究》，载《吉林公安专科学校学报》2009年第1期。

法律中，对侵害警察执法权益的违法犯罪活动及其制裁措施，都作出了明确具体的规定。《英国警察法》中规定了五种侵害警察权的犯罪，即殴打警察罪、妨碍警察执行公务罪、冒充警察罪、非法持有警察衣物罪和挑唆不忠罪。反观我国现行法律，无论是《刑法》还是《人民警察法》，对警察执法权益的保护均无专门或特殊条款，未能体现民警执法的高风险性；加之条文规定粗陋、可操作性不强等，使警察在执法过程中的合法权益不能得到有效保障。因此，加强相关立法以及对现行法律的修订、完善，为维护警察合法权益提供法律依据，是保障和维护警察合法权益的长远之策。

一、修订、完善《人民警察法》

1957 年颁布的《人民警察条例》没有关于警察执法保护的规定。改革开放后，随着经济社会的迅猛发展，社会矛盾冲突日益激烈，警察执法环境迅速恶化，违警、扰警、袭警事件持续发生。1995 年颁行的《人民警察法》第一次以法律的形式规定了对警察执法活动进行保护，并且将"保障警察依法行使职权"作为该法的立法目的之一，该法第 5 条明确规定："人民警察依法执行职务，受法律保护。"该法第 35 条对侮辱执法警察等五种具体妨碍警察执法的情形作出了应予惩戒的规定，且赋予在一定情况下，警察使用武器自卫的权利，该法第 10 条规定："遇有拒捕、暴乱、越狱、抢夺枪支或者其他暴力行为的紧急情况，公安机关的人民警察依照国家有关规定可以使用武器。"

但是，《人民警察法》关于警察任务与职责表述、警用器械的装备使用、警察巡逻盘查以及教育培训体系的建立，警察职业的很多方面均存在严重的法律法规不完善、不健全的问题。① 很难对人民警察执行公务过程中遭受或可能遭受的人身及财产损害给予充分而有效的保障。因此，必须在国家层面完善与加强警察职业保护的立法，并以此为姿态带动其他各级各类机关完善相应立法，才能迅速形成警察职业保护的完整法律体系。②

1.《人民警察法》第 1 条规定："为了维护国家安全和社会治安秩序，保护公民的合法权益，加强人民警察的队伍建设，从严治警，提高人民警察的素质，保障人民警察依法行使职权，保障改革开放和社会主义现代化建设的顺利

---

① 关于此问题的论述较多，参见赵建设：《警察执法权益及其保障体系建设》，载《中国人民公安大学学报》2009 年第 4 期；荣晓莉：《警察执法职业风险及执法权益的法律保障》，载《吉林公安高等专科学校学报》2009 年第 4 期。

② 王平原：《论警察职业保护的国家义务性》，载《中国人民公安大学学报》（社会科学版）2010 年第 4 期。

进行。”由此可以看出，《人民警察法》是一部人民警察履行职责的法律，但是人民警察在履行职责时，未对其合法权益及权益保障作出具体的制度安排。《人民警察法》作为警察的基本法，对警察合法权益及权益保障不做规定，是一个严重值得商榷的问题。我们建议《人民警察法》在规定人民警察的职责范围、职权、义务和纪律、组织管理、警务保障、执法监督、法律责任的同时，应有警察权益保障的内容。[①] 故建议在修改《人民警察法》时，单独辟出一章规定警察权益保护，对妨碍警察执法的行为直接依据《人民警察法》进行处罚，而不再援引《治安处罚法》或其他法律、法规处理。[②]

2. 建议在修改《人民警察法》时，对该法第35条进行调整。（1）加大对侵害警察执法权力的处罚力度。警察权是一种国家权力，人民警察代表国家依法执行职务，对人民警察执行职务活动的抗拒和阻碍，就是对国家行政管理活动的抗拒和阻碍；同时人民警察具有负责维护社会治安秩序的职责，对人民警察执行职务的抗拒和阻碍，比对其他行政机关执行职务的抗拒和阻碍有更大的社会危害性，应从立法上加大处罚的力度；此外，建议《人民警察法》应结合《刑法》和《治安管理处罚法》的相关条文，将妨害警察执行职务行为与普通的妨害公务行为区分开来。[③]（2）《人民警察法》第35条第（五）项“有拒绝或者阻碍人民警察执行职务的其他行为”作为兜底，但什么是“其他行为”由于规定不明确在实践中很难认定。建议采用列举式方式，细化阻碍警察执法行为和袭警行为的表现和处置、处理手段，将恶意投诉等在实践中出现的阻碍、干扰执法的行为列入处罚的范围，对阻碍警察执法及袭警的行为，人民警察可以使用哪些手段、措施制止和自卫，以及处罚的种类和幅度也作详细规定，允许警察在遭受人身侵害时使用必要手段进行自卫。[④]

3. 建议在修订《人民警察法》时，借鉴《法官法》、《检察官法》的规定，除明确界定警察的职责权限外，还要明确警察个人享有的权利，如“获得劳动报酬，享受保险、福利”、“人身、财产安全受法律保护”、接受教育培训权、警务物质技术保障权，[⑤] 以及“非因法定事由、法定程序，不被免职、

① 田秀然：《人民警察权益保障问题研究》，载《社会科学战线》2011年第1期。

② 王淑波：《维护警察权益的思考》，载《吉林公安高等专科学校学报》2007年第1期。

③ 李忠诚：《各国警察执法保障对策比较研究》，载《吉林公安专科学校学报》2009年第1期。

④ 申淑环：《维护警察政党执法权益途径探究》，载《北京人民警察学院学报》2007年第4期。

⑤ 赵建设：《警察执法权益及其保障体系建设》，载《中国人民公安大学学报》（社会科学版）2009年第4期。

降职、辞退或者处分”等，同时还应规定相应的申诉、控告程序。[①] 做这样的制度安排，既能体现与国际接轨，亦符合我国社会转型期严峻的现实。

4. 建议修订《人民警察法》时，应根据宪法、刑事诉讼法、行政强制法和行政程序法确立的精神和原则，结合警务执法的特点与现实情况对警察职权进行完善，特别需要对警察强制权的范围、内容、行使的基本原则和程序，以及法律救济的途径作出规定，并对警察实施盘查、留置、强制检查、查验证件等措施的实施条件、规范用语、行为方式、执法双方的权利义务等内容进行细化，以减少执法过程中可能出现的争议。[②] 使警察的执法活动能够得到行政相对人的认可，既保证了法律的实施，维护了法律的权威，同时也使警察在执行公务时人身及财产权益免遭侵害。

二、修订、完善《人民警察使用警械和武器条例》

当前，对警察使用警械、武器的规定主要包括以下法律：《警察法》、《监狱法》、《戒严法》、《武警法》、《人民警察使用警械和武器条例》等。[③] 需要指出的是，在这些立法文件中，全国人大及其常委会制定的法律，尽管其位阶要高于行政法规，但其对使用武器的规定都是原则性的。以《人民警察法》为例，该法仅在第10条对使用武器作出了原则性的规定：“遇有拒捕、暴乱、越狱、抢夺枪支或者其他暴力行为的紧急情况，公安机关的人民警察依照国家有关规定可以使用武器。”根据这一法条，警察使用武器的行为还需要援引“国家有关规定”。

在现实中，警察使用武器的直接法律规范是《人民警察使用警械和武器条例》。《人民警察使用警械和武器条例》规定了使用武器的具体情况，对警察使用武器行为进行了最为详细的规范，乃是警察使用武器的直接法律依据，是警察使用武器法律规范的核心。[④]

但是《人民警察使用警械和武器条例》颁布实施后，却产生了较大争议，争议的焦点主要集中在以下几个方面：

---

① 吕卓、唐雪莲：《修改〈人民警察法〉势在必行》，载《四川警官高等专科学校学报》2003年第3期。

② 马进保：《警察执法权益保障的辩证思考》，载《中国人民公安大学学报》（社会科学版）2008年第3期。

③ 除上述法律、法规规定外，《国家安全法》及实施细则、《集会游行示威法》及实施条例、《看守所条例》及《看守所条例实施办法》、《公安机关公务用枪管理使用规定》等也对警察使用警械、武器作出了规定。

④ 金翼翔：《警察使用武器制度的批判与建构》，载《刑法论丛》2013年第4卷。

（一）《人民警察使用警械和武器条例》是否违反法律保留原则

所谓法律保留原则是指凡属于法律保留的权力，只能由立法机关行使，行政机关和司法机关不得行使，或是指凡属宪法、法律规定只能由法律予以规定的事项，或者必须在法律明确（或特别）授权的情况下行政机关才有权在其所规定的行政规范中作出规定的，即在立法权限划分中法律的专属规定权。[①]《立法法》第 8 条规定：“下列事项只能制定法律”，其中第（四）项是“（四）犯罪和刑罚”、第（五）项“对公民政治权利的剥夺、限制人身自由的强制措施和处罚”。由此可见，使用武器应当属于法律保留原则的对象。需要指出《立法法》第 8 条规定了 10 项法律保留事项，这其中并没有出现“使用武器”的字样，但是《立法法》第 8 条第（四）项、第（五）项将“犯罪与刑罚”、“对公民政治权利的剥夺、限制人身自由的强制措施和处罚”都纳入了法律保留的范围。那么“使用武器”显然应当属于法律保留的范围。理由是：（1）使用武器最为严厉。与刑罚相比，使用武器的结果是击毙，这已经比最严重的刑罚“死刑”更加严厉。法律保留针对的乃是最为严厉的公权行为。（2）使用武器最为简易。从程序性上看，刑罚程序性最强，要经过完整的刑事诉讼程序；强制措施次之；使用武器的程序性最弱。因此，使用武器最为严厉又最为“简易”，最需要进行规范。[②]《人民警察使用警械和武器条例》只是国务院制定的行政法规，此外公安机关内部还有许多对人民警察的执法行为进行规范的文件，而这些文件部分属于部门规章，某一部分则只属于行政机关内部纪律。因此，《人民警察使用警械和武器条例》违反了《立法法》第 8 条规定的法律保留原则。

如何解决《人民警察使用警械和武器条例》违反法律保留原则的问题呢？我们认为有两个途径可以选择：一是修订《人民警察法》，将警察使用警械和武器的行为规范纳入法律，[③] 因为《人民警察使用警械和武器条例》是当前警

① 刘志刚：《论法律保留原则在给付行政中的适用》，载《国家检察官学院学报》2005 年第 6 期。

② 金翼翔：《警察使用武器制度的批判与建构》，载《刑法论丛》2013 年第 4 卷。

③ 《俄罗斯联邦民警法》第 15 条规定了火器使用的情形：为了保护公民免遭危及其生命和健康的袭击；为了反击危及民警的生命和健康的袭击，以及制止抢夺其武器；为了解救人质；为了拘捕正在实施侵害生命、健康或财产的严重犯罪的人和企图逃跑的人，以及进行武力反抗的人；为了反击对公民住宅以及国家机关、组织和社会团体进行的群体或武装袭击；为了制止被拘捕的犯罪嫌疑人、被羁押人员、被判剥夺自由的人逃跑，以及制止企图暴力解救这些人；为了以破坏方式拦截对人们的生命和健康造成现实危险而有不听从民警多次合法的停车要求的车辆，以及为了排除直接威胁到人们的生命和健康的动物的侵害。参见齐小力：《论人民警察依法使用武器》，载《中国人民公安大学学报》（社会科学版）2009 年第 2 期。

察使用武器法律规范的核心文件，而《人民警察法》等法律都只是对使用武器作出了原则性的规定。二是《人民警察使用警械和武器条例》上升为法律。[①] 无论选择哪种途径，都可以达到与《立法法》保持一致，统一和规范警察使用警械和武器的目的。

（二）《人民警察使用警械和武器条例》规范歧义及实操性问题

1. 进一步明确“判明”的含义

《人民警察使用警械和武器条例》第9条第1款规定：“人民警察判明有下列暴力犯罪行为的紧急情形之一，经警告无效的，可以使用武器……”此处的“判明”是形式上的“判明”还是实质上的“判明”?“判明”的标准是采主观的标准还是客观的标准？抑或是主客观相结合的标准？有关法规及相应解释等均未对此作出说明。[②]

分析学派法学家哈特认为，因为语言具有“意思中心”和“开放结构”，所以，语言构成的规则既有确定性，也有模糊性。[③] 对于法律语言模糊性的部分，只能按照一定的规则以更多的语言进行诠释，从而明确其含义与界限。应当认为，“判明”这一条件对于进一步限制民警使用武器，起着重要的作用。因此，“判明”是值得研究的问题。

笔者认为，“判明”其实是一种义务性规范，是人民警察在一般情况下必须尽的作为义务，是判断人民警察使用武器是否有过错的客观标准。如果将“判明”理解为是一种义务性规范，那么“判明”无疑是指形式上的“判明”，即以人民警察在当时是否尽了应尽的作为义务为标准，对于相对人是不是犯罪嫌疑人暂且不管，如果没作为，即为违法。至于是采用主观标准还是客观标准则是另外一个问题。根据形式上的“判明”要求，在没有尽到相应的作为义务时，判断使用武器的人民警察是否有过错，显然应该采用主客观相结合的标准，即用客观标准衡量当事人民警察的过失以及无法用主观标准来衡量的某些故意，用主观标准衡量当事人民警察的故意。

我们认为，此处的“判明”是指根据犯罪分子的活动、所持有的警械和语言等现场情况，民警能够清楚地认定犯罪分子正在进行或者即将进行严重的暴力犯罪活动。这里的“判明”有两方面的含义：其一，民警作出可以使用

① 齐小力：《论人民警察依法使用武器》，载《中国人民公安大学学报》（社会科学版）2009年第2期。

② 殷炳华：《对公安民警使用枪支若干问题的思考》，载《山东公安专科学校学报》2004年第3期。

③ 刘星：《法律是什么?》，广东旅游出版社1997年版，第137页。

武器的判断时，必须基于一定的事实。如果没有一定的事实表明犯罪分子正在或即将实施暴力犯罪，而民警基于主观想象作出错误的判断，以为存在暴力犯罪并使用武器，则其行为是不合法的，应当依法追究民警的法律责任。其二，民警作出可以使用武器的判断基于的事实还必须充足。只有现场有足够的事实表明违法犯罪人正在实施暴力犯罪，民警因此作出可以使用武器的判断并使用武器才是合法的。如果现场的事实不能足以表明违法犯罪人正在实施暴力犯罪，民警仍然不能使用武器，否则，其行为就是非法的。[①]

增加关于使用驱逐、制服性警械的行为"必须是正在进行"这一限制性条件。在使用武器的场合，《人民警察使用警械和武器条例》规定了"紧急情形"的限制性条件，这是为了限制武器使用的范围，确保武器使用的正当性和避免侵害公民的合法的人身权利。诚然，武器的使用不当会造成对公民权利的损害，然而，驱逐性、制服性警械使用不当同样会对公民的身体健康甚至生命构成重大的威胁。因此，民警使用驱逐性、制服性警械也应当有类似于民警使用武器的限制条件，应当增加规定"正在进行"这一条件，以限制民警使用驱逐性、制服性警械。

2. 增加对使用警械、武器的批准程序的规定

《人民警察使用警械和武器条例》规定民警有使用警械、武器的权利，但是没有对使用警械、武器这种事关公民最为重要权利的行为设置批准程序，应该说是一种不足。而且，民警在执行职务中使用警械、武器的场合，大多数都是多名民警共同参与的集体行动。在这种集体的执法活动中，为了规范警械、武器的使用，应当规定由在场的指挥人员决定是否使用警械、武器以及使用何种警械、武器。

我们认为，应当规定更加严格的警械、武器使用程序。这里的程序可以分为事先程序和事后程序两个方面。[②]

警察使用警械、武器的事先程序：

（1）使用武器前判明情况。实践中，需要警察对现场事态即时作出以下

---

① 王良顺：《论民警使用警械、武器的法律规制与立法完善》，载《湖北社会科学》2005 年第 5 期。

② 根据行政程序在行政管理中所处的时间不同，行政程序可以分为事先程序和事后程序。事先程序是指行政机关直接针对行政相对一方当事人所实施行政行为的程序；而事后程序则是行政相对当事人之间或者当事人与行政机关之间出现了纠纷或争议，行政机关进行裁判的程序。从两种行政程序诞生的历史看，是先有事后程序，后有事先程序。行政事先程序的出现，是社会进步的表现。事先程序与行政行为同步，具有同时性与预防性，因而对于及时规范行政行为、保障公民权利以及提高行政效率，都有着事后程序不能比拟的重要作用。参见应松年：《行政行为法》，人民出版社 1992 年版，第 9 页。

推断：对于实际发生的危险状态、事态严重性程度的判断；根据这种状态选择使用何种武力手段的判断；采用相应的武力手段后对相对人造成何种程度伤害的判断。[①]

（2）使用武器前的警告。对于违法犯罪分子须进行警告。只有在经警告无效后，才允许使用驱逐性、制服性警械或者武器。《人民警察使用警械和武器条例》没有规定警告的形式。但从现场的紧急情况和司法实践的情况看，警告的主要形式应当是口头形式，如通过高音喇叭喊、电话通话等。单纯的鸣枪不宜视为警告。[②] 这种警告应当符合两个条件：其一，警告的基本内容应当是要求违法犯罪分子停止违法犯罪行为，有武器或者其他危险物品的，还应当命令其放下武器和危险物品。其二，警告的内容要采用有效的方式让违法犯罪人知道。在警告已经清晰地传达给犯罪行为人的情况下，如果犯罪行为人仍不服从警察的指令，即可认定警告无效。[③] 在经警告无效后，民警才能依法使用制服性、驱逐性警械或武器。当然，如果“来不及警告或者警告后可能导致更为严重危害后果的，可以直接使用武器”。（《人民警察使用警械和武器条例》第 9 条的规定）此乃使用警械、武器的特别程序。

警察使用警械、武器的事后程序：（1）抢救伤员；（2）通知当地公安机关相应部门和检察机关；（3）保护现场；（4）填写相应表格，说明情况。如果警察使用了枪支，还应提交有下列内容的书面报告：（1）现场笔录和询问笔录；（2）事前的执法计划；（3）开枪现场的照片和示意图；（4）警察开枪后的调查与评价等。[④]

3. 必须明确警察使用武器、警械的必要条件

根据《人民警察使用警械和武器条例》相关规定，警察使用武器、警械

---

① 孙萍：《论人民警察使用武器权的法律规制与保障》（下），载《公安研究》2011 年第 3 期。

② 在执法实践中，警察和犯罪行为人双方本来就处于高度对抗的紧张情况，如果以鸣枪的方式实施警告，可能会加剧犯罪行为人的对抗心态，达不到警告的目的，此其一。其二，鸣枪警告违背“法无授权不得为”原则。在《人民警察法》及《人民警察使用警械和武器条例》中均未有“鸣枪警告”的规定。因此，笔者认为，警告的形式以口头警告为宜。但也有学者认为，在警务实践中，警察开枪前警告的方式包括口头警告和鸣枪警告两种。俄罗斯、乌克兰、越南、日本等国法律明确授权警察鸣枪示警，把鸣枪示警视为警察开枪射击前给相对人提供的一个服法机会。参见谢川豫、岳耀垒：《警察开枪前之警告方式研究》，载《中国人民公安大学学报》（社会科学版）2013 年第 3 期。

③ 有学者认为，如果违法犯罪人在听到警告后保持沉默，此时则需要进行第二次警告。只有在警告多次后能确认违法犯罪人已经听清警告内容仍故意拒绝作出停止犯罪行为和放下凶器表示时，才能认为是警告无效。参见王良顺：《论民警使用警械、武器的法律规制与立法完善》，载《湖北社会科学》2005 年第 5 期。

④ 高文英：《警察使用枪支的若干法律思考》，载《中国人民公安大学学报》（社会科学版）2009 年第 4 期。

的，可以分为三类，相应地要求具备内容不同的必要性条件。①

第一类是驱逐性、制服性警械，如警棍、催泪弹、高压水枪、特种防暴枪等。这类警械旨在驱逐不法人员与制止不法行为，既不造成人身伤亡，也不剥夺人身自由。具备以下两个条件时，才认为具备了使用这类警械的必要性：(1) 存在下列情形之一：结伙斗殴、殴打他人、寻衅滋事、侮辱妇女或者进行其他流氓活动的；聚众扰乱车站、码头、民用航空站、运动场等公共场所秩序的；非法举行集会、游行、示威的；强行冲越人民警察为履行职责设置的警戒线的；以暴力方法抗拒或者阻碍人民警察依法履行职责的；袭击人民警察的；危害公共安全、社会秩序和公民人身安全的其他行为，需要当场制止的；法律、行政法规规定可以使用警械的其他情形。(2) 经警告无效。因此，即使存在上述 (1) 所列举的情形，但在警告有效的情况下，缺乏使用警械的必要性。

第二类是约束性警械，如手铐、脚镣、警绳等。这类警械旨在剥夺违法犯罪分子的自由，但不造成人身伤亡，尤其是不得故意造成人身伤害。具备以下两个条件时，才认为具备了使用这类警械的必要性：(1) 人民警察正在依法抓获违法犯罪分子或者犯罪重大嫌疑人，或者正在执行逮捕、拘留、看押、押解、审讯、拘传、强制传唤；(2) 违法犯罪分子可能脱逃、行凶、自杀、自伤或者有其他危险行为。

第三类是攻击性、杀伤性武器，如枪支、弹药等致命性警用武器。具备以下两个条件时，才认为具备了使用武器的必要性：(1) 存在下列暴力犯罪行为的紧急情形之一：放火、决水、爆炸等严重危害公共安全的；劫持航空器、船舰、火车、机动车或者驾驶车、船等机动交通工具，故意危害公共安全的；抢夺、抢劫枪支弹药、爆炸、剧毒等危险物品，严重危害公共安全的；使用枪支、爆炸、剧毒等危险物品实施犯罪或者以使用枪支、爆炸、剧毒等危险物品相威胁实施犯罪的；破坏军事、通讯、交通、能源、防险等重要设施，足以对公共安全造成严重、紧迫危险的；实施凶杀、劫持人质等暴力行为，危及公民生命安全的；国家规定的警卫、守卫、警戒的对象和目标受到暴力袭击、破坏或者有受到暴力袭击、破坏的紧迫危险的；结伙抢劫或者持械抢劫公私财物的；聚众械斗、暴乱等严重破坏社会治安秩序，用其他方法不能制止的；以暴力方法抗拒或者阻碍人民警察依法履行职责或者暴力袭击人民警察，危及人民警察生命安全的；在押人犯、罪犯聚众骚乱、暴乱、行凶或者脱逃的；劫夺在

① 张明楷：《论作为犯罪阻却事由的职务行为——以司法工作人员的职务行为为中心》，载《北方法学》2007 年第 1 期。

押人犯、罪犯的；实施放火、决水、爆炸、凶杀、抢劫或者其他严重暴力犯罪行为后拒捕、逃跑的；犯罪分子携带枪支、爆炸、剧毒等危险物品拒捕、逃跑的；法律、行政法规规定可以使用武器的其他情形。（2）经警告无效。在警告有效的情况下，不应使用武器。如果来不及警告或者警告后可能导致更为严重危害后果的，才可以直接使用武器

4. 合理设定人民警察使用武器的法律义务

《人民警察使用警械和武器条例》第 4 条规定："人民警察使用警械、武器，应当以制止违法犯罪行为，尽量减少人员伤亡、财产损失为原则。"第 14 条规定："人民警察使用警械、武器造成不应有的人员伤亡、财产损失，构成犯罪的，依法追究刑事责任。"该两条款分别使用了"尽量"和"不应有"这样模糊的概念，不仅在实践中不易把握，也给不当追究人民警察的法律责任提供了法律依据。① 建议借鉴日本和台湾地区的相关立法，对《人民警察使用警械和武器条例》进行修订。《日本警察官执行职务法》第 7 条规定："警察官为了逮捕犯人或防止犯人逃走，或者为了保卫自己和他人，或者为了制止犯人抵抗的需要，在认为有相当理由的场合，按照该事态，在合理判断的必要限度内，可以使用武器。"这里的"合理判断"就比"判明"更加客观、理性。台湾地区的有关规定，"警察人员使用警械时，如非情况急迫，应注意勿伤其人致命之部位"。该规定的"勿伤其人致命之部位"的注意义务，也比"尽量减少人员伤亡财产损失"的规定更合情合理，也更具可操作性。

5. 取消使用武器中"警告后会造成更严重后果"这一除外条件的规定

《人民警察使用警械和武器条例》第 9 条第 2 款规定："警察依照前款规定使用武器，来不及警告或者警告后会导致更为严重的后果的，可以直接使用武器。"警告后会导致更为严重的后果，一般是指警告后会引起犯罪分子的注意、刺激犯罪分子实施造成更严重后果的犯罪行为。因此，更为严重结果的出现是以引起犯罪分子的主观的过激反应为条件的。但是，什么样的警告会引起犯罪分子的过激反应，以及以什么标准判断正在实施犯罪的人一定会出现过激反应，都属于对犯罪分子心理活动内容的认识与判断，而这种以主观性的内容的认识与判断则往往是不容易确定的。这一条件的规定不够明确，不具有可操作性，应当予以删除。②

① 孙萍：《论人民警察使用武器权的法律规制与保障》（下），载《公安研究》2011 年第 3 期。

② 王良顺：《论民警使用警械、武器的法律规制与立法完善》，载《湖北社会科学》2005 年第 5 期。

三、完善袭警犯罪的刑事立法

长期以来，人们比较关注的是警察执法权力的合法行使和警察在执法中对公民合法利益的维护，而较少关注警察自身执法安全保障的问题。与警察执法安全保障的问题直接相关的是“袭警”一词。事实上，“袭警”并非一个规范的法律用语，《刑法》、《治安管理处罚法》及相关法律均未单独对其规定。“袭警”一词更多是我们日常生活中对阻碍警察依法履行职务的一种概括。袭警行为，是指以暴力、威胁或其他方法阻碍警务人员依法履行职务的行为。①

近年来，我国袭警案件屡见不鲜，警察在执行职务过程中受伤甚至牺牲，其职业风险和压力越来越大。暴力袭击警察案件频频发生并呈上升趋势，袭警手段不断升级，从侮辱谩骂、围攻阻挠，到暴力抗法、殴打伤害民警。② 因此，认真分析研究袭警案件，研究我国通过立法防控袭警案件的发生，对于维护社会稳定、构建和谐社会、搞好新时期的公安工作，都具有极为重要的意义。

（一）设立“袭警罪”的理论争议

早在2003年，即有35位全国人大代表提出了议案，建议在刑法中增加对袭警犯罪的专门处罚条款。此后，一些专家学者也相继提出了在刑法中单独增设袭警罪的建议。③ 但对是否应当在《刑法》中增设“袭警罪”，存在较大争议。

主张增设袭警罪的主要理由是：现有的《刑法》规定对袭警行为以妨害公务罪论处，将警察与普通国家公务员同等看待，“没有考虑警察执法活动的特殊性”。④ 如果不设置专门的应对袭警的法条，则“无法凸显袭警行为特殊的社会危害性，难以实现对警察依法执行公务予以特别的保护”。⑤ 通过增设袭警罪可以有效地维护警察权威，最大的功能是对袭警行为的直接遏制，保障执法者的自身安全。⑥

对增设袭警罪持肯定态度的刑法学者认为：《刑法》第277条的妨害公务

① 金诚：《袭警行为研究》，载《公安研究》2005年第1期。

② 宋金叶、付有志：《暴力袭警问题研究》，载《广州市公安管理干部学院学报》2008年第2期。

③ 杨忠民、张志国：《论袭警行为的刑法规制》，载《中国人民公安人学学报》（社会科学版）2006年第3期。

④ 张立新：《警察执法中的权益保护》，载《中国人民公安大学学报》2005年第2期。

⑤ 左坚卫、李益明：《论增设袭警罪的隐患》，载《法学杂志》2008年第6期。

⑥ 孙桂华：《建议刑法增设“袭警罪”》，载《检察日报》2004年12月20日。

罪对暴力袭警的保护存在缺陷：首先，保护对象范围狭窄。刑法要求在“执行职务”时即公务时间内，但是《警察法》第19条规定：“人民警察在非工作时间，遇有其职责范围内的紧急情况，当履行职责。”其次，行为方式规定不全面。刑法中构成妨碍公务罪必须是以“暴力、威胁”方法，只有在妨碍执行国家安全工作任务时，才不要求以暴力威胁方法。最后，定罪量刑不协调。暴力袭警造成伤亡的没有规定。其他罪名如聚众斗殴致人重伤死亡的，依照故意伤害罪、故意杀人罪处罚。①

反对增设袭警罪的学者则认为：我国的公权力已经过大并缺少限制，如再增加袭警罪，可能导致警察的权力过大，不利于保护公民权利，且会导致权力滥用；在《刑法》中已有妨害公务罪的情况下，如果再增加袭警罪，难免放纵少数素质不高的公安警察“滥用特权”，使原本就比较强势的“警察群体”更加强势。即使设立了袭警罪，也遏制不了真正的袭警行为。② 如果专门为保护警察而立法，那么为维护法官、检察官、工商、税务等执法人员的权利也应当另立新法，如此难免产生培植、保护特权。③ 我国法律对罪名的设置一直沿用的是大陆法系传统，如果单就袭警罪的设立，采用英美法系的做法，显然与我国的法律文化传统与整个罪名体系不吻合。④ 增设袭警罪，对保障警察执法权益没有特殊作用，是以牙还牙观念的法律体现。试图通过提升刑罚强度来遏制袭警犯罪，将背离现代法治精神，导致“恶法”的诞生，贻害整个法治秩序，绝不可取。⑤

笔者认为，反对增设袭警罪的理由并不充分。

1. 以公权力过大过强，反对设立袭警罪的惯性思维是逻辑不清的，其将公权力的行使和公权力本身混为一谈。

（1）设立袭警罪，其主要目的在于预防和打击袭警事件的发生，而不是赋予警察以更大的权力，警察不会从袭警罪的设立中获取任何权力。袭警罪的提出与限制警察暴力并不矛盾，因为警察得以实现对公共秩序的维持需要获得一定的威慑力量，这个威慑力量来自法律赋予的动用暴力的权力，以及对袭警行为的法律惩罚。强调法律手段的惩罚，有助于削减警察对暴力的过度依赖，降低警察运用暴力的必要性。⑥ 我们必须要破除一个认识误区——限制警察的

---

① 左家盛：《暴力袭警之刑法解读》，载《政治与法律》2007年第6期。

② 马艳敏、栾伟：《没必要增设袭警罪》，载《检察日报》2003年4月9日。

③ 王黎、赵衡：《应对袭警一定要增设新罪吗》，载《检察日报》2006年7月25日。

④ 田宏杰：《我国不应增设袭警罪》，搜狐新闻网2005年10月28日。

⑤ 左坚卫、李益明：《论增设袭警罪的隐患》，载《法学杂志》2008年第6期。

⑥ 邬凤英：《人性化执法会导致“袭警案”增多吗》，载《中国商报》2005年1月4日。

权力不等于是保护人权；立法打击袭警行为和警察公权力的大小，根本就是两回事，不应当混为一谈。①

（2）解决公权力强势问题，应有其他的控权方法与措施，因此，即使公权力过大，其与袭警罪的设立并无关联。② 当出现警务人员有违法或不合法的职务行为时，当事人可以通过合法的途径对警察行使监督、申诉、控告的权利。公民对公安机关作出的处理决定有异议时，可以向公安督察部门反映，也可以通过行政复议或行政诉讼的法定程序和法定措施来保护自己的权益。而不是相反，以暴力、威胁的方法对抗警权。

（3）权利被滥用关键并不在于法律条文本身，而是在于法律制度要更加的规范，权利制度、法律要落到实处。至于警察执法水平的问题，执法人员的水平低，不能说明所执的法本身也有问题。法律制度出台后，在执行中还需要我们通过其他的制度来监督、来落实。

2. 以增加袭警罪，难免放纵少数素质不高的公安警察滥用特权，使原本就比较强势的“警察群体”更加强势，此理由也不成立。

（1）“强势”、“弱势”之分野，往往仅在法治不善的情况下才会发生，要么表现为警察滥权，公民成“弱势”；要么表现为公民抗法，警察成“弱势”。所谓“强势”、“弱势”，本无定式，一旦法治不张，则人人皆可“强势”，人人亦可“弱势”，社会秩序、社会和谐无从保障。③

（2）“对于警察权的扩张和滥用，当然要时时提防。任何一个罪名都有被滥用的可能，不仅仅是袭警罪。为了防止滥用，可以在实体上对袭警罪的犯罪构成予以明确、具体的限定，例如，对于何为暴力侵袭，要作出严格的解释；还可以在程序上将这一犯罪划归检察机关管辖；在证据的要求上更为严格等。总之，完全可以将滥用的危险降至最低。”④

3. 增设袭警罪难免产生培植、保护特权，该理由难以服人。

（1）增设袭警罪的根本意义，并非是对显然不存在的所谓“警察特殊的合法权益”予以专门保障，而是为了有效保障警察执行公务，以使警察能够更好地维护社会治安。增设袭警罪也为的是教育公众、震慑犯罪、惩罚罪犯、戒免罪行，没有给警察以特权的初衷。⑤

（2）税务、工商、文化稽查、城管等虽然也是具有强制力的行政执法部

---

① 孙茂利、王世洲、田宏杰：《面对袭警法律何去何从》，载《人民公安报》2004 年 5 月 12 日。

② 王朝晖：《袭警罪有必要单设吗?》，载《深圳法制报》2003 年 11 月 13 日。

③ 范永玲：《袭警罪若干问题研究》，西南政法大学 2007 年硕士学位论文，第 14 页。

④ 何春中：《暴力袭警事件为何频发》，载《中国青年报》2005 年 10 月 8 日。

⑤ 张文真：《袭警罪立法初探》，中国政法大学 2011 年硕士学位论文，第 10 页。

门，我们应当看到，警察履行的职务有其紧迫性和不可救济性。而税务等执法部门却不具有上述特性。在执法过程中，警察面对的执法对象多是有严重暴力倾向的群体，这也是与其他执法部门所不同的。袭警行为具有突发性、暴力性、残忍性等特征，具有更严重的社会危害性。袭警行为所造成的后果是警务人员的伤害甚至是死亡，这些都是其他的公务活动所不具备的。

（二）增设袭警罪的必要性

当前，我国袭警事件逐年递增，这种现象若不加以遏制，最终必然会影响和谐社会的建设大局和全社会的稳定。因此，从立法上给予袭警行为有效规制，以切实保护执行公务的警察的人身安全，为警察执法活动的顺利开展提供有力的法律保障，已成为社会各界的共识。

第一，维护国家权威与法律尊严的需要。权威的本质要求服从。[①] 警察是国家法律的重要执行者，国家法律的权威在相当程度上是通过警察的权威予以体现的，暴力袭警行为正是对警察权威的公然挑战。而一旦警察权威受到威胁，国家的法律就将面临无法执行、名存实亡的危险，整个社会就有可能陷入混乱无序的状态。这种状态又将导致其他执法机关和执法人员的权威受到威胁。因此以妨害警察执行公务为目的的袭警行为，不仅是对警察权威的挑战，更是对整个国家的法律权威的挑战。也就是说，维护警察权威其最终目的还是为了维护国家法律的权威，而袭警罪的设立正是这一权威的重要体现。

第二，完善我国刑事法律的需要。[②]《刑法》第 277 条规定的妨害公务罪，其量刑的尺度是，处 3 年以下有期徒刑、拘役、管制或者罚金，也就是说，此罪处罚最重，也仅能判处 3 年有期徒刑。如果妨害公务行为，造成执法民警伤残，甚至死亡的，行为人才会被以故意伤害罪或是故意杀人罪论处，这样的规定就显得不太妥当了，因为袭警行为妨害的主要是国家的正常执法活动，而故

---

① 水木：《法律如何应对暴力袭警》，载《政府法制》2006 年第 9 期。

② 有学者对《刑法》第 77 条“妨害公务罪”立法缺陷做了归结：（1）阻挠警察执行公务、袭警致人伤亡的，实际生活里往往依据故意杀人罪或故意伤害罪处罚。但这实质上是适用了侵犯人身权利的罪名，不能体现袭警与故意伤人、杀人的区别。（2）袭警罪侵犯的是复杂客体，即国家暴力机关对社会的管理活动与秩序和警察的生命权和健康权。法律对袭警造成警察重伤或死亡的定罪量刑，无法体现出犯罪嫌疑人犯罪目的和动机，不利于准确揭示袭警案件的危害实质，抹杀了袭警案件的特殊性与严重性，更重要的是忽略了警察执法所代表的国家法律权威和尊严。（3）袭警具有特殊的社会危害性，挑战和损害国家权威法律尊严，影响社会治安大局的稳定。最高刑为 3 年有期徒刑的刑罚标准显然不能适应于暴力袭警案件，更不利于有效遏制和预防该类恶性案件不断发生。参见张文真：《袭警罪立法初探》，中国政法大学 2011 年硕士学位论文，第 11 页；李志强：《我国设立袭警罪的立法研究》，山东大学 2010 年硕士学位论文，第 15 页。

意伤害或故意杀人，侵害的则是公民个人的人身权利。妨害国家公务活动和侵害个人生命健康权，显然是两个不同的概念，应分别视之，而不应等同对待。公安民警是国家法律的执行者，如果他们不能得到法律的重点保护，民警的权威性就得不到法律保障，使他人有轻视心理，势必给执法的顺利进行带来很大的困难。[①]

第三，恢复公共法律秩序和公共利益的必然要求。1982 年 3 月，美国学者威尔逊（James Wilson）和凯琳（George L. Kelling）在《破窗——警察与社区安全》一文中使用了“破窗”一词，意即设若某一公共建筑物的某扇窗户破损且未予及时修理，别人或会受到暗示性的纵容，去打碎更多的玻璃。对于社会治安而言，如果“以恶小而为之”，且这种情况得不到及时治理，长此以往，就会造成社区居民对犯罪的恐惧感增加、社会控制力削弱，破坏社会治安行为甚至犯罪行为会日趋上升；警察和社区如果能够积极地干预这些可能诱发犯罪的无序环境，就可以有效地控制、预防和减少无序的累积和某些犯罪的发生。[②] 而警察行政是最主要的干预行政，目的在于依法惩戒违法人员，以恢复被损害的公共法律秩序。因此，警察执法时，法律赋予其相关的实体权力来实现这目的：如特定情况的处置权、检查权、处罚权等。如果警察执法公务时任何人可以藐视这些权力甚至暴力反抗和袭警的而不遭受迎头痛击的话，那么警察的执法目的——恢复受损害的公共法律秩序就不能达到。放纵对警察打骂的结果阻挠了维护公益的行动，最终损害的是广大人民的公益，而非警察个人的利益。更重要的是，如果不对侵害正在执行职务的警察进行惩戒，正如有学者所言“如果让人们看到他们的犯罪可能受到宽恕，或者刑罚并不一定是犯罪的必然结果，那么就会煽动起犯罪不受处罚的幻想”，其结果将对整个社会的公共利益起到无可估量的损害。最后将必然导致更为严重的难以控制的社会后果。

第四，人民警察维护社会治安公务行为特殊性的需要。警察基本的职能是维护社会治安，这一特殊使命使得其不同于一般公务员的行政执法行为，而社会治安稳定又是群众安居乐业的基础。警察在依法履行公务时，其个人的生命健康权经常会受到威胁，而由于缺乏具有针对性的法律法规的保护，这种威胁的程度又会进一步加深，当警察的人身安全都难以保障的时候，社会治安如何保障，公众的安全感又从何而来？中国当前的袭警行为有愈演愈烈之势，很大程度上源于对袭警行为的打击力度不够。这种现象在一定程度上挫伤了民警工

---

① 叶琦：《论袭警罪设立的必要性与立法构想》，载《上海公安高等专科学校学报》2011 年第 1 期。

② 刘晓农、叶萍：《破窗理论与流动人口犯罪控制》，载《河南社会科学》2013 年第 4 期。

作积极性，影响了对违法犯罪活动的打击力度，大大弱化了公安机关的执法尊严和形象。增设袭警罪，对于作为社会治安的直接维护者的人民警察，受到必要的、合乎情理的特殊法律保护是客观需要。

第五，警察权性质的决定。对警察执法应当提供保护，而且应当提供强有力的保护，即比普通公务员执行职务提供更强的法律保护。因为警察权是主权国家用以维护国家安全和社会秩序，预防、制止和惩治违法犯罪活动而依法实行的强制力量。警察权的发动是国家强制力量的直接运用，对警察执法的抗拒就是以个人强力对抗国家强力，其危害性比其他妨害公务严重得多。同时，当国家使用警察这一强制性力量时，一般是某行为对社会秩序已经造成了严重影响，如果这时妨害执法，造成的社会危害就更严重。也正因为如此，世界各国对对抗警察执法都规定了比对抗普通公务员执法更严厉得多的处罚，有的国家为此还专门规定了“袭警罪”。

（三）增设袭警罪的理论可行性

对增设袭警罪，持否定态度的学者，有一个基本观点：我国法律对罪名的设置沿用的是大陆法系传统，成文法的特点在于，其规定只针对普遍性的行为，而不关注个别现象。如果单就袭警罪的设立采用英美法系的做法，与我国法律文化传统与整个罪名体系不吻合。

第一，我国现在的刑事法律体系，是一个相似于大陆法系法典法模式的制定法体系，这种在基本构造上的相似性，并不意味着在罪名设置模式上绝对地一切照搬大陆法系。我国的立法者更多的是针对不同的犯罪态势，从惩治需要出发来考虑设置罪名，并非一味地固守某种恒定不变的罪名模式。最典型的例子就是我国对于持有型犯罪的立法，在储槐植先生于 1987 年出版的个人专著《美国刑法》中，首次提出犯罪行为的形式，应在作为和不作为之外加一种行为形式“持有”，从而得以进入我国刑法学研究视野并以其具有的立法和司法价值从而被立法者所肯定的。[①] 最终我们也借鉴了英美法系的先进之处，促进了我国对于持有型犯罪的立法。即便是对大陆法系成文法国家，在袭警犯罪刑事立法方面，许多国家也都有优于我国法律详细而明确的规定，其借鉴价值是明显的。[②] 因此，我国法律模式与大陆法系国家的相似，以及与英美法系的不同，并不能成为妨碍设立袭警罪的理由。

第二，我国现行刑法中规定的妨害公务罪，尽管已经涵盖了妨害警察依法

① 梁根林、张立宇：《刑事一体化的本体展开》，法律出版社 2003 年版，第 89 页。

② 李志强：《我国设立袭警罪的立法研究》，山东大学 2010 年硕士学位论文，第 23 页。

执行职务的行为，但是也不应当成为将后者从前者中分解出来，独立设置罪名的障碍。事实上，某种犯罪行为虽然可以为其他罪名所涵盖，但是出于对该种犯罪行为的社会危害性予以特别强调，并非予以特别惩治的意图。在立法上将其单设为一个独立的罪名，这在我国刑法中并不少见，例如，在生产、销售伪劣产品罪之外又有生产、销售假药罪；生产、销售劣药罪；生产销售有毒、有害食品罪等；在盗窃罪之外又有盗窃、抢夺枪支、弹药罪；在诈骗罪之外又有集资诈骗罪、保险诈骗罪、信用卡诈骗罪、信用证诈骗罪、合同诈骗罪等；在包庇罪之外又有包庇黑社会性质组织罪；包庇毒品犯罪分子罪等。这样一种罪名设置并未使罪名与罪名之间的关系出现混乱，上述犯罪之间一般都存在法条竞合的关系，在具体适用时，只要按照法条竞合的处理原则，即“特别法条优于普通法条或重法条优于轻法条”处理，即能保证罪名适用的严格有序。

第三，对于犯罪采取涵盖过广的粗放式或包揽式的规定，曾经是我国刑事立法中的一个弊端，而以指向明确并且较为限定的细化式方式规定犯罪，则是修订刑法以及其后进行刑法修正的一个立法特点。事实上，采用此种方式规定犯罪，尤其对某些具有特殊危害性的犯罪行为予以特别细化的规定，以凸显其社会危害性，并非强调予以特别的惩治，也不会出现警察权的扩张和滥用，不仅不会破坏罪刑关系的均衡性与协调性，相反，将有利于罪刑关系的均衡性与协调性，有利于惩治该种犯罪，从而实现法律的公正与正义，维护法律的神圣与尊严。

（四）增设袭警罪的设想

目前，世界各国对袭警行为的定罪方式，大致有以下两种模式，三种不同的类型：

第一，独立罪名模式。主要是英美法系国家采用。将威胁、袭击、伤害、杀害警察的行为规定为独立犯罪，有单独的“袭警罪”罪名。采用这类立法方法的主要为英美法系国家。例如，美国的联邦刑法及其各州刑法均将袭警行为规定为一种独立的犯罪，并设置了相应独立的法定刑。1996 年的《英国警察法》，集中规定了五种侵害警察权的犯罪，即殴打警察罪、妨碍警察执行公务罪、冒充警察罪、非法持有警察衣物罪和挑唆不忠罪，并明确了相应的刑罚处罚。[①] 例如，《英国警察法》第 51 条规定：“1. 任何人如果殴打正在执行公务的警察，或殴打帮助警察执行公务的人，是犯罪并应受下列处罚：（1）由

① 谢望原：《英国刑事制定法精要（1351—1997）》，中国人民公安大学出版社 2003 年版，第 83 ~ 85 页。

简易法庭判处6个月以下监禁，在第二次或连续犯罪的情况下，处以9个月以下监禁，或处以100英镑以下罚金，或监禁与罚金并科。（2）不由简易法庭审理的较严重的殴打罪，应处以2年以下监禁或处以罚金，或监禁与罚金并科…… 3. 任何人抵抗或故意阻挠执行公务的警察或帮助警察执行公务的人，即是犯罪行为，应由简易法庭处以1个月以下监禁或20英镑以下罚金，或监禁与罚金并科。”① 根据美国联邦刑法及其各州刑法的规定，任何人都不得对正在执行职务的警察进行任何形式的威胁、袭击和伤害。所谓的威胁，既包括口头语言上威胁，也包括具体行为威胁。警察执行职务时，任何与其身体上的接触都被视为违法，警察有权在保护自己的前提下，向对方采取行动。② 香港地区的《侵犯人身条例》第36条和《警察条例》第63条均规定了殴打警察罪。③

第二，非独立罪名模式。主要由大陆法系国家采用。这种模式具体又分为两种形式：

一是采用一个罪名，多种量刑幅度模式，将威胁、袭击和伤害警察的行为纳入“抗拒公务员”的犯罪，并且按照情节分别对该罪设置多个量刑幅度。采用这类立法方法的主要为法国、德国和意大利等国家，其中以法国刑法的规定最为详尽。《法国刑法》第3编第3章将袭击警察的犯罪分为四种类型：其一，具有暴力抗拒警察的威胁行为，但并未接触警察的身体；其二，暴力袭击警察，但并未造成伤害；其三，暴力袭击警察，并且造成被袭击警察一定程度的伤害；其四，暴力袭击警察，并对被袭击警察造成严重的伤害或者导致死亡。在法国，情节严重的妨害公务行为最高可判处无期徒刑。④

二是按照情节轻重，将袭警行为分为妨害公务罪和故意伤害罪或者故意杀人罪。将一般情节的袭击警察的行为，纳入“妨害公务”的犯罪，如情节轻微的袭警行为，依照妨害公务罪定罪，处罚较轻，将袭击警察造成伤害或者死亡的犯罪规定为“加重结果的伤害罪”或“加重结果的杀人罪”，作为故意杀人罪或者故意伤害罪的从重处罚情节，最高可判处死刑。采用这一立法方法的主要是日本等成文法国家。《日本刑法典》第95条规定：“当公务员执行职务时，对其实施暴行或者胁迫的，构成妨碍执行公务罪。”⑤

对于我国袭警罪的设置，有学者提出了四种途径：其一，由全国人大常委

① 王渤：《发达国家警察管理制度》，时事出版社2001年版，第87～88页。
② 忻文柯：《国外有关袭警罪的立法情况》，载《人民公安》2006年第8期。
③ 赵秉志：《香港刑法》，北京大学出版社1996年版，第120～124页。
④ 《法国刑法典》，罗结珍译，中国法制出版社2003年版，第156～157页。
⑤ 《日本刑法典》，张明楷译，法律出版社1998年版，第32页。

会通过刑法修正案，增设袭警罪；其二，由全国人大常委会就妨碍公务罪作出立法解释，将袭警行为明确规定为从重处罚的情节；其三，由公安部提出修改《人民警察法》的建议，在其中增设袭警罪；其四，提请最高人民法院或者最高人民检察院专门就袭警问题作出司法解释，规定袭击警察是应当受到严厉惩罚的情节。①

我们认为，在上述四种途径中，第二种和第四种途径实际上是将袭警行为作为妨害公务罪中的从重情节，属于换汤不换药，仍然没有脱离妨害公务罪的罪名框架，无法凸显袭警行为特殊的社会危害性，难以实现对警察依执行公务予以特别的保护；而第三种途径是以附属刑法的立法方式规定袭警罪，则有违我国刑法法典化的一贯立法传统。因此，相比较而言，遵循第一种途径，即由全国人大常委会通过刑法修正案增设袭警罪，是最理想的选择。②

袭警罪的立法，应使用显性模式，独立成一罪名，置放在《刑法》分则第六章妨害社会管理秩序罪里的妨害公务罪之后。③ 本罪的罪状和法定刑可以规定为："暴力袭击警察，阻碍警察依法执行职务的，处三年以上十年以下有期徒刑，致使警察重伤、死亡的，处十年以上有期徒刑、无期徒刑或死刑。"④

袭警罪的犯罪构成：

1. 袭警罪侵害的客体是复杂客体，主要侵害了公安机关代表国家依法进行社会管理的活动和秩序，其次侵害了警察等人的人身权利。

---

① 何春中：《袭警事件为何频发》，载《中国青年报》2005 年 10 月 8 日第 3 版。

② 杨忠民、张志国：《论袭警行为的刑法规制》，载《中国人民公安大学学报》2006 年第 3 期。

③ 王江琼：《增设袭警罪的立法设计》，载《广州市公安管理干部学院学报》2009 年第 4 期。

④ 也有学者建议："明知是人民警察而以暴力、威胁等方法进行侵害或者阻碍人民警察依法履行职责，情节严重的构成袭警罪，依照刑法规定从重处罚。袭警行为致使人民警察重伤、死亡的，依照刑法规定的故意伤害、故意杀人罪定罪处罚。"参见邓国良：《人民警察法修改的审视与完善》，载《江西警察学院学报》2014 年第 4 期。

袭警罪犯罪对象主要是代表国家执行警务活动的人民警察。①

2. 袭警罪客观方面：（1）危害行为的类型。结合我国现实情况，我们认为袭警犯罪的危害行为主要有暴力、威胁、其他方法三种类型。所谓暴力，是指对正在执行职务的警务人员进行袭击或人身强制，如殴打、捆绑、伤害、禁闭等一系列程度不同的侵犯人身的行为。② 所谓威胁，是指以侵犯人身、毁坏财产、侵犯住宅、侵犯隐私、破坏名誉等相胁迫，对警察实行精神强制，使其在心理产生一种恐惧感，从而达到行为人妨碍执行公务或实施打击报复的目的。所谓其他方法，是指行为人采取暴力、威胁之外使受害警察不能反抗或不敢反抗的状态，达到行为人妨碍执行公务或实施打击报复的目的。例如，酒精麻醉、药物麻醉等软暴力行为，向警察吐口水、泼洒污物、撒野耍泼等侮辱行为。(2）妨碍人民警察依法履行职务。构成妨碍人民警察依法履行职务的行为，必须满足以下前提条件：第一，警察在履行职责时的适法性。第二，警察履行的是警务活动而非私人行为。第三，危害行为必须发生在警察依法履行公务之时。(3）危害结果。造成警务人员的轻伤、重伤或死亡。对于没有造成伤害结果的，但阻碍了警察公务的执行，我们可以引用“妨害公务罪”进行定罪处罚。

3. 袭警罪的犯罪主体。本罪主体是一般主体。不满 16 周岁的人犯袭警罪，不负刑事责任。已满 16 周岁的人犯袭警罪，应当负刑事责任。已满 16 周

---

① 首先，辅警或协警不是袭警罪的犯罪对象。理由是：（1）协警、辅警不属于在编人民警察，现行的法律、法规中，也从未明确授予协助警务的人员具有人民警察那样的执法权。(2）从妨害公务罪的角度来考虑，现行《刑法》第 277 条所规定的妨害公务罪的侵害对象只限于“国家机关工作人员”、“全国人民代表大会和地方各级人民代表大会代表”以及“红十字会工作人员”，而辅警或协警并不在上述范畴中。即使根据最高人民检察院在 2000 年 3 月 21 日发布的《关于以暴力、威胁方法阻碍事业单位编制人员依法执行行政执法职务是否可对侵害人以妨害公务罪论处的批复》中规定，即“对于以暴力、威胁方法阻碍国有事业单位人员依照法律、行政法规的规定执行行政执法职务的，可以对侵害人以妨害公务罪追究刑事责任”，也很难说目前协助警务的人员既具备“国有事业单位人员”的身份，又符合“依照法律、行政法规的规定执行行政执法职务”的条件。因此，协助警务人员在身份性质上只能算是群众性安全保卫人员中的一员，不能单独成为袭警罪的侵害对象。参见李志强：《我国设立袭警罪的立法研究》，山东大学 2010 年硕士学位论文，第 27 页；张衡：《增设袭警罪的理论思考和立法构想》，华东政法大学 2007 年硕士学位论文，第 19 ~ 20 页。其次，警察的亲友不能成为袭警罪的犯罪对象。理由是：袭警罪脱胎于妨碍公务罪，因此妨碍公务罪中关于犯罪对象的认识能够成为袭警罪犯罪对象认定的借鉴。我国刑法理论界通论认为，国家工作人员的亲友是不能够成为妨害公务罪中的犯罪对象。作为犯罪对象的国家机关工作人员本人与其亲友是不同的，后者不从事公务活动，因此，不能成为妨害公务罪的犯罪对象，如单纯地对他们实施侵害行为，不构成妨害公务罪。参见高铭暄、王作富主编：《新中国刑法的理论和实践》，河北人民出版社 1986 年版，第 640 ~ 641 页；赵秉志主编：《新刑法教程》，中国人民大学出版社 1997 年版，第 667 页。

② 何秉松：《刑法教科书》，中国法制出版社 2000 年版，第 944 页。

岁不满18周岁的人犯袭警罪，应当从轻或减轻处罚。因不满16周岁不予刑事处罚的，责令其家长或者监护人加以管教。

4. 袭警罪的主观方面。袭警犯罪的主观方面只能是故意，即要求行为人主观方面必须明知对方是警察，并且具有以暴力、威胁或其他方法袭击警察的故意。实践中有两种情形：（1）着警服的警察。警服是警察身份最明显的标志，此时，行为人能够明确辨认警察的身份。在妨碍警察依法履行职务的行为中，要求警察进一步表明自己正在依法履行职务，而非个人行为。这时，行为人不服从警察的指令，并以暴力、威胁或其他方法阻碍警察执行公务的，可以认定构成犯罪。（2）便衣警察。便衣警察在依法履行职务时，必须首先亮明身份，首先进行口头告知，然后必须出示警官证以证明身份，同时还必须表明自己是在依法履行职务。这时，行为人仍不服从警察的指令，并以暴力、威胁或其他方法阻碍警察执行公务的，可以认定构成犯罪。如果警察未能亮明身份、说明依法履行职务的目标，双方发生冲突，行为人也没有袭击警察妨碍执行公务的故意，不能认定构成袭警罪，造成严重后果的也只能按照故意伤害罪或故意杀人罪定罪处罚。

需要特别说明的是，增设袭警罪无法从根本上消除暴力袭警的问题，要治本尚须做好两项工作：一是要约束警察的权力，警察不能滥用权力侵犯公民的权利，提高警察的"公信力"和权威。二是警察要认真履行好自己的法定职责，为民排忧，真正做到警察法所规定的"人民警察必须依靠人民的支持，保持同人民的密切联系，倾听人民的意见和建议，接受人民的监督，维护人民的利益，全心全意为人民服务"。警察要保护群众，同样警察也需要群众的保护，两者是相辅相成的。一个拥护警察的社区、城市，人们对于暴力袭警事件就不能容忍，对于警察遭受暴力袭击就会伸手相援，及时制止暴力袭警的行为，使其失去生存的土壤；反之，如果警察公信力不高，平时对群众的求助冷漠推诿，那么警察在遭遇袭击的时候，群众也会漠然相视。由于袭警的背后，有着复杂的社会原因，因此单靠打击，只能"扬汤止沸"，并不能从根本上遏制袭警。警察的安全、袭警事件的减少不能完全指望增设"袭警罪"、"严打"行动，只有在推进警察法治、严肃警队风纪、规范民警执法执勤行为、加强执法监督、杜绝非警务活动上下功夫，才有助于树立警察良好形象，增强警察执法权威，对遏制袭警起到"釜底抽薪"之效。必须让警察自觉置身于群众当中，为群众着想，依靠群众。从根本上讲，群众的拥护才是警察安全的最好保障。[①]

① 张兆端：《警察权益保护问题透视》，载《山东警察学院学报》2006年第3期。

四、修订、完善《治安管理处罚法》

《治安管理处罚法》第1条规定："为维护社会治安秩序，保障公共安全，保护公民、法人、其他组织的合法权益，规范和保障公安机关及其人民警察依法履行治安管理职责，制定本法。"从该条规定中，我们可以看出"保障公安机关及其人民警察依法履行治安管理职责"是《治安管理处罚法》的立法目的之一。

《治安管理处罚法》第50条对违警、扰警、袭警等行为作出了规定，第50条规定："有下列行为之一的，处警告或者二百元以下罚款；情节严重的，处五日以上十日以下拘留，可以并处五百元以下罚款：……（二）阻碍国家机关工作人员依法执行职务的；（三）阻碍执行紧急任务的消防车、救护车、工程抢险车、警车等车辆通行的；（四）强行冲闯公安机关设置的警戒带、警戒区的。阻碍人民警察依法执行职务的，从重处罚。"但是，第50条规定的缺陷也是显而易见的。

（一）对侵犯人民警察执法权相关规定存有缺陷

（1）对公安民警执法权益的保护规定过于简单、抽象。《治安管理处罚法》只在第50条中列举了警车的通行权和特定区域的警戒权两项内容。对于其他的人民警察执法权益的保护，仅是概括性地包含在国家工作人员依法执行职务的范围内。这样规定未能体现警察工作的特殊性和危险性。（2）没有明确界定违警、扰警、袭警行为。在《治安管理处罚法》的相关规定中，只用了"阻碍国家机关工作人员依法执行职务的行为"一句话，代替了所有的具体违警行为。在实际生活中违警的现象很多，如吵闹、谩骂、无理纠缠、拒不执行警察的合理指令等。这些行为能否认定为阻碍国家工作人员的执行职务的行为？如果认定为"阻碍"行为，其认定标准是什么？《治安管理处罚法》第50条没有给出明确界定。由于法律没有对"阻碍"作出一个明确的界定，这就导致警察在执法时对违警行为处罚的尺度掌握不尽相同，很多违警行为因为没有统一的法律标准，也就不了了之了，很多不法分子也就得不到应有的惩罚了。

（二）侵犯人民警察人身权相关规定的存有缺陷

《治安管理处罚法》第42条规定："有下列行为之一的，处五日以下拘留或者五百元以下罚款；情节较重的，处五日以上十日以下拘留，可以并处五百元以下罚款：……（二）公然侮辱他人或者捏造事实诽谤他人的。"

《治安管理处罚法》明确规定“阻碍人民警察依法执行职务的，从重处罚”，体现了国家对人民警察履行职务活动的保护，有观点认为该条款的内容缺乏公正性，因为，人民警察是受保护方，还是处罚相对人的决定方，依据“自己不当自己法官”的规则，公安机关处罚的公正性难以得到肯定。对此问题，笔者认为，参照国外的相关规定，宜在治安管理处罚中引入法院的居中裁判制度，由公安机关和处罚相对人各自举证，法院在听取两者的陈述、审查证据之后，依据相关法律作出裁判。这样，在处罚的公正性得到保证之外还得到了相对人的信服和社会的认可，并且法院的公开审理还会在社会上起到良好的法律宣传作用，作为一种启动司法救济的手段也较为合理。①

① 杜雪晶、赵洪河：《我国警察权益保障的式微及改进路径探究——以犯罪嫌疑人权利与警察权博弈为视角》，载《求索》2011 年第 10 期。

第五章 社会管理制度创新与警察权益保护

第一节 社会管理创新与公安工作

一、公安机关社会管理创新的提出

现代社会管理创新概念的提出始于20世纪90年代初。当时，对社会管理创新理论具有较大影响的有两位学者，一位是英国杨氏基金会主席杰夫·摩根。[①] 他指出，社会创新是在满足社会目标方面产生效果的新想法，或者是指受满足社会需求目标所驱使并主要由以社会目的为主的组织所从事和扩散的创造性行动和服务。[②] 另一位是美国斯坦福大学社会创新研究中心詹姆斯·菲尔斯。他认为，社会创新是对某个社会问题的新颖的解决办法，该解决办法比现有的办法更有效、效益更高、更可持续或更加公正，同时它所创造的价值为整个社会带来利益而非仅仅对某些个人有利。[③]

我国社会管理创新提出于1993年。十四届二中全会提出，政府经济管理部门要转变职能，加强政府社会管理职能，保证国民经济正常运行和良好社会秩序。2002年，党的十六大强调要完善政府经济调节、市场监管、社会管理、公共服务职能，改进管理方式，保持良好社会秩序。2004年，十六届六中全会强调，加强社会管理、维护社会稳定是构建社会主义和谐社会的必然要求，

---

① 由英国政治家、社会学家迈克尔·杨创设的基金会。2005年改版重新运行后，致力于对社会创新进行研究。现任主席杰夫·摩根，1997～2004年间在英国政府中担任多项要职，其中包括政府战略部主任、内阁政策部主任。杰夫·摩根是伦敦经济政治科学学院、伦敦大学学院与澳大利亚墨尔本大学客座教授。

② 何增科：《社会创新的十大基础性理论问题研究》，载人民论坛网，访问时间：2010年10月28日。

③ 何增科：《社会创新的十大基础性理论问题研究》，载人民论坛网，访问时间：2010年10月28日。

必须创新社会管理体制，整合社会管理资源，提高社会管理水平，在服务中实施管理，在管理中体现服务。2007 年，党的十七大强调，要健全社会管理格局，健全基层社会管理体制，最大限度激发社会创造活力，最大限度增加和谐因素，最大限度减少不和谐因素。2010 年，十七届五中全会进一步就完善法律法规和政策、健全基层管理和服务体系、发挥群众组织和社会组织作用、健全党和政府主导的维护群众权益机制、正确处理人民内部矛盾、加大公共安全投入、做好流动人口管理和服务、加强特殊人群帮教管理和服务、完善社会治安防控体系等方面，提出了明确要求和工作任务。

首次正式提出把深入推进社会管理创新作为政法机关的“三项重点工作”之一，是在 2009 年 12 月 18 日召开的全国政法工作电视电话会议上。会议强调：“紧紧抓住影响社会和谐稳定的源头性、根本性、基础性问题，深入推进社会矛盾化解、社会管理创新、公正廉洁执法三项重点工作，推动政法工作全面发展进步，确保国家安全和社会和谐稳定，为经济社会又好又快发展提供更加有力的法治保障。”“三项重点工作”一经提出并贯彻落实到公安工作和公安队伍建设之中，就与“三基”工程建设和“三项建设”紧密结合起来。[①]

公安机关社会管理创新的新任务、新要求，主要体现在公安部召开的有关会议上。2010 年 6 月 26 日至 29 日，全国公安机关社会管理创新工作座谈会在广东深圳和广州举行。国务委员、公安部部长孟建柱在会上强调，全国公安机关要着眼经济社会发展大局，顺应社会建设进程，解放思想、勇于探索，充分发挥我国政治优势、现代科技作用和基层创造精神，统筹整合各方面资源，积极推进社会管理创新，努力走出一条公安机关社会管理工作新路子。[②] 孟建柱提出，全国公安机关要从全局和战略高度，充分认识新形势下推进社会管理创新的极端重要性、紧迫性，把社会管理创新作为全面提升公安机关维护国家安全和社会稳定能力和水平的重要抓手，置于公安工作更加突出的位置抓实抓好。要紧紧围绕当前社会管理中存在的突出问题，总结经验，创新机制，着力解决流动人口管理与服务、矛盾纠纷化解、社会组织与社会治安管理等问题，探索建立与社会主义市场经济体制相适应的社会管理体系，全面提升公安机关维护国家安全和社会稳定的能力和水平。

① 华乃强：《公安机关社会管理创新的几个重要问题》，载《浙江警察学院学报》2010 年第 5 期。

② 孟昭阳、陈慧君：《论社会管理创新行为的法治引领——以公安机关社会管理创新为视角》，载《中国人民公安大学学报》（社会科学版）2012 年第 5 期。

二、公安机关社会管理创新的时代背景

（一）公安机关社会管理创新是城镇化进程中社会管理模式变革的必然要求

改革开放以来，我国经历了人类历史上规模空前的人口大流动和大转移。在城镇化快速推进的过程中，越来越多的农民离开世代居住的农村和赖以生存的土地，到城镇务工经商，传统农耕定居的生产生活方式趋于解体，离开农村和失去土地的农民通过职业的非农化完成了由农民向工人的转变。[①] 一方面，由于户籍制度、社会保障等体制性的障碍，大量的农民工在医疗、社保、住房、就业、子女教育等方面无法与城市居民享受同等的公共服务，引发了许多社会管理方面的问题；另一方面，大量的农村青壮劳动力进城，农村家庭空巢老人、留守儿童、留守妇女的数量越来越庞大，这些新的社会问题严重影响了基层农村的治安与稳定，亟待加以解决。流入城镇务工的农业人口，在给城镇的经济发展作出巨大贡献的同时，也给社会管理和社会治安带来了沉重的压力，变革原有的社会管理模式已是当务之急。

（二）公安机关社会管理创新是保障人权和改善民生的需要

以人为本是科学发展观的本质与核心，是社会管理创新所遵循的基本原则之一。经济社会发展的根本和归宿在于人的发展，在于激发人们的积极性、主动性和创造性；而人的发展的前提是人权保障，是各阶层、群体都能共享平等的权利和经济发展的成果。公众的人权意识觉醒，必然表现为对公平正义的强烈诉求，也对社会管理范围甚广的公安机关提出了更高的要求。公安社会管理创新，则应以尊重人、培养人、发展人为着眼点，切实维护社会公平正义。[②] 当前，比较严重的社会矛盾多集中在关乎民生问题的领域，公安社会管理创新要以改善民生为出发点和落脚点，坚持群众利益高于一切、群众疾苦重于一切的思想，摒弃计划经济体制下的陈旧管理方式，创新管理途径与方式，使其适合市场机制的要求，加快明显有利于改善民生的社会建设。让“得民心、合民意”的创新举措实实在在地便利人民、惠及民生，让人们生活得更有保障、更有尊严、更有幸福感。

---

① 华乃强：《公安机关社会管理创新的几个重要问题》，载《浙江警察学院学报》2010年第5期。

② 刘文成：《推进公安社会管理创新回应社会的新期待》，载《北京人民警察学院学报》2011年第3期。

（三）公安机关社会管理创新是虚拟社会对社会管理方式变革提出的崭新要求

虚拟社会是实践主体在计算机网络技术与虚拟现实技术融合的基础上，通过虚拟实践创造出来的以光、电、声、色、影为表现形式，以网络交往形成的社会关系为框架，依托人类文明成果，对现实世界和非现实之物进行数字化编码而建构起来的人文空间，也是人类交流信息、情感释放、知识生产的新型社会空间。虚拟社会从纵横两个方面把科学技术与人类社会的发展，把人类新的社会存在形式和人类社会历史的发展联结在一起，既揭示了虚拟社会形成的科学技术基础，也揭示了虚拟社会的人文社会基础。[①] 虚拟社会在给我们带来实惠、幸福、希冀和享乐的同时，也给我们带来了危机、忧愁、失望和痛苦；在给予人们民主、自由、开放、平等精神权利的同时，也给人们带来了电脑病毒、道德淡化、信息污染、色情泛滥、黑客猖獗等问题；在推动现实社会发展进步的同时，也给现实社会的管理带来前所未有的压力和挑战。虚拟社会深刻改变了普通民众的生活，改变了国家的政治生态环境，也正在改变公安工作的执法生态环境。如何适应虚拟社会的管理，在思想理念、方法手段、技术能力、法律支持等多方面都给公安工作带来了前所未有的挑战。

（四）公安机关社会管理创新是适应公民社会民主、法治诉求的选择

随着我国市场经济体制的逐步建立和民主政治进程的加快推进，一个相对独立于政府和市场之外的公民社会正在快速成长，对我国经济、政治、文化、社会生活等各个领域产生了日益重大而深刻的影响。当前，我国公民社会的孕育、成长和发展，突出地表现为公众政治参与意识的日益增强，表达利益诉求的愿望愈来愈强烈。公民维护自身权利的行动渐趋自觉和主动，对政府行为的监督和评判力度也越来越大。与此同时，政府不可能包打天下和包揽一切社会管理事务，需要多方参与、民主协商、对话谈判的机制和制度，把该由社会做的事交给社会，该由市场做的事还给市场，清晰地界定政府、市场、社会的职责和作用，形成政府、市场、社会三者权力的制约和均衡机制，实现社会的多元善治。因此，公安工作当然应适应公民社会演进中的合法、理性诉求。

（五）公安机关社会管理创新也是风险社会对公安工作提出的挑战

现代社会既是一个“危险社会”，同时又是一个“风险社会”。在社会转

---

① 冯斌元：《公共网络安全视野下的虚拟社会管理研究》，载《公安研究》2010 年第 8 期。

型期，社会矛盾凸显、社会问题高发、社会风险增多，社会排斥造成农民工等部分社会群体社会权利相对贫困，社会诉求表达机制不畅，导致群体性事件多发高发。旧的社会矛盾和问题还没有完全解决，新的社会矛盾和问题又不断出现。一些长期累积的深层次的社会矛盾和问题可能因一星半点的“导火索事件”而突然爆发出来。特别是近年来发生的个人极端暴力事件和“无直接利益冲突”群体性事件不断增多，充分暴露出社会矛盾的尖锐性、复杂性、对抗性以及社会心态的敏感性、脆弱性、易扩散性。[①] 表面上看，这是个人利益冲突和社会矛盾泛化的结果，然而探究其深层次的原因，不难发现，这不仅是民怨、民愤长期累积沉淀后的一种直接爆发，更揭示了当前某些地区社会管理体制、利益分配机制、社会改革举措存在的弊端，昭示了党群关系、干群关系在某种程度上的质的变化，是政府信任危机的一种具体表现形式。特别是近年来接连发生的多起针对儿童、学生的校园恶性暴力案件，凸显的是社会矛盾和问题产生并存在的更为深层复杂的原因。

三、公安机关社会管理创新的内涵

中共十八大报告指出，“要把保障和改善民生放在更加突出的位置，加强和创新社会管理，正确处理改革发展稳定关系，团结一切可团结的力量，最大限度增加和谐因素，增强社会创造力，确保人民安居乐业、社会安定有序，国家长治久安”。公安机关是政府的重要职能部门，是社会管理的重要主体，它依照国家的法律法规，依靠群众，运用行政和法律手段，维护社会治安秩序，保障群众社会生活正常进行的管理活动，承担着越来越多的社会公共事务的管理职责。为此，各级公安机关都在深入研究社会管理规律，提高社会管理能力，保障社会和谐稳定发展，从而达到提高党的执政能力、巩固党的执政地位，消除各种不和谐因素，维护国家安全和社会稳定之目的。

公安机关社会管理从属于政府社会管理职能，是在政府主导下广泛发动社会力量对影响社会稳定的各类社会事务统筹和管理，达到促进社会系统协调运转的目标。具体说，公安机关社会管理就是要以国家安全和社会稳定为根本立足点，以提高党的执政能力、巩固党的执政地位为基本出发点，以化解社会矛盾、消除不和谐因素为主要着力点，对社会系统的组成部分、社会生活的不同领域以及社会发展的各个环节进行有效的组织、协调、管理和服务，实现经济社会的科学发展，满足人民群众的新期盼、新要求。[②] 因此，可以将公安机关

---

① 华乃强：《公安机关社会管理创新的几个重要问题》，载《浙江警察学院学报》2010 年第 5 期。

② 秦剑平：《新时期公安机关社会管理创新问题初探》，载《公安研究》2010 年第 12 期。

社会管理界定为：综合运用政治、经济、行政、法律、文化和教育等手段，对社会管理领域内发挥打击、防范、管理、控制、教育、服务等多种功能，从而实现打造平安和谐社会之目的的管理活动。具体包括国内安全保卫、出入境管理服务、社会治安管理、人口户籍管理、刑事犯罪侦查、经济犯罪侦查等与人民生活安全稳定的多方面的管理活动。

公安机关社会管理创新则是指“针对新形势和新问题，公安机关在现有的社会管理工作的基础上，运用新的社会管理理念、知识、方法和机制等，对公安机关社会管理工作进行调整和改革，进而提高社会管理效能，形成与新形势和新问题相适应的公安机关社会管理模式”。[①] 也有学者将公安机关社会管理创新理解为：各级公安机关为了适应社会形势的变化，以创新警务理念为先导，主动对警务管理体制、运行机制和管理方式进行改革的活动，其目的在于通过改革提高其履行职责任务、维护社会平安的能力。[②]

笔者认为，公安机关社会管理创新，是指各级公安机关为了适应社会形势的变化而从事的以创新警务理念为先导，主动对警务管理机制、警务运作机制或警务管理方式（方法）进行改革的活动，运用政治、经济、行政、法律、文化、教育等手段，发挥打击、防范、管理、控制、教育、服务等诸多功能，目的在于通过加强和改进社会管理工作，提高履行职责任务能力，维护社会平安，构建和谐社会。

作为社会管理创新的重要组成部分，公安机关社会管理创新必须置于时代发展的大背景下来考虑，以提升公安管控力、服务力、公信力为目标，着力改变目前管理理念、体制、机制、手段、方法、方式仍带有计划经济时代痕迹的不协调元素，有效激发社会管理活力，切实提高主动维护社会稳定的能力和水平。

四、公安机关社会管理创新的内容

公安机关社会管理创新包括社会管理理念的更新、社会管理主体的创新、社会管理方式方法的创新以及社会管理机制制度的创新。

（一）社会管理理念的更新

理念是行动的先导。先进的社会管理理念可以指引社会管理创新的实践沿

① 毛欣娟、蔡晨昊：《公安机关社会管理创新的路径选择及相关问题思考》，载《北京人民警察学院学报》2011 年第 4 期。

② 黄树安：《公安机关推进社会管理创新的措施探析》，载《公安研究》2010 年第 10 期。

着正确的方向前进，相反，落后的管理理念必将阻碍社会的进步与发展。创新社会管理理念，是推进公安机关社会管理创新的“方向盘”。[①] 公安机关作为社会管理的一个重要组成部门，要突破传统的束缚，打破过去的思维定式，做到与时俱进，用新理念探索新思路，用新思路制定新措施，以改革创新的精神，大胆实践，努力破解制约公安机关社会管理发展的“瓶颈”。通过思想理念的创新，提升基层公安民警的思想境界；通过管理理念的创新，提升基层民警的自身素质；通过工作理念的创新，提升公安机关的行政效能。为了顺利推进社会管理创新，公安机关应转变旧有的管理理念，树立如下观念：（1）以人为本、执政为民的管理理念。群众路线是我党建党建国的三大法宝之一，这就要求公安机关在进行社会管理创新时应始终把人民群众的利益置于第一考虑的位置，始终以群众是否满意作为衡量工作成败的唯一标准。（2）依法行政的理念。对比法治社会和人治社会，我们不难看出法治社会可以为社会管理创新的长期发展提供制度性的保障，不因领导人的改变而改变，也不因领导人意志的改变而改变。可以使“公安社会管理的制度化、规范化、阳光化运行，逐步改变靠拍脑袋来进行施政的人治社会管理习惯”。[②]（3）社会管理效率理念。如法谚所言，“迟来的正义为非正义”，在公安机关进行社会管理中也适用。只有及时、有效地进行社会管理行为，提高工作效率，方能切实有效地保障人民的合法权益，促进社会的稳定。

（二）管理体制、机制的创新

所谓“公安机关社会管理体制是指公安机关社会管理过程中的组织结构、运行模式。”[③] 创新管理体制是公安社会管理创新的保障。公安管理工作的创新发展，离不开指挥统一、权责明晰、精干高效的管理体制：（1）精简机构。对于上级公安机关的内设机构，根据其职责和职能，将相同相近职能的内设机构归并，综合设置机构，优化配置警力资源，解决机构设置过多、警力分散的问题，提高公安机关的整体战斗力和公安社会管理工作统筹能力。（2）减少层级。坚持因地制宜，综合考虑经济发展程度与人口规模因素，压缩管理环节，通过合并职能、减少层级、缩小管理幅度，使政令畅行、警力释放、效能

① 于成彬：《对推进公安机关社会管理创新的思考》，载《吉林公安高等专科学校学报》2011年第1期。

② 黄政钢：《公安社会管理创新需要更加宽广的胸怀与视野——关于公安机关社会管理创新需要树立“四个统一”理念的探讨》，载《公安教育》2011年第8期。

③ 毛欣娟、蔡晨昊：《公安机关社会管理创新的路径选择及相关问题思考》，载《北京人民警察学院学报》2011年第4期。

提升。(3) 充实基层。基层是公安社会管理的一线，应通过精简机构，减少层级，将有限的警力、装备、经费资源向一线实战单位倾斜，实现权力下放、人才下放，夯实公安社会管理工作的实战基础。(4) 明确事权。清晰界定事权划分标准，上级公安机关协调、指挥、指导，基层公安机关落实、执行、处置，上级机关事权不能向基层延伸，相重复的事权应归并整合。[①]

创新管理机制是公安社会管理创新的关键。先进的理念、健全的职能、合理的体制必须以科学的运行机制为着陆点，机制创新是理念、职能、体制创新的集中体现。(1) 创新指挥调度机制。以科学决策、精确指挥、强化执行为目标，创新指挥调度机制。强化信息全面、真实收集处理，决策重咨询、重民主，确实提高决策的时效性、系统性和稳定性。在社会管理指挥中，应明晰权责分工，明确指挥权限，防止越级指挥、多头指挥。[②] 重大事件实现指挥预案化，避免仓促应对、措手不及；紧急事件实现指挥高效化，反应迅速、多方协同。执行应做到准确认知上级意图和警务目标，秉持认真负责的态度，防止执而不行，落而不实。(2) 创新警务合作机制。动员全警参与，强化协作配合，实现各警种优势互补，按照一岗多能、一警多用的要求，把动态、开放、多维的合作理念贯穿于社会管理的全过程，实现信息共享化、决策统筹化、部署全局化、执行一体化。(3) 创新警务激励机制。通过正向激励为主、负向激励为辅，物质奖励、精神奖励并重的方式，激励相关人员按照有利于社会管理的方式，主动工作，积极作为，提升公安社会管理的质量和效率。(4) 创新考核评价机制。制定科学合理的考评项目、目标标准，建立有效的绩效识别体系、客观公正的评价体系，严格按照绩效评估结果奖优罚劣。[③] 通过严格考评，调动广大民警工作积极性，转变民警对考评的认识偏差，鼓励民警积极投身社会管理一线。(5) 创新督导检查机制。督导检查创新应实现内部督导与外部督导结合，专业督导与社会督导结合，宏观督导和专项督导结合，各环节、各层次、各领域的督察结合，做到实事求是、综合评价、严格把关，树立督导检查权威，将督导检查真正落到实处。(6) 创新警民互动机制。以人民群众为警力后备，调动社会力量参与管理，形成警民联合互动的社会管理网络。做到加强与新闻媒体沟通，促进公众对公安管理工作的理解和支持；依靠居民社区、社会组织、志愿团队，建设群防群治队伍；改进联系群众工作方

---

① 贺电、王琳琳：《推进公安社会管理创新的思考》，载《中国人民公安大学学报》(社会科学版) 2013年第6期。

② 陈美荣：《精细化管理：公安工作科学发展的理念和实践》，载《公安研究》2010年第8期。

③ 李文喜：《关于公安机关深入推进社会管理创新的几点思考》，载《公安研究》2010年第9期。

式，懂群众心理、懂群众语言、懂沟通技巧，提高群众工作能力。①

（三）社会管理方式方法的创新

公安机关社会管理创新必须以社会管理方式方法作为工作的突破口，采用项目管理推动社会管理。实践中，以社会管理创新实践的具体行动和效果、公安机关维护社会和谐稳定的能力、人民群众的安全感和满意度作为衡量公安社会管理创新的成败。(1) 建立信息共享机制。要建立信息化平台，注重信息的采集、分析和研判，经常性地维护信息数据库，提高公安机关工作人员运用信息化的水平。(2) 转变管理方式，向服务型转变。纯粹的管理、控制型管理方式在“大政府，小社会”的状态下能够发挥积极的作用。但是随着社会的转型，这种管理模式已经发挥不了应有的作用了。并且随着政府向“服务型”政府的转变，管理、控制型管理方式日益落伍。为了与政府职能转变保持一致的步调，公安机关也必须改变管理方式，由管理、控制型的管理方式向服务型的管理方式转变，寓管理于服务人民群众之中。(3) 加大警务公开度和透明度。警务公开一方面可以保障社会群众的知情权和当事人的合法权益；另一方面有利于加强社会对公安机关及其工作人员的监督，最大限度地减少其不法，乃至贪赃枉法的行为，保障其管理的公平、公正。

（四）管理主体的创新

这是公安机关社会管理创新的关键。要按照公安机关简政放权、强化监督、依法监管，基层自治组织协调利益、化解矛盾、排忧解难，社团、行业组织和社会中介组织提供服务、反映诉求、规范行为，社会成员享有权利、履行义务、自我管理的职能，科学界定和划分各自职责，共同履行社会管理主体的义务，进一步完善社会管理和公共服务。(1) 充分依托基层组织。城市社区居委会和农村村委会是我国法定的群众基层自治组织。要在流动人口和出租房屋管理、刑满释放解除劳教人员管理帮教和青少年社区矫治等“社会人”管理工作中，充分发挥居委会、村委会等基层组织的作用，通过建立工作通报机制、衔接机制、责任机制，落实管理措施，实施有效管理。(2) 充分依托社会组织和中介机构。目前，各类行业管理协会、教育培训组织、经济社会事务所、交易市场等社会组织和中介机构十分活跃，网络等新兴中介交流平台方兴未艾，对促进经济社会发展进步起到了不可替代的作用，也为公安机关提供了

① 戴碧铭：《试论新形势下的公安机关社会管理创新》，载《公安研究》2012年第2期。

更为广阔的管控阵地。[①] 一方面，要把一些管理职能交给这些组织和机构去管理。例如，可以探索把机动车驾照发放权限完全交给驾驶学校，把机动车上牌照具体事务交由机动车销售店办理，交通管理部门只负责对相关业务的监管、证（牌）照的制作、联网管理和对机动车牌照、驾驶人驾照的检验。又如，可以按照《保安服务管理条例》，加强保安协会建设，将保安服务作为产业推向市场，不断拓展保安队伍服务范围。另一方面，要强化对这些组织和机构的阵地控制工作，通过安装信息系统、物业治安信息员、奖惩激励等手段，使这些阵地为我所用，不失控、不漏管。（3）充分依托社会成员。通过“大走访”、“警民恳谈”等形式，加强对群众的法制宣传教育，增强群众守法维权意识、防范自救意识，发挥每一位社会公众在社会治安防范参与、自身人身财产安全保护、交通事故预防、火灾预防和自救等方面的作用，减少和遏制重大恶性案件和交通事故、火灾、治安灾害事故的发生。（4）切实加强与政府其他管理部门的协作。要加强与司法、民政、劳动和社会保障、教育、卫生、文化、工商、财政、安监、民族、宗教、政府应急处置中心等行政管理部门和金融、保险、证券、水电气热等行业监管部门的联系沟通，建立联席联动工作机制，共同推动社会管理创新。

（五）管理内容的创新

创新内容是公安社会管理创新的重点。应以我国公安机关管理“五大难题”深化管理内容创新。[②]

1. 人口管理与服务创新

一是要创新人口工作体制。针对传统人口管理体制“条块分割”、权责不一等问题，切实加强对人口服务管理工作的组织领导和统筹协调，实现由注重人的数量和行为管理，向促进人的全面发展转变，由传统分散管理向综合管理服务转变，由条块分割、以条为主向条块结合、以块为主转变，由政府统揽向社会化、规范化转变。[③] 二是要建立流动人口服务管理新机制。基层公安机关在整合过去的多种流动人口管理手段的基础上，建立以服务促管理的新机制，推动人口服务管理向社会化、社区化、均等化转变。三是对重点人口的管理。对涉稳、涉恐、涉毒、在逃、重大刑事犯罪前科、肇事肇祸精神病人、重点上

---

① 孙永波：《公安机关推进社会管理创新应该着力把握的几个问题》，载《公安研究》2010年第7期。

② 贺电、王琳琳：《推进公安社会管理创新的思考》，载《中国人民公安大学学报》（社会科学版）2013年第6期。

③ 张宗亮：《公安机关加强社会管理创新的几点思考》，载《山东警察学院学报》2012年第4期。

访人七类重点人员，建立常态化预警管控机制。[①] 对一些犯罪情节轻微人员、刑满释放解除劳教人员、五类重点青少年（闲散无业、有不良行为或严重不良行为、流浪乞讨、服刑在教人员未成年子女、农村留守儿童）、“法轮功”人员等特殊人群，要协助配合有关部门逐一落实社区矫正、工作安置、教育培训、帮教管控等各项服务措施。对入境外国人纳入实有人口管理，建立其入境签证、出入境边防检查、停留居留、住宿登记、就学就业、租房购房备案审批、出境等全过程动态管控机制。四是对困难群体和特殊群体的帮扶。对城镇失业下岗和低收入生活困难群众、农村贫困人员、失业返乡农民工、鳏寡孤独老人等困难群体家庭，要定期开展走访、定期进行摸排，积极争取党委、政府和有关部门的支持，力所能及地帮助解决实际问题。[②]

2. 社会矛盾化解机制创新

社会矛盾化解是公安机关维护社会稳定的重要基础性工作，也是和谐警民关系的重要途径。真正的社会稳定不是忽视社会矛盾而是在不断解决好社会矛盾基础上达到社会的稳定。公安机关的社会矛盾化解机制创新包括：第一，公安机关应该变被动为主动，通过各种途径获取社会矛盾信息，协调各个部门化解社会矛盾。第二，应当畅通民众利益表达渠道，使民众的矛盾有处表达、有处解决。第三，应当完善基层矛盾化解模式，建立基层所队的调解室，探索警民联调的基层矛盾化解方式。在派出所建立社会矛盾分级预警、处置机制，加强分级预警、动态管控、联动运作，坚持新矛盾就地发现就地化解、老矛盾力争一线化解、大矛盾联动就近化解的原则，提高矛盾纠纷化解效能。[③] 第四，应当协调各个部门，形成社会矛盾“一站式解决、一竿子到底”的机制，提高化解社会矛盾的效率。第五，应当把公安机关的社会矛盾化解机制与人民调解组织和司法调解组织有效对接，进一步完善“大调解”机制。[④]

3. 创新突发事件应急机制

在公安机关社会管理体制机制创新中，突发事件的应急管理机制创新是其中的一个重要方面。突发性事件应急管理涉及公安机关的多个部门，还包括武警、消防等专门力量，因此，要建立起完备的突发性事件的应急管理机制。第

① 孙永波：《公安机关推进社会管理创新应该着力把握的几个问题》，载《公安研究》2010 年第 7 期。

② 云山城：《推进公安机关社会管理创新若干问题的思考》，载《中国人民公安大学学报》（社会科学版）2010 年第 5 期。

③ 戴碧铭：《试论新形势下的公安机关社会管理创新》，载《公安研究》2012 年第 2 期。

④ 毛欣娟、蔡晨昊：《公安机关社会管理创新的路径选择及相关问题思考》，载《北京人民警察学院学报》2011 年第 4 期。

一，要制定突发性事件应急管理预案，充分考虑到突发性事件的可能危害和应对措施。第二，要完善应急指挥系统，在突发性事件发生时能保证迅速、有效地组织各个部门进行应急管理。完善应急指挥体系，整合应用GPS、警用地理信息系统、图像监控系统等资源，最大限度压缩指挥层级，实现5分钟处警、15分钟支援、全市半小时包围。完善特警跨区域、整建制调动作战机制，做到异地调动1小时内全部归建、2小时内全部准备完毕。[①] 第三，注重联动处置。针对突发公共事件，强化整体联动，实行大兵团作战。按照城市应急中心、实践调度中心、情报信息中心和治安防控中枢“四位一体”要求，探索建立由公安、武警、解放军、民兵等组成的“四防”应急队伍，着力提高防汛抢险、防化救援、防暴处突、防范控制能力，确保高效处置。第四，注重基础保障。针对地铁反恐，深化人头圈、人群圈、图像圈、情报圈“四个圈”建设；针对反恐处突，推进重点反恐目标“三维”图像库建设；针对校园安全，深入推进“校园五进”措施；针对突发事件可能多点爆发的情况，做好处置预案、特警专业力量、应急专家库、防爆处突装备等准备，确保有效处置各类突发事件。

4. 社会组织引导与管理方式创新

改革开放以来，我国的社会组织在政治、经济、文化、教育、科技等各个领域发挥了独特而重要的作用，同时，政府在对社会组织的管理方面还存在登记制度不完备和日常监管不到位的问题。我国对社会组织实行登记部门和业务主管部门双重管理的体制，公安机关是从国家安全和社会稳定的角度对社会组织进行引导和管理的部门，因此，公安机关应该加强对社会组织的常态化监督管理，引导社会组织参与到有利于社会和谐稳定的社会管理和社会服务中。另外，公安机关还应积极主动与外事、统战、民族、宗教、民政等部门沟通和配合，健全相关法律规范，提高对社会组织的引导和管理水平。

5. 网络虚拟社会建设管理创新

随着互联网络、手机网络等信息传播技术的迅猛发展，网民数量激增，互联网已经成为了社会公众的“发泄器”，成为了社会矛盾的“放大器”，“虚拟社会不虚拟”已成为不争的事实。特别是发生突发公共事件后，网络已然成为公众发布信息、了解真相、表达思想的重要平台，一些在网上体现的问题，很容易发展到现实社会中；一些在现实社会中发生的突发事件，也会很快发布到网上，这种网上与网下的相互影响，极易引发过激行为甚至群体性事件。因此，加强应急状态下的虚拟社会管理，对于公安机关能否掌握工作的主动权极

① 徐珠宝：《公安机关社会管理创新的实践与思考》，载《公安研究》2011年第2期。

为关键。公安机关要利用负责公共信息网络安全监察的便利条件，充分认识互联网在社会生活中的作用，注重研究互联网的内在规律和规则，充分运用法律、行政、经济、技术等手段，加强互联网的建设与有效管理。特别是要认真研究和充分利用法律手段，依法保证互联网健康有序发展。既要把网络舆情作为听民声、察民意的重要渠道，又要高度重视和评估舆情影响，主动回应社会关切，有效地制定互联网管理建设政策，正确引导网上舆论，维护网上秩序，营造有利于社会稳定的舆论环境。①

公安机关对虚拟社会管理的创新可以概括为：第一，创新基础信息掌控方法，围绕境内外网站媒体、手机短信、社会舆情等重点方面和领域，对公共突发事件开展多渠道、多手段、全方位的巡查，做到全面收集、及时研判、科学决策；加强对网络运营商、接入商、信息服务商的管理，从源头上做好防范工作。全面加强网上信息管理，督促互联网相关单位落实对下级用户备案、收集用户真实身份信息和其他基础信息，建立数据库，尽快实现全域联网查询和信息共享。第二，创新网络信息监控手段，对网络社区、论坛、QQ 群和手机短信开展网上巡查处置，防止有害信息传播蔓延；实时监控网络舆情，及时发现可能影响稳定的苗头性、预警性信息和网上炒作活动；要加强网络场所管理，全面掌握网站、上网场所、联网单位和互联网服务单位等基本信息，逐步建立虚拟人口信息库、虚拟社区数据库，实现对虚拟社会的有效管控，必要情况下，还应及时召开新闻发布会和通报会，澄清事实，回避谣传，及时消除负面影响。② 第三，创新网络舆情导控措施，针对公共突发事件发生后各种有害信息层出不穷的局面，按照互联网应急处置预案，采用疏堵结合的策略，根据具体情况采取不同的处理措施，认真分析、研判网上涉稳舆情，定期编报情况专报，为领导决策提供第一手网上资料；主动发布正面引导信息公布事件真相，通过网上正面宣传解答网民疑问，化解、疏导过激或偏激言论，引导舆论正面发展，努力提升对虚拟社会和现实社会的综合管控能力。

① 云山城：《推进公安机关社会管理创新若干问题的思考》，载《中国人民公安大学学报》（社会科学版）2010 年第 5 期。

② 秦剑平：《新时期公安机关社会管理创新问题初探》，载《公安研究》2010 年第 12 期。

第二节　社会管理创新与和谐警民关系构建

一、警民关系及其评价标准

（一）警民关系的界定

对警民关系的界定，历来众说纷纭。有学者从警民互动形式特质的研究视角，提出："警民关系泛指警察与公众的关系，在我国则主要是指公安机关及其警察在依法履行职责和执行公务活动中，为维护公共安全和社会治安秩序，通过一定的条件与相关团体或公众个人建立的权利、义务和人际关系。……警民关系是社会关系的重要组成部分，在不同的历史时期有着不同的内容和要求，并随着社会的发展而不断发展变化。"① 也有学者从法律关系的视角界定"警民关系"，即"警民关系，是基于法律规定和经济、社会历史发展而形成的一种警察机关、警察与其他社会组织、公众之间的权利义务关系"。② 美国学者塞缪尔·沃克认为，"警民关系可作广义和狭义的解释。从广义说，它包括警察同公众各个方面的关系"。"狭义的警民关系是指警察同社区中与之关系紧张并常发生冲突的那一部分居民的关系。"③

笔者认为，所谓警民关系，是指在一定的法律规定的范围内，公安机关以及人民警察在执行各项打击预防犯罪活动、警务活动、公安执法活动、社会管理活动、社会公共服务等各项公安工作中与人民群众形成的权利与义务的关系。警民关系可从以下几个方面解读：（1）警民关系作为社会意识形态范畴中人际关系一个重要方面，它受经济基础的决定作用和政治法律制度的深度影响，带有鲜明的政治色彩。（2）警察在执行警务活动与工作中与民众形成的权利与义务关系，是以法律为基础，是警民关系不同于一般传统人际关系的特殊性。警民关系是建立在法律基础之上的一种法定关系，两者有各自的法律责任和义务，即警察应严格执法、为民服务，人民有服从和支持警察执法的义务。警民关系要达到和谐，必须找准各自的法律定位，在法律框架

---

① 蒋和平：《以促进警民和谐为目标，正确定位警民关系》，载《公安研究》2009 年第 7 期。

② 崔北方、祝大安等：《警民关系学》，中国人民公安大学出版社 2007 年版，第 5 页。

③ ［美］塞缪尔·沃克：《美国警察》，公共安全研究所外警研究室泽，群众出版社 1989 年版，第 89 页。

内相互密切合作。一方面要树立警察的执法权；另一方面公民要自觉支持警察执法。[①]（3）警民关系是以平等、互助为前提，以情感融入为纽带，具有人际关系性质的社会属性，是一个比较广义的概念，其特殊性寓于普遍性之中。（4）警民关系的内涵始终处在不断变化、发展更新的动态过程中。

（二）和谐警民关系的评价标准

和谐警民关系是警民间的关系达到了对等平衡、相宜相生、和衷共济的境界，即人民警察与社会公众相互信任、和谐相处，人民警察严格执法、热情服务，以维护社会稳定为天职，社会公众大力支持公安工作，以促进国家发展为己任，相互形成良性互动的警民关系。

和谐警民关系的形成，涉及方方面面的因素，具有时间、空间、地域的不确定性，既是一个持续的过程，又可能不断出现反复。因此，和谐警民关系建设中，要准确把握警民关系状态，以此引导和加强和谐警民关系建设工作。警民关系状态的把握，关键是对和谐度的评判。在评判的内容上，要重点突出公安机关政治和社会责任履行情况、突出公安队伍素质能力提升和作风改进情况、突出公安工作发展进步情况。要结合公安实际细化评估内容，合理调整权重分配，完善评判指标设置，建立符合公安工作和队伍建设发展的警民和谐度评判体系，更加有效地引导和促进和谐警民关系建设。

对和谐警民关系的评价标准，我们概括为三个方面：一是人民群众对公安工作的认同感。和谐警民关系的构建，重在认同，先在认同。群众的认同是和谐警民关系构建的方向，是发展和谐警民关系的动力，是实现和谐警民关系的实践路径。[②] 公安机关要认真履行好自己的职责，切实保护好人民群众的合法权益，确保一方平安，赢得人民群众的信任。同时要全面实行警务公开制度，打开与群众沟通的桥梁，拓展警民互动的渠道，给予人民群众了解、参与公安工作的机会，真正实现警民和谐互动。二是人民群众生存和发展的安全感。民安为本，民生为重，人民至上。这是和谐警民关系构建的核心所在，也是公安机关努力的方向，公安机关要紧紧围绕新时期公安工作的新要求，认真履职、忠诚为民，忠于法律、严格执法，提高执政、执法水平，充分保障人民的生命财产安全，在执法中要让最广大的人民群众满意，而不能单纯为了某些人或某部分人的所谓“满意”违背法律的规定，切实为人民群众创造一个安全和谐的治安环境，使群众有生存和发展的安全感。三是人民群众对公安工作的满意

① 曾页九：《关于建设和谐警民关系的思考》，载《公安研究》2006年第7期。

② 黄清观：《和谐警民关系标准定位初探》，载《公安研究》2009年第6期。

度。人民群众对公安工作的满意度是指公安工作状况必须符合群众的意愿。公安工作只有达到群众的要求，才能真正地维护群众的权益，拉近警民之间的关系。

和谐警民关系的伦理价值，主要体现在以下两个方面：（1）警民关系主体间“利益”和谐。利益问题是警民关系伦理的核心问题，也是警民关系无法回避和必须首先要回答的问题。新中国成立后，人民成为国家的主人，一切权利属于人民，政权建立的目的由封建社会“为皇帝服务”变为社会主义社会“全心全意为人民服务”，从根本上说，警民是没有冲突的。但随着市场经济的建立和发展，决定经济关系的生产资料所有制性质由公有制（集体所有制、全民所有制）转变为公有制和私有经济、合资经济共存。马克思主义伦理学认为“经济关系的变化引起道德的变化”和“道德领域的对立和斗争，首先是为了经济利益而进行的”。[①] 民营（私营）经济和公有制经济之间，民营（私营）经济、公有制经济组织和群众之间的利益冲突日益明显。对警民关系中的警、民而言，现阶段是存在利益冲突的，矛盾是绝对的。为此，要在警民双向交流中充分发挥伦理的约束引导功能，不断改造旧有的警民关系环境，建立一种新的良性互动关系，实现主体间利益的和谐。（2）警民关系主体间“目的”和“手段”和谐。警民关系的目的归根结底是受利益的约束和制约。当前由于政府机构改革不完善及西方各种思潮的影响，在警民关系中，警察或群众有严重的功利化倾向，往往抛弃公共利益而单纯追求经济利益。马克思主义认为，目的与手段是密切相连的，目的是手段的依据，目的决定手段的方式。手段是实现目的的中介，手段有效与否直接关系到目的实现及实现的程度。同一个目的可能有一个甚至多个实现该目的的手段。为了实现某种“善”的目的，必须找到一个“善”的手段，达到目的和手段的一致性。因此，警民关系活动中，目的与手段必须和谐，既要坚持有道德价值的目的，又要采取与目的相适应的正当手段，使个体获得自身利益的同时，也能够给社会公众带来利益。

二、当前警民关系的现状

当前，从全国来看，我国警民关系总体上是和谐的，主流是好的，警民关系比较融洽。但是在新形势下，也必须清楚地认识到随着经济转轨、社会转型，社会管理模式从静态封闭型向动态开放型转变，稳定的熟人社会变成流动

① 罗国杰：《伦理学教程》，中国人民大学出版社 1986 年版，第 53 ~ 55 页。

的生人社会，人际关系淡化，警民关系也现出许多不和谐的因素，特别是在国内外形势发生深刻变化的新的历史时期，警民关系在总体改善的前提下仍然存在一些突出问题，亟须引起社会各界的高度关注。

（一）警民关系疏远淡漠

在社会转型期，警民关系疏远的现象表现在多个方面：

警务人员对自身的权力认识不清，权力意识作祟，使公安机关的工作没有体现对群众的尊重和关怀。在治安管理中，动辄搞“零点行动”、“地毯式清查”，深更半夜上门查验证件，蔑视弱势群体的基本权利；在查处治安案件、调处治安纠纷中，不会做、不愿做耐心的思想教育工作，作风粗暴、态度蛮横；在处置群体性事件中，不注重思想教育、引导，而采取强制驱散等方法；官重民轻、特权思想严重；以管人者自居，不讲为人民服务，只讲权势、利益、享乐；口头上称“人民公仆”，实际上成为称王称霸的社会主人；以权谋私，利用手中的特殊权力，索贿受贿、私分罚没款、内外勾结敲诈勒索、执法中的权钱交易、徇私枉法等。

（二）警民信任关系缺失

警民关系的信任缺失，具体表现为公众对公安工作不理解、不配合、不支持。在公众遇到危难的紧急关头，警察奋不顾身、舍己为人；但警察在执行公务中需要支持时，公众却选择了冷眼旁观，甚至发生严重的警民暴力对抗和警民冲突。[①] 而民众对公安机关的工作却漠不关心，对警察工作不予以支持、消极配合，充满怀疑，对于警务活动参与不够。在办案过程中，即使群众在案发现场也不提供任何的帮助，面对犯罪现象挺身而出的少，提供证据的少，少数群众过于专注于个人利益，对社会公益事业漠不关心；有的认为“事不关己、高高挂起”，或是害怕犯罪嫌疑人的打击报复，在他人的合法权益受到侵犯时，缺乏配合公安机关共同开展案件调查工作的积极性与主动性，使得公安机关在宣传群众、发动群众、组织群众、争取群众方面遇到了很大的阻力和困难。[②] 有学者对广东东莞部分街镇调查，在调查群众对警察的信任度时，设计了两个社会现象发问。在被问及“公安机关发布的社会焦点、热点信息是否可信”时，群众回答“存在怀疑”，占52%，比例相当高；“不可信，都是掩

---

① 王锦：《警民关系信任模式研究》，载《中国人民公安大学学报》（社会科学版）2012年第5期。

② 蒋和平：《正确定位警民关系，努力促进警民和谐》，载《湖南公安高等专科学校学报》2009年第2期。

盖事实，欺骗群众的”，占14%。被问及“通过媒体传播的关于人民警察的负面信息，您是持怎样的态度”时，回答“有怀疑，看是否被炒作”，占43%。“相信事实，警察就喜欢弄特权”，占51%。问及人民警察“所在单位和群众关系现状”时，“关系一般，但必要时刻警民关系还算融洽”，占56%。“关系融洽，我们深得群众信任”仅占15%。[①]

（三）警民关系紧张对立

当前，由于我国社会正处于经济、社会双转型发展时期，受到了全球金融危机影响，贫富差距、城乡差距、社会保障、分配不公、劳动就业等问题引发的社会矛盾不断增多。随着这些矛盾的不断转化升级，而公安机关作为维护稳定的生力军，并没有得到民众的支持理解，继而演变成群体性事件，警民冲突就爆发了。以东莞市为例，警民冲突主要表现是群体性事件。根据东莞市公安局指挥中心的资料统计，2008 年全年共发生群体性事件 600 余宗，2009 年 480 余宗，2010 年、2011 年趋向平稳，但仍有 300 宗左右。[②] 在 2008 年发生的贵州瓮安事件中，瓮安县公安局办公室被烧，22 辆警车被毁，百余民警受伤。[③] 在一些地方，警民关系紧张对立的态势，还表现为诬告警察、恶意袭警等。一部分受查处的违法犯罪嫌疑人明知民警执法行为是合法的，但出于报复，就诽谤民警执法态度不好，公然对民警进行恶意投诉。2006 年至 2008 年，湖南省公安机关警务督察部门受理投诉 8589 件，其中 5491 件属不实投诉。110 报警服务台共接到对公安民警的投诉电话 1686 件，其中不实投诉高达 60% 以上。[④]

（四）社会公众对警察的非议责难增多

在社会转型期，征地拆迁、外来人口管理、利益纠纷等引发的不稳定因素增多，警察出于维护社会治安秩序的职能而长期处于“灭火”的状态，一定程度上警察成了社会矛盾的转嫁者，承载了“无直接利益冲突”下的“迂回发泄”。与此同时，普通民众的法律意识不断增强，从国家有组织的“一五”普法到“六五”普法，以及以政法部门为主经常开展的法制教育和法制宣传，

---

① 方伟麟：《公共伦理视角下的和谐警民关系研究——以东莞为例》，广西师范大学 2013 年硕士学位论文，第 19 ~20 页。

② 方伟麟：《公共伦理视角下的和谐警民关系研究——以东莞为例》，广西师范大学 2013 年硕士学位论文，第 23 页。

③ 孙海涛：《贵州公安厅通报瓮安“6·28”事件》，载《人民日报》2008 年 7 月 2 日。

④ 浙公研：《关于公安民警合法权益保护的调查与思考》，载《公安研究》2008 年第 11 期。

促使民众的民主法制意识增强已是不争的事实。群众在利益受损后“讨个说法”的意识越来越强烈。在此环境中，我们公安民警的一言一行都在群众监督之下，不说办错事执法不公，就是说错话引用法律不当都可能会受到群众的质疑或投诉。再则，有不明真相的群众，受个别被公安机关打击处理过的人的蓄意蛊惑、造谣煽动，在街谈巷议中时常流露出对公安的不满情绪。对发生在个别民警身上的不良行为，以偏概全，甚至上纲上线，无限夸大。给公安机关造成不良影响，并陷入被动局面。

三、和谐警民关系构建的现实路径

（一）警察权的合理规制和公民权的适度扩展

1. 合理规制警察权保障公民权

只有权力的制约才能保证权力的正常行使。作为一种有着强扩张性和侵略性的国家权力，警察权极易给公民权利带来巨大威胁，应受到严格规制，唯其如此，才能实现公民权与警察权之间的平衡。为此，可以从以下几个方面制约警察权：

第一，加强对警察权的立法控制。警察权来自公民为享有自由而作出的权利转让，公民在转让权利的同时，对转让赋予了种种限制，并通过代议机关用法律形式将种种限制表达出来，还要求警察权主体必须遵守。然而我国警察法律规范在制定上往往立足于对相对人进行管理，缺乏对相对人权利的保障。警察机关给自己设置的权力过多过大，必然影响到公民权利的保障。因此，在立法上应尽可能建立完备的法律法规体系，对警察权行使的时间、方式、方法、程序、权限、对象等予以明确规定，尽量缩小警察的自由裁量权，减少警察使用自由裁量权时出现偏差的可能性。一是法律必须明确警察权力的主体，避免警察权力行使中出现权力被盗用，使公民权利尽可能少受不当权力的制约和损害。二是法律必须明确警察权力的内容，避免警察权力的膨胀和滥用，减少警察权力对公民权利的侵犯。三在相关法律法规中明确规定警察权的行使必须遵循比例原则。司法实践中，警察权的滥用，不仅表现为违法违规行为，更多地表现为自由裁量权的滥用——合法而不合理，而我国行政诉讼法仅有合法性审查原则，即只审查具体行政行为的合法性，而不论其合理性，因此对自由裁量权的滥用无能为力。[①] 如果将比例原则作为一项基本原则在立法中加以确认，

① 郭玺、李国强：《警察权力滥用的原因分析及其控制》，载《吉林公安高等专科学校学报》2005 年第 1 期。

一方面可以促使警察的执法活动遵循合理合法的原则要求，另一方面受害人可以以违反比例原则提起行政诉讼来进行自我救济。

第二，严格执法程序规范警察权。程序是指人们为完成某项任务或某个目标而预先设定好的行为方式、方法和步骤。法律程序则是指人们在实施法律行为过程中必须遵循的法定步骤和方式。它的最大功能就是能够限制程序义务人的主观随意性，防止权力或权利的滥用。[①] 警察权的程序控制就是对警察执法行为过程的控制，把行为的时间与空间方式以及相对人的参与作为重点，解决权力过程中的失控问题。现有警察制度所设立的程序大多数并非限制警察权的行使，而是为公民行使权利制造障碍和麻烦。特别是警察权中限制、剥夺公民人身自由的部分，程序限制非常薄弱。应该建立起严格限制警察权的程序制度，尤其是针对可能严重侵犯公民人身自由的权力，废除其行使羁押权的行政审批程序。[②] 同时还有必要强调这样一种规则，即未经法定程序，无紧迫事由和正当理由，任何人不得限制、剥夺公民的人身自由。尽管这是法治社会题中应有之义。同时，公安民警在执法过程中应严格按照法律程序的要求实行警务公开，建立权利告知、听证制度，公开办案程序，不论是在执行行政处罚、行政强制措施、行政许可、行政决定、行政监督检查的过程中，还是在刑事执法中的立案、侦查、采取刑事强制措施、预审、移送起诉等各个环节，都应当按照法定程序执行，充分保障行政相对人和犯罪嫌疑人的基本权利，最大限度地实现程序公正。

第三，培养执法主体权利保障意识。由于长期受“左”的思想的影响，我们过多地强调公安机关是人民民主专政的重要工具，这使公安机关往往以“牧民者”、“管理者”的身份自居，把人民群众作为管理的对象对待，因而不能正确认识手中的权力，忽视了对公民权利的保障。在社会主义建设的新时期，警察队伍要牢固树立权力是人民群众赋予的观点，培养权利保障意识，正确处理好公共权力的行使和公民权利保障之间的关系。在行使权力的时候，要教育和引导民警必须严格在宪法和法律规定的范围内工作，牢固树立“立警为公、执法为民”的宗旨意识，坚持以人为本，转变执法观念，克服特权思想，尊重和保障人权，从思想源头上根除和杜绝粗暴执法、执法不公、执法不文明等损害群众利益、伤害群众感情的现象发生。工作中既要注重管理，更要注重服务，改变强调国家公权益而轻视、削弱公民私权益的“因公废私”的

① 施俊镇：《试析公安执法规范化建设进路》，载《公安研究》2010 年第 12 期。

② 刘须群、周剑英：《论警察权力的制约与保障——兼谈对〈治安管理处罚法〉中警察规范执法与执法监督的理解》，载《湖南公安高等专科学校学报》2005 年第 6 期。

传统做法，禁止滥用权力，对公民人身权、财产权肆意侵犯，或不尽维护“私权”的职责，对侵犯公民权利的行为置若罔闻。

第四，完善对警察权的法律监督。要通过有效的内外监督机制防止警察滥用权力和利用权力违法违纪。一是要完善内部执法监督制度，实行全程执法监督，健全执法质量考评制度，加强执法和办案质量评估工作。二是要强化检察机关对于警察权力的制约。事实上，在侦查阶段，检察机关的控诉职能并未形成，它的角色应是站在公正的法律立场，为被追诉者和被害者提供一种实质上的法律保护。可考虑逐步将警察的侦查权纳入公诉权的控制和约束之下，使检察机关拥有对刑事追诉活动的启动、进行和终止的权力，从而加强其对警察权力的控制作用。[①] 三是法院要更多地介入警察权的司法审查。现实中的法院与警察机关的关系是配合有余，制约不足。在公众眼中，法院对于警察机关有着浓厚的倾向性与依附性。要发挥法院对警察权的监督作用，就是要从刑事诉讼的整体构造上入手，使法院更多地介入对警察权的审查，并确立司法最终裁决原则。司法最终裁决原则的要求是，行使司法审查的官员必须保持中立与超然，且与裁决事项没有任何利益关系，目前看，法院最合适担当这一角色。根据这一司法最终裁决原则，所有涉及个人自由、财产、隐私甚至生命的事项，不论属于程序性还是实体性，都必须由司法机构作出裁判，这种裁判具有最终的权威性。这种程序性裁决，能够在警察机关与犯罪嫌疑人之间起到缓冲作用，制约警察机关警察权的滥用。四是扩大司法审查范围。警察权基本涉及公民的一切权利，而法院可以受理的涉及公安机关的案件，则仅限于警察侵权的行政案件，对于警察权的刑事权力与公民权利的冲突，则不能通过诉讼获得救济，这无形之中使警察机关的刑事行为免除承担相应的责任。为实现权责统一，应当扩大法院受理涉及警察机关案件的范围，特别是应该将警察机关刑事强制措施的合法性审查纳入诉讼的范围。最后，我们也应认识到司法权制约警察权，只是一个制约，并不意味着司法机关就可以左右警察权正当的行使，还是要保证警察权独立行使不受影响，使其合理运行在自己应该运行的轨道之内，这样才能实现警察权与公民权的和谐共存。

第五，完善警务执法责任制度。执法责任制是规范和监督执法活动的一项重要制度，推行执法责任制是警务部门正确履行职责的一项极为必要的保障措施，努力建设权责明确、行为规范、监督有效、保障有力的行政执法体制，扎实有效地实施、推进行政执法责任制的部署和落实，是确保开展警务督导活动

---

① 葛磊：《我们怎么限制警察权——制度经济学视野下的警察权限制》，载《中国律师》2004年第6期。

的前提，并且将是实施内部监察工作的基石。积极推进警务部门执法责任追究制主要涵盖以下内容：（1）强化警务部门工作勤务管理评定方法。通过对以前工作考评措施的整理，迅速推进以警务工作为重点的民警勤务工作考核办法，通过对警务工作的程序性、合法化是否达标进行测评作为其各项表彰评比的重要依据，制定规范、适时、有效的考核方法，确实使该措施起到奖优罚劣、带动整体的效果。（2）确定责任主体、责任成因和责任形式。针对不同情况，分别追究公安机关、领导及直接责任人员的相关失职行为，强化倒查制、责任负责制，而且必须在制定相关规范措施时明文规定惩处种类以及方式方法，真正使之发挥作用而不是流于形式。（3）切实强化警务监察部门，可以试行责任连坐制。在处罚触犯国家有关党纪法纪的相关责任人时，可以对监察该部门或该人员执法工作的监督部门开展调查，查清该部门是否有疏于监督之嫌，促进相关人员时刻警醒自己，正确履行自身职责。①

2. 适度扩展公民权制衡警察权

第一，扩大公民知情权。我国的知情权保障远未制度化，公民的知情权远未得到应有的重视。与之相对，随着经济体制改革的逐渐深入，由于产业重组、结构调整和利益分配诸种矛盾的影响，民众对自身的利益更加关注，知情权要求强烈。在这样的背景下，警察行政公开成为一项非常重要的制度，它不仅直接关系到公民的知情权，还是公民行使其他权利的前提和基础。公安机关要按照以公开为原则、不公开为例外的要求，进一步深化警务公开，大力推行阳光警务、露天警务，除工作需要和保密事项以外，全部将相关警务信息向公民公开，落实好警务信息和相关警务工作对外公开制度化、规范化。② 既要大力宣传公安机关打击犯罪、保护人民、服务群众的真实情况，又要采取警情发布、安全提示等富有人性化的警务公开方式，切实保障公民应有的知情权，推进警民的互动和有效沟通，增进警民关系的和谐。

警务公开的范围包括执法的各项依据及程序、刑事和行政执法以及警务工作纪律等内容。警务公开的方式有广播电视、互联网、警方微博、微信、报纸、杂志等传播媒体，以及在人流集中、流动性大的地点放置公告板、发放“警务公开手册”等，与社会百姓面对面，大力宣传警务部门工作办案的准则；妥善推进公安新闻发言人措施，第一时间发布突发事件消息，定期向民众公布社会治安状况及警务部门工作实效，使百姓最大限度获得警务工作的相关

① 张景华：《关于推进公安机关执法规范化建设的几点意见》，载《浙江警察学院学报》2010 年第 6 期。

② 易继苍：《公安机关执法规范化建设研究述评》，载《浙江警察学院学报》2011 年第 1 期。

情况，积极获得百姓对于整个公安工作各方面的支持，自觉采纳来自各渠道的监督和意见；凭借广泛自我介绍，强调加强社会民众的法制概念，以便于社会民众积极地对公安部门执法办案活动采取监督。

第二，落实公民程序权利。应完善回避、合议、辩论、调查等程序，保证警察机关在实施警察权时能在程序上平等地对待每个公民，排除各种可能造成不平等或偏见的因素。使每个公民的平等权都能在法律面前平等地得以主张。[①] 警察不能不顾法律程序，强迫被告人或嫌疑人自证其罪或自证无罪，而应切实担负起举证责任。同时，在警察机关行使管理权的过程中，落实公民参与权可使公民真正参与到警察管理中，从而形成管理权与参与权的对峙。建立普遍的听证制度是保证公民参与权的关键，听证制度的根本性质就在于公民运用这些程序上的参与权利，对行政机关的违法或不当行政处罚行为进行“自卫”或“抵御”，使其与行政机关的法律地位处于平等的境地。

第三，完善公民救济权。警察机关实施对公民权利有影响的行为后，公民要有相应的救济权。权利救济是权利保障不可或缺的重要环节，也是权利保障的最后手段。因行使警察权力使公民的权利受到侵犯的，必须对侵害行为予以改正，同时应对侵犯的权利给予补救和恢复。对因警察权的行使而产生的侵害行为进行救济，也是警察机关正确行使职权、正确履行职责的需要。按照我国有关法律的规定，因行使警察权而使公民的合法权益受到侵害要求救济的途径主要有控告申诉、提起行政复议、提起行政诉讼、提请国家赔偿。这虽已构成了我国对警察权救济制度的框架，但各项制度具体实施仍存有很多不足之处，如警察机关关于受理控告申诉的暂行规定粗糙且不易操作，还需要进一步完善。行政复议和行政诉讼的范围过窄，缺乏相关的配套制度。国家赔偿的适用范围规定得很狭窄，赔偿的额度偏低等。[②] 因此，必须扩大行政复议、行政诉讼与国家赔偿的范围，相应地提高赔偿数额，尤其是要增加精神损害的赔偿，还要加大对受害人的保护，必要时要采取举证责任倒置原则，使公民权利获得充分有效的法律救济。

（二）塑造良好的队伍形象

在和谐警民关系建设中，到底警察是主体还是群众是主体，学界对此有不同见解。笔者认为，在当前警民关系和谐程度受限的情况下，人民群众的政治参与热情不高，在公安机关及其警察执法环境受困的环境下，只有把人民警察

① 秦剑平、殷竹钧：《强化程序意识，推进公安执法规范化》，载《公安教育》2010 年第 2 期。

② 刘卓云：《论和谐警民关系的核心要素》，载《公安研究》2008 年第 4 期。

认同为矛盾的主要方面，作为警民关系的主体，这才是主流。因此，在和谐警民关系实践建设中，公安机关及人民警察要站在主要推进者和主导力量的高度，充分发挥主导作用及主观能动性，以民意警务为牵引，牢固确立“警务工作跟着民情走”的工作思路，以群众满意率和居住安全感作为衡量公安工作的标准，做到“人民群众想什么，人民群众在期待什么，我们就做什么”，真正把工作做到群众的心坎上，做到在感情上亲民，在职能上护民，在管理上惠民，在执法过程中实现法律效果与社会效果的有机统一。

1. 加强公安队伍建设

构建和谐警民关系，必然要求公安机关有良好的形象。公安队伍战斗力的强与弱、队伍素质的高与低，都密切关系到公安机关的声誉，关系到公安事业的发展，也关系到和谐警民关系建设的质量。然而，形象塑造并非一天两天、一蹴而就的事情。古人云：“道自微而生。”有些事虽小，却能小中见大。对于公安机关来说，警察的一言一行，既是个人思想品质和精神面貌的反映，也从侧面反映了公安机关整个团队的形象。做得好，能提高团队形象建设；做得不好，就是对这个团队的破坏，直接影响了警民关系。[①] 所以，公安机关要把塑造良好队伍形象放在工作的重要位置，要求全体民警在执勤执法工作中，严格按照理性、平和、文明、规范的执法要求，进一步规范和改进执法执勤行为，做到既要严肃查处违法犯罪行为，又要注意行为规范、语言文明、态度和蔼，坚决避免因民警执法问题引发影响社会稳定的事件。要通过抓队伍建设，使公安民警在政治思想上过得硬，始终与党中央保持高度一致，做到服从命令，听从指挥；在业务素质上练得精，能够自如驾驭复杂的社会治安局面，做到招之能来，来之能战，战之能胜；在作风纪律上要严格要求，始终保持积极向上、朝气蓬勃的顽强作风，做到遵纪守法、令行禁止；在清正廉洁上守得住，始终保持为警清廉、廉洁奉公，要耐得住寂寞，抵得住诱惑，才能在社会公众中树立起良好的警察形象，赢得群众的爱戴和拥护，为构建和谐警民关系奠定扎实的基础。

2. 提高执法公信力

公安机关的基本活动是执法活动，公安民警的基本行为是执法行为。严格、公正、文明执法，是密切警民关系的第一关，也是广大人民群众的强烈愿望和殷切期待。各级公安机关要努力做到公开、公正、公平执法，实现法律效

---

① 陈泽重：《提升执法主体素质是执法规范化建设可持续发展的必由之路》，载《浙江警察学院学报》2012 年第 1 期。

果和社会效果的有机统一，进一步提高公安机关执法公信力。① 一是要进一步转变执法观念，转变执法作风，切实树立起平等意识、人权意识、法治意识，自觉接受监督，做到打击犯罪与保护人权、追求效率与实现公正的有机统一。二是要带着对人民群众浓厚感情去执法，从人民群众最希望公安机关做的事情做起，从人民群众对公安工作最不满意的地方改起，依法保障人民群众的合法权益，坚决杜绝发生伤害群众感情、漠视群众疾苦、侵害群众利益的行为。三是要严格依法履行职责，坚决防止和纠正执法中的不作为、不负责任、执法不严甚至放纵违法犯罪等问题，做到该打击的坚决依法打击，该整治的坚决依法整治，该管理的坚决依法管理，努力维护最广大人民群众的根本利益。四是要切实提高执法水平，进一步加强法治教育，规范执法行为，强化执法监督，不断提高民警的法律素质和执法水平。总之，要通过执法这个关键，为构建和谐警民关系打下良好的基础。

3. 提升公共服务水平

构建和谐警民关系，公安机关还必须关注民生，着力满足人民群众对公共管理和公共服务的新期待。在坚定不移地坚持为人民服务的宗旨意识时，又要结合时代发展，赋予管理和服务工作新内涵，从服务宗旨、服务方式、服务承诺、服务目标上全面为群众提供一流的服务，使服务变成民警的一种职业习惯和自觉行为。要在履行管理服务职能时，坚决克服重管理轻服务、重权力轻义务，管理方式简单、处罚手段单一，限制性措施多、服务性措施少等问题。要强化服务职能，拓宽服务领域，简化行政审批手续，减少中间环节，缩短办事周期，提高办事效率。要从预防和打击犯罪、户口管理、证照办理等事关人民群众切身利益的问题入手，改进服务态度和服务手段，解决为群众服务不热心、不主动、不及时等问题，纠正摆架子、耍威风的恶习。要通过定点服务、上门服务、错时服务、眼神服务，让人民群众在更多的便民、利民、惠民举措中，实实在在地感受公安机关执法为民的实惠。同时，要精心制定公安机关公开承诺的便民利民措施，窗口单位服务承诺，划定合理的服务界限，提升公安机关的文明服务水平。

（三）警民信任关系的构建

1. 融合警民文化

我国的文化源远流长，文化产品总是要体现一定的观念，生动、活泼的艺术形象使它所承载的思想观念更容易被人们所接受，对人有着潜移默化的教育

① 蒋才兴：《浅析提升公安机关执法公信力之建议》，载《公安研究》2009 年第 9 期。

力量，是人格塑造的有效形式。“文化而润其内，养德以固其本。”

制度是文化的一部分，制度对警民关系认同型信任的持续性具有重要制衡作用，稳定的社会制度能提高人的行为的可预期性，使人能够因为把握生活而信任。公安机关要想取得公众的信任，首先，由警察更好地为公众提供服务，践行事先的承诺，满足公众的期望，为自身积累可信性。其次，在此基础上，渐进地发展为对公安机关的信任，最终实现由个人信任到制度信任的转变。

通过开展文化育警活动，进一步活跃警营文化生活，丰富民警的精神世界，营造民警的精神家园，从而达到树立良好的警察形象，打造公安品牌的目的。通过文化育警的引导，在警民关系的文化产品中塑造警察亲民形象，突出信任观念，引导公众逐渐形成信任意识，警民之间不仅仅是工作关系，在相互理解、相互扶持中共同享受生活，从而达到警民关系融合。①

2. 建立警民共同体

实现警民关系和谐，公安机关和公众必须围绕共同的利益和目标采取共同行动，公安机关必须加强自身建设，以高素质保证工作的高质量，以良好形象赢得群众的信任与支持，实现互惠互利、合作共赢，形成“警民共同体”，这也是加拿大等国警察学界提出的并在实践中得到认证的理念。② 警民共同体，是指由公民、社团、警察和公安机关在社会互动的基础上，依据特定的方式和社会规范结合而成的一个生活上相互关联、精神上相互支持的大集体，其成员之间具有共同的价值认同和生活方式，共同的利益和需求，以及强烈的认同意识。对公民来说，可以依靠警民共同体获得依靠个体无法获得的身份、地位和权力，也可以依靠警民共同体帮助其满足各种依靠自身无法满足的需要，通过参加共同体的各种活动来满足其精神需要，如获得社会认同和归属感等。

第三节　社会管理创新与警察执法的规范化

一、警察执法规范化建设的价值分析

规范是指约定俗成或明文规定的标准，简单地讲，就是规矩、样板。规范化执法，就是要求执法者的一切执法行为必须严格限制在法律的框架之

① 王锦：《警民关系信任模式研究》，载《中国人民公安大学学报》（社会科学版）2012 年第 5 期。

② 张炜东：《警方视野下的和谐警民关系构建》，载《公安研究》2010 年第 2 期。

中，按照法律、法规明确的职权和义务依法办事，既不能超越法定职权，也不能逃避法定义务。从广义上讲，公安执法规范化建设应属于公安法制建设的范畴，而目的是最终实现公安工作法治化的一个重要组成部分。从狭义上讲，公安执法规范化建设就是把执法观念所蕴含的内容通过技术性的操作，进行执法程序设计、执法活动设计，尤其要在职权、义务、程序、责任等方面进行制度上的设计，在法定的框架内，根据现代法治理念的内涵和法律思维方式的要求予以明确和具体，并随着执法实践不断强化和完善，确保公安机关和人民警察在执法过程中做到严格、公正、文明执法，切实维护、促进和实现社会正义。①

公安执法规范化是公安机关科学发展和自身建设的迫切需要，是公安队伍建设和日常工作进步的显著标志，是构建社会主义和谐社会的必由之路，是建设社会主义法治国家的必然趋势。

（一）加强执法规范化建设是“依法治国，建设社会主义法治国家”的应有之义

党的十八大将“依法治国”作为社会主义国家法治建设的基本要求和治国理政的基本方略，这标志着法律在治理国家中的作用日益重要。法治国家的典型特征就是一切社会活动均能受到来自法律的调节和管理，从而实现社会秩序的规范。社会主义法治国家的建设是一项长期、艰巨的历史任务。现代社会是一个利益多元化社会，在一个利益严重分化的社会，必须由一种可以主导和控制对立关系的力量来推动、维系和保障和谐，这就是法律。② 而一部制定完备且符合社会发展规律的精良之法，也需要由静态的法变为动态的法，将纸面上的法运用到实际生活之中，所以就需要执法机关依靠公正执法实现法律的公平正义价值。随着中国特色社会主义法律体系的逐步形成和完善，法律实施无疑成为法治建设的重点，而警察执法涉及多个社会领域，所以警察执法的水平和质量直接影响到我国的社会主义法治建设。③ 当前，公安工作中存在执法不规范问题，影响执法的法律效果和社会效果，与社会主义法治建设背道而驰。因此，加强执法规范化建设成为建设社会主义法治国家的应有之义。执法规范化就是要求公安执法者的一切执法行为均应严格限制在法律的框架之内，按照

---

① 姚占军、程华：《法律视角下的公安执法规范化建设》，载《中国人民公安大学学报》（社会科学版）2009 年第 1 期。

② 何册辉：《关于公安执法规范化建设的思考》，载《辽宁警专学报》2009 年第 6 期。

③ 李静：《探寻公安执法规范化之路提升公安机关执法公信力》，载《北京人民警察学院学报》2012 年第 4 期。

法律、法规赋予的职权和承担的义务依法办事。按照法律预先设定的模式和规则通过执法程序的设计行使职权，并受到监督和制约从而达到严格、公正、理性、规范的执法目标。

（二）加强执法规范化建设是尊重公民人权、保障公民权利的必然要求

权利和权力是现代法治社会的两个基石。现代行政理论一般认为，公民权利是本源，国家权力是由公民权利派生而来的，是为实现权利服务的。因此，公民权利的法律地位应高于国家权力，尊重和保障公民权利是国家立法、行政、司法机关的共同责任。但因权力本身具有天然的扩张性和膨胀性，犹如一把“双刃剑”，在保护公民权利的同时也可能会侵犯公民权利，这就需要通过制约权力或规范权力来保障公民权利的实现。正如博登海默所言：“法律的进步作用之一乃是约束和限制权力，而不论这种权力是私人权力还是政府权力。在法律统治的地方，权力的自由行使受到了规则的阻碍，这些规则迫使掌权者按一定的行为方式行事。”① 公安执法机关作为公民生命财产的直接保护者，理应规范化行使执法权，认识到尊重和保护公民权利的重要意义，更应将尊重和保障公民权利贯穿于公安执法的全过程。德国思想家黑格尔认为法的命令是：“成为一个人，并尊敬他人为人。”②

公安机关执法的最终目的是保障公民权利的实现，公安执法过程就是保障公民权利的过程。长期以来，公安执法机关对于执法的最终目的没有正确的认识，存在以侵犯公民权利为代价来达到执法目的的现象，导致公民的合法权益受到损害。执法规范化建设就是要求公安机关理清公民权利与公安执法权主与次、源与流的关系，在执行警务活动时，切实增强权利本位的理念，将尊重公民人权、保障公民权利放在重要位置。

（三）加强执法规范化建设是提升执法公信力、维护执法形象的重要举措

执法公信力是广大人民群众对执法权的运行和运行结果具有信任度和认同感，并因此自觉地尊重并服从执法权的运行及运行结果的一种状态。法律能否在实际生活中得到有效的执行，人民群众对公安机关的执法是否产生内心确信，关键在于公安机关能否严格依法办事、能否规范执法。③ 公安执法权威的

① ［美］埃德加·博登海默：《法律哲学与法律方法》，邓正来译，中国政法大学出版社1999年版，第35页。

② ［德］黑格尔：《法哲学原理》，范扬、张企泰译，商务印书馆1961年版，第46页。

③ 蒋才兴：《加强公安执法公信力建设的几点思考》，载《公安学刊》2007年第5期。

确立，不是基于权势或者强力得到的，根本上取决于人民群众对公安机关的信任。人民群众相信公安机关权威的理由在于公安机关是法律的执行者，而法律是社会大多数公众所认可的。但是目前公安机关存在重打击、轻保护，重实体、轻程序观念，少数公安民警的特权意识、管理者意识等造成的执法不规范现象，影响了公安民警在人民群众中的形象，导致了公安机关执法公信力的降低。因此，通过执法规范化建设，将执法的程序、方式纳入法律的规制，增强严格、公正的执法意识，坚持理性、平和、文明、规范的执法理念，重视执法中的公民权利保护，实现实体公正和程序公正并重，增进人民群众对公安执法过程和结果的信任。只有这样，人民群众才能对公安机关的执法形成自发而不受任何强制力量干预的信任，从而自觉维护法律及执法机关的权威。

二、警察执法规范化建设的问题剖析

（一）案件受理失范

基层公安机关，特别是基层所队与部分民警，因受考核指标等因素影响，出于工作业绩或出于私心私利的考虑，不依法及时受理群众报案，对群众报警推诿敷衍，不出警或不及时出警处置，甚至有警不接、有案不立，造成被害人报警无门、求助不能。公安机关行政案件该受理不受理，刑事案件该立案不立案，不破不立、先破后立、破了不立等案件受理不规范情况大量存在，直接导致公安执法初始程序的不规范。有学者将其概括为不作为，且认为该不作为构成要件有三：（1）公安机关及人民警察根据其职责要求负有实施某种行为的特定作为义务。这些义务包括：法律规范中规定的公安机关及人民警察的作为义务、公安机关及人民警察的先行行为义务、警察行政合同义务、公共秩序义务；（2）公安机关及人民警察有履行特定作为义务的能力而未履行；（3）公安机关及人民警察在程序上表现为有所不为。[①]

（二）现场处置失范

公安机关现场处置违法都会面临行为种类、方式、手段、幅度、期限与程序等方面的合理选择问题。公安机关现场处置交通违法、刑事案件与治安案（事）件，采取处置措施的时机与强度把握不准，过早、过度使用强制措施，容易导致事态升级，矛盾扩大，形成公安机关与人民群众的对立与对抗。上海

---

① 李婕妤：《论公安行政不作为及其认定》，载《湖北警官学院学报》2006年第6期。

的“杨佳事件”、贵州的“瓮安事件”与云南的“孟连事件”的发生虽然都有深层的社会原因，但一致的一点是无不深刻暴露我们公安执法现场处置的不规范。①

从操作层面来讲，诸如现场处置违法犯罪时违反两人办案规定；法律文书制作不规范；不按规定程序传唤；不依法履行告知义务等不规范问题在执法检查中随处可见。如在询问笔录制作完毕并由被询问人签名捺印后，一些办案民警发现笔录内容还有错或遗漏，就自行修改，并在修改处捺上自己的手印，导致在行政诉讼过程中，一些原告对笔录上的手印提出质疑，向法官申请司法鉴定。再如近年来，利用电脑制作笔录越来越普及，大大提高了工作效率，但也产生了问题。一些民警在制作被询问人的多次笔录或者多名证人的笔录时，采取了复制粘贴的方式，导致不同笔录的内容完全一致，甚至一字不差，大大削弱了笔录的真实性。有的笔录在复制粘贴时不经仔细核对修改，案卷材料中出现了案外当事人。②

（三）证据采集随意化

在调查取证中，存在收集证据的主体不规范、取证方式不合法、证据的形式不符合法律规定等问题；在取证过程中重实体、轻程序，重证据收集、轻证据保全，不能按法定的程序和规定的期限收集证据，重有罪证据轻无罪证据，不能全面收集证据，或片面收集征集。导致该处理的案件无法处理，该打击的对象不能打击。例如，在某个基层派出所办理的故意伤害案中，办案民警不依法公正办案，片面收集证据，甚至放言“即使办错案也要办到底”，激化矛盾导致一方当事人不断上访。③

（四）执法量裁自由化

自由裁量权是执法机关在执法过程中根据案件的具体情况，在一定的范围和程度内作出相应的裁量结果。裁量权本身存在一定的自由度，但是执法实践中却存在执法裁量过度自由化的状况。执法主体在执法过程中超越权力行使的合理限度，过分行使权力的现象仍然存在。执法主体在行使执法权中具有主观随意性，在具体的执法工作中存在滥用职权、过度用权、自由行使执法裁量权

① 施俊镇：《试析公安执法规范化建设进路》，载《公安研究》2010年第12期。

② 陆勇华、陈建中：《坚持以人为本，加强执法规范化建设》，载《上海公安高等专科学校学报》2010年第2期。

③ 廖荣兴：《中外警察执法规范化建设的比较研究》，载《湖南警察学院学报》2011年第3期。

的现象。[①] 具体表现为：

1. 强制措施滥用

随意扩大继续盘问适用范围，对经济案件、伤害案件、交通肇事案件、赌博、卖淫嫖娼案件等明显不符合继续盘问条件的违法犯罪嫌疑人适用继续盘问；对于依法可以适用取保候审或监视居住的犯罪嫌疑人习惯采取刑事拘留措施；有的刑事拘留期满后，没有继续侦查必要的，也采取取保候审或监视居住；变相拘禁被拘传的对象，变相羁押被监视居住的对象，超期羁押已被羁押的对象；随意使用监听、监视等侵犯公民权利的侦查措施。面对反侦查能力较强的犯罪嫌疑人束手无策，滥用刑事强制措施和警械警具，刑讯逼供，案犯被屈打成招。[②]

2. 案件定性失当

混淆刑事与行政案件区分标准，随意将刑事案件降格作为行政案件处理或将行政案件升格作为刑事案件对待；办理赌博、卖淫嫖娼、吸毒等案件，对应当追究刑事责任的，降格作罚款处理；对案件事实清楚的刑事或行政案件，存在随意定性现象。

3. 案件裁处偏失

滥用自由裁量权，同类案件违法情节类似，处罚结果悬殊；将当事人合法的申辩视为悔过态度不好，随意提高处罚幅度；不充分考虑违法行为的事实、性质、情节，一律按照处罚上限处理。如《治安管理处罚法》第 5 条规定："办理治安案件应当坚持教育与处罚相结合的原则。"教育与处罚相结合是治安管理处罚法明文规定的一项基本原则，但在执法实践中执法部门为了谋取更多利益，往往对须罚款的一律按最高标准予以处罚，对于可罚可不罚的均予以罚款，将法律规定的裁量权变成了罚款的工具。

（五）服务管理失范

证照办理、车辆管理、交通事故处理、交通违法处理等服务窗口的便民利民措施不到位，冷、硬、横、推的现象时有发生，门难进、脸难看、话难听、事难办的"四难"现象与办事程序烦琐、办事时限拖沓的弊病尚未根除；治安巡查、监督检查动辄进行"零点行动"、"地毯式清查"，深更半夜上门查验

① 李静：《探寻公安执法规范化之路提升公安机关执法公信力》，载《北京人民警察学院学报》2012 年第 4 期。

② 王春敬：《影响公安执法规范化建设的主客观因素及解决对策》，载《公安研究》2009 年第 7 期。

证件，执法扰民现象比较突出。

三、警察执法规范化的主要内容

（一）执法主体法定

执法主体必须是由法律明确授权的，取得代表公安机关从事执法活动资格的人或组织，不具备执法主体资格的人员从事执法活动，其行为一律无效。对协警和联防队员参与协助警察工作的行为方式、方法，活动范围以及禁止和允许的事项应当作出明确的规定。① 在公安执法实践中，已多次发生不具备执法主体资格的人滥用职权、法外执法，对警察的形象造成恶劣影响。②

（二）执法行为制度化、公开化、透明化

所谓执法的公开化、透明化，是指除涉及国家机密和个人隐私的案件之外，公安机关要允许媒体采访、报道，这是实现公众知情权的必要保障。逐步做到讯问犯罪嫌疑人时允许律师在场，讯问未成年人时允许律师和家长及近亲属在场，对讯问过程全程录像并由专门机关保管录像资料。这样做会大大减少以致消灭刑讯逼供，促进公安执法的规范化建设。对警察执法公开化和透明化应当立法，形成法律制度。要通过执法制度建设，对公安机关的每个执法行为、执法环节和执法措施制定明确标准和可操作性强的具体规定。例如，对公安执法办案活动，从接警、受理、立案、调查取证、呈报审核、审批、裁决的每个执法环节，到进入诉讼程序；从执法主体资格认证、岗位职责、绩效考评、质量考核、执法监督、执法过错责任追究，到执法长效机制和基础建设，均应当制定严格的制度，形成执法规范化体系，使公安执法工作纳入制度化、标准化的轨道。当然，执法制度的设计必须符合现代法治理念的内在要求，必须考虑到当前社会执法环境和法治进程，使制定出的制度具有可操作性和一定时期内的可持续性。

（三）执法责任

要求制定完善各警种、各部门的执法岗位标准、执法工作规范，在明确执

① 王国安、仪宏斌：《对公安执法规范化建设的若干思考》，载《铁道警官高等专科学校学报》2010 年第 1 期。

② 姚占军、程华：《法律视角下的公安执法规范化建设》，载《中国人民公安大学学报》（社会科学版）2009 年第 1 期。

法各个环节的基础上，细化执法责任和责任查究制度。

（四）执法质量和效率评估

要求把执法质量作为衡量工作、考核班子、检验队伍的主要指标，全面推行执法质量和效率考评制度。

（五）执法监督

要求把工作重点放在执法公开上，进一步扩大执法公开范围，建立完善的内外执法监督机制，确保监督有力、有序，能够及时发现执法问题，有效纠正执法过错、执法偏差。

（六）执法工作信息化

要求建立和完善上下之间的信息网络，加强执法业务应用软件的开发力度，以信息化规范执法程序，落实执法制度，强化执法监督。

（七）执法工作保障

要求加强公安机关执法环境、公安经费、舆论导向等方面的保障工作，切实解决好制约执法规范化建设保障性方面的实际问题。

四、警察执法规范化的路径设计

（一）规范执法主体建设

1. 培养警察群体的法律信仰

警察既是法律的执行者又是法律的保护者，职业特点要求其必须具有坚定的法律信仰。具有良好法律信仰的公安民警，其稳定的职业素质在具体执法行为中体现为对法律体系的发自内心的尊重、服从、守护和敬仰，其执法活动也必然会带来民众对法律的尊重与信赖。而公安民警如果缺乏法律信仰，以工具主义的思维对待法律，在执法中不遵守、不尊重，甚至践踏法律的话，则会引发民众对法律的不信任、反感甚至敌视的心理反应，从而恶化整个社会的法治建设环境。[①] 因此，在某种程度上，公安民警的法律信仰直接影响着法律对社会公平正义的实现程度，影响着社会民众对法律的认可接受程度，也影响着我

① 李富强：《以先进的执法理念指导公安机关执法规范化建设的认识与思考》，载《公安研究》2010 年第 1 期。

国法治社会建设的进程。

2. 强化执法职业技能训练

建立、完善符合实战需要的执法职业技能训练体系，自觉将执法业务、执法技能纳入各警种、各部门开办的业务培训内容；优化执法培训内容，研究开发实用性、针对性的培训课程，着力提高民警的执法实战技能；创新执法培训方法，增强执法教育培训的针对性、趣味性，调动民警参与执法职业技能训练的积极性与主动性。

3. 推进执法主体认证制度

全面建立、推行执法资格认证制度与案件主办、协办制度，取得主办资格的民警可以牵头办理案件；未取得主办资格的民警只能协助办理案件；建立执法资格年检制度，实现执法主体资格认证的制度化、信息化与动态化；推行等级化管理，按照民警的法律素质、执法数量与质量，将执法民警区分为若干等级同政治、经济待遇挂钩。

4. 规范执法辅助人员管理

制定实施公安机关执法辅助人员行为规范等工作制度，推进非执法主体的清理工作；加强执法辅助人员的规范管理，坚决杜绝治安员、保安员、巡防队员、交通协管员等非执法主体参与执法，在法律规定范围内使用各种执法辅助力量，确保执法主体合法、合格。

（二）规范执法行为建设

1. 完善执法运作机制

重点抓好110接处警、现场勘查、鉴定、证据收集、物证保管、巡逻盘查等执法执勤运作环节公安内部的控制工作，有效压缩公安执法的自由裁量空间，减少与杜绝执法的随意性，保障与促进执法公正。

2. 严格导入执法程序

法治的过程就是追求程序的过程，公正的程序是实现实体正义、公正、公平的保障。因为“实体的公正是一个需要通过程序加以界定的概念，很多情况下实体公正的界限是十分模糊的”。通过法律对权力进行控制是法治的基本原则。法律对执法权力控制的一项重要举措就是执法程序对执法权力的控制。[①] 严格的程序约束机制是公安执法规范化的重要内容。以程序理念为指导，加强程序制度建设，通过赋予公民知情权、回避权、陈述权、申辩权、听证权等程序性权利，建立控制公安执法权力机制，对建立和发展公共权力与公

① 施俊镇：《试析公安执法规范化建设进路》，载《公安研究》2010年第12期。

民权的平衡互动关系具有重要意义。就目前而言，公安执法程序制度的完善应该从证据制度、民主参与制度、信息公开制度、执法监督制度等方面进行。[①]

3. 遵循利益参与原则

现代法治要求“当事者有权利进行意见的讨论、辩驳和说服，并且是直接参与、充分表达、平等对话，达到集思广益促进理性选择的效果”，利益参与原则的基本内容，就是国家机关作出针对某一事关公民切身利益的决策时，该公民享有充分的程序参与权，实质性地参与决策的形成过程。利益参与原则在警察执法中表现为以下三方面：（1）要使更多的民众参与到公安执法决策中来，将最符合公私双方利益的规则予以制度化；（2）在执法过程中，注重与行政相对人之间的双向交流和沟通，据此对公私利益进行合理取舍；（3）将执法活动的过程及结果置于民众的监督之下，让民众检验执法工作是否符合公私双方的最大利益。[②]

4. 规范警察的选择性执法

警察的选择性执法的目的是提高行政效率，弥补执法资源的有限性，而不是用来谋取私利。警察选择性执法必须符合一致性原则、连续性原则、理由说明原则、公开原则等依法行政的基本原则。[③] 行政法治的本质在于约束、规范行政权的行使。因此，由其一系列原则、制度所构成的行政法治体系是规范警察选择性执法的有效途径。例如，连续性原则具有以下优点：（1）有助于提高我们整体上的安全感以及法律的正当性；（2）受制于法律规则的人在计划他们行为的过程中经常对这些规则产生信赖，如果规则突然发生变化，他们的信赖利益就会受到损害；（3）公共决策的制定者在形成或者改变其他规则的时候经常对这些规则产生信赖。因此，改变一条规则有可能使建立在其之上的其他规则脱节。又如，公开原则是防范裁量权恣意行使的有力武器。不仅执法先例、执法规则等要公开，而且，还应该不断扩展公开的程度，只有这样才能规范警察选择性执法。再如，理由说明原则可以为行政机关理性决定以及为执法者与相对人有效交流沟通提供桥梁。因此，这些行政法的基本原则和制度是规范警察选择性执法的重要措施。[④] 只有选择性执法具有正当性，才能得到公众的信任。

---

① 秦剑平、殷竹钧：《强化程序意识，推进公安执法规范化》，载《公安教育》2010 年第 12 期。

② 祝洁明、张栋磊：《论“双服务”理念下的公安执法规范化建设》，载《公安研究》2010 年第 1 期。

③ 廖荣兴：《中外警察执法规范化建设的比较研究》，载《湖南警察学院学报》2011 年第 3 期。

④ 徐文星：《警察选择性执法之规范》，载《法律科学》2008 年第 3 期。

5. 强化时效制度

“迟来的正义非正义”，超越一定的时限作出的执法行为，对于公益和私益都会造成一定损害。因此，时效制度是警察执法理念应有之义。时效制度在警察执法中的主要价值在于：（1）保障行政行为及时作出，避免因行政行为的拖延耽搁造成对相对人权益的损害；（2）防止和避免官僚主义，提高行政效率；（3）督促行政主体及时作出行政行为，防止因时间拖延而导致有关证据散失、毁灭，或环境、条件变化，影响行政行为作出的准确性；（4）有利于稳定行政管理秩序和社会秩序。① 如果公安机关没有在规定的期限内进行执法，也是一种失职，与执法规范化建设的要求是不相适应的。

（三）规范执法监督体系

1. 深化警务信息公开

扩大公安执法公开的领域与范围，大力公开执法依据、执法权限、执法程序与执法结果，不断增强执法工作的透明度，最大限度保证执法权力的公开运行。因为“实行宪法制度必须对权力进行三个层次的制约，即规范制约、权力制约和权利制约”，② 警务信息公开就是公安执法权力接受公民权利制约的生动例证。

2. 落实执法过程控制

强化日常执法的审核、审批工作，按照决定、执行、监督相互协调的要求，建立、完善执法过程把关机制；全面推行案件网上受理、网上立案和网上审核、审批工作，实现刑事、行政案件各个执法环节的全网络运行及对它的全程实时监督；对询问室、讯问室与看守所等人员控制场所，实行全程录像与远程监控。

3. 改善执法质量考评

建立网上考评与阅卷评查、单位考评与民警考评以及平时考评、阶段考评与年度考评相结合的执法质量考评机制；加大每案考评、日常考评与重点案件抽查的力度，不断完善执法质量考评标准、范围；全面建立领导与民警执法档案，使执法档案的管理、使用同执法质量考评工作实现有效互动，实现执法质量考评工作的动态化、经常化。考评的形式应当以上级考评为主，向单位自我考评与上级考评相结合的方式转变；由年终考评向年终考评与日常考评相结合的方式转变。把执法质量考评与岗位责任制考核、等级化管理等有机结合起

① 姜明安：《行政的现代化与行政程序制度》，载《法制与社会发展》1998 年第 2 期。

② 李龙主编：《法理学》，人民法院出版社 2003 年版，第 248 页。

来，推动执法质量考评同干部的评先创优、提拔任用等紧密挂钩，激励民警在严格执法的前提下多办案，在办案时注意严格执法。①

4. 完善内部监督

要抓好执法办案的每个环节的监督检查。事前环节中，要重点审核那些定性有分歧、程序存在疏漏、处罚前后畸轻畸重的案件，注意避免执法偏差。事中环节中，要重点监督复议应诉的案件，主管局长应全程跟踪，既要坚持执法的严肃性，又要保护当事人的合法权益。事后环节中，要组织每季度和全年的执法质量检查，及时纠正执法过错。法制部门要列举执法有误的案例，通过点评来警示各执法单位。

5. 强化外部监督

警察执法要自觉接受人大、政协、检察机关、新闻媒体和社会各界的监督。一线警察执法单位必须依法公开执法的范围、依据、程序与结果等，积极推行治安案件公开调解、交通事故公开认定、行政复议公开审理等规定，最大限度地保障当事人的知情权与选择权。同时，建立执法投诉的回应制度，完善信访、投诉、举报等的受理、调查、处理和反馈机制，力求给当事人以明晰、满意的答复。

（四）规范执法信息利用

1. 构建网上信息平台，对案件实施规范化的流程管理

一般案件的执法流程，应在数字化平台上按照立案、处罚和立卷“三同步”的要求进行操作，确保办案的过程与信息化流程统一实施，促进案件程序和数据录入同时进行，避免执法之后进行录入程序操作，使执法管理的规范化、流程化在数字平台上得以落实。② 在公安执法办案程序的每个步骤、每个环节中，应对其具体的程序环节设置详细的操作规程，使执法案件的规范性制度在案件的信息化管理流程中得以实现，应明确与办案程序相关联的操作规范，应在实施具体性惩罚或强制性惩罚的当日录入信息化管理系统，推进公安执法的规范化管理。通过信息平台，对民警在处警现场、受案室、讯问室、询问室等场所采集言词证据的全过程实行同步录音录像，并将音像资料长期保存，对同步制作的音像资料与警察综合平台文字记载进行比对核查，确保时间一致、地点一致、内容一致。对非法收集的证据，予以先期排除，提高证据采

① 刘文成：《关于推进公安执法规范化建设的思考》，载《天津法学》2011 年第 1 期。

② 丁国峰：《问题和对策：公安执法规范化的完善路径》，载《公安研究》2013 年第 2 期。

信度，为案件处理和诉讼活动提供强有力的支持。① 应以执法信息系统为纽带，全面促进公安机关执法办案的联动监管机制，制定数字化的监管联动规范程序，使执法与监管之间的整合与协调更加规范、更加明确，通过联动机制使办案、监管流程在信息系统内实现资源的互享互通，在信息平台上形成办案与监管的合力，实现执法促监管，提升监管效率。在公安执法案件的数据规范管理中，应统一数据录入的标准，制定数据录入的相应规范，明确公安民警的录入口径，降低数据录入的随意性，对每个环节的数据项都详细录入，提高案件规范化管理的整体水平。

2. 通过网上信息平台，强化警务管理

通过可视指挥系统，指挥中心由传统的警情判断指挥转变为直观可视指挥，在指挥中心和各派出所、刑警队的值班室、监控室安装可视指挥终端，指挥中心可通过系统实现与基层单位同步接警，迅速派警。针对群众投诉民警出警不及时、执法不规范等问题，研发应用集 GPS 卫星定位、手机定位、警情案件定位于一体的警用地理信息系统，直观地展示警力、警情、案件的实时分布对比情况，实现警力的指挥调度、警情案件定位，并且实现对警力活动的实时监督管理。指挥中心可由传统的警情判断指挥转变为直观可视指挥，由指令就近警种单位出警转变为直接调度就近车辆、警力出警，缩短了出警时间，提高了警情处置效率。②

3. 利用信息系统，实现警察队伍管理信息化

通过信息管理平台，将单位、民警绩效考核，民警请、休假审批、民主测评等工作，全部在网上操作完成，实现统一、规范、高效管理。建设应用指纹考勤系统，利用公安四级网，在各警种单位安装指纹考勤仪，对民警上下班、值班备勤情况进行客观记录，结果纳入月度考核，有效规范上下班秩序和值班备勤工作。研发应用网上考试系统，被抽考的民警在统一时间到本单位远程监控室或视频会议室登录系统参加考试，试卷由考试系统内的题库任意组合而形成，考试结束后系统自动阅卷、排定名次，成绩计入电子执法档案。考试时，法制、督察民警通过远程监督和可视指挥系统进行监考，保证考试成绩客观公正，实现考试活动的经常化、科学化，提升队伍的管理能力。

4. 推行执法信息预警

充分利用公安局域网络优势，建立网上执法巡查机制，及时发现带有苗头性、阶段性、倾向性、普遍性、突出性的执法问题，及时通过公安局域网络予

---

① 盛万波：《浅谈新形势下的执法规范化建设》，载《山东警察学院学报》2011 年第 5 期。

② 盛万波：《浅谈新形势下的执法规范化建设》，载《山东警察学院学报》2011 年第 5 期。

以发布提示，敦促基层执法民警引起重视，防止出现执法错误，确保执法问题发现得早、预警在先、处置及时。

5. 实现执法信息共享

充分利用公安局域网络优势，开设法制简讯、执法须知、案例评析、执法疑难、法律文库、法制新闻、法制调研、执法数据统计、法律文书下载等栏目的执法信息共享平台，使之成为执法民警学法、用法、提高法治理论水平与执法办案水平的网络信息阵地。

第四节　社会管理创新与警察公共关系制度建构

一、警察公共关系的一般理论

警察公共关系一词最早发源于西方国家。美国肯萨市警察局1939年成立了第一家警察公共关系机构，专门从事警民关系的沟通工作。[①] 之后，其他城市的警察局也纷纷组建了专门的警察公关机构。到20世纪五六十年代，欧美许多国家的警察机关均创建了专门的警察公关机构，有些国家在职位分类中，还专门设立了公共关系事务官员和媒体官员的职位。香港警察署于1968年初就创立了警察公共关系科，主要工作是负责向市民解释警察工作，建立良好的警民关系，争取市民支持打击犯罪，提醒并发动市民对犯罪行为进行预防等。[②] 改革开放以来，随着政府公共关系在我国的发展，国外和香港地区的警察公共关系理念和实践逐渐为我们所了解，但国内的兴起还是在1988年以后，最初多被称为公安公共关系。2000年公安部在南京召开“建立新型的警方公共关系”研讨会，会上一直用的是“警方公共关系”一词。2003年全国第二十次公安工作会议报告第一次提出了“加强警察公共关系建设”的要求。

警察公共关系是公共关系基本原理、方法与公安（警务）工作实践相结合的产物，是立足于社会发展需要对公安机关和民警的功能和行为作出适应性、动态性和战略性调整的一种管理科学和管理艺术。警察公共关系由警察组

① 曾忠恕：《美国警务热点研究》，中国人民大学出版社2005年版，第44页。

② 赵慧仪：《香港警队公共关系科架构及职能》，载孙娟、任克勤主编：《警察持续改进与公众满意——第二届警察公共关系国际论坛文集》，群众出版社2003年版，第295页。

织、社会公众和信息传播三大要素构成。①

警察公共关系内涵包括以下几个层面：（1）警察公共关系是警察组织和社会公众之间的互动关系，是两者之间通过多种手段进行的信息双向传播沟通的行为与状态；（2）警察公共关系是一种带有组织调适性质的管理职能，它包括互动双方行为上的调整。具体来说，包括警察公共信息管理、警察的公众舆论管理、警察的公众关系管理、警察公众形象管理等；②（3）警察公共关系的目的是促进警察与社会公众的相互沟通和了解，树立警察的良好形象，以期实现警察职能目标的最大化。

二、我国现代警察公共关系的困境

（一）警察职业困境

警察职业声望对警察公共关系的有效进行是十分重要的因素，有时可以说是一个基础性的因素。一个声望好的组织，在实施组织职能、实现组织功能时，就可以顺利地进行，可以减少与关系对象的摩擦，对象也对组织功能更好地认识，更为积极地配合、参与到组织的活动中来。当然好的职业声望本身不是天然的，要达到组织对象对组织行为的认可，是组织在实现其职能、在和对象接触、沟通等过程中逐渐形成的。

警察是一种多维度的职业，在不同的社会其承担着不同的角色和不同的功能，即政权维护的功能、打击犯罪的功能、社会管理的功能、为民众服务的功能。世界警察在经历了五次警务改革之后，应政治、社会、民众等不同的诉求主体的要求，现代警察的角色主要以社会服务功能为主，社会管理功能为辅。但是犯罪率不断上升、民众需求不断加强对警察提出了更为深刻的要求，对警察的声望提出了挑战。从各国警察法规规定和警察本身来说，行使职能最多，行使权力范围最广泛的组织机构，对警察职业声望加强，充分发挥警察的功能和积极性，成为社会和警察自身刻不容缓的课题。

有学者提出："一种职业的属性中科学和知识的成分越多，他的声望就越高；如果一个职业与不同社会群体交往越多，或者在权力关系中占统治地位，那么他的权力更可能受到正义挑战，所以在其他条件相同的情况下，他越不可能得到高的声望评判；一种职业的组织能力越强，他越能得到高的声望评定，

① 李建明、李建强：《论加强警察公共关系建设》，载《河南公安高等专科学校学报》2008年第2期。

② 陈娴、曲谏：《警察公共关系理论与实务》，群众出版社2006年版，第18页。

如职业的专业学会成立越久、专业杂志越多，其声望越高；职业的参与程度与他的声望之间呈倒U形关系，起初的参与程度增加声望，一旦超过一定的临界点，过分的参与程度会减弱职业声望，较高教育程度的职业社会给予高的声望评价。”① 因此在职业声望的制度逻辑当中，警察的职业声望的受挫既有职业本身的客观原因，也有本身的遴选模式、培养模式、相关的法律制度等原因。在我国警务改革的进程当中，我们只有充分认识到我国警察职业声望的提高依赖各方面的原因，才能更好地发挥警察组织自身的各方面的职能。

（二）警察公共关系的诉求困境

从警察作为政府的组成部门来说，是最为接近也是履行公共职务最为繁多的政府组成部分；从历史或是警务革命对警察的要求来说，它的职能是最为全面的，从政治保障到社会管理再到社区服务；从现代第五次警务改革的内容来看，提出的问题导向的警务理念、社区导向的警务理念，从本质是在一定程度上满足民众的广泛的需求，警察几乎是无所不做、无处不在。② 我们从警察的公共关系对象的范围可以看出，它处于一个多元化的政治社会环境当中，受到各种力量的要求，也就意味着需要面对多元的诉求机制，满足不同的诉求结构。但是在警察有限的力量下，也彰显了警察公共关系的重要性。

从警察所承担的角色可以看出，它是政治稳定的保障，是控制犯罪的首要力量，是社会秩序维护的主体，是公共服务的载体。它存在政治、政府、社会、公众对警察的不同诉求，在警察学理论中我们称之为警察角色冲突，具体表现在以下几个方面：（1）政治诉求。警察从最早产生开始，就一直是作为政治的工具作用而存在，在形式上附属于政府的组织结构当中，因此首先在根本上它必须满足政治上需求，对国家政治制度、政治稳定的维护。虽然在一些欧洲国家，名义警察的出现是以一种社会服务性质出现的，如罗伯特·比尔爵士建立的职业警察，但是实质意义上的警察仍是作为政治的产物出现的。③（2）法律诉求。这种诉求形式本身是一种多元诉求的形式表现。各种组织形式的诉求一般都是通过法律予以确认，达到诉求的合理合法性。但是警察需求满足能力有限，往往和法律的期待有所偏差，它也包括各种力量的政治地位、社会环境等因素的作用很可能使得诉求满足得不到满足，或是有所偏重。

① 周雪光：《组织社会学的新制度主义学派》，北京大学出版社2000年版，第404～406页。

② 王大伟：《新警察专业化论——第五次警务革命向何处去》，载《中国人民公安大学学报》（社会科学版）2012年第6期。

③ 解坤、宁坷鑫：《罗伯特·比尔“九项警务原则”价值思考》，载《辽宁公安司法管理干部学院学报》2012年第2期。

(3) 警察组织本身的诉求。包括两个方面：一是警察组织本身对其职能、组织方针、目标和目的的满足，使整个警察组织本身的目标、期望的实现；二是警察成员在工作学习上的情感、心理、智力和体力的需求，以达到更好的目标完成。(4) 公众诉求。这里的公众应该是和警察公共关系对象相符合，既包括内部的公众，也包括外部的公众。公众的诉求从本质上来说是警察组织的存在的基础，从内容上来说包括社会秩序的有效管理、社会服务的有效提供和本身组织成员的需求满足。

从上述警察的诉求可以看出，它承当不同的职能，职能对象对其有不同的要求，各种需求结构本身由于对象本身的差别很难达到统一，所以在面临多元化的诉求结构下，必然导致有限的警察力量和需求满足能力有限的警察处于尴尬的地位。在面临这种诉求困境下，首要的选择就是和各种力量、组织的沟通，在沟通中寻找合理的、折中的方案，在沟通中获得各方面的理解和体谅。虽然还存在制度、利益分配机制以及警察需求满足能力等多方面的因素影响，但是警察公共关系的本身具有的机能，在困境缓和及解决方面是能够达到相当程度的作用。

(三) 警察公共关系理论困境

我国有关公共关系理论的研究都是在企业和政府方面上，实质意义上的、体系化的公共关系理论都是发源于外国，再加上我国的制度本身是从封建社会制度直接转到现代的社会制度，因此，公共关系在警察制度、警察组织上的运用还处在一个比较低的层次。虽然我们社会主义国家从开始建立其就有很深的社会基础、群众基础，但是随着市场经济思潮的冲击，社会仍处于转型期，警察公共关系方面的发展还处于初级阶段。

从当今我国的警察公共关系的发展状况可以看出，在实践上，我国警察公共关系的发展十分不平衡，在发达地区虽有所发展，但仍然不成体系。在不发达地区，虽然我国政策和相关法律上都要求坚持群众路线，积极发展警察公共关系，但是由于各方面的原因，很多都流于形式。从我国警察公共关系的理论研究上，开始关注警察公共关系也是近些年的事情。在 20 世纪 90 年代末期，我国学术界才真正开始警察公共关系的专业化研究。2000 年举行了第一次“建立新型的警方公共关系”的研讨会，2001 年开展了第一届“警察公共关系国际论坛”。综观这些年的警察公共关系的研究，多是一种单向的公共关系的研究方法，在公共关系理论上它是一种依靠传播为媒介，从警察本身着手，注重思想建设、理念建设等，从软实力上开始的一种管理的模式，很多研究在一定程度上都是缺乏实际可操作性的，因为其没有相关制度的建设的配套，没有建立相关的职责、责任，权利、救济途径，所以在警察公共关系建设上没有发挥太大的作用。虽然如大多学者所言，警察公共关系多是一种素质、一种策略的所在，这有一定的道理，在现实的警察公共关系建设当中是非常重要，但是它终究是一种职业道德层面上或是一种纪律上的要求。我国的警察素质教育在快速发展，但是由于同等的其他条件没有跟上，因此很有必要把警察公共关系和具体的责任、相应的救济途径和监督制度相联系，如同我国香港、台湾地区以及欧美国家的警察公共关系建设一样，这样可以避免一些建设和现实的脱节。

在警察公共关系的理论缺失上，还表现在一些公共关系学上的成熟理论还没有运用到警察公共关系中，特别是第五次警务改革提倡的问题导向的警务理念、社区导向的理念等。在具体制度建构上，管理主义既是新公共管理学派提倡的市场机制的一些组织管理理论在警察组织中的运用、研究，也是公共选择理论的运用、研究，还是新的警察政策形成模式的运用、研究，各种警察公共关系模式和媒介研究等。

（四）警察公共关系组织困境

警察公共关系组织机构是形成良性的警察公共关系的组织保障，如果没有具体警察公共关系机构的建立，很可能使所提出“群众路线”、“构建和谐的警民关系”等目标和思路都流于形式。国内有些人认为建立警察公共关系机构于现实和实践没有必要。理由大多是认为警察机构本身就很复杂，各个组成科室的关系本身就很难协调得好，应该本着组织机构“精简、统一”的原则，以避免职能的冲突和成本的节约，充分利用好信息时代给我们带来的优势。但是我们应该认识到一个组织机构要充分发挥它的职能，单靠成员夜以继日的工作，而不能有效地与职能指向的对象沟通，工作的效果如何就可想而知了，并且设立警察公共关系机构无论在国外还是在我国的香港、台湾地区都已经有了很好的实践经验，其效果也是十分显著，且对实现警察本身的职能从理论上也是十分必要。因此，要更好地实现警察的职能，公共关系部门的设立必要性很强。

基于我国警察组织目前面临的一些现状和我国警察公共关系的状况，我国警察组织通过借鉴其他国、其他地区的一些实践经验，进行了相关警察公共关系的尝试。如广东省珠海、梅州、佛山、肇庆市公安局，贵州省遵义市公安局等地成立了公共关系科，广东省在番禺市公安局、云南省在沾益县公安局、海南省在海口市公安局分别建立了“警察公共关系实践基地”。[①] 由于没有具体的制度配套和长期对警察公共关系的不重视，收效甚微，但是也体会到了警察公共关系的效能，更能了解到公众的需求、了解到公众意见、反馈到长期警察工作存在的不足和优势，具体困境主要表现在：（1）警察公共关系组织机构的缺失。我国警察公共关系建设的尝试大多是社区警务室的建立、举办一些“亲民”、“爱民”活动、把民众对警察的满意度列入警察工作评价的指标。站在警察公共关系角度上，这仅是其中一小部分。我国有些地方警察组织内部有如“宣传室”、“宣传员”等，但其多是进行一些“简单”的宣传和事项公布，和公共关系上的要求相去甚远。（2）警察公共关系机构和人员职能的缺失。到底警察公共关系部门其职能应该有哪些？警察公关人员应该履行哪些职责？相关制度和政策规定十分不明确，多是一些原则性、抽象性的规定，如“为人民服务”、“坚持群众路线”等。导致在具体的警察公共关系工作中得不到相应的行为规范性以及制度保障和指导，使警察公共关系流于形式。

（五）警察公共关系制度困境

警察公共关系的制度建设是警察公共关系中的最为重要的组成部分。警察公共关系的职业困境、诉求困境、组织困境、理论困境等都是围绕制度困境来进行的。制度困境没有得到解决，其他困境就得不到保障，警察公共关系中主体职能的履行和对象权利就得不到规范。在此基础上谈警察公共关系多属于道德上、纪律上、道义上的公共关系。警察公共关系不可能如同企业的公共关系，作出什么样的要求和规范几乎出于市场机制的规制，必须和国家的法律以及政府本身所具有的职能相联系，否则以民众为基点的国家就没有其存在的意义了。

虽然说公共关系的相关内容在我国的运用可以说历史悠久，但是我国警察公共关系方面的理论和实践还不是很系统。在某种程度上执行的仍是单方面的传播功能。有时甚至可以认为警察公共关系具有断裂的痕迹。即使提出了“内强素质，外树形象”的口号，在严格意义上仍注重的“形象树立”层面上的公共关系，缺乏现代管理学视野下的公共关系。[②] 因此，虽然我国警察公共关系建设在某种程度上发挥了作用，但是整体上来说警察公共关系还处于初级阶段，各方面的制度建设还有待加强，只有这样才能充分发挥警察公共关

① 周浩、吴显嵘：《现阶段我国警察公共关系建设的实践与探讨》，载《法制与社会》2008 年第 24 期。

② 刘新、李喜和：《中外警察公共关系理念之比较》，载《山东警察学院学报》2010 年第 6 期。

系制度所具有的各种机能。

由于缺乏具体制度的建设，具体制度建设方面的困境主要表现在以下几点：(1) 警察公共关系的任务指向不明。我国警察长期提倡的是“为人民服务”，这其实是警察公共关系本质的最好概括。但是由于各方面的条件使其在一些情况下流于形式，使之成为口号式的目标。在具体任务方面没有加以具体，也没有形成相应的组织结构团体。因此有必要具体化为各方面的任务。把警察公共关系的任务与世界警务改革的方向和“为人民服务”的目标联系起来。(2) 警察公共关系中警察组织本身的职责不明。我国的警察法律体系，没有明确警察组织在公共关系中的职责，仅有如上所说的口号式的号召。[①]《信息公开条例》规定有公开义务，但没有具体的行为规范，同时警察法体系更是没有公共关系中的责任制度规定，而是依靠警察执行职务的相关纪律规则进行道义上的约束，再加上我国警察组织本来就存在警力严重不足的情况，所以在“形象树立方面”的公共关系更是无人问津。(3) 警察公共关系对象权利、救济途径的缺失。我国《宪法》规定公民有知情权、参与权、检举权、控告权等，《政府信息公开条例》规定公民有知情权和参与权等，因此公民对警察组织活动享有相应权利。但是警察活动本身具有一定秘密性等特殊特质，对于这些权利如何实现法律没有规定，再加上信息本身就很难确定其权利受到侵害，在救济途径上更是无法实现。因此要想从公众权利上推动公共关系活动缺乏权利实现权能和途径。(4) 警察公共关系参与模式、对话模式缺失。法律虽然规定公众有参与权利，政府有公开义务，规定有听证的权利，但这些权利实行与否行政机构有很大的自主权，况且公众很难知晓权利受侵害与否，使参与模式和对话模式流于形式。

三、警察公共关系的制度建构

(一) 警察公共关系组织建设是警察公共关系的基础

警察公共关系部门是实现公共关系制度的基础，没有具体的公共关系机构，公共关系很难施展得开。在警察组织中，职能部门本身的任务就很繁重，这就很难有公共关系的精力和能力。同时公共关系部门本身应该作为组织的一个职能部门，不管是在理论上还是在实践中都已得到了证明。所以我国加强警察公共关系部门的设立很有必要性。警察组织自上而下地建立专职的公共关系

① 李喜和：《浅析警察公共关系理念从传统到现代的变革》，载《公安研究》2008 年第 12 期。

部门组织体系，并在其中设立应对网络等新媒体的专门工作力量，规范地处理好与各类客体的关系，并不断通过实践摸索总结公关工作经验，方能开创我国警察公共关系工作的新局面。[①]

在我国警察公共关系部门设立上，应该根据我国目前的警察组织结构模式，再针对各地的不同情况加以调整。具体设置上体现在以下几个方面：

1. 警察公共关系机构应依法设置

我国《国务院组织法》和《地方各级人大和地方各级政府组织法》对警察组织设立公共关系职能部门提供了法律上的依据，警察公共关系机构应依上述规定来设置。

2. 在警察公共关系机构具体设置上，应该和我国现有的组织模式相适应

我国的警察组织结构是实行“统一领导、分级管理、条块结合、以块为主”的双重领导体制，因此在具体设置上，应充分考虑我国现行的警察管理体制。在警察组织结构的层级上设立公安部、各省市公安厅（局）、地级市（州）公安局、县（市）公安局的警察公共关系机构，各级警察公共关系受本级公安机关领导，由上级警察公共关系部门指导相关公共关系方面的工作，各级别做好其辖区内的公共关系工作。

对于警察公共关系机构具体的实行模式，目前实践中主要有四种[②]：一是部门隶属型模式。警察公共关系机构隶属于警察组织的某个职能部门的机构设置模式。一般来说，这种模式适合于警察组织的基层部门，由于人员、物资有限，设置专门的公共关系机构成本较高，可以通过将有关警察公共关系的职能分配到有关的职能部门，而由该部门的特定人员专职负责公共关系的日常工作，如信息的上传下达、警察公共关系教育宣传活动的组织、相关职能部门的公共关系工作指导等。二是部门并列型模式。即警察公共关系机构与其他职能部门平行设置。这种机构设置模式适合于警察组织的中级机构，体现了警察组织对警察公共关系工作的重视，使警察公共关系机构可以直接参与到领导决策过程中来，并能有效整合各种资源，协调相关部门的关系，更好发挥警察公共关系机构的职能作用。三是领导直接负责型模式。即警察公共关系机构直属警察组织的最高层领导，直接向警察组织最高决策层负责的机构设置模式。这种模式赋予了警察公共关系机构很大的权限，使其直接进入决策层中，具有独立的自主权。四是公共关系委员会。即由警察组织的一把手直接牵头负责，各相

① 李华：《我国警察公共关系建设研究》，上海交通大学2009年硕士学位论文，第35页。

② 许冬平：《警察公共关系公众传播的实践性研究》，复旦大学2008年硕士学位论文，第35～36页。

关组织或职能部门的负责人共同参与的公共关系工作协调委员会。其职能是统一指导和协调全局性的警察公共关系工作。在制定宏观指导型政策、策划和开展大型公关活动时，可以成立专项的、跨部门的公共关系协调委员会，发挥总调度的作用。

笔者认为，对于警察公共关系机构具体的模式宜采取第三种模式。理由是：首先，由组织领导兼任或主管公共关系工作能够保障警察公共关系机关有充分的事权，不会使公共关系工作流于形式。尤其在紧急情况下能够及时作出反应，采取相应的措施，并能够保障其实施。其次，在警察政策形成或是在警察活动中其能够有广泛的参与权，保障警察公共关系机构作为政策咨询部门的职能的发挥，制定真正立足于实际，满足公众需要的政策。

3. 符合条件的人员配置

在警察公共关系组织机构人员配置上，要求相关工作人员具备公关的相关专业知识、具有一定的组织管理能力、具备良好的自制和应变能力、懂得传播学和舆论的相关知识。具体而言，警察组织公共关系部门的工作人员应具备以下几方面的能力：(1) 较强的组织能力。警察组织的公共关系工作是一项复杂的工作，实施时，牵涉多警种、多部门，其工作人员需要合理配置各项资源，协调各方面的人员，以实现公关资源的最优化配置，达到预定的公关效果。(2) 清晰的思维能力。公共关系职业被称为一项智力产业，警察公共关系人员是否具有清晰的思维能力尤显重要，是能否发现问题，全面深入地分析问题、有效解决问题的关键。(3) 敏锐的观察能力。影响警察组织生存和发展的社会环境处在动态变化中，作为开放系统的警察组织不断受到各种因素的冲击和影响。警察组织信息中心的工作人员必须能够从纷繁复杂的信息中及时准确地发现问题，从而避免警察组织陷入形象的困境和危机的产生。(4) 沟通协调能力。警察公共关系的本质就是组织内外关系的沟通协调，对内增强队伍凝聚力稳定性，对外赢得公众的理解支持，树立组织良好形象。[①] (5) 良好的表达能力。表达能力包括口头与文字两种，良好的表达能力不仅有利信息传递的准确性，更能引起共鸣，拉近与公众的距离。(6) 信息管理能力。警察公共关系活动其实也是信息传播的过程，离不开收集、整理、分析、存储、输出等一系列环节，这对警察公关人员的信息传播能力提出了要求。

（二）警察公共关系制度的建立和完善是警察公共关系的保障

警察公共关系制度是警察公共关系的根本和保障，在当今法治和人权思想

① 许冬平：《警察公共关系公众传播的实践性研究》，复旦大学 2008 年硕士学位论文，第 16 页。

高度深入人心的时代，更是要警察公共关系制度中所涉及的警察本身的职责、程序、责任等以及作为对象的公众的权利和救济途径都要有相应制度体现，实现法制化，才能保障警察公共关系活动的开展，更好地实现警察本身的职能和实现其职能下的公众权利的保障。

1. 警察公共关系任务指向

警察公共关系的任务指向是在问题的引导下通过整体行销达到公众满意。为了达到公众满意的行销目标，就要求警察公共关系主体在公共活动中通过发现和解决基本犯罪的根源和公众各种需求以及加强沟通增进了解和体谅，从而树立良好形象，争取支持和沟通。任务指向的具体内容包括以下几个方面：一是通过公众和犯罪信息的收集把握相关的资料，其中包括对公众舆论的把握、认识、分析等，认识到犯罪的根源和公众的问题和需求。二是传播资讯。根据收集到的信息和警察本身的一些情况运用一定的传播技巧和通过一定的媒介方式，向公众报告宣传警察活动的情况、政策制定情况、治安情况、公众问题解决情况等，在沟通中认识新情况和公众的反馈。三是通过公众问题和态度、犯罪情况等信息的了解以对警察组织制定警察政策提供咨询，甚至参与。四是危机处理。在危机发生时警察公共关系人员应该根据对危机的相关情况以及警察部门的态度和方案等与公众沟通，同时报告相关情况以缓和、化解危机，并且根据不同的公众采取不同的对策。上述问题的具体措施明确要求我国的警察职权、职责的范围明确。

2. 警察公共关系机构及人员的职责、责任

在警察公共关系中，对于其职责内公布的信息的类型应该包括：（1）犯罪信息、治安信息、警务活动情况、公众问题和需求等以及对这些情况的解决或是沟通、协调情况等。在某些特殊情况如危机管理中应该具有当面对公众作出某种承诺的职权，并且保障对这种职责内的公布或沟通的及时性、准确性、信赖性等。（2）扩大对警察政策形成过程中公众听证的范围，并把它纳入法制的范围。（3）再把和公众沟通或是公布的模式或对话方式法制化。这样才能把其职责内容具体化、限制其权力本身在原则性规定下具有的任意性。关于对警察公共关系中主体的责任问题，应该从传统的道义责任、纪律责任转型行政责任，甚至刑事责任，并规定相应的问责途径和制度，这样才能保障其履行职责的力度。

3. 警察公共关系中公民权利的救济渠道

我国《宪法》、《政府信息公开条例》对在公共关系中都规定了公民的知情权和参与权，并规定了相关的救济途径。在现代政府职能日益高涨和公众参与愿望不断增强的今天，政府应该主动让公众参与到这些活动中，培养公众的

参与意识。因此要保障这些权利的实行，就有必要把信息内容法制化，把参与模式法制化，才能使警察公共关系良性发展，使警察职能真正地实现。在我国公众民权意识不如西方有些国家，通过这种方式能够提高公众参与意识、权利意识，达到警民的有效沟通，形成良好的警民关系达到公众权利的和警察职责的双向实现。因此，在我国公共关系构建中，救济渠道本身不存在问题，如公安机关设立有法制办，其他部门设有信访部门等。但是公民在公共关系当中的权利并没有纳入这些部门的职责之内，这实际上虚化了民众的宪法权利。笔者建议，把这些知情权一部分具体到警察部门，转化为警察的职责，如信息发布、举行听证的职责。如果警察部门没有履行这些职责，民众就可以通过上述已存在的渠道对警察的职责范围内质询而寻求救济。

4. 建立警察公共关系危机处置机制

警察公共关系危机处置机制有两个重点：一是预警，即防患于未然；二是有效处置，消除影响。同时又应分内、外两个方面。对外危机处置主要是应对新闻媒体。在危机爆发时，面对传媒的关注甚至诘难，应该本着诚恳、公开、透明的原则，尽量取得传媒和公众的理解和支持，及时控制、消除不利影响，将危机的损害控制在最小范围。[①] 所谓内部危机处置，主要是指当警队执行高危险任务或警队由于某种原因出现较大面积违法违纪现象时的危机心理疏导。做好这项工作对于维护警察心理健康，保持警队群体积极昂扬的斗志具有积极意义。

（三）警察公共关系人员的素质是警察公共关系的关键要素

警察组织机构是警察公共关系的基础，而警察公共关系人员就是机构发挥基础作用的关键。目前我国警察公共关系研究中，大多数学者都是从人员素质方面来强化的。[②] 因为警察公共关系本身在一定程度上是依靠人与人之间的交流、沟通而取得形象的树立，获得相互的支持，达成一致的认同感，在沟通当中如果没有好的意识的形成、好的理念的树立是不可能形成良好的公共关系的。所以在公共关系制度的建构中强化对公共关系人员素质的培养是非常重要的。

1. 警察公共关系理念形成

现代警察公共关系的理念在行销理论中体现的淋漓尽致。内容是：问题导

---

① 田丰：《试论和谐警察公共关系的构建》，载《四川警察学院学报》2012 年第 2 期。

② 冯永强：《论警察公共关系建设策略》，载《湖北警官学院学报》2007 年第 1 期；李耀光：《新形势下加强警察公共关系建设的思考》，载《公安研究》2010 年第 11 期。

向、公众满意。这是现代政府组织存在的价值基础，更是警察公共关系的核心价值观。这种理念与党和国家一致提倡的“为人民服务”思想以及推行的“群众路线”在本质上具有一致性。但是我国当今的有些警察组织人员由于受各种思想的影响，没有很好地形成和树立该理念。所以，在警察公共关系人员素质的培养中对公共关系理念的树立和培养十分重要，它关系到警察公共关系工作有效实现和公众需求满足的程度，对警察形象的树立和获得公众支持、实现警民双赢非常的重要。

警察公共关系理念在实践中仍存在诸多误区：（1）将警察公共关系误认为宣传或者塑造警察形象。一些基层警察部门片面将“警察公共关系”等同于“宣传”，过分强调“警察公共关系”的传播功能，从而误解了警察公共关系的本质，即警民互助，双向对称。[①] 从本质上说，公共关系是一个社会组织用传播手段使自己与公众相互了解和相互适应的活动。其功能在于协调、改善组织机构的对内对外关系，从而在公众中树立起良好形象，以谋求公众的了解、信任与合作，达到互利互惠的目的。因而公共关系是双向对等的，而宣传是运用各种有意义的符号，传播一定的观念来影响人们的态度，引导人们的思想及控制人们的行动的一种社会行为。宣传的直接目的在于影响人们的思想和行为，它要借助于一定的传播媒介，通过公布、传播、解释一定的思想信息来实现这一目的。宣传与公共关系尽管都是通过说服对方以取得各类公众的理解、支持与合作，都要借助新闻媒体等宣传媒介，其外在的活动方式十分相似。但是，两者的区别十分明显，宣传往往是单向的，警察公共关系的内涵远远大于公安宣传，宣传只是警察公共关系的一方面内容，它不能涵盖警察公共关系。（2）将警察公共关系误认为是警民关系。警察公共关系的一个重要方面就是警民关系。然而警民关系又不同于警察公共关系。“警民关系”作为一个政治概念，突出了警察代表党和政府在群众中行使治安管理权力的地位，反映的是警察、政府和民众的关系。警察公共关系的内涵与外延显然要比警民关系广泛和深刻。警察公共关系不仅涵盖警民关系，还包括与其他行政机关或社会组织的关系。[②]（3）警察公共关系误认为警察人际关系。“警察公共关系”的主体是警察组织，不是警察个体。警察公关主体与一般服务性公关主体的一个显著区别在于，警察公关主体具有全员参与性。但全员参与不是将“警察公共关系”简单化、庸俗化，仅把它当成一种普通的人际关系。[③]

---

① 刘新、李喜和：《中外警察公共关系理念之比较》，载《山东警察学院学报》2010年第6期。

② 王晓楠：《刍议舆论引导与警察公共关系建设》，载《辽宁行政学院学报》2013年第6期。

③ 刘新、李喜和：《中外警察公共关系理念之比较》，载《山东警察学院学报》2010年第6期。

2. 警察公共关系人员的养成教育

养成教育是现代警务改革的产物，它是为了解决警察培养在现实中的严重脱节而形成的一种新型的警察培养模式，是当代警察培养方案和模式不能够适应现代社会需求而产生的。养成教育是一种理论和实践相结合的教育模式，是一种在实践当中加强理论教育，在理论当中深化实践的教育、培训模式。它主要是指在警察的培养过程中，排除当今警察培养注重理论、轻实践的情况，增加警察培养过程中的实践能力的训练。警察养成教育在实践当中的具体表现是延长警察培训中的实践时间，使警察的培养和训练紧密相连，或者说培训和实践同步进行。警察公共关系人员的要求和素质是比较高的，在某种程度上应该是一种综合性的人才。因此多方面的专业化的理论和实践对警察公共关系人员十分重要。这也就意味着更应该注重警察公共关系人员的养成教育，这和警察公共关系的效果是密切相联系的。笔者建议对警察学员培训和实务相互配合的观点，理论学习和警察实践相结合。

（四）将社区警务作为警察公共关系的重要阵地

社区警务是当今世界各国警务改革的基本方向，是一项以预防为主、重在治本的警务战略，其核心内容是把警察的工作重心由传统的事后打击转移到事前预防上，依靠社会公众的力量抑制犯罪，逐步形成社会治安的良性循环。警察公共关系运用于社区警务，将是当前和今后一个时期警察公共关系建设的重点内容，也是形成和谐互动警民关系的关键所在。社区警察公共关系建设的核心是“构建和维护警察与社会公众间的相互信任”。[①] 为此，社区警察公共关系须做好以下工作：（1）沉警于基层。目前，我国公安机关的警力部署呈现倒金字塔结构。为改变这个现状，公安部实施了警力下沉战略，不断充实基层警力。基层警察要走出办公室，走上街头，走进社区，这样才能更多地接触公众，更好地了解民情；同时，公众也能更便捷地与警察联络，增强互信。社区是警察公共关系建设的平台，警民之间的互信、互动可以通过社区警务来完成。（2）提高公众参与度。警察公共关系建设的过程就是一个交流互动的过程，警民在互动中建立感情联络，警察借以取得民众的信任和支持，从而使公众与警察一起成为社区秩序的维护者。19 世纪，英国警察的创始人罗伯特·皮尔提出了“警察即是公众，公众即是警察”的对应关系；[②] 在国外，各种放

① 佟志伟：《美国警察公共关系建设的历程、特点与启示》，载《内蒙古大学学报》（哲学社会科学版）2014 年第 2 期。

② 刘新、李喜和：《中外警察公共关系理念之比较》，载《山东警察学院学报》2010 年第 6 期。

权于民、提高公众参与程度的社区警务模式已屡见不鲜，社区民警通过定期向辖区居民述职，有效激发了居民参与社区警务的积极性。目前，我国北京、上海等城市也建立了公民警校，为警民交流提供新的运作平台，创立了一套警民沟通、警社合作的新机制。[①]（3）增强群众工作能力。近年来，相对于民警队伍整体学历的不断提高、综合素质的不断提升，基层民警做群众工作的能力和水平却呈下降趋势，不愿做、不敢做、不会做群众工作成为比较普遍的现象。基层民警要提高做群众工作的能力，熟练掌握为人处世的方法和技巧，加强与辖区群众的沟通。取得群众支持，密切警民关系，是推进警务建设的必然要求，也是加强警察公共关系的重要内容。[②]

① 佟志伟：《美国"安全城市计划"与我国治安防控工作的比较与借鉴》，载《北京人民警察学院学报》2013 年第 1 期。

② 佟志伟：《美国警察公共关系建设的历程、特点与启示》，载《内蒙古大学学报》（哲学社会科学版）2014 年第 2 期。

第六章　警察职务防卫权与警察权益保护

第一节　警察职务防卫权的一般理论

关于警察防卫权问题，学界从20世纪90年代中期就开始展开讨论，实务层面的研究主要集中在警察职务行为与个人行为（非警察职务行为）的区别，警察防卫权的法律适用，警察使用枪支、警械的限度等实践操作中出现的问题及对策方面。而理论层面的研究则主要集中在警察防卫权的性质归属，特别是与公民正当防卫权的关系等问题上，其观点也是莫衷一是。①

一、警察职务防卫权的界定

（一）警察职务防卫权的概念

警察防卫是法律赋予人民警察的一项必要权力，也是人民警察在执行职务中必须履行的职责。通常，人们将人民警察在执行职务中以一定手段实施防卫的权力，称为警察防卫权。“警察防卫”或“警务防卫”目前在我国并不是一个严格意义上的刑法上的法律概念，因为我国现行《刑法》并未就警察防卫作出专门规定，只规定了作为普通公民进行正当防卫的权利。但是，警察以预防、制止、打击犯罪为其职业，警察这一特殊主体基于执行职务这一特定条件，其采取特殊的手段（使用警械和武器）行使防卫权却是随时、大量、客观存在的。可以说，警察行使防卫权的次数和概率要远远超过一般公民的正当防卫。

关于警察职务防卫，尚无统一概念。有学者称之为警察防卫，也有人称之为警务防卫。尽管表述有所不同，但基本内容都大同小异。通常认为，所谓警

① 郭冰：《警察防卫权之思辨》，载《中国人民公安大学学报》（社会科学版）2006年第1期。

察职务防卫，是指警察在执行职务过程中，为保护国家、公共利益，本人或者他人的合法权益免受正在进行的不法侵害，而采取的制止不法侵害的职务行为。[①] 警察作为履行特殊义务的公民，肩负双重的防卫任务：一方面，他要防卫自身的合法权益不受非法侵犯；另一方面，他要防卫社会和其他公民的合法权利不受非法侵犯。[②] 警察职务防卫权，正是这样一种基于警察基本职能派生出来的特殊权力。

警察防卫权应当属于依法令之权力，具体内涵表现为：警察在执行职务过程中为保护公共利益、他人利益，在公共利益、他人利益在受到侵害时而采取的制止不法侵害的职务行为。警察防卫权是国家的一种公权力，警察防卫权的主体是国家，具体由警察来实施，警察防卫的法律后果由国家承担，当警察在行使防卫权不适当时由警察个人承担责任。[③] 警察防卫权的目的具有双重性，法律确认是对公共利益、个人利益的保护警察是法律秩序具体的执行者，当警察面对不法分子的暴力袭击时行使防卫权，既是对于警察自身权益的保护，也是对于国家法律权威、法律秩序的保护。

（二）警察职务防卫权的特征

警察职务防卫权既然是国家权力的一种，就必然具有诸如合法性、公共性、手段性、膨胀性、一元性等公权力所拥有的共性。但作为一项特殊的国家权力，警察职务防卫权在法律法规的规定下也可以归纳总结出一些个性特征。

1. 主体的特定性

顾名思义，只有人民警察可以行使警察防卫权。根据法律规定，人民警察包括公安机关、国家安全机关、监狱、人民警察和人民法院、人民检察院的司法警察。关于人民警察的身份和资格问题，有关法律、法规和规章有具体的规定，这里不做详细阐述。需要说明的是，不具有人民警察身份的人，即使在公、检、法、司、安等部门和机关工作或者是这些机关的临时人员，在工作中进行的防卫行为，也不能称为警察防卫。

对于具有警察资格或者尚不完全具备警察资格，但由于某种原因履行着警察职责，却又不完全具备某些防卫所要求的特定条件的警察，如在警察机构实

---

① 曹喆：《法治视野下的警察职务防卫权——兼论警察执法权益保护》，载《铁道警官高等专科学校学报》2011 年第 1 期。

② 李富成：《警察“打不还手”还是“该出手时就出手”》，载《铁道警官高等专科学校学报》2006 年第 4 期。

③ 黄文臻、刘哲明：《略论我国警察防卫权设定的必要性——以警察防卫权属性为视角》，载《法制博览》2014 年第 11 期。

习的警校学生，由于后续的职业性原因而从事某种警察职务防卫活动，虽不完全具备警察资格，但进行与其相应的职务行为而在必要时所实施的防卫也是正当的。但必须与其基本职务相符，且与其能力相符。假如不具备对应的防卫条件，则从主体上说是不正当的。①

2. 目的的正当性

警察防卫权行为具有正当性。这一基于行为人的主观意识和意志支配，在客观上造成了侵害法益的行为之所以不构成犯罪，正在于其主观追求的目的为法秩序整体精神所容忍。② 具体而言，警察防卫权的实施是为了保护国家、公共利益和公民个人的人身、财产和其他权利免受正在进行的不法侵害。从法律规范的角度上看，“为了社会全体的利益，或者为了特定的个别利益，积极地将某一种行为判断为有价值，因而对其予以积极的容忍”。③ 警察防卫权是依照有效的法律规范所实施的行使权力的行为是法律本身所承认的，是构成法秩序的一部分，自然是符合法律之精神的行为，因而具有正当性。

3. 行为的职务性

警察防卫行为职务性，可以从两个方面来理解：一是警察在遇有对国家安全、社会公共秩序、公民的人身和财产安全正在进行的不法暴力侵害或侵害之威胁或为追诉违法犯罪的需要时，警察依法采取的职务行为，是防卫行为产生于警察职责的要求；二是警察履行职责过程中遭遇不法侵害人对警察自身安全构成威胁或者造成损害，警察采取一定防卫手段保护自身安全的行为，是防卫行为产生于警察自我防卫的需要。

4. 手段的特殊性

依据《人民警察法》、《人民警察使用警械和武器条例》规定，人民警察为制止犯罪行为，可以使用致命性和非致命性的武器、警械。使用武器和警械是法律赋予人民警察的一项特殊权力，普通公民和其他国家工作人员（除部分承担侦查任务的检察官外）都没有这项权力。根据法律规定的“举重以明轻”原理要求，警察在特殊情况下使用警械和武器以外的方式方法能够有效制止违法犯罪行为并且造成的损害结果小于该情况下使用警械和武器造成的损害时，应该认为警察使用法律法规规定的警械和武器以外的器具行使的职务防卫行为是合法有效的。

① 常菲：《警察职务防卫权行使的正当性要素及原则》，载《河南司法警官职业学院学报》2007年第2期。

② 田宏杰：《刑法中的正当化行为》，中国检察出版社2004年版，第104页。

③ ［日］野村稔：《刑法总论》，全理其、何力译，法律出版社2001年版，第89页。

5. 行为的适度性

“法治的要义在于保护人权，当然也包括加害人受保护的人权，尽管加害人正在实施一种剥夺和侵害他人的人权。”① 《人民警察使用警械和武器条例》第4条规定：“人民警察使用警械和武器，应当以制止违法犯罪行为，尽量减少人员伤亡、财产损失为原则。”法律法规对人民警察实行职务防卫权的损害限度进行了原则性规定，因此，警察实行职务防卫权应该遵循加害结果最小性原则，遵从权益冲突时的法益平衡，不能随意地升格使用更高手段的加害行为对加害人或者第三人造成不必要的损害。警察防卫所采取的措施应与不法侵害人所实施行为的性质和社会危害性以及他个人身份的危险性相当，对其造成的损害未超过必要的限度，则为法律所允许，但若超出该限度的防卫行为则可能构成违法或犯罪。②

（三）警察职务防卫权的性质

在学术界对于警察防卫权的性质存在争论。主要有三种观点：第一种是正当防卫说。有学者将警察防卫权放在排除社会危害性的行为中加以阐述，主张将警察防卫权归于正当防卫权之中，认为刑法规定的正当防卫权是全体公民的权利，而警察属于公民，包含在公民概念的外延之中，应当是正当防卫权的主体，警察防卫权自然包含于正当防卫权之中。③ 第二种是特殊主体说。该说认为，警察的防卫权虽然是一种正当防卫权，但是警察作为一种特殊的主体，不同于一般的公民，警察的防卫权有别于一般公民的防卫权，因此，刑法中规定的正当防卫权仅指公民的正当防卫权，警察的正当防卫权虽未经刑法明确规定，但与公民的正当防卫权并列于正当防卫权之中。④ 第三种是职务行为说。该说认为，警察的防卫权是一种职权，由这种职权产生的警察针对不法侵害所进行的防卫行为从性质上讲不是正当防卫，不能归于公民的正当防卫权之列。⑤ 但是警察防卫行为与公民的正当防卫一样，都属于排除社会危害性的行为。⑥

笔者认为，前述观点都有可取之处，但是难以解决我国现阶段的警察防卫

① 常非：《警察拥有职务防卫权的合理性和正当性理论解析》，载《南都学坛》（人文社会科学学报）2008年第28卷第2期。

② 郭冰：《警察防卫权之思辨》，载《中国人民公安大学学报》（社会科学版）2006年第1期。

③ 郭冰：《警察防卫权之思辨》，载《中国人民公安大学学报》（社会科学版）2006年第1期。

④ 耿连海：《警察权益保护》，群众出版社2004年版，第57页。

⑤ 陆中俊：《正当防卫与人民警察执行职务的区别》，载《法学》1997年第6期。

⑥ 郭冰：《警察防卫权之思辨》，载《中国人民公安大学学报》（社会科学版）2006年第1期。

权的性质争论问题。具体而言，第一种观点简单地将警察防卫权归于正当防卫权之中，认为警察属于公民，所以警察防卫权也无独立规定的必要。这明显不符合现状，如将警察防卫权简单地归于普通公民的正当防卫权，不仅不利于警察职务行为中的正当防卫权益，也不利于警察履行维护社会治安的职责。第二种观点虽然主张将警察的正当防卫权予以另行规定，但是主张将警察的正当防卫权并列于公民正当防卫权之中，没有明确警察防卫权与一般正当防卫的区别。第三种学说将警察防卫权看作一种职权，将警察防卫权与正当防卫作了比较明确的区分。然而，第三种观点也存在问题，主要是：（1）不管是刑法典，还是在其他法律规范中，都仅规定了正当防卫和紧急避险两种行为类型，如职务行为等并没有被规定在法律之中。在司法实践中，只能参照正当防卫的相关规定来解释职务行为的正当性，但是两者毕竟有一些区别，在这种情况下，不利于充分实现人民警察职务行为的正当性保护。（2）现行规范性文件将警察制止不法侵害的行为理解为正当防卫，与刑法理论和刑法典中关于正当防卫的成立要件并不完全一致，极易造成司法实践定性不当与理论的矛盾。比如，以一般的正当防卫，按照刑法典第 20 条第 3 款的规定，当面对严重威胁公众生命安全的时候，可以直接剥夺不法侵害人生命。但是，对于警察而言，由于其首要职责是制止犯罪，抓获不法侵害人，阻止其继续实施不法侵害，因此，剥夺侵害人的生命并不是警察在履行职务时的首要选择。（3）职务行为的前提是国家工作人员在执行职务过程中实施的。但是，如果没有明确把职务行为作为正当化事由，而是以正当防卫的规定来理解警察的防卫行为，会给警察执法活动正当性的认定造成困难。①

警察是防卫体系中的一类特殊群体，警察防卫通常要使用警械和武器，其威力往往要远远大于普通公民使用的防卫工具，必然要给防卫对象造成一定程度的损害，尤其是使用枪支等武器，使防卫对象非死即伤。警察采取这样严厉的手段肯定要有正当性基础，也就是说，必须要有阻却违法的事由，否则，警察就会因故意伤害或故意杀人而有罪。那么，警察实施防卫行为的性质究竟是什么？我们可以从以下几点进行阐述：

第一，我们可以从作为防卫主体的警察的职能和性质来理解。外国警察学者通常认为警察的职能就是维护“公共利益”、“预防迫切发生之危害”。而按照马克思主义的观点，警察是国家机器的重要组成部分，不仅具有社会管理的职能，还具有政治镇压的职能。警察作为统治阶级的暴力工具，镇压国内被统治阶级的反抗，保障本国统治阶级的利益。由于警察具有这些镇压职能，国家

① 赵羚男：《人民警察防卫权立法初探》，载《实事求是》2014 年第 3 期。

为了保障警察职能的充分发挥，通过法律规定赋予其使用一定程度暴力的权力，这种权力是警察履行职能的依据和后盾，是贯彻国家意志和维护社会秩序的强制力量。职能与权力紧密联系，职能规定权力行使的范围，是权力的前提和基础，而权力是实现职能的保障。如果警察没有必要的权力，是无法履行其职能的。警察为使其职能得以实现而依法履行职务的过程，也就是行使权力的过程。警察是国家权力的化身，而不是普通的社会公民。警察防卫权是警察权力体系中的重要部分，因此，警察的职务防卫当然是一种“权力”行为，而不仅仅是警察作为普通公民所拥有的正当防卫的“权利”行为。

第二，我们可以从法律、行政法规授权来理解。尽管我国刑法目前还没有对警察防卫作出专门规定，但是人民警察除行使《刑法》规定中作为一个普通公民的正当防卫权之外，依据法律、法规的授权，还拥有特定的防卫权。早在《人民警察法》颁布之前，1980 年 7 月 5 日经国务院批准，公安部公布实施的《人民警察使用武器和警械的规定》第 1 条开宗明义地规定：“为了使人民警察依法有效地执行公务，以及时制止犯罪行为，保护人民群众和采取正当防卫，特制订本规定。”1995 年 2 月 28 日，第八届全国人大常委会第十二次会议通过了《人民警察法》，该法第 8 条规定：“公安机关的人民警察对严重危害社会治安秩序或者威胁公共安全的人员，可以强制带离现场、依法予以拘留或者采取法律规定的其他措施。”第 10 条规定：“遇有拒捕、暴乱、越狱、抢夺枪支或者其他暴力行为的紧急情况，公安机关的人民警察依照国家有关规定可以使用武器。”第 11 条规定：“为制止严重犯罪活动的需要，公安机关的人民警察依照国家有关规定可以使用警械。”《人民警察法》颁布之后，1996 年 1 月 16 日，国务院颁布了《人民警察使用警械和武器条例》，该条例第 2 条规定：“人民警察制止违法犯罪行为，可以采取强制手段；根据需要，可以依照本条例的规定使用警械；使用警械不能制止，可能发生严重危害后果的，可以依照本条例的规定使用武器。”《人民警察使用警械和武器条例》规定了警察使用警械和武器的具体情形、有关条件和程序。从现有法律、法规来看，《人民警察法》和《人民警察使用警械和武器条例》是警察以使用警械和武器为主要手段，行使防卫权的主要法律依据，是警察行使防卫权的正当性的法源和基础。

第三，我们可以从警察使用警械和武器实施防卫的正当防卫因素来理解。国内外的立法和相关观点，无论是认为警察与普通公民毫无区别地拥有正当防卫的权利，还是承认警察拥有特别的防卫权，基本上都能够显示出警察使用警械和武器的行为，阻却违法的一个很重要的理由就是正当防卫。如果我们按照正当防卫的概念、条件去衡量警察防卫，就会发现《人民警察使用警械和武器条例》中规定人民警察使用警械和武器的绝大部分情形都属于相当典型的正当防卫。如我国《人民警察使用警械和武器条例》第9条第1款第（十）项规定的可以使用武器的情形之一，“以暴力方法抗拒或者阻碍人民警察依法履行职责或者暴力袭击人民警察，危及人民警察生命安全的”就是典型的正当防卫，只不过是警察进行正当防卫的手段和使用的工具不同。况且，警察在具有职业身份的同时，也是普通公民的一员，在遇到不法侵害时，即使不运用法律赋予警察的权力，以一个公民的身份行使防卫权，制止犯罪和违法行为，这在逻辑上也是说得通的。1983年9月14日，最高人民法院、最高人民检察院、公安部、国家安全部、司法部联合制定了《关于人民警察执行职务中实行正当防卫的具体规定》（以下简称《具体规定》），《具体规定》明确指出，“鉴于人民警察是武装性质的国家治安行政力量，在打击和制止犯罪、维护社会治安、保护公共利益和公民合法权益、保卫国家政权和社会主义现代化建设方面负有特定责任，对人民警察执行职务中实行正当防卫问题，做出具体规定……”此外，从我国香港地区和其他国家的立法经验看，我国香港特别行政区“警察通令”（Police General Orders）第29章第2条规定的允许警察开枪的三种情形之第一种，即“保护任何人，包括自己免遭死亡或严重身体损伤”；《新西兰警察行动规则》（Rules of Engagement）规定警察可以使用枪支的情形之一：“为保护自己或他人免遭死亡或严重身体伤害，而且使用力度较小的手段将不足以保护自己或他人。”这些规定的含义基本相同，上述地区和国家尽管明确规定了警察防卫的权力，却都明确承认也是正当防卫的表现。

关于警察防卫的法律性质，我们可以从不同的视角、不同的出发点，甚至可以从自身的立场、感受等进行审视、研究，但也出现了不少的争论。20世纪90年代，一些理论界的学者和相关部门从事实务工作的同志开始批评在性质上把警察使用警械的职权行为混同于公民的正当防卫。① 来自实践部门的责难是，按照刑法规定的正当防卫的要素去衡量警察使用警械行为，什么是过当？在面临紧迫的危险时，警察防卫是不是“提前防卫”？为抓捕严重犯罪的逃犯使用武力，是不是“事后防卫”？② 不好说清楚，很难达成共识。因此，在人民警察使用警械和武器条例制定中，实践部门极力在警察使用警械与正当防卫之间划清界限，并在行为性质、行使条件、约束力等方面加以区别。有学者认为，“人民警察在执行职务中依法制服犯罪及违法行为的行为，实际上并

① 余凌云：《警察使用枪支与警械的两个基本理论问题》，载《武警学院学报》2002年第2期。

② 公安部：《〈中华人民共和国人民警察使用警械和武器条例〉宣传提纲》，载《公安法制建设》1996年第6期。

不是一般意义上的公民的正当防卫，而是正当职务行为”。[1] 可见，20 世纪 90 年代，学界在关于警察防卫的性质归属问题上，已开始抛弃正当防卫，转向依法令之行为、正当职务行为。

（四）警察职务防卫的理论分类

在侦查阶段，警察职务防卫又可分一般防卫和追击防卫两种。

所谓一般防卫，指警察针对正在实施的不法侵害采取的防卫行为，它包括对现行犯的防卫、对使用暴力拒捕者的防卫两种状态。一般防卫的首要要件是不法侵害必须正在进行，而不是尚未发生或已经停止。防卫权的行使是基于不法侵害已经开始，并将继续进行下去的情况。先有不法侵害行为的存在，才有防卫权的产生。其目的是通过制止不法侵害行为，以使被不法侵害的利益不再继续受到侵害，是在紧急情况下的救济措施。[2]

追击防卫是指法律许可警察对于逃跑的犯罪嫌疑人所施加的适当暴力。在这种情形下，犯罪嫌疑人的主要不法侵害行为已经实施完毕，逃跑是为了逃避抓捕，不受刑事追诉。表面上看，单纯的逃跑行为没有实施不法侵害，仅仅是违背了警察的抓捕意图，不会给社会带来很大的危害，警察为了阻止犯罪嫌疑的逃跑行为而施加的适当暴力似乎不是正当防卫。笔者认为，正当防卫之所以被法律认为是正当的，是因为防卫的对象是正在进行的不法侵害。因此，要判断警察制止犯罪嫌疑人逃跑的行为是否就是正当防卫，只须判断犯罪嫌疑人逃跑是否属于不法侵害。

对在押人员的防卫。在押人员包括已被拘留或逮捕的犯罪嫌疑人、被告人以及已被判刑的罪犯。他们的人身自由被剥夺了，即使是暂时的也只能在一定的区域内进行有限制的活动，不得依个人意愿摆脱被关押的状态。因此，这时警察在出现如下情形时可行使防卫权：（1）在押人员对他人的人身、财产实施不法侵害；（2）在押人员聚众骚乱、暴乱；（3）在押人员越狱逃跑。其他情况下的职务防卫。警察活动涉及社会的方方面面，为特定之目的法律也许可警察对某些人施加暴力，而并不局限于执行合法逮捕和防止在押人员逃跑两种情形。根据《人民警察使用警械和武器条例》规定，对于聚众扰乱车站、码头、民用航空站、运动场等公共场所秩序的行为，以及非法集会、游行、示威的或强行冲越警察为履行职责设置的警戒线的行为，警察可以使用警棍、催泪弹、高压水枪等驱逐性、制服性警械。

---

① 赵秉志：《正当防卫立法的进展与缺憾》，载《法学》1998 年第 12 期。

② 曹国鹏：《略论警察的职务防卫》，载《中国人民公安大学学报》1999 年第 6 期。

（五）警察职务防卫中的几个特殊问题

1. 警察防卫的手段和限度问题

依据刑法原理，一般而言，警察应当结合当时的环境、双方力量对比，综合考虑采用什么样的防卫手段与力度，给不法侵害人造成什么样的损害为宜。对于警察使用武器警械，我国法律法规有严格的限制。首先，我国有关规定对于可以使用武器进行防卫的情形有明确规定，如《人民警察使用警械和武器条例》第9条、第10条规定，判明有“以暴力方法抗拒或者阻碍人民警察依法履行职责或者暴力袭击人民警察，危及人民警察生命安全”的紧急情形，人民警察“经警告无效的，可以使用武器”。这里的“以暴力方法抗拒或者阻碍”、“暴力袭击”、“危及人民警察生命安全”就是严格的限制。其次，如果能采用较缓和的手段达到效果，就不允许采用激烈的防卫手段。《人民警察使用武器和警械的规定》第4条规定，人民警察“对犯罪分子开枪时，除遇到特别紧迫的情况外，应当先进行口头警告或鸣枪，犯罪分子一有畏服表示，应当立即停止射击”。第6条规定，“人民警察在使用警棍制止犯罪行为时，应当以制服对方为限度。当对方的犯罪行为得到制止时，就立即停止使用。”公安部《关于执行〈人民警察使用武器和警械的规定〉应注意几个问题的通知》（以下简称《使用武器警械问题的通知》）第1条就规定，“采取正当防卫时，只要使用警棍能够制服犯罪分子的，就不要使用武器”。第3条规定，“使用警棍制止犯罪行为时，也应避免造成不应有的致命伤害。”最后，要最大限度地保护人民的利益，不能为了制服袭警者而置人民利益于不顾，造成严重损失。上述《使用武器警械问题的通知》第2条规定，“可以使用枪支的情形，如果发生在繁华街道、群众聚集场所、存放易燃易爆危险物品的地方，不宜开枪射击，应使用警棍等其他警械制止犯罪行为。”

考察国外立法我们会发现，对于警察使用武器警械也是持非常慎重的态度的。在美国，警察享有较为宽松的开枪权，但其开枪也受到严格的程序约束，以便保护相对人、犯罪嫌疑人的法律权利。[①] 德国警察开枪要遵循“最小动用武力原则”，尽量使用非致命武器，如网枪、眩晕弹和黏着剂等。开枪前必须表明身份；在遭遇拒捕或者警察受到生命威胁时才可以开枪，并只能打非致命部位；在对方没有武器、已缴械投降，或者歹徒手里有人质等情况下，警察不得开枪。警察一旦开枪，会有专门人员在对口头警告情况、开枪理由、目标距

① 徐丹彤：《美国警察枪支使用法律制度概要》，载《上海公安高等专科学校学报》2011年第2期。

离等认定与分析后，形成书面报告并据此处理。① 日本也是严格限制警察使用枪支的国家。《日本警官职务执行法》专门针对警察执行职务中使用枪支作出了明确规定。对警察使用枪支，日本法律规定：要避免因使用枪支而进一步刺激犯罪分子；用枪指向犯罪分子起不到威慑作用时，可向天空等安全方向开枪；开枪时，要警告对方“我要开枪了”；警察如果在执行任务中开了枪，要向上级作出详细的报告，等等。②

2. 警察执法能否适用无限防卫的规定

现行《刑法》第20条第3款规定：“对正在进行行凶、杀人、抢劫、强奸、绑架以及其他严重危及人身安全的暴力犯罪，采取防卫行为，造成不法侵害人伤亡的，不属于防卫过当，不负刑事责任。”这是刑法为了鼓励人们同暴力犯罪作斗争，遏制严重犯罪，稳定社会治安，有效保护合法权益而作的无限防卫的规定。③ 根据这一规定，特别防卫权的行使，必须具备三个条件：第一，客观上存在严重危及人身安全的暴力犯罪，这是行使特别防卫权的前提条件；第二，严重的暴力犯罪正在进行中，这是行使无限防卫权的时间条件；第三，防卫行为只能是针对不法侵害人本人实施的，这是行使无限防卫权的对象条件。④ 在符合上述三个条件的情况下，防卫人因防卫行为致不法侵害人伤亡后果的，即使“明显超过了必要的限度造成重大损害的”，仍为正当防卫而不属于防卫过当，不负刑事责任。可见，刑法关于特别防卫权的规定是单纯地以特定的犯罪客观条件为前提的，而不是以防卫人的特定的主观心理状态作为特别防卫权的前提。在面对这种严重危及人身安全的暴力犯罪时，由于防卫人的生命安全受到威胁，因此往往采取较为激烈的防卫手段，造成不法侵害人伤亡后果。而综合警察防卫权的特点，在此我们认为无限防卫不应适用于警察防卫。首先，如前所言，警察防卫属于执行职务的公力性质。警察防卫是要受到比公民防卫更严格的制约的。无论在什么情况下，公权力的使用都应慎重考虑采用什么样的防卫手段与力度，给侵害人造成什么样的损害为宜。在不能使用枪支、武器时不得使用，在能避免造成“不应有的致命伤害”时应当避免。其次，如果允许警察特殊的无限防卫不利于保障公民的权利。鉴于在1997年刑法中没有对特别防卫规定“必要限度”的限制，我国刑法学界不少学者对此表达了某种程度的担忧，甚至主张，关于无限度之正当防卫的规定未必是妥

---

① 齐小力：《论人民警察依法使用武器》，载《中国人民公安大学学报》（社会科学版）2009年第2期。

② 金泽刚、乔青：《警察防卫新论》，载《山东警察学院学报》2010年第6期。

③ 高铭暄、马克昌：《刑法学》，高等教育出版社、北京大学出版社2000年版，第137页。

④ 赵羚男：《人民警察防卫权立法初探》，载《实事求是》2014年第3期。

当的，在司法实践中宜从严掌握，[①] 何况警察执法具有武装性和暴力性，其自身配备武器、警械。如果立法上允许警察对暴力袭警的人运用警械武器致伤、致死，不慎重考虑防卫的手段和力度，势必造成警察权力滥用，不利于保障公民的基本人权与其他合法权益。

实践中，一些地方公安机关及人民警察为了打击、震慑犯罪，倾向于对符合《刑法》第20条第3款和《人民警察使用警械和武器条例》第9条规定情形的犯罪分子实行“当场击毙”。有些公安机关甚至发布公告，明确宣告将对某些犯罪分子实行当场击毙，以造成较大的打击声势。然而，这种倾向和观点需要慎重对待。实际上，警察防卫权是不能参照公民的无限防卫权来操作的，因为二者是不同的。

从刑法设立公民正当防卫权的目的来看，是为了鼓励、支持公民同正在进行的不法侵害作斗争，以保护国家、公共利益、公民的人身和财产等合法权益。为了达到这一目的，就必须允许公民的防卫行为具备这样一个强度，即该强度是制止不法侵害所必需的。对于公民个人而言，与不法侵害相抗衡的过程中是处于明显的劣势地位的，如果仅考虑到防卫权的滥用而过分苛求公民个人，强调公民的防卫强度与不法侵害强度对等的适应性，过分束缚防卫人的手脚，则会使正当防卫的设立难以充分发挥作用，不能有效地制止不法侵害。因此，在新刑法修改中加入特别防卫权，这对于公民大胆行使防卫权和司法机关处理案件都具有较强的操作性，利于贯彻正当防卫的立法主旨。然而如前所述，警察防卫行为有别于公民的正当防卫行为，从性质上讲，警察防卫权不属于正当防卫权，警察的防卫权的限度不能按照正当防卫权的限度规定执行。同时，警察在执行公务过程中与不法侵害的抗衡能力明显优于公民个人与不法侵害的对抗。这种情况下，也不能参照公民个人正当防卫中遇到严重暴力事件所进行的防卫行为的限度采取“当场击毙”的方法。而且公民的特别防卫权也不是说是“无限的”、“绝对的”，只是在遇到严重危及人身安全的暴力侵害时，为制止这一严重暴力犯罪而实施的防卫行为尽管造成了犯罪人的伤亡，但这种伤亡结果仍没有明显超过必要的限度而已。[②]

因此，在遇到严重暴力犯罪、暴力反抗等情况时，警察要有合理的分析和判断，科学地使用暴力来制服犯罪嫌疑人，而不能一味地通过“当场击毙”的方式，“简单、快捷”地处理突发事件。[③]

---

① 陈兴良：《刑法疏议》，中国人民公安大学出版社1997年版，第39页。

② 乔青：《警察职务防卫问题研究》，上海交通大学2010年硕士学位论文，第34～35页。

③ 郭冰：《警察防卫权之思辨》，载《中国人民公安大学学报》（社会科学版）2006年第1期。

二、警察职务防卫权的理论基础

警察职务防卫权有极大的特殊性，一旦行使不当极有可能对违法犯罪嫌疑人或者第三人造成不应有的损害。因此，警察职务防卫权一直是学术界和实务界积极研究探讨的热点话题，研究警察职务防卫权的目的是为其找到法律的正当性，构建科学合理的警察职务防卫权法律制度，更好地对警察职务防卫权的行使进行法律规范，进而对警察行使职务防卫权提供法律评价的依据标准。学界对警察职务防卫权的研究主要出现了警察紧急权理论、依法令行为说理论、混合说理论。

（一）警察紧急权理论

传统的警察紧急权理论认为，警察使用枪支与警械等职务防卫行为是超越警察法的一种防卫形式或是一种自由裁量权，是一种相当于刑法上的正当防卫权，抑或紧急避险权，也有将其称为警察急状权。①

“警察急状权”，在我国警察法上一般表述为紧急状态处置权。在该理论看来，任何警察权的配置或发动都必须有法律依据，因为“警察官署自始蕴含着侵害民权的危险”。② 而经验也告诉我们，警察人员的职务防卫行为经常不利于关系人，犯下侵犯民权的过错。但是，由于法律上很难穷尽警察权发动的所有情势和条件，警察往往面临着无法可依的局面。故而在传统的警察理论中，往往允许警察在危险急迫重大时，亦即警察处于紧急状态时，允许其超越警察权的界限，在没有法律依据的情况下，可以依据刑法上的正当防卫理论行使警察权。90 年代中期以前，我国有关行政法规和司法机关的一些法律解释，如 1980 年公安部制定经国务院批准实施的《人民警察使用武器和警械的规定》，1983 年“两高三部”联合制定的《关于人民警察执行职务中实施正当防卫的具体规定》等，都反映出警察职务防卫的正当性、合法性及其标准皆为刑法意义上的正当防卫理论，即在没有特别法律授权时也可发动警察权，其构成要素相当于刑法上的正当防卫，或者说其法律渊源为刑法上的正当防卫理论。

警察紧急权理论，它的正当性理论基础并不是建立在行政法的诸如行政比例、依法行政等原则上，也不是从自由裁量权导引出来的国家权力，而是强调从警察一般任务的警察权限的概括规定上，以及从刑法民法上的正当防卫与紧

① 刘静坤：《论美国的警察紧急权理论》，载《中国刑事法杂志》2008 年第 3 期。

② 蔡振荣：《警察之即时强制》，载《警学丛刊》第 31 卷第 4 期。

急避险的理论上去寻找依据。这种论点的主要支撑点在于，警察拥有的行使职务防卫的权力是基于维护社会秩序、保护公益、保障人权等一般警察职能的需要。一方面，强调警察职务防卫权是警察职责的诉求使然；另一方面，认为这种伤害本身体现了警察职能中的保护理念，而且不是纯粹的“加害理念”，[①]因此具有了权力存在和行使的正当性。

用警察紧急权理论来解说警察使用枪支警械进行职务防卫，存在重大理论缺陷。一是警察紧急权理论的原有目的在于试图从警察法之外的刑法、民法理论上为警察行使这一权力寻求合理性和正当性基础，但是，在现代法治语境中，宪法制度的精义在于国家任何一项权力的配置、享有和行使，都离不开明确的法律作为正当性依据，具体到警察职务防卫权也同样如此。二是依正当防卫理论解析国家警察职务防卫权并以此作为理论基础，混淆了两者的性质，不仅对实践是有害的，而且也带来了许多理论上的困惑。[②]

（二）依法令行为说理论[③]

这种观点主要以德国学者为代表。该观点认为，警察为了国家利益、公共利益、个人利益等合法利益，使用武力进行职务防卫是一种依法令之权力行为，应当由警察法或其他特别法加以规定，不能与公民的正当防卫或紧急避险相混同。[④] 并从权力与权利的差异性，职务防卫与正当防卫在条件、性质、判断标准、遵循的原则、警察职务防卫权与一般职权的关系等方面，指出了把刑法上的正当防卫和紧急避险作为警察职务防卫权法律基础的理论缺陷。其主要论点为：一是职务防卫权属公权力范畴，不属私权范畴，“警察只有在公权力范围方能实行直接强制，在该范围内无私人活动之依据”，“警察行使公权力之际，得同时以私人身份使用正当防卫及紧急避险”。二是警察职务防卫是警

① 吴萍：《人身损害赔偿的理念与标准》，载《法学》2003年第12期。

② 常菲：《警察职务防卫权的法律基础》，载《公安研究》2007年第4期。

③ 依法令行为大致包括以下四类行为：一是法律基于政策理由排除犯罪性的行为，即某类行为本来具有犯罪性，但法律基于政策上的考虑，将其中的某种行为规定为合法行为。二是法律有意明示了合法性条件的行为，即某类行为本来具有犯罪性，但法律特别规定，符合一定条件时属合法行为。三是职权（职务）行为，即公务人员根据法律行使职权或者履行职责的行为。既包括基于法律的直接规定实施的行为，也包括基于上级的合法职务命令实施的行为，如司法工作人员依法对犯罪嫌疑人实行拘留、逮捕的行为。四是权利（义务）行为，即在法律规定上作为公民的权利（义务）的行为，如一般人扭送现行犯的行为。参见张明楷：《论作为犯罪阻却事由的职务行为——以司法工作人员的职务行为为中心》，载《北方法学》2007年第1期。

④ ［德］Heinrich Scholler：《西德警察与秩序法原理》，李震山译，台北登文书局1986年版，第309页。

察的职责和义务，是警察必须履行的职责行为，否则将是失职和渎职，而刑法、民法上的正当防卫则是可选择性的权利。三是依据宪法所确定的法治原则，即干预人之生命权，原则上得有法律之依据方能行使。对公民基本权利的侵犯，依照宪法原则，须以明确的可预见和可测量性的法律规定为依据，不能含混不清。四是依刑法、民法上的正当防卫与紧急避险所推导出的紧急权理论，不符合法治国家的要求。因为致命射击是在例外情形下，为克服非常危险才被允许，并不属于警察的日常工作。如果依此作为行使权力的依据则蕴含着对法治破坏的危险。

总之，该观点认为，警察不能使用紧急权保留之规定，也不能为达成目的变得具有私人身份。他的“无罪”并非因紧急状况而是因执行职务之故。国家负有照顾公务员之义务，就应采取适当的预防措施，赋予警察以明确的依据。[①]

（三）混合说理论

警察职务防卫权的混合说理论认为，警察使用一定手段进行职务防卫行为的合理性和正当性既应该遵循依法令行为说理论，也应该遵循警察紧急权理论。目前，倾向于该学说的国家和地区有美国、新西兰、日本、韩国、瑞士、法国以及我国的台湾地区和香港特别行政区。在不同法系的各个国家的警察法中，仍有不少国家将正当防卫或紧急避险理论作为警察职务防卫的正当性基础，如法国在“使用武器总条件的有关规定的要点”中规定：“警察使用火器是一种重大严肃的行为，与一般公民相比，警察在这方面不拥有更大的权力，只能在规定的合法防卫的情况下开枪……”“很明显，在这方面对警察没有任何特殊规定，而是同所有公民一样要遵守法律规定，也就是说无法在这方面的武器使用上受益。”虽然法国在法律上并未明示，但该规定中却蕴含着正当防卫和紧急避险的理论。在普通法系国家或地区也多采用混合学说，如我国香港特别行政区“警察通令”规定允许警察开枪的三种情形之第一种即“保护任何人，包括自己免遭死亡或身体严重损伤”。新西兰警察“行动规则”规定，警察可以使用枪支的情形之一是“为保护自己或他人免遭死亡或严重身体伤害，而且使用力度较小的手段将不足以保护自己或他人的”。[②] 采用混合说理论典型的国家是美国，“美国联邦刑法把正当防卫划分为自身防卫、防卫他人、防卫财产、执法防卫四种，警察职务防卫属于执法防卫，是法律许可警察

---

① 常菲：《警察职务防卫权的法律基础》，载《公安研究》2007 年第 4 期。

② 余凌云：《警察使用枪支与警械的两个基本问题》，载《武警学院学报》2002 年第 2 期。

或者协助警察的其他人为实行合法逮捕或者制止已经被逮捕的人犯逃跑而运用适度的暴力”。① 这是把警察职务防卫权按照正当防卫来进行理解。然而，美国警察履行刑事执法职责的过程中，如果存在联邦最高法院的判例所确定的紧急情况，警察就可以行使紧急执法权，而无须具备联邦宪法第四修正案所规定的法律要求；而“在履行警察行政管理职责的过程中，通常无须抓捕相关人员，其行为也不需要特定的、客观的理由”。② 这是把警察职务防卫权按照警察紧急权理论进行理解。由此可见，混合说理论对警察职务防卫权的规定基本进行了全面覆盖，但规定没有一定的规律可循，增加了警察职务防卫权操作的复杂性和难度。

（四）评析与选择

警察职务防卫权就其属性而言，十分复杂，可以从多视角进行分析。紧急权理论，从刑法、民法上的正当防卫、紧急避险理论阐述了警察职务防卫权的法律意义和权力来源，看到了国家和普通公民同样拥有防卫权的合理性和正当性的一面，但是却明显存在理论上的缺陷。既然承认警察权是国家权力，且为行政权力，依法行政是权力配置、拥有和行使的基本法治要件，法无明文规定，行政机关不得享有，这是现代法治进步的重要标志，因此缺乏明确的法律依据的权力本身就是不正当的。此外，就正当防卫及紧急避险理论而言，其理论来源、本质属性、行为归责、成就条件等方面，与警察所拥有的权力相差甚远。虽然从形式要件上看，似乎有着某种近似性，但从本质上是两种不同的法律概念，因此是不可取的。混合学说克服了紧急权理论的局限，注意到警察职务防卫权依法令行为的性质，但仍然没有超出紧急权理论的局限，将不同性质的行为放置在一起，似乎解决了理论上和实践上的困惑，但从根本上混淆了二者的性质，导致在权力行使时可能是法令主义，而在归责时却陷入紧急权理论的穴巢，进一步增加了实践的难度，导致实践中仍然坚持正当防卫的归责原则。

依法令之行为从本质上区分了不同性质的行为，这是可取的，符合现代法治要求，但是也存在一些问题需要澄清，如警察在行使职责时，使用枪支进行防卫是没有问题的，但其在自身的权益受到不法侵害时，其自力救济行为是职务防卫还是一般公民的正当防卫；如果使用了枪械，造成对人的伤害，其性质及归责又应当如何认定；对自身的伤害使用了枪支，是国家赋予的权力还是凭

① 储槐植：《美国刑法》，北京大学出版社 1996 年版，第 119 ~ 123 页。

② 刘静坤：《论美国的警察紧急权理论》，载《中国刑事法杂志》2008 年第 3 期。

借自身的职业优势所拥有的特权。如果从权益保护的角度，警察对国家或社会公益以及其他公民个人权益的保护又可以使用，反过来，对警察却不允许，这似乎是不公平的。此外，从国家与市民社会的关系而言，公民正当防卫是一种自然权利，那么国家作为人格权意义上的社会主体，也应当拥有自己的防卫权利，使用枪支警械进行防卫（这在国际法上对外国入侵进行自卫时有相应的理论基础，但在对内的维护治安中却没有理论支持），从理论上讲也合乎国家与市民社会关系的逻辑。但在现代法治语境中，具体到行政权而言，法无明文规定而不得行使。因此，如果从法治的角度看，警察职务防卫权是国家警察权的重要组成部分，那么作为一种权力，尤其是行政权，也涉及权力的自由裁量问题。有了自由裁量，就有合法性与合理性判断问题。从这个角度而言，警察职务防卫权是彻底的法定主义，还是与合理主义并行；而这种合理主义是对手段的合理性判断，还是对结果的合理性判断，这些都是要求我们认真探讨的问题。[①]

三、警察职务防卫权与公民正当防卫权辨析

（一）警察职务防卫权与公民正当防卫权的联系

从警察防卫与一般公民正当防卫的形式和内容上看，二者有共同的特征：

1. 两者都是具有阻却违法性的行为

阻却违法性事由包括正当防卫、紧急避险、职务行为、被害人承诺等，[②]警察防卫和公民正当防卫从现象上看虽然都给防卫对象造成了一定危害，但实质上具有合法性、正当性，有利于维护社会公益和公民合法权益。法律所确认和保护的正当行为包括正当防卫行为、紧急避险行为、公职行为、自救自助行为以及经权利人同意的行为等。这些行为的特征是具有合法性、正当性，有利于维护社会公益和公民合法权益，仅从现象上看虽有一定危害性，但权衡利弊，利大于弊是法律予以保护的行为，因此，又称为排除社会危害性的行为。因此，作为阻却违法性行为的一种表现形式，正当防卫行为与其他阻却违法性行为的共有特征就是正当性，这也是区别于违法或非法侵害行为的根本特征。不论是公民还是警察，正当性的基础都是有不法侵害行为的发生。

2. 二者都具有防卫性

尽管正当防卫源于原始的同态复仇，但近代的正当防卫制度旨在防卫，与

① 常非：《警察职务防卫权的法律基础》，载《公安研究》2007年第4期。

② 高铭暄：《刑法》，北京大学出版社、高等教育出版社2010年版。

同态复仇的复仇主义有质的区别，其宗旨在于当场对抗侵害人，制止其正在进行的不法行为，而不是为了对其惩罚报复。警察防卫也是以及时有效地制止违法犯罪行为，防止、减少违法犯罪行为给国家、公共利益和公民利益造成损失和危害，确保犯罪嫌疑人受到刑事追诉，维护法律秩序为目的。并且，警察使用警械和武器以制止违法犯罪行为，尽量减少人员伤亡、财产损失为原则。《人民警察使用警械和武器条例》规定："人民警察依照前款规定使用警械，应当以制止违法犯罪行为为限度；当违法犯罪行为得到制止时，应当立即停止使用"；"人民警察遇有下列情形之一，应当立即停止使用武器：（一）犯罪分子停止实施犯罪，服从人民警察命令的；（二）犯罪分子失去继续实施犯罪能力的"。

3. 二者都具有现实紧迫性

根据正当防卫成立条件要求，正当防卫行为人只有在面临正在进行的不法侵害的情况下才能实施正当防卫，不法侵害正在进行是指不法侵害已经开始尚未结束的持续状态。警察行使职务防卫也是为了制止正在进行的不法侵害行为或消除达到一定程度的现实紧迫的危害而采取的法定行为。由此可见，两种防卫行为都是在现实紧迫性的条件下行使的。

4. 防卫目的救济性

权利的救济分为公力救济和私力救济。"依靠国家力量来保障合法权利正常行使的方式，就是所谓的公力救济。"① 警察职务防卫权就是公力救济的一种方式。但公力救济并非时刻有效地保护国家、社会、集体、公民的合法权益，当不法侵害行为表现出现实紧迫性危害的时候，国家公权力无法及时采取保护措施的时候，公民只好采取正当防卫进行私力救济，减少损害结果。由此可见，法律对公力救济和私力救济给予规定并且允许兼而用之，能够有效减少损害结果，最大限度保护合法权益。

（二）警察职务防卫权与公民正当防卫权的差异

警察的防卫权与公民的正当防卫权虽具共性，但二者的共性却有本质的差异：

1. 法律根据不同

公众实施正当防卫的规定，是以《刑法》第 20 条的规定为根据的。而对于警察防卫权而言，其权利行使的基础，则包括了《人民警察法》、《人民警察使用武器和警械的规定》以及前述的《具体规定》等。这意味着，如果将

---

① 田宏杰：《刑法中的正当化行为》，中国检察出版社 2004 年版，第 203 页。

人民警察制止不法侵害的行为界定为一种防卫权性质的行为，其不仅要遵守警察执法领域的法律法规，更应该以刑法的具体规定为依据。[①] 第一，性质不同。按照我国刑法理论的通说，正当防卫是法律赋予公民的一项权利，但作为公民制止不法侵害的一种手段，并非阻止犯罪的最后手段。即使公民有条件躲避非法侵害或求助于司法机关的情况下，仍然可以实施防卫行为。[②] 相应地，正是因为正当防卫是一项公民权利，所以其具有的属性，公民既可以积极履行，也可以予以放弃，只要这种放弃行为不损害他人的合法利益，都应当得到法律的尊重和理解。但人民警察所行使的防卫权则与之不同。如上文所言，《具体规定》中已经明确了警察怠于行使防卫权所可能承担的法定责任。也就是说，面对不法侵害的时候，警察必须依法制止不法侵害，而不能以防卫行为属于权利行为为由拒绝履行。之所以作出这样的规定，是由人民警察的特殊职责决定的。根据《人民警察法》第 2 条的规定，人民警察的任务是维护国家安全，维护社会治安秩序，保护公民的人身安全、人身自由和合法财产，保护公共财产，预防、制止和惩治违法犯罪活动。据此，如果说公众面对违法犯罪行为可以选择逃避等消极行为，那么警察在面对不法侵害时，只能依法采取必要措施，保护公众的人身财产安全。因此，从规范意义上来看，人民警察的防卫权应当属于职务行为，而非正当防卫。[③] 第二，防卫手段不同。正当防卫的防卫手段并无严格规定，这就意味着在一定情况下，防卫人也可使用枪支等工具进行防卫（此处的枪支为合法取得枪支，如猎枪）。然而，对于一般的违法犯罪，警察只能使用驱逐性、制服性、约束性的警械，而不能使用枪支、弹药等武器。区分二者的防卫手段，可以限制警察随意使用警械与武器。第三，伤害后果不同。根据《人民警察使用警械和武器条例》第 12 条的规定，警察的职务行为造成违法犯罪人伤害的，必须及时抢救。而正当防卫对于伤害结果却无救助义务。[④]

2. 防卫主体不同

公民正当防卫权的主体是公民个人，在遇到不法行为的侵害时，公民个人的力量往往显得势单力薄，在同不法侵害人相抗衡的过程中表现出严重的不平衡性和明显的劣势地位。因此，法律在公民个人遇到紧迫的侵害时，赋予公民正当防卫权进行自卫，以防止危害后果的发生，但也不能忽略防卫过当问题。

---

① 赵羚男：《人民警察防卫权立法初探》，载《实事求是》2014 年第 3 期。

② 高铭暄、马克昌：《刑法学》，北京大学出版社、高等教育出版社 2011 年版，第 128 页。

③ 金泽刚、乔青：《警察防卫新论》，载《山东警察学院学报》2010 年第 6 期。

④ 张明楷：《刑法学》，法律出版社 2011 年版，第 213 页。

而警察防卫是国家的整体对抗不法侵害人个人的行为，在不法侵害行为危及国家或公民的人身、财产和其他权利时，由国家对其采取主动的措施制止不法侵害行为，防止不法侵害危及国家的安全、秩序等整体社会利益。因此，警察防卫权主体是国家，虽然警察防卫权需要由警察具体实施，且还可能具体表现为警察个人的行为，但警察只是国家的代表，警察防卫权的主体仍是国家。

3. 二者的行为属性不同

公民的正当防卫权是国家赋予公民的一种实现自我保护的权利，从人类文明的进程来看，人类社会解决纠纷的方式，从私力救济逐步发展成为国家的公力救济，而正当防卫是这一发展的例外。在公力救济无法及时救助公民个人权利时，在某一特定的范围之内，国家赋予公民私力救济的权利，因此，从这个角度上看，公民的正当防卫权是国家权力的让渡，是对公权力的补充，是一种私力救济的回归。然而，警察的防卫权是国家的职权行为，其性质仍属于国家公权力，对侵害人采取的防卫行为从性质上看，仍是一种公权力的行使，因此，不同于公民的正当防卫行为。这里最根本的是防卫的归属不同，决定其基本的属性不同。所以，警察的防卫应是公务防卫。①

公民的正当防卫权是国家给予的一种权利，是公民个人自我保护、自我救济的权利。作为一种权利，公民可以进行价值的取舍和平衡，有选择行使或者放弃的自由，这里的“可以”在法律上，可以是作为，也可以是不作为。无论作为还是不作为，都不会因此承担法律责任。虽然国家设立正当防卫权旨在鼓励公民同犯罪行为作斗争，但这仅仅是一种道德上的义务，从道义的角度公民个人负有义务行使正当防卫权，法律上却没有强制要求，其行为的作为或者不作为并不具有强制性。而警察的防卫权是国家赋予警察的一种职权，是代表国家对抗犯罪、打击犯罪的行为，体现为一种权力。这种权力同时也产生法律上的义务，具有强制性，如果不履行义务则是一种不作为行为，是一种渎职行为，会导致法律责任的产生。因而他必然是作为，不能不作为，如果不作为，将会受到相应的法律制裁。

① 郭冰：《警察防卫权之思辨》，载《中国人民公安大学学报》（社会科学版）2006 年第 1 期。

第二节　警察职务防卫权的行使

一、警察职务防卫权行使的原则

（一）依法行使原则

警察防卫权的正当性也源自于合法性。因此，对于警察防卫权的行使要严格按照法律规定的程序进行。例如，警察使用警械的程序性要求中包括“经警告无效”的程序，警察在使用警械之前必须要事先警告，警告无效后才能采取最后手段而使用警械。这是法律程序上的要求，但在实际的操作过程中却往往流于形式，没有得到严格执行，不能体现程序设置本身的价值，造成了人权的侵害，同时也不利于警察防卫权的正确行使。同时，有的防卫行为从形式上看，是行为人基于职权行使权的行为，而实际上是一种滥用权力的违法行为，也违背了警察防卫权的合法性原则。因此，对于警察防卫权的行使，一方面要严格遵照法律程序的规定，同时还要遵循法律理念或法律精神上的要求。对警察职务防卫权而言，要坚持职权法定主义优位的观念，在权力主体的设立、权力的展开程序、行使手段、内容以及权力行使的后果归责方面都必须具有法律依据。笔者认为，作为直接关系到人民群众生命安全，在所有行政权中最易致成恶权的警察权，尤其是警察职务防卫权，应当坚持严格的法定主义加以控制，而不应当视同一般行政权允许其过度的自由裁量。

（二）最低限度使用武力原则

从理论上讲，警察防卫要遵循比例原则，应考虑到防卫行为可能造成的后果、损失与违法犯罪可能对社会和公民造成的危害和损失是否相称，使用枪械防卫的程度，应当针对攻击的种类与危险情形有所节制。因此，警察使用武力应以制止违法犯罪、制服拘捕、脱逃的犯罪嫌疑人、制止在押人员脱逃、暴乱为限度，而不能将防卫手段作为一种惩罚，至少，执行职务的警察应树立“最低限度使用武力”的意识，否则就会偏离警察防卫的价值追求，导致滥用武力。从各国的立法经验来看，尽管各国法律都赋予了警察使用一定程度武力，以维护法律秩序，但在对警察防卫的要求中也都体现了慎用武力、最低限度使用武力的精神。我国《人民警察使用警械和武器条例》第 4 条规定：“人民警察使用警械和武器应当以制止违法犯罪行为，尽量减少人员伤亡、财产损失为原则。”

（三）人本关怀原则

当今社会以人为本，体现在法律规范之中就是对人权的保护，人权中最基本的内容是生命权，对于生命权而言，人人都是平等的，被害人的生命权应当受到尊重，犯罪嫌疑人的生命权同样也应当受到尊重。人的生命具有不可回复性，一旦死亡就无法重生，这使得人的生命更加珍贵。死刑在刑罚体系中具有最高的位置，法律对于剥夺人的生命权也给予了足够的谨慎态度，在程序的设置上多了一道死刑复核程序。然而，警察特殊防卫权的滥用却可能成为冲破这道程序，成为危害公民生命权的最大威胁，因此，警察在实施职务防卫的同时也应该尊重不法侵害人的生命权，要体现人本关怀原则，只有在别无选择的情况下才能作出不利于不法侵害人的选择。①

（四）权力保障和制约原则

警察职务防卫权作为保障人权，维护国家、社会和个人法益的重要国家权力，既然有其存在和行使的正当性，就应当为其提供一种有效的保障机制。同时，要对其进行有效的制约，以确保正确的行使。这就需要建立一套特定情势下的法律运作机制。

第一，特定情势下的权力优先性。即在非常态的情势下，警察职务防卫权与其他国家权力相比，与法定的公民权利相比，该权力具有某种有限性和权威性。如为避免国家、公共权益遭受不应当的损失，在实施职务防卫时，对妨碍实施者进行人身限制、隔离甚至有限度的暴力驱散等。

第二，程序的特殊性。即权力的启动非比常态下的程序启动，这里包括最高要求和最低要求。例如，可以允许警察面对特殊情况而不经请示、命令根据情况自主启动权力。

第三，权利救济的有限性。主要指权力加害的赔偿实现国家有限赔偿，警察个人不赔偿，应当根据公平和责任相符的原则予以赔偿。②

---

① 郭冰：《警察防卫权之思辨》，载《中国人民公安大学学报》（社会科学版）2006 年第 1 期。

② 常非：《警察职务防卫权行使的正当性要素及原则》，载《河南司法警官职业学院学报》（社会科学版）2007 年第 5 卷第 2 期。

二、警察职务防卫权行使的条件

警察在进行职务防卫时，因紧急情况下可以使用武器，若实施不当，不但会给他人造成不应有的损害，而且会在社会造成严重的影响，损害警民关系，激化社会矛盾。因此，为了保证警察职务防卫的正确实施，必须严格遵守相应的条件。

（一）防卫的主观条件

警察防卫要具备正当性，必须要有正当的防卫目的，即必须为了制止违法犯罪，保护国家、公共利益和公民合法利益，维护社会治安秩序，或者为了将逃犯抓捕归案，使之受到刑事追诉，或者为了确保刑罚执行。警察在行使防卫权的过程中，不能有上述目的以外的其他目的，如借机打击报复、宣泄私愤等，则不属于警察职务防卫行为，应以故意犯罪论处。

具体来说，警察利用职务在以下几种情况下进行“防卫”不具备正当性目的：（1）设套防卫。即警察故意设置陷阱，通过使用防卫手段达到对他人进行伤害的目的，诱惑他人作出符合警察使用武器或警械情形的行为，继而以防卫为名对犯罪分子进行伤害、打击，对他人权益进行伤害的行为。（2）挑拨防卫。即在履行公职的过程中，警察通过言语、动作等方式对他人进行挑拨，刺激他人发动袭击，警察以此为由进行防卫，造成他人伤害的行为。（3）故意加重伤害。警察须以有效制止违法犯罪为目的使用警棍、催泪弹、特种防暴枪、高压水枪等驱逐性、制服性警械，不得超过限度有意加大使用力度，变相的对防卫对象进行伤害。警察在处警过程中，遇到犯罪分子自杀、行凶、脱逃、自伤或者有其他危险情况的，可以使用警绳、脚镣、手铐等约束性警械，但在使用时，不得故意对犯罪分子造成人身伤害，否则就属于故意加重伤害。

（二）防卫的起因条件

凡是符合公民正当防卫条件的情形，警察都可以行使防卫权，即有正在进行的不法侵害行为。《人民警察法》第10条规定；“遇有拒捕、暴乱、越狱、抢夺枪支或者其他暴力行为的紧急情况，公安机关的人民警察依照国家有关规定可以使用武器。”第11条规定：“为制止严重违法犯罪活动的需要，公安机关的人民警察依照国家有关规定可以使用警械。”《人民警察使用警械和武器条例》比较具体地规定了人民警察使用警械和武器进行防卫的情形，这些情形就是警察防卫的起因条件。

1. 遇到以下情形可以使用驱逐性、制服性警械：（1）结伙斗殴、殴打他人、寻衅滋事、侮辱妇女或者进行其他流氓活动的；（2）聚众扰乱车站、码头、民用航空站、运动场等公共场所秩序的；（3）非法举行集会、游行、示威的；（4）强行冲越人民警察为履行职责设置的警戒线的；（5）以暴力方法抗拒或者阻碍人民警察依法履行职责的；（6）袭击人民警察的；（7）危害公共安全、社会秩序和公民人身安全的其他行为，需要当场制止的；（8）法律、行政法规规定可以使用警械的其他情形。由于这些违法行为大多发生在公共场所，在这类情形下使用驱逐性和制服性警械不但不会造成人身伤害，而且能有效制止违法犯罪行为继续进行，当违法行为停止时应立即停用，此类警械主要包括催泪弹、警棍、特种防暴枪、高压水枪等。

2. 遇到以下情形可以使用约束性警械：（1）抓获违法犯罪分子或者犯罪重大嫌疑人的；（2）执行逮捕、拘留、看押、押解、审讯、拘传、强制传唤的；（3）法律、行政法规规定可以使用警械的其他情形。这里所说的约束性警械主要是指警绳、脚镣、手铐等。在人民警察执行上述公务时，有可能会遇到违法犯罪人行凶、脱逃、自伤等意外情况，使用这些约束性警械能有效避免上述情况的发生，保证司法程序得以顺利进行。需要注意的是，警察对防卫对象使用该类警械时，不得存在对其造成人身伤害的故意，否则得承担相应的法律责任。

3. 遇到以下情形可以使用致命性的武器：（1）放火、决水、爆炸等严重危害公共安全的；（2）劫持航空器、船舰、火车、机动车或者驾驶车、船等机动交通工具，故意危害公共安全的；（3）抢夺、抢劫枪支弹药、爆炸、剧毒等危险物品，严重危害公共安全的；（4）使用枪支、爆炸、剧毒等危险物品实施犯罪或者以使用枪支、爆炸、剧毒等危险物品相威胁实施犯罪的；（5）破坏军事、通讯、交通、能源、防险等重要设施，足以对公共安全造成严重、紧迫危险的；（6）实施凶杀、劫持人质等暴力行为，危及公民生命安全的；（7）国家规定的警卫、守卫、警戒的对象和目标受到暴力袭击、破坏或者有受到暴力袭击、破坏的紧迫危险的；（8）结伙抢劫或者持械抢劫公私财物的；（9）聚众械斗、暴乱等严重破坏社会治安秩序，用其他方法不能制止的；（10）以暴力方法抗拒或者阻碍人民警察依法履行职责或者暴力袭击人民警察，危及人民警察生命安全的；（11）在押人犯、罪犯聚众骚乱、暴乱、行凶或者脱逃的；（12）劫夺在押人犯、罪犯的；（13）实施放火、决水、爆炸、凶杀、抢劫或者其他严重暴力犯罪行为后拒捕、逃跑的；（14）犯罪分子携带枪支、爆炸、剧毒等危险物品拒捕、逃跑的；（15）法律、行政法规规定可以使用武器的其他情形。上述所列举的情形具备共同的特点，即急迫性和严重的社会危害性。在这些情况下如果警察仅使用警械进行防卫，并不能产生有效的防卫效果。只有采取与犯罪行为相对应的武器进行防卫，才能避免严重的危害后果发生。但是有一个“程序性”前提，警察必须先对违法犯罪人进行警告，对于警告无效的，才能使用武器。

（三）防卫的时机条件

1. 不法侵害必须正在进行

此处的“正在进行”与公民的正当防卫“正在进行”略有差异，除了包括案发当时合法权益已经受到直接威胁或已经受到切实损害外，还包括了案发以前（犯罪预备）、案发以后的整个追诉过程。在这些阶段，警察若不采取防卫，合法权益势必要遭受侵害或将遭受更大的损害。亦只有果断采取有效的防卫，才能使合法权益免于遭受不法侵害或减少损害程度。当然，警察在实施“事前防卫”或“事后防卫”时，应严格按照法律规定执行，对因警察防卫不适时造成的不应有损害，应承担法律责任。

对一些特殊情形下，职务防卫时机分述如下：

（1）对于杀人、抢劫、强奸、绑架、爆炸、放火等严重危及公民人身安全和公共安全的犯罪实施防卫的时机。这类犯罪即使尚未着手实施，但已处在即将准备完毕之时，公民和国家、公共利益将面临十分紧迫的危险，如果一旦着手实施，无论是警察还是受害者都无法进行有效防卫，避免损失、保护合法权益就成为一句空话。我们认为，在这种面临紧迫威胁、危险的情况下，警察可以实施防卫行为。

（2）对持有枪支、爆炸物品、剧毒物品的犯罪嫌疑人实施防卫的时机。如警察对这类犯罪嫌疑人进行盘问、拘捕，其随时可能对警察发动攻击，而且是致命的。对这种“以枪对枪”的情形，只要对方作出危险动作，如掏枪动作，警察就可制敌先机，先向对方射击。因为在“以枪对枪”的情形下，要等到对方先开一枪，可能为时已晚。①

（3）对正在逃跑的严重犯罪嫌疑人实施防卫的时机。《人民警察使用警械和武器条例》规定，对“实施放火、决水、爆炸、凶杀、抢劫或者其他严重暴力犯罪行为后拒捕、逃跑的；犯罪分子携带枪支、爆炸、剧毒等危险物品拒捕、逃跑的”可以使用武器。之所以允许警察对此类人犯用枪，主要是因为其具有高度的人身危险性，尽管其前期进行的违法犯罪行为已经结束，如果放任其脱逃，会继续危害社会。但是必须在其“正在逃跑”时使用，如其停止

① 余凌云：《简论警察开枪的合法情形》，载《中国人民公安大学学报》2002 年第 5 期。

脱逃，服从警察命令，就不能再对其开枪。

2. 警察防卫的时间场合必须是在依法执行职务的过程中

所谓的“执行职务”，并不是单指上班时间，根据《人民警察法》第19条规定：“人民警察在非工作时间，遇有其职责范围内的紧急情况，应当履行职责。”因此，人民警察是否“执行职务中”取决于其是否在履行职责，不应当以工作时间或是否着装制服为标准。

（四）防卫的对象条件

人民警察实行的防卫行为只能针对正在实施不法侵害的行为人，或者袭击警察、抗拒逮捕或脱逃者本人，当然也包括帮助袭警、拒捕或脱逃的其他相关人，但不得指向或牵连与上述人员无关者，即不得侵犯到其他无辜第三人的合法权益。依照《人民警察使用警械和武器条例》第7条至第9条的规定，人民警察在面对不同的防卫对象时，应当根据不同的具体情况选择使用相适应的防卫手段。同时，《人民警察使用警械和武器条例》第10条特别强调了两种不得对防卫对象使用武器的情形：一是对使用枪支、爆炸、剧毒等危险物品实施暴力犯罪以外的怀孕妇女、儿童；二是对处于群众聚集的场所或者存放大量易燃、易爆、剧毒、放射性等危险物品的场所的犯罪分子（但是若不使用武器予以制止将发生更为严重后果的除外）。

防卫一般不得伤及其他案外人员。如果使用武器防卫会对违法犯罪者以外的人造成人身伤害或者财产的重大的损失时，除非是若不立即采取手段防卫将会产生更加危急的后果，且已没有办法采取其他的手段防卫，方得使用武器。因为防卫对象不得是其他任何第三人，只能是违法犯罪者本人。在这有一个特殊情形，如果人犯是处在人员密集的场所或者是存放有大量易燃、易爆、剧毒、放射性等危险物品场所时，警察在各方面防卫条件都符合的情况下也不得使用武器，因为此时不仅仅是对第三人而是可能对公众造成危险，不过，如果人犯有试图引爆炸药等行为时，警察开枪将其击毙也是合法的。

（五）防卫的限度条件

警察行使职务防卫权是出于警察职责的要求，但警察依法行使职权并不意味着警察可以对不法分子造成无限度的损害，只有在别无选择的情况下才能作出不利于不法侵害人的行为选择，并且应该以制止违法犯罪而履行职责产生的最小加害结果为限度。

首先，人民警察的职务行为，应以使违法犯罪人员停止违法犯罪行为为限度，而不能简单地进行法益衡量。在使用制服性、驱逐性警械即可达到目的情况下，不得使用约束性警械。无论多么凶恶的犯罪，只要采取制服性、驱逐性、约束性等警械可以制服犯罪行为的，就不能使用武器。

其次，职务行为造成的损害不能大于、等于相对方的违法犯罪行为造成的损害。例如，不法侵害人正在实施伤害行为或者实施普通财产犯罪的，人民警察等司法工作人员不能以杀害不法侵害人的方法执行职务。

最后，即使职务行为所造成的损害小于相对方的违法犯罪行为造成的损害，但如果职务行为造成的损害不具有必需性，也属于过当的职务行为。例如，在犯罪分子实施凶杀、劫持人质等暴力行为时，如果能够通过警告制止该犯罪行为，或者能够通过使用制服性警械制止该犯罪行为时，就不得造成犯罪分子的伤害。①

在防卫手段的选择上，必须是只有使用警械和武器才能制服违法犯罪的情况下才能使用，且在使用时应当尽可能地使用非致命手段。即能不使用警械和武器的情况下就不使用，能使用警械制服的就不得使用武器。由于一些暴力犯罪行为侵害严重，社会危害性极大，而且警察在处理这些事时间上往往具有紧迫性，不及时采取有效措施将有可能造成更加严重的后果。因此，法律允许警察在这些紧急情况成立的条件下可以对防卫对象使用武器（枪支）制止不法侵害。

三、警察实施特殊防卫问题

我国《刑法》第20条第3款规定："对正在进行行凶、杀人、抢劫、强奸、绑架以及其他严重危及人身安全的暴力犯罪，采取防卫行为，造成不法侵害人伤亡的，不属于防卫过当，不负刑事责任。"这是法律对公民特殊防卫权的界定，只要出现了以上所列情形，任何公民都可以行使特殊防卫权。警察首先是公民，所以也同样享有上述权利。

（一）警察特殊防卫权的情形

警察的特殊防卫权则不局限于普通公民的特殊防卫权。警察由于同犯罪作斗争的特殊地位，国家授予了警察使用警械和武器的特殊权力。事实上，法律允许警察在法定情形下使用武器，也就是许可警察在此情形下可以对犯罪嫌疑人予以任何严厉打击，甚至包括剥夺其生命。可见，法律允许警察可以使用武器的情形实质上正是可以进行特殊防卫的理由。根据警察特殊防卫所保护的对

① 张明楷：《论作为犯罪阻却事由的职务行为——以司法工作人员的职务行为为中心》，载《北方法学》2007年第1期。

象、利益，可将警察特殊防卫分为以下几种情形：

1. 犯罪分子严重侵犯特定公民生命安全和公共安全

即犯罪分子以直接、严重的暴力行为危及个人及特定多数人的人身安全和公共安全，主要指生命安全。如放火、爆炸、暴力劫持航空器、舰船、劫持人质、袭击国家规定的警卫、守卫对象等。

2. 破坏十分重要的军事、技术、公共设施

主要是国家规定予以警戒的军事、通讯、交通、能源、防险等重要设施，而不是一般的公私财产。这些重要设施与国计民生关系重大，一旦遭到破坏，将造成巨大损失，因而国家予以特殊保卫，只要有受到暴力袭击、破坏的紧迫危险时，警察就可行使严厉、高强度的防卫措施，直至将犯罪分子击毙。

3. 侵害特定的法律秩序

依法被羁押的犯罪嫌疑人或罪犯的越狱脱逃行为，即使没有侵害他人人身安全，也没有破坏财产，而仅仅是侵犯了司法机关的监管秩序和监管活动，法律也允许警察在警告无效的前提下使用武器。

（二）警察特殊防卫权的限制

实践中，一些地方公安机关及人民警察为了打击、震慑犯罪，倾向于对符合《刑法》第20条第3款和《人民警察使用警械和武器条例》第9条规定情形的犯罪分子实行“当场击毙”。有些公安机关甚至发布公告，明确宣告将对某些犯罪分子实行当场击毙，以造成较大的打击声势。然而，这种倾向和观点需要慎重对待。从《人民警察法》第10条的规定看，遇有拒捕、暴乱、越狱、抢夺枪支或者其他暴力行为发生的紧急情况，警察可以使用武器，即可以将犯罪分子当场击毙。法律这样规定，自然有其价值取向，但这样做在实践中所产生的效果能否与立法目的相统一值得研究。我们知道，即使是严重危及人身安全的暴力犯罪，不同犯罪人的犯罪目的和动机也千差万别，其社会危害性也有大小之分。对严重暴力犯罪的人一概使用“当场击毙”的措施，即使是符合法定的情形，但未必充分体现了最低限度使用武力和人本关怀的原则。

实际上，警察防卫权是不能参照公民的特殊防卫权来操作的，因为二者是不同的。首先从刑法设立公民正当防卫权的目的来看，是为了鼓励、支持公民同正在进行的不法侵害作斗争，以保护国家、公共利益、公民的人身和财产等合法权益。为了达到这一目的，就必须允许公民的防卫行为具备这样一个强度，即该强度是制止不法侵害所必需的。对于公民个人而言，与不法侵害相抗衡的过程中是处于明显的劣势地位的，在国家的“公权力”无法对其及时救助的情况下，如果仅考虑到防卫权的滥用而过分苛求公民个人，强调公民的防

卫强度与不法侵害强度对等的适应性，过分束缚防卫人的手脚，则会使正当防卫的设立难以充分发挥作用，不能有效地制止不法侵害。因此，在刑法修改中加入特别防卫权，这对于公民大胆行使防卫权和司法机关处理案件都具有较强的操作性，有利于贯彻正当防卫的立法主旨。然而如前所述，警察防卫行为有别于公民的正当防卫行为，警察的防卫权的限度不能按照公民正当防卫权的限度规定执行。同时，警察在执行公务过程中与不法侵害的抗衡能力明显优于公民个人与不法侵害的对抗。这种情况下，也不能参照公民个人正当防卫中遇到严重暴力事件所进行的防卫行为的限度采取“当场击毙”的方法。而且公民的特别防卫权也不是说是“无限的”、“绝对的”，只是在遇到严重危及人身安全的暴力侵害时，为制止这一严重暴力犯罪而实施的防卫行为，尽管造成了犯罪人的伤亡，但这种伤亡结果仍没有明显超过必要的限度而已。

因此，在遇到严重暴力犯罪、暴力反抗等情况时，警察要有合理的分析和判断，科学地使用暴力来制服犯罪嫌疑人，而不能一味地通过“当场击毙”的方式，“简单、快捷”地处理突发事件。我们认为，警察在法律允许特殊防卫的情形出现时进行防卫有必要遵循如下规则：

1. 应尽量采用非致命的手段制服犯罪分子，只有在非使用武器不能制止时，才使用武器。法律之所以规定对拒捕、抢夺枪支、越狱或者其他暴力行为可以进行特殊防卫，是因为这类暴力犯罪的侵害强度极大，对社会的危害极其严重，而且具有时间上的紧迫性，往往需要采取可能导致侵害人伤亡的暴力手段才能制止其不法侵害。同时，法律也保护不法侵害者的合法权益。而且，刑事法律的主要目的是使违反其规定的人受到刑事追诉，以威慑犯罪。对犯罪嫌疑人进行合法刑事程序的追诉也是保护其合法权益的一种手段，这样使他有机会在诉讼程序中对自己的行为予以有利于自己的辩解。而警察使用武器常会导致不法侵害者丧失辩解的机会，不利于保护不法侵害者的合法权益。

2. 当作为特殊防卫的手段会导致不法侵害人以外的其他人员伤亡或重大财产损失时，就不得采取该防卫手段，除非无法采用其他更可行的手段，并且若不立即进行特殊防卫会发生更为严重的危害后果。防卫只能针对不法侵害者本人，而不是任何第三人。当不法侵害者处于群众聚集的场所或者存放大量易燃、易爆、剧毒、放射性等危险物品场所时，即使完全符合无限防卫的条件，也不得使用武器防卫，而应选择其他手段进行防卫，当然，如果不法侵害者在人群中正准备引爆炸药时，警察开枪将其击毙，即使这一枪同时造成其他损害，也是合法的。

3. 达到制服犯罪的目的后必须立即停止使用武器。《人民警察使用警械和武器条例》规定，犯罪分子停止实施犯罪，服从人民警察命令的；犯罪分子失去继续实施犯罪能力的，人民警察应当立即停止使用武器。

总之，特殊防卫应当以制止违法犯罪行为，尽量避免或减少人员伤亡、财产损失为原则。使用警械能制止不法侵害时，就不要使用武器；伤害不法侵害者的身体一部分就足以制止不法侵害时，就不要致其于死地；不得因为了保护较小的利益，而造成更严重的损害。

四、警察职务防卫权行使不当的法律责任

警察防卫不当，主要是指警察在履行职责过程中，其行为超出必要限度，不符合比例性要求，或者违法使用武器和警械，造成不必要的人员伤亡和财产损失；或是在必须采取措施履行职务实施防卫行为而没有实施，逃避防卫责任，致使本来可以制止的违法犯罪行为发生、犯罪嫌疑人或罪犯脱逃，对国家、公共利益或公民合法权益形成巨大威胁或造成严重的现实危害。

（一）警察职务防卫不当的情形

对于警察职务防卫不当的情形，可以从主、客观两个方面来分析：

1. 从主观方面来看，警察防卫不当既有可能出于故意，也有可能出于过失。如果警察对其所实施不当行为，可能会造成的后果持希望或放任的态度，对不当的事实具有认识，那么他主观上就属于故意。例如，明知对方只是在非法举行集会、游行、示威，而使用武器伤害对方的，应认定为故意伤害罪。明知对方只是强行冲越人民警察为履行职责设置的警戒线，而使用武器杀害对方的，应认定为故意杀人罪。反之，如果警察对其不当防卫的事实仅具有认识的可能性却因疏忽大意没有认识到，或者说已经预见到了但出于自信以为能够避免的，则属于过失。例如，手枪中本有子弹，但人民警察误以为手枪中没有子弹而举枪警告违法人员造成伤亡结果的，属于过失犯罪行为。在多数情况下，防卫不当是由过失造成的，实践中主要包括以下几种情况：

（1）对起因条件、防卫对象等要素认识判断错误造成的防卫不当。由于警察职务防卫是对违法相对人实施的，防卫必须具有相适性，只有当警察对防卫对象及其违法犯罪的手段等综合因素有正确的认识，才能据此采取合理的防卫行为。而在实际的处警过程中，情况往往比较紧急，没有多少时间让执法人员作出准确的分析判断，以致可能对防卫手段、防卫对象、防卫时机认识错误，从而导致防卫不当。例如，警察接受害人报警称，其在下夜班的路上遇到一持枪人的拦路抢劫，幸好有几名群众路过此处，持枪人闻声逃跑。警察立即设卡盘查，发现一可疑人员与报案人描述特征十分相似，警察即命令可疑人员举手接受检查。此时，可疑人员试图闯卡逃跑，警察考虑到此人可能持有枪

支，立即对其开枪射击。在将犯罪嫌疑人击毙后，发现此人并非报案人所指的实施抢劫的犯罪分子，而是一盗窃犯罪分子。因为对防卫对象的判断错误，从而使用致命性武器使其丧命，造成严重的防卫不当。

（2）因玩忽职守造成的防卫不当，该种情况是一种消极的防卫不当。如前文所述，警察职务防卫权不仅是权利更是不可放弃的义务，在相关情况出现时，警察必须采取一定的措施防止事件的危害性扩大。在现实中总有部分警察存在侥幸心理，不能依法履行职责，行动缓慢，未能按时出警，及时采取适当的防卫措施预防或制止违法犯罪行为，没有适时对违法犯罪行为人进行抓捕，致使本来不应有的危害结果发生。

（3）对防卫力度判断不准确，以致防卫超过必要限度。在实施防卫过程中，由于警察未能对其所使用的武力反击力度准确把握，使防卫措施的强度过大，对防卫对象造成的伤害远远超出警察的预定限度。不过，我国现行《刑法》或是其他法律法规，目前仅对警察防卫强度作了一些原则性的规定，对于警察防卫到何种程度才是合适的并未确立一个能够直观地辨别的量化标准。当然，要求警察对防卫的强度控制得十分精确是不符合客观实际的。此处所说的量化标准，是指在符合法定防卫的情形下，警察没有伤害他人过当防卫的故意，只要其所采用的防卫手段与当时的情况相适应，警察就可以不承担刑事责任。如果防卫强度明显超出常规力度的范围，则还是要按照防卫过当来处理。

2. 从客观方面来看，警察职务防卫不当的表现形式可分为作为与不作为两种。在通常情况下，都是以作为的方式表现为主，大体可分为防卫过当、防卫不适时、误伤他人或不当损毁财物三种情形。

（1）防卫过当，通常表现为违规使用武器或警械、滥用职权、过度使用武力等行为，如上文所提到的河南警察击毙持砖疑犯案及贵州安顺张磊案，这两个案件中的警察行为都属于此种情形，前者过度使用武力，后者则有违反规定用武器之嫌。

（2）误伤他人或不当损毁财物，指警察实施职务防卫时，虽然对防卫要素判断正确，但由于技术原因导致防卫失误，误伤了他人或造成不应有的财产损失。警察在使用警械或武器实施防卫虽然符合法定情形，但因警察战术水平不高，未能很好地掌握所使用的警械或武器的性能，从而意外地伤害了违法犯罪人员以外的其他人或造成不应有的公私财物的损毁。例如，警察欲将逃跑的犯罪嫌疑人抓捕归案，在追捕的过程中，警察依法使用枪支对其射击时，但是因为射击水平不高未能瞄准，而是击伤了旁边的群众，犯罪嫌疑人却趁机逃跑了。

（3）防卫不适时也是警察防卫不当的常见情形。尽管根据有关法律、法规的规定，人民警察在执行职务时的防卫时机上与普通公民的正当防卫有所不同，如警察在抓捕严重犯罪的逃犯时可以使用武器，这看似“事后防卫”，实际上也是针对不法行为“正在进行”时，即“正在逃跑”，只不过这个“正在进行”与公民可以正当防卫的时机有所区别。但是，法律同样规定了警察使用武器的时机要求，即在“犯罪分子停止实施犯罪，服从人民警察命令的；犯罪分子失去犯罪能力的”情况下，人民警察应停止使用武器。如果警察使用武器的时机与法定情形不符，也同样是防卫不当。

需要指出的是，与普通公民的防卫不当不同，警察职务防卫不当还包括不作为的方式。警察不作为的防卫不当，即警察逃避其应该履行的职责和义务，导致现实危害的发生或使特定法律秩序受到侵害，由于警察没有放弃职务防卫权的权利，故而在情节严重的情况下应该受到刑事制裁。

（二）警察职务防卫不当的法律责任

警察在执行职务中防卫不当，情节严重或造成严重后果，构成犯罪的，应追究相关人员的刑事责任。防卫过当不是独立的罪名，具体罪名的确定应视实际情况确定。一般情况下，对于过失原因造成的防卫不当，构成犯罪的，一般可定为过失致人重伤罪、过失致人死亡罪、玩忽职守罪等罪名；故意防卫不当或不防卫，可能会涉嫌犯故意杀人罪、故意伤害罪、玩忽职守罪等罪名。

关于警察防卫不当构成犯罪如何量刑的问题，我国《刑法》没有作出特别的规定，但《刑法》第 20 条第 2 款规定，防卫过当的“应当减轻或者免除处罚”，这一规定适用于全体公民。那么，警察防卫过当，符合正当防卫过当条件的，也应当“减轻或者免除处罚”。至于警察履行职责中防卫不当的其他情形，如在执行抓捕逃犯任务时，不当使用武器造成人员伤亡和财产损失或玩忽职守等情形，只能从警察的主观恶性大小、动机、目的、情节等方面考虑，依照《刑法》相关规定，决定应从轻、减轻还是从重量刑。

警察防卫不当造成不必要的人员伤亡和财产损失时，之所以对涉事警察主张从轻、减轻处罚，是因为警察处理突发恶性事件是为了维护社会秩序和公共安全，防止犯罪嫌疑人逃跑，主观上没有太大的恶性。此外，虽然警察超出被允许的危险限度的行为不完全符合被允许的危险的构成要件，但与一般的法益侵害行为不同，而是对公共安全造成极大威胁的、紧迫的不法侵害采取的应急措施，因而其违法性就减轻了。为了实现公共利益，即使事后表明公务员的介入在个别情况不正当，也能够期待市民们的谅解。[①] 实际上，警察处理突发恶

① 赵秉志：《外国刑法原理》（大陆法系），中国人民大学出版社 2000 年版，第 121 页。

性事件的公务行为，同公民的正当防卫和紧急避险一样是对社会有益的行为，社会应对警察处理这类事件有足够宽容心，不然就不利于维护公共利益。因此，对警察超过被允许的危险的限度的行为，即使造成了较大的不应有的损失，也应该像防卫过当、避险过当一样从轻或减轻处罚。[①]

（三）警察职务防卫不当的阻却违法事由

随着严重暴力犯罪的增多和国际恐怖主义的抬头，暴力袭警案件和以暴力、胁迫或以其他手段控制一人或多人的人身自由，并以杀死、伤害被控制者相威胁，引发公共安全危机的突发恶性事件明显增多。在处置这些暴力、恶性、紧急事件时，警察身处险境，并面临巨大的社会压力。针对这类事件，对警察提出过高要求，要求做到尽善尽美，对警察权进行过分的限制，也是不切实际的，势必束缚警察与犯罪分子作斗争的手脚，结果可能给公民造成更大的损害，从法益权衡的角度来看也是不可取的。因此，有学者认为，要尽可能地“宽容对待”警察在处置严重暴力袭警案件和突发、恶性事件中的警察防卫行为。[②]

1. 警察自身安全受到紧迫、现实威胁

在暴力袭警案件中，警察使用枪械的前提必须是“危及人民警察生命安全的”，也就是警察的生命正遭受危害，或者对方的攻击具有直接的威胁。一般情况下，对方用砖头、棍棒、铁锹甚至刀具对执行任务的警察发动袭击，人民警察都有一定的时间、比较理性对判断其安全受到危害或威胁的程度，从而作出使用一定限度防卫措施的决定。但是，警察在面对持枪的犯罪人时，警察生死系于一念之间、千钧一发之氛围，执行任务的警察因精神极度紧张可能高估面临的危险性，很可能会出现误想防卫，也就是对阻却违法的事实发生认识错误，误信其用枪是法律所许可的情形。[③] 从西方国家的司法实务看，多对警察的误想防卫持宽容态度，只要判定警察用枪行为具有正当性，无须承担责任。例如，某冬季的一个星期日凌晨1点，美国密歇根州一警察接到报警，说是有人拿着枪威胁要打另一个人。当警察赶到现场时，见那人手持着枪，警察命令他放下枪，他不听，还举起枪。警察开枪击中该人，致其死亡。后来查明他手里拿的是假枪（仿造的枪），警局内部调查和地区检察官的调查结论都是

---

① 齐文远、魏汉涛：《宽容对待处置突发恶性事件时的警察行为》，载《湖北警官学院学报》2005年第3期。

② 王静思：《警察执法及其防卫权的刑事政策探析》，载《湖北警官学院学报》2012年第6期。

③ 余凌云：《简论警察开枪的合法情形》，载《中国人民公安大学学报》2002年第5期。

“可宽恕的射击致死”。[①] 但是，上述免责必须是对方的确有值得怀疑的危险举动，并且这一危险举动一旦真实发生，必然要危及警察的生命安全。

2. 处置严重威胁特定公民人身安全和公共安全的突发恶性事件

突发恶性事件主要指暴力劫持人质、航空器、船舰事件以及以爆炸、制造巨大危险等相要挟的其他恐怖事件。这类事件不同于一般事件，一是对他人生命财产构成严重威胁，甚至对众多人的生命财产构成现实威胁，其最终结果难以预料。二是情况紧急，处置手段受到极大的制约，犯罪嫌疑人持有威力强大的武器，且戒备心较强，稍有不慎就会产生严重的后果。三是处置过程往往受到新闻媒体、社会舆论的广泛关注，甚至成为国际瞩目的焦点，警方必须承受极大的压力，随时要在两难境地作出反应。突发恶性事件不同于一般事件的这些特点决定了处置活动具有高风险、高难度，处置过程难免造成包括人质、群众和警察的伤亡。[②] 因而，处置这类事件不采取冒风险的方式很难达到维护公共安全的目的，警察采取冒风险的方式处置突发恶性事件也就成为必然选择。从价值利益平衡上考虑，为了实现法权总量最大化，只能牺牲少数人的部分权利，而保护大多数的利益。警察在处置突发恶性事件中实施的防卫，只要造成伤亡的手段适当，是维护公共安全所必需的，就应该是被允许的。

对于警察在处置突发恶性事件中防卫行为的性质，有学者认为既不是法令行为（警察处置突发恶性事件的行为并非都有法律的直接规定，有时必须因势而变，以有效维护公共安全为原则采取措施），[③] 也不是正当防卫行为，而是“被允许的危险”。[④] 有学者对此观点持明确的批判态度，认为“为了让警察放开手脚而将警察处置突发恶性事件的行为归入被允许的危险，实际上是为了让警察摆脱法律的约束，有悖法治的基本精神。警察在解救人质过程中向恐怖分子开枪，却误将人质打死的行为，具备构成要件符合性与违法性，只是有无过失的问题，不应当采用被允许的危险的法理使之合法化。而且，警察开枪时允许对人质的生命产生危险，并不意味着允许造成人质死亡。警察为了保护

---

① 余凌云：《简论警察开枪的合法情形》，载《中国人民公安大学学报》2002 年第 5 期。

② 齐文远、魏汉涛：《宽容对待处置突发恶性事件时的警察行为》，载《湖北警官学院学报》2005 年第 3 期。

③ 也有学者认为，警察处置突发恶性事件的行为，是典型的法令行为。参见张明楷：《论被允许的危险的法理》，载《中国社会科学》2012 年第 11 期。

④ 齐文远、魏汉涛：《宽容对待处置突发恶性事件时的警察行为》，载《湖北警官学院学报》2005 年第 3 期。“被允许的危险”的适用范围，类型化的事项有：（1）危险的企业活动；（2）高速度的交通工具；（3）医疗行为（治疗行为）；（4）体育活动；（5）危险的救助活动；（6）危险的实验等。近来，又将（7）推定的承诺；（8）基于法令的正当行为等，归入“被允许的危险”的适用范围。参见张明楷：《论被允许的危险的法理》，载《中国社会科学》2012 年第 11 期。

更多人的生命，不得已牺牲少数人的健康乃至生命的行为，只能认定为阻却违法或者阻却责任的紧急避险。"①

第三节 警察职务防卫权的立法考察

一、我国警察职务防卫权制度的立法现状

目前，我国现行《刑法》在规定公民的正当防卫的内容时，并未对警察防卫作出特别、明确的规定。也就是说在现行《刑法》框架下，警察与普通公民一样享有正当防卫的权利。由于人民警察在执行职务中实施的防卫行为的性质、起因、对象、手段、后果等都不同于一般公民的正当防卫，在处理警察实施职务防卫的案件中，对有关行为定性、责任承担等方面存在一些难以把握的问题，也严重影响了警察同犯罪作斗争的积极性和主动性。1983 年 8 月 10 日，最高人民法院、最高人民检察院、公安部、国家安全部、司法部联合颁布了《关于人民警察执行职务中实行正当防卫的具体规定》(以下简称《具体规定》)，明确了人民警察执行职务中的正当防卫的适用范围、正当防卫的时限和正当防卫的手段等条件。《具体规定》颁布后，对于保护人民群众的合法权益，保障人民警察依法执行公务，正确履行职责以及保护人民警察自身权益起到重要作用。据有关人士介绍，"两院三部"所制定的《具体规定》之所以将人民警察执行职务的行为称为正当防卫，主要是我国刑法对排除社会危害性行为只规定了正当防卫和紧急避险两种，没有正当的职务行为之规定。② 因此，"两院三部"只能在现行法律框架内作出规定和解释。目前，由于该《具体规定》制定时所依据的《刑法》、《人民警察条例》、《人民警察使用武器和警械的规定》均已作修改或废止，该《具体规定》也应在现有立法情况下作出修改，以适应新的执法环境需要。

在刑法修订过程中，1996 年 12 月提交八届人大常委会 23 次会议的《中华人民共和国刑法（修订草案)》第 21 条曾专门就警察防卫作了规定："人民警察在依法执行盘问、拘留、逮捕、追捕逃犯或者制止违法犯罪职务的时候，依法使用警械和武器，造成人员伤亡后果的，不负刑事责任"，"人民警察受到暴力侵害而采取制止暴力侵害的行为，造成不法侵害人伤亡后果的，不负刑

① 张明楷：《论被允许的危险的法理》，载《中国社会科学》2012 年第 11 期。

② 赵秉志：《正当防卫立法的进展与缺憾》，载《法学》1998 年第 12 期。

事责任”。这个规定提出来后，有许多人提出了反对意见，认为警察抓人时造成任何人伤亡都不负刑事责任是不对的。1997 年 2 月，提交八届人大常委会 24 次会议审议的《刑法（修订草案）》将原修订草案第 21 条改为：“人民警察在依法执行盘问、拘留、逮捕、追捕罪犯或者制止违法犯罪职务的时候，受到暴力侵犯、人身安全受到威胁，依法使用警械和武器的职务行为，造成人员伤亡后果的，不负刑事责任。”但是，该《草案》在提交八届人大五次会议分组审议时，相当一部分代表对“警察受到暴力侵犯或者人身安全受到威胁”时就不存在防卫过当、“警察执行盘问，依法使用警械、武器，造成人员伤亡后果不负刑事责任”的规定提出了反对意见，主要考虑是当时我国警察素质不高，利用职权侵犯公民权利的情况时有发生，对警察使用警械和武器应有所限制。①

二、我国警察职务防卫权的制度缺陷

我国针对警察职务防卫的行为，在刑法典之外制定了《人民警察法》和《人民警察使用警械和武器条例》等单行法规。特别是《人民警察使用警械和武器条例》，对人民警察职务防卫的行为作出了具体的规定，是当前司法实践的标准。这种立法模式，存在以下几方面的不足：

第一，没有明确职务行为在排除犯罪性事由中的地位。无论是刑法典，还是其他法律规范，都仅规定了正当防卫和紧急避险两种行为类型，诸如职务行为等并没有被规定在法律之中。在司法实践中，只能参照正当防卫的相关规定来解释职务行为的正当性，但是两者毕竟有一些区别，在这种情况下，不利于充分实现人民警察职务行为的正当性保护。如职务行为等并没有被规定在法律之中。在司法实践中，只能参照正当防卫的相关规定来解释职务行为的正当性，但是两者毕竟有一些区别，在这种情况下，不利于充分实现人民警察职务行为的正当性保护。

第二，现行规范性文件将警察制止不法侵害的行为理解为正当防卫，与刑法理论和刑法典中关于正当防卫的成立要件并不完全一致，极易造成司法实践定性不当与理论的矛盾。例如，以一般的正当防卫，按照《刑法》第 20 条第 3 款的规定，当面对严重威胁公众生命安全的时候，可以直接剥夺不法侵害人生命。但是，对于警察而言，由于其首要职责是制止犯罪，抓获犯罪不法侵害人，阻止其继续实施不法侵害，因此，剥夺侵害人的生命并不是警察在履行职

① 陈明静：《论公安行政执法与公民权利的保护》，载《辽宁警官高等专科学校学报》2008 年第 4 期。

务时的首要选择。也正是基于此，我国法律对于警察“当场击毙”犯罪嫌疑人、在逃人员等不法侵害人的行为作出了严格限制。但是，如果将警察制止不法侵害的行为理解为正当防卫，则难免与刑法理论上正当防卫的诸要件产生冲突。①

第三，《人民警察法》和《人民警察使用警械和武器条例》无法把人民警察的职务防卫行为全部纳入其中。根据《人民警察使用警械和武器条例》中的定义，武器是指人民警察按照规定装备的枪支、弹药等致命性警用武器，警械是指人民警察按照规定装备的警棍、催泪弹、高压水枪、特种防暴枪、手铐、脚镣、警绳等警用器械。那么，在实践中以身体动作、石块、木棍、菜刀、汽车撞击等方式使用武力对不法侵害者进行攻击，就不能涵盖在《人民警察使用警械和武器条例》中。

第四，从现有的有关警察职务防卫，特别是关于警察使用武器、警械的法律法规来看，立法层次较低，相关规定仅散见于各种行政法规、法律解释当中，且内容较陈旧，不能适应社会发展的新形势。目前，我国有关武器和警械使用的规定主要有国务院制定的《人民警察使用警械和武器条例》、《中华人民共和国看守所条例》，公安部发布的《公安机关公务用枪管理使用规定》，司法部发布的《关于加强劳动教养场所警戒工作的暂行办法》，最高人民法院、最高人民检察院、公安部、国家安全部、司法部发布的《关于人民警察执行职务中实行正当防卫的具体规定》，等等。然而，这些规定要么是行政法规，要么是部委规章，要么是司法解释，均不属于法律，且都是在 2000 年《立法法》颁布之前制定的。

从实践操作层面上看，现有法律法规不够详细明确，缺乏操作性，具体来说主要体现在以下几个方面：

1. 职务防卫性质不清晰

立法未对人民警察使用武力的行为性质予以厘清，导致行为性质的错误认定时有发生。我国《刑法》目前仅规定了正当防卫和紧急避险这两种排除社会危害性的行为，对于人民警察使用枪支或者警械等武力行为，在理论上和司法实践中多定性为正当防卫。但是，正当防卫是公民的一种权利而不是义务，公民有选择防卫与否的权利。而警察负有职责去制止不法侵害并抓捕犯罪嫌疑人，拒不履行职责就构成渎职行为，要承担刑事或行政责任，警察防卫对于警察来说不仅是权利更是职责。

有学者则认为，我国刑法与世界其他国家一样，规定正当防卫这一重要制

① 赵羚男：《人民警察防卫权立法初探》，载《实事求是》2014 年第 3 期。

度是为弥补国家“公权”救济滞后的不足，正当防卫权属于个人“私权”领域，“公权”或“公力”应被排除在外，职务防卫是排除犯罪性行为中与正当防卫并列的履行职务的行为。[①] 理论的这种分歧，导致司法实践中职务防卫具体个案无法定性处理，如当场击毙后的法律适用问题，防卫者若是公民个人则可恰当适用正当防卫条款，如防卫者是人民警察等国家公职人员则在刑法内找不到相应之规定。由于职务防卫一般都会“使用枪械等暴力手段，极有可能伤及人的生命，在缺乏法律依据的情况下赋予警察在特定情势下的生杀大权，而事后仅用正当防卫与紧急避险理论使这一专制暴力之权获得法律上的正当性，无论以多么充足的理由，都是难以让人接受的”。[②]

2006 年 5 月 31 日，加格达奇至大连的火车上发生了一起歹徒恶性袭警案件，案件造成民警一死二伤惨剧。案件基本情况是：当时两名旅客因在车厢内饮酒，发生争执，进而使用管制刀具厮打。乘客向当班乘警报告后，乘警立即赶到车厢进行劝阻。歹徒拒绝缴械并用酒瓶将警察砸翻在地，并用刀刺向另外两名警察。乘警在手枪已经上膛的情况下，为了保证车厢旅客的安全，毅然赤手搏斗。在搏斗中，一名 52 岁的老干警身中 5 刀壮烈牺牲。歹徒乘乱抢夺警察手枪砸破车窗跳车逃跑。[③]

2. 职务防卫的条件不明确

（1）警察职务防卫权的行为主体不明确。《人民警察法》对人民警察的范围给予了明确规定。因此，警察职务防卫权的行为主体必须是《人民警察法》规定的具有警察身份的人员，同时法律法规规定部分国家司法机关工作人员的职责与警察的职责相类似。因此，他们在履行这部分职责的过程中也应该具有职务防卫权，并且其职务防卫权参照警察职务防卫权进行评价。除此之外，任何人员都不能行使警察职务防卫权开展防卫活动。然而，现实工作中，具有警察身份的人在工作职责之外开展的防卫活动或者具有警察身份的人违法开展的职务防卫活动对行为主体如何认定，法律没有给予详细的规定，学警、辅警进行执法活动，由于法律法规的不明确，使类似上述情况的出现对警察职务防卫权主体的认定出现争议。

（2）警察职务防卫权的行为手段不明确。《人民警察法》和《人民警察使用警械和武器条例》对警察使用警械和武器作出了一定规定，但规定原则性

① 罗长斌：《我国刑法应为职务防卫正名——从职务防卫的困境谈起》，载《湖北警官学院学报》2008 年第 6 期。

② 常非：《警察职务防卫权的法律基础》，载《公安研究》2007 年第 4 期。

③ 夏天：《列车上乘警斗匪一死二伤嫌疑犯夺枪逃跑被擒》，载 http：//news.sohu.com/20060605/n243575867.shtml，访问时间：2015 年 3 月 13。

强，具有局限性。警械是警察配备的警棍、手铐、脚镣、警绳、催泪喷射器、高压水枪、特种防暴枪等警用器械；武器是警察配备的枪支、弹药等致命性警用武器。然而，在实践中警察是否可以身体动作、有效利用现场环境中的器械行使职务防卫权，法律并没有将其涵盖在内，同时对法律法规规定的警械武器，警察在什么状况下该使用何种警械或者武器，法律法规规定没有细化。例如，开枪前的事先“警告”，究竟是指“口头警告”还是“鸣枪示警”，在什么情况下可以“无须警告”，均无明确清晰的规定。

(3) 警察职务防卫权的行使时间不明确。警察什么时候可以行使职务防卫权；尤其是不同危险程度的时间范围内使用何种手段或者何种限度的职务防卫权，法律法规只是给予原则性规定，没有细化操作规程，导致警察对职务防卫权的行使时间不明确，容易根据个人经验和主观判断行使职务防卫权。然而，经验和判断一旦失误，可能会造成无法挽回的后果。

(4) 警察职务防卫权的行为限度不明确。《人民警察使用警械和武器条例》第 4 条规定：“人民警察使用警械和武器，应当以制止违法犯罪行为，尽量减少人员伤亡，财产损失为原则。”该条款虽然规定了人民警察使用警械和武器行使职务防卫权的加害结果最小伤害性原则，并且规定符合行政行为权利保护原则和正当比例原则，但是规定原则性强，缺乏可操作性，导致警察行使职务防卫权的限度不明确。因此，在实践操作中，原则性的规定在执行过程中往往依据行权者的主观判断和个人经验，极易造成权力行使过当或权力滥用。

第四节　我国警察职务防卫权制度的构建

一、警察职务防卫权的法律意义

我国目前社会治安形势复杂而严峻，警民关系日趋紧张，平衡好警察代表国家行使公权力与保护公民私权，缓解警民关系，对于和谐社会的构建至关重要。而从目前情况来看，理论研究层面尚未对警察职务防卫形成统一的认识，立法制度方面也显得混乱，警察职务防卫无法得到相应的法律保护与支持，频频出现暴力袭警事件也就在所难免。随着社会文明程度的提高，社会法治观念的增强，人权保障意识也越来越强。刑法作为人权保障的最后一道屏障，与其他部门法相比，其更加广泛地保护各种合法利益，更加严厉地对犯罪行为进行制裁。警察作为全体公民中的一部分，其权利当然也应受刑法保护。一提到在我国刑法体系中构建完善的警察防卫制度，不少人会认为这是警察权力膨胀的一种表现，其实这是对警察防卫权的一种误读。建立健全一套完整而合理的警察职务防卫制度，不单是确认警察履行职责所必需的一项权力，更是规制警察行使权力的范围和限度。对警察职务防卫权的维护体现的是法律的尊严，更是人民权益得到保护的基础，因此完善警察职务防卫权法律制度意义重大。

首先，完善警察职务防卫权法律制度能够依法评价警察职务防卫行为。“警察职务防卫实质上是一种依法执行职务的行为，在许多外国的刑法理论中，也有称之为法定义务行为，是违法阻却事由之一。”[①] 我国《刑法》没有把警察职务防卫单独规定为排除社会危害行为的一种形式，在刑法学界，有学者认为，警察职务防卫带有极强的“公力”性，一旦将警察职务防卫权纳入法律，无异于鼓励警察使用暴力。[②] 这种认识过于偏颇，我们换一个角度看，在限制警察权的同时，是否也应该注意到，公民权也同样存在滥用的问题。公民通过阻碍或抗拒等形式对警察权进行侵犯，使正当警察权的正常行使遭受阻碍。公民权的滥用，表面上看是对警察权的侵犯，实质是对社会秩序的不遵从，是对国家公权力的藐视和对抗。因此，完善警察职务防卫权法律制度对警察职务防卫行为的法律性质、构成要件、法律责任等给予明确规定，有利于警察职务防卫权依法得到公正合理的评价，对维护公民合法权益和警察执法权益具有双重效果。

其次，完善警察职务防卫权法律制度能够有效提升警察履职效能。警察的职责是打击违法犯罪、维护社会稳定、保护公民人身财产安全的重要力量，职责的特殊性决定警察执法环境的特殊性。因此，在这种特殊的执法环境下，警察面临复杂的执法环境和可变性较强的危险逐渐增多，按照法治社会的要求完善科学合理的警察职务防卫权法律制度使警察对职务防卫权有更清醒的法律认识，并且明确警察职务防卫权的法律构成和法律责任，由此可以逐步消除警察开展执法活动的后顾之忧，促使警察依法大胆履行职责，推动警察打击制止违法犯罪、维护社会稳定、保护公民人身财产安全的积极性和主动性，进而提高警察履职效能。

最后，完善警察职务防卫权法律制度能够合理平衡公民权和警察权。警察权力也是公权力的一种，我们是社会主义国家，一切公权力的取得实质上都是公民将私权利赋予国家后上升为国家权力。警察权作为公权力的一种也是公民

① 甘雨沛、何鹏：《外国刑法学》（上册），北京大学出版社 1984 年版，第 328 页。

② 曹喆：《法治视野下的警察职务防卫权——兼论警察执法权益保护》，载《铁道警官高等专科学校学报》2011 年第 1 期。

赋予的。然而，公权力的膨胀决定了必须对警察职务防卫权进行规范限制，否则警察权的膨胀扩张有可能对公民权进行损害，再者警察职务防卫权采取的是使用警械或武器等特殊强制性的手段，“手段的威力是其他防卫工具所无法比拟的，如果使用不当，会对人民群众生命财产造成不应有的损害”。[①] 因此，完善警察职务防卫权法律制度对警察职务防卫行为的成立条件、限度、法律责任、免责事由等明确规定，使警察职务防卫权在法制的轨道上运行，既有利于对警察权力进行规范和制约，更有利于保护公民人身财产安全，实现公民权和警察权在法律规制下的平衡。

二、警察职务防卫权的制度构建

（一）区分警察身份以完善警察防卫权

以身份为基础，将警察这一特定主体分为拥有警察职责和无职责两种类型，以此来设定其行为的具体性质。即对警察在不同情况下的身份进行探讨，完善警察防卫权的内容。警察作为一个公民同时又有着国家赋予的特殊权力，具有双重身份。这种身份的差异性决定了其在面对不法侵害时，所承担的责任抑或法律赋予的权利是不同的，探讨警察的防卫权，亦应从身份的差异入手，探讨其根本属性。这既有助于保护警察的特殊权益，也会对防止警察滥用警务防卫起到一定作用。[②]

划分警察的两种身份，应该根据警察当时是否能够运用国家配备的暴力资源。《人民警察法》第 10 条规定，遇有拒捕、暴乱、越狱、抢夺枪支或者其他暴力行为的紧急情况，公安机关的人民警察依照国家有关规定可以使用武器。第 11 条规定，为制止严重违法犯罪活动的需要，公安机关的人民警察依照国家有关规定可以使用警械。这两项规定为警察在执行公务过程中进行防卫提供了法律依据。同时也可看出，法律对于警察使用警械的规定十分严格，只有在特殊情况下才可以使用。而是否可以使用警械是警察与一般公民的显著区别，所以，区分警察的职务行为和一般防卫行为，应该以是否配备了国家暴力资源为准。

（二）增设独立的执法防卫权以完善警察防卫权

对于以警察身份实施的防卫行为而言，应增设独立的执法防卫权，以区别

---

① 陈兴良：《正当防卫论》，中国人民大学出版社 2006 年版，第 222 页。

② 赵羚男：《人民警察防卫权立法初探》，载《实事求是》2014 年第 3 期。

于一般防卫权。将警察制止不法侵害的防卫行为从目前正当防卫的框架下独立出来，设置专门的评价规则和标准。其根本原因在于，执法防卫制度的基础是将防卫权限定在警察执法防卫过程中，因此，其防卫时间、防卫起因以及防卫限度等因素都与其他防卫行为不同，单独予以明确，更有助于刑法规范的明确性和科学性。

正当防卫行为虽然是阻却违法的事由，法律也不主张公民在面对不法侵害时具有回避、躲避的义务，但是，法律并没有将公民的正当防卫规定为法律义务。换言之，在刑法中，正当防卫是作为犯罪阻却事由规定的，并非作为法律义务规定的。而职务行为是一种法律义务，如果不实施职务行为则是违法的失职行为。显然，将人民警察制止犯罪的行为称为正当防卫，有可能导致其不履行制止犯罪的职责。[①] 因此，对警察职务防卫在刑法上专门规定，对警察履行职责行为进行特殊保护，明确警察职务防卫权，体现警察在执行职务过程中实施防卫行为的正当性。同时，对警察职务防卫的免责条件、防卫限度以及防卫不当责任的承担等方面作出规定，采用授权或引用条款的方式与其他相关法律法规衔接，使警察防卫制度能在刑法体系中有所体现，最终保障该制度得以有效实施。

从目前西方主要发达国家的司法实践来看，有两种方式可以供我们选择，一种是英美法系中所存在的“执法防卫”模式；另一种就是大陆法系刑法理论中存在的职务行为——排除违法性事由的行为类型。对于前者，在英美法系国家和地区的刑法中，其是与人身防卫、财产防卫相并列的第三种防卫类型。其和后两种在前提条件和对象条件都有相似之处，但是在主体条件、主观要件、合法性要件和限度条件等方面则存在差异。[②] 对于后者，则可以通过设置专门的条款，对于特定主体的职责和相关后果作出明确的规定。从目前来看，我国就是在《具体规定》中对警察制止不法侵害行为的相关内容进行了多方面的规定。

通过比较上述两种不同的模式，在笔者看来，在法律规范中，直接将其规定为职务行为的模式较为妥当。理由在于：一是英美法系刑法中对于执法防卫的划分是建立在人身、财产等多种不同的结构框架之下的，但是在我国，我们并没有对于正当防卫进行更加细致的划分，不能仅仅为了寻找警察执法正当化的评价标准而将其独立出来。二是现行的法律规范中已经存在警察执法行为正

① 张明楷：《论作为犯罪阻却事由的职务行为——以司法工作人员的职务行为为中心》，载《北方法学》2007年第1期。

② 赵秉志：《英美刑法学》，中国科学出版社2010年版，第139～142页。

当化的基础，只须稍作立法上的修改，就可以满足司法实践的现实需要。例如，《人民警察法》中已经对于警察的职责、权力以及法律后果作出了一系列明确的规定。在这一基础上，只需要另行设立单独的条款，对警察制止不法侵害行为，造成危害结果可以免责的正当化条件予以具体化，就等于在法律规范中确立警察职务行为正当性的规范基础，而无须对刑法典的相关规定进行修改和调整。不管是从立法修改的经济性，抑或可操作性上来说，都颇为可行。[①]

（三）完善警察使用警械和武器的相关制度，提高警察职务防卫水平

现行的《人民警察使用警械和武器条例》虽然在一定程度上对人民警察使用警械和武器确实起到规范作用，但由于其中有些规定仍然过于原则，存在模糊与疏漏之处，缺乏可操作性，导致实践中警察往往无法准确依法使用警械和武器。警察职务防卫权作为一种不同于普通公民正当防卫的独立权力，使用警械和武器是其行使防卫权的主要手段，在执行职务过程中依据法律规定和案件的现实情况选择正确的防卫手段显得十分重要，通过修改《人民警察使用警械和武器条例》将其予以细化，或制定《〈人民警察使用警械和武器条例〉实施细则》，改变警察在防卫手段选择时无所适从的状况，具有现实的指导意义。

① 赵羚男：《人民警察防卫权立法初探》，载《实事求是》2014年第3期。

第七章　社会转型期的警察执法权威

第一节　警察执法权威概述

一、警察执法权威的内涵

警察执法权威，是公安机关及其警务人员遵照国家法律，履行执法职能时所表现出不容侵犯的权力威严。①

警察执法权威，是指作为国家法律的执行和维护者的警察机关及其执法人员在执行国家法律、依法进行公务活动时所应体现的权力以及由此而形成的威望，是警察机关及其警务人员在执法过程中所产生效力的综合反映，诸如警察执法的主体、客体、内容、程序、环境等都能体现执法权威的一方面或多方面。警察权威是法律权威的重要组成部分。法律的权威存在于法律实现的整个过程，而警察权威同样形成和体现在警察执法的过程中。②

笔者认为，警察执法权威是指作为国家法律的执行者和维护者的警察机关及其执法人员在执行国家法律、依法进行公务活动时所应体现出的权力和由此而形成的威望，以及警察机关及警察的执法行为、执法程序和执法结果所产生的能使执法对象自愿服从并自觉履行相对义务、使人信服的力量，是警察机关及其警务人员在执法过程中所产生效力的综合反映。

警察权威作为权威的组成部分，既具有权威的一般属性更具有自身的特殊属性，它是警察机关和人民警察在行使警察职权中形成的使人信服的影响力量，是警察机关和人民警察通过执行职权影响公众生活与公众对警察权力信从的统一，包括警察的法律权威、政治权威、机构权威、人格权威。

---

① 程琳：《民警执法权威受损问题探究》，载《公安研究》2013 年第 6 期。

② 李延军：《关于强化警察权威的思考——从警察维权说起》，载《福建警察学院学报》2008 年第 5 期。

警察的法律权威，法律在整个社会调整机制和社会规范体系中居于主导地位，一切社会行为均须以法律为依据，法律赋予警察依据职权进行社会管理的权力。作为执法者的警察，通过执行法律赋予的职权而在公众意识中形成令公众信服的影响力。国家法律是以国家强制力为基础的用于保障社会公众平等权的行为规范，警察作为法律的执行者通过其自身的工作获得法律权威。[①]

警察的政治权威。政治权威通常以政治权力为后盾，依据正义或人格的感召力，产生具有高度稳定性、可靠性的政治影响力和支配与服从的权力关系。我国公安机关是国家行政机关，隶属于国家政府机关。政府权威的体现有赖于警察权威等政府组成权威的共同作用。警察肩负着巩固共产党执政地位的重要使命，因其鲜明的政治属性而体现更加突出的政治权威。[②]

警察机构权威。我国公安机关是具有武装性质的国家刑事和行政执法力量，是保护人民的使者、惩治邪恶的利剑，其担负的社会管理职能、自身的运行机制、组织体系等形成了区别于其他机关的机构权威。[③]

警察人格权威。人民警察个体在执法过程中所表现出来的个人魅力，影响着社会大众并取得社会大众的信任，从而形成带有个体特征的警察权威。

笔者认为，警察权威主要有以下几种表现形式：以合法暴力强制的威慑；执法规范树立的威信；警察气质与警察装备相结合而形成的威严；在打击犯罪保护人民过程中体现的威望。

警察执法权威同警察的社会职能联系紧密，主要具有以下基本特征：一是法律的规定性。警察依照国家法律管理社会，其特殊的权力及履行职责的保障条件均由法律来确立。我国《人民警察法》等法律法规明确了警察的权责及其履行保障，在法律层面确定了警察的执法权威。二是警察的自塑性。警察执法权威的形成和权威的强度既有法律强制性的刚性规定，也受警察自身执法过程中诸多因素影响。警察必须通过自己的良好形象和履行职责的出色表现，维护和强化其执法权威。三是公众的认同性。“权威是一种权力形式，一种影响力的形式，它来自人们自发的授权，它从自愿服从、为民认可中得到力量。”警察执法权威也不例外，必须在履行职务过程中被公众认可，成为公众信服的力量，才能真正地体现为权威。[④]

---

① 马峰：《浅谈我国警察权威下降的原因与重塑》，载《甘肃警察职业学院学报》2009 年第 6 期。

② 张建国：《秩序控制多元化视角下警察权威的新认知——从暴力袭警案频发谈起》，载《上海公安高等专科学校学报》2010 年第 2 期。

③ 王文身：《论警察权威》，山东大学 2011 年硕士学位论文，第 3 页。

④ 戎尽寒、周彦宁、黄建国：《信息社会背景下警察执法权威面临的挑战及其重塑》，载《公安研究》2011 年第 2 期。

二、警察执法权威的属性

（一）警察权威是国家强制力的外在表现

人民警察是具有武装性质的国家刑事和行政力量，其主要具有政治镇压职能和社会管理职能，警察是国家强制力的重要组成部分，警察的国家属性是警察权威施行的有效保障和要求。警察权威是建构于国家政治权威之上的，是政治权威的一个不可或缺的重要组成部分。恩格斯认为国家富强的程度直接影响和制约警察权威："国家的本质特征，是和人民大众分离的公共权力。对于公民，这种公共权力起初只不过当作警察来使用，警察是和国家一样古老的，……国家是不能没有警察的，不过国家还很年轻，还未享有充分的道义上的威望，足以使那种必然要被旧氏族成员视为卑贱的行业受到尊敬。"① 随着社会的不断发展，警察的社会管理职能更加凸显，"无论是提供服务，执行法律，还是阻止混乱和恢复秩序，警察都是一个社会调控机构，特别是政府的一个社会调控机构，必要时可以成为采用强制武器的机构"。② 现阶段我国警察机关的主要职能包括执行法律、维护秩序、服务社会，即以调控社会需求来维护统治阶级利益。正如彼得·曼宁所说，警察"摆脱不了与政治现状的紧密联系。而且实际上一直为支撑和维护政治现状而尽心尽责"。③ 随着国民法治水平的提高，执法规范化的推行和习惯化，社会管理活动将尽量减少直接运用暴力而主要表现为运用暴力的影响及威胁，这种方式的转变，更加凸显了作为国家强制力外在表现的警察权威的至关重要性。

（二）警察执法权威是法律权威的反映和保障

作为法律的执行者之一，警察的执法权威和法律权威互相影响、互相制约、互相促进。警察权力有赖于依法授予并依法有效实施方能逐步形成警察权威，警察执法权威有赖于法律进行规范和保障，恩格斯说："他们（警察）作为日益同社会脱离的权力的代表，一定要用特别的法律来取得尊重，由于这种法律，他们就享有特殊神圣和不可侵犯的地位了。"④ 运用警察依法解决治安问题，将警察暴力、管理和教育手段综合运用，则可达到警察与法律的统一，

---

① 恩格斯：《家庭、私有制和国家的起源》，人民出版社 1972 年版，第 116 页。

② ［美］罗伯特·兰沃西：《什么是警察：美国的经验》，群众出版社 2004 年版，第 94 页。

③ 转引自王文身：《论警察权威》，山东大学 2011 年硕士学位论文，第 7 页。

④ 恩格斯：《家庭、私有制和国家的起源》，人民出版社 1972 年版，第 169 页。

谁与警察对抗则意味着谁与法律及其权威对抗，使己居于劣势，警察则居于法律上的主动地位。而法律执法权威同样需要通过各个执行者的权威得以实现和保障，否则即可能成为“纸上法律”。“警察和法律像孪生兄弟一样，同时降生，互相依存。警察的权威性是法律赋予的，法律的权威性是警察保障的，它们统一于反映国家意志的公共权力。”① 所以，警察应该树立法律至上的理念，严格其在法律框架内的执法属性，依法合法行使职权，尽力维护法律权威，以获得执法权威。警察执法权威一旦表现为“人治权威”，则是对法律权威的侵犯和亵渎。②

（三）警察权威是威慑力和信服力的有机结合

警察权力是一种物质性的强制力量，国家凭借警察、军队等强制力量来控制社会冲突、维持社会秩序，保障国家权益，警察是国家控制社会的重要手段之一。国家通过直接使用暴力和以暴力相威胁，使社会公众明确国家统治的强制力和不可抗拒性，从而形成社会公众对警察权威的敬畏和服从。“使强制生效的并不是实际使用强力，生效的是以强力来伤害他人的威胁，如果他不顺从的话。强力的威胁常常使强制成为一种有效的目标或是对行动的遏制。实际使用强力有时也有助于提高威胁的可信性。”③ 威望是一种精神性的潜在的强制力量，社会公众对警察权威的服从在根本上还是精神性的潜在力量作用的结果。所以，笔者认为，警察执法要强调警察组织权威和警察个体的“魅力权威”的发挥，特别是要重视警察个人素质在构建警察权威过程中的重要作用。警察发出了命令和要求后，社会公众对警察管理的自愿服从，主要是因为执法民警外在的表率性及威慑力，④ 如果执法者本身有法不依、执法不严、违法不究，很难让社会大众信服，警察权威将不复存在，因此警察权威是威慑力和信服力的有机结合。

三、警察执法权威的来源及其表现形态

（一）警察执法权威的来源

恩格斯在《论权威》一文中写道：“权威，是指把别人的意志强加于我

① 康大民：《广义公安论》，群众出版社 2001 年版，第 35 页。

② 王占军：《警察权威论》，载《中国人民公安大学学报》（社会科学版）2008 年第 3 期。

③ ［美］罗伯特·达尔：《现代政治分析》，王沪京、陈峰译，上海译文出版社 1987 年版，第 63 页。

④ 王占军：《警察权威论》，载《中国人民公安大学学报》（社会科学版）2008 年第 3 期。

们；另一方面，权威又是以服从为前提的。”[①] 由此可以看出，权威是一种统治与被统治、领导与服从的关系，是一个人在相信某种行为的合法性和正当性基础之上，而产生的对他人或组织的服从和接受影响的可能性。因此，权力往往被认为是权威的直接来源。传统的权力观认为，有权就有威，以权就能树威。因此，在传统的警察执法权威的理论中，一般是按照这样的逻辑进行推演的：一方面，警察力量是具有武装性质的国家治安行政和刑事执法机关，是国家机器的一个重要组成部分；另一方面，国家依靠警察等暴力机关的权力拥有和保持对公众的权威。由此，警察执法权威的树立是以警察权力的暴力性作为后盾，并认为这是警察执法权威的最终保障。然而，从这种观点出发，势必会导致警察权力的异化，难以形成真正的执法权威。而脱离了权力，又失去了执法权威应当具有的强大物质后盾，则成为“无源之水、无本之木”，难以发挥权威应该具有的强制威力。[②]

警察权威主要来自两个方面：一是法律授予；二是警察自身的人格魅力。[③] 公安机关依照宪法、法律行使其权力，其执法活动是法律实施的重要内容之一，警察权威有无、强弱对一国的法律权威产生直接影响，因此警察权威是法律权威的重要组成部分。法律的权威存在于法律实现的整个过程，而警察权威同样形成和体现在警察执法的过程中。法律权威的存在是法治社会形成的基础，而强有力的警察权威则是法律权威中不可或缺的内容。警察自身的人格魅力既可以是人格化的团体，也可以是警察个体，但无论怎样，它都是由每一个警察的个体素质决定的，是警察个体的性格、气质、能力的集中体现。构成权威的这两个方面互相联系，对于保证警察顺利履行职责起着关键作用。

权威和权力虽然联系紧密但绝非等同。马克斯·韦伯认为，权力是“一个人或一些人在某一社会行动中，甚至是不顾其他参与这种活动的人进行抵抗的情况下实现自己意志的可能性”。[④] 由此可以看出，权力是一种强制性控制，权威则必须建立在合法性和正当性基础上；前者借助暴力、奖惩等手段使他人的行为符合权力主体的目的，而毫不顾及权力作用的对象是否同意；而权威表现为一种精神力量，它主要借助主体威信在公众情感、信仰等方面的影响来产生作用，以自觉自愿服从为前提。因此，权力是树立权威很重要的影响因素，

① 《马克思、恩格斯选集》第3卷，人民出版社1976年版，第341页。

② 刘燕玲、刘亚妮：《论警察权与警察执法权威——以暴力袭警为背景》，载《中国人民公安大学学报》（社会科学版）2010年第3期。

③ 张建国：《秩序控制多元化视角下警察权威的新认知——从暴力袭警案频发谈起》，载《上海公安高等专科学校学报》2010年第2期。

④ ［德］马克斯·韦伯：《学术与政治》，冯克利、舒炜译，三联书店1998年版，第56页。

但绝非唯一的因素。

因此，对于警察权力与警察执法权威之间关系正确的解释应当是，人民警察的执法权威理应以国家依法赋予的警察权力为前提，并体现于人民警察的整个执法活动中。然而，在构建和谐社会的过程中一味强调警察权力的武装性和暴力性，而不加强警察执法行为在民众心目中的合法性和正当性建设，势必会因为执法行为的正当性不足导致警察执法权威受到削弱。具体讲，警察的执法权威应以合法的权力为基础，以武力威慑和地位强势为标志，以尊严、威望为表现形式，以信服为保障。它是警察权力发展、延伸、行使和发挥作用的最高境界要求。①

（二）警察执法权威的表现形态

马克斯·韦伯根据统治与被统治、领导与服从关系的差异，提出了权威的三种形态：传统型权威、个人魅力型权威和法理型权威。（1）传统型权威。传统型权威主要建立在长期形成的传统风俗和习惯的基础上，它是基于人们对古老传统的不可侵犯性，认为那些拥有地位和权力的人是具有神圣不可侵犯的权威的。（2）个人魅力型权威。这种权威建立在某个人的非凡个性和超凡感召力的基础上，在于对个别人的特殊性和超凡的神圣、英雄主义或模范的崇拜，因而形成对这种权威的信仰和自觉服从。（3）法理型权威。法理型权威是建立在一系列清晰而明确的规则和制度的基础上，其主要表现为人们对规则和制度的“合法性”和“正当性”所持有的信任的观念，并进而对那些严格按照规则和制度行为的人所产生的自觉的服从，也就是由于人们对规则和制度正当性的信服才产生的组织和个人的权威。②

有学者认为，在当前警察行政执法过程中，仍然同时存在这三种权威形式，传统型权威是警察权威的积淀和基础，法理型权威是警察权威的根本要求，个人魅力型权威则是警察个体获得警察权威的重要条件，三者共同构成了新形势下的警察执法权威。③

传统型警察执法权威是构成警察权威的基本内容，也是构建和谐社会必不可少的权威。它之所以能够广泛存在，是和我国传统社会中熟人社会的特点分不开的。在传统社会中，因为是熟人社会，人与人之间的关系比较亲

① 王占军：《论警察个体权威》，载《江西公安专科学校学报》2008年第3期。

② ［德］马克斯·韦伯：《学术与政治》，冯克利、舒炜译，三联书店1998年版，第56页。

③ 刘燕玲、刘亚妮：《论警察权与警察执法权威——以暴力袭警为背景》，载《中国人民公安大学学报》（社会科学版）2010年第3期。

近，警察执法权威多与人的情感相联系，这也是传统的警察文化中我们一直倡导的“鱼水情深”的警民关系，它颇能满足人的情感归属需要，所以，这种权威形态下的领导与服从关系，由于情感支持而能够持久维持，然而其弊病也很明显，它经常会阻碍正常法律制度的执行，造成以权谋私、徇私舞弊、执法不公、警察组织黑恶化等弊端，这与当代的公平、民主、法制的理念相冲突。

个人魅力型警察执法权威，作为最具影响力的警察权威依然存在，这种警察执法权威形态会因某一警察个体超群的智慧和能力而得到普遍接受，人们因他们的超凡个人魅力而心甘情愿地服从他们的权威进而对整个警察组织充满崇敬。在社会转型期，复杂的社会治安形势加上传统文化中对优秀人物的崇拜使人们渴望出现超群的“英雄”型强力警察形象，在这种期待心理支配下，个人魅力型警察执法权威极易被人们接受。但是警察执法实践证明，无论是警察个体还是警察组织本身并非无所不能，他们同样有着这样或那样的人性弱点，在暴力犯罪面前也会流血牺牲，因此，当人们对“英雄”警察个体的崇拜超出了理性的范围，警察执法权威就会大打折扣，不断下降。

法理型警察执法权威，是与高速发展的社会相适应的，也是最重要的警察权威。在构建和谐社会和推进依法行政的进程中，通过令人信服的制度模式实现警察执法权威的合法性和正当性应当是我国警察执法权威的主导形态和发展趋向。但由于我国的民主法制不健全，警察执法水平不高，法理型执法权威的建设很不完善，造成行政执法中的差强人意，本应该由法律法规保障的警察执法权威也没有得到有效保障。

笔者认为，传统型权威为警察权威提供了历史性的积淀，法定型权威为警察权威提供了充分的保障，超凡魅力型权威是获得警察权威的重要条件，三者相互作用、共同发展构成了新形势下的警察权威。其中，法理型权威是最稳定的，其合法性建立在人们对理性的法律和规则的认可、信仰的基础之上。法律高于政府是法治的内在要求，在法治的社会控制模式下，政府的权威是置于法律之下的权威。在我国长期以来的社会实践中，政治权威往往替代法律权威，行政命令代替法律制度，地方的司法依附于政治权力，即权大于法的现象还很普遍。以人治取代法治的做法常常意味着政策的朝令夕改和不可预期性，所以具有不稳定性和随意性。在未来的几年甚至几十年内，我们国家就是要逐渐培育、建构法理型权威模式，将原先传统的政治权威转变为以法律规范为依托的制度化、规范化的法理型权威。[①] 有了健全、有效的法律规范作保障，人们视

---

① 张陶然：《治安秩序结构下的警察权威重塑路径》，载《北京人民警察学院学报》2012 年第 3 期。

法律规范为信仰并心存敬畏而自觉遵守，命令的令行禁止得到很好的贯彻，法律对违反者产生震慑、制约和惩戒的作用，不仅有利于加强执法权威，重建和树立政府形象，增加政府权威和公信力，而且能够巩固党的执政地位，保证国家的长治久安。从法律规范对警察的作用角度来讲，法律规范为警察权威提供了规范化执法的蓝本，赋予了他们法律上的权力，明确界定法定职责，并对其正当执法权益提供保护，从而充分发挥维护社会治安与稳定的作用。

四、维护警察执法权威的必要性

警察行为有广义、狭义之分。广义上的警察行为无须讨论其权威。从狭义上讲，警察行为就是指警察的打击违法犯罪、管理社会治安的执法行为，警察执法行为必须具有权威，理由是：

（一）警察执法权威是维护国家政权正常运行的需要

社会上较普遍的认识是：我国警察是人民的警察，警察是为人民服务的，因而在人民面前是不需要权威的，要同群众打成一片。实际上这是一种误解，同人民群众的密切关系，不等于没有权威和不要权威。警察的人民性是由党和国家性质决定的，中国共产党是工人阶级领导的无产阶级先锋队组织，代表广大人民的根本利益，中华人民共和国是人民民主专政的社会主义国家，国家对外需要尊严，对内需要权威。对外没有尊严，国家将被外敌侵入而毁灭；对内没有权威，国家机器不能顺畅运行。国家权威通过政权的权威来体现，也就是说政权的权威代表着国家的权威，而政权的权威，战争年代主要靠军队来维系，和平年代则主要靠警察来维系。和平年代，警察执法权威是国家权威的最后一道防线，就是说和平年代里其他国家机关权威受到侵犯，使国家机关工作无法正常运行时，最后都要依靠警察执法来恢复，如果警察自身执法权威也没有保障，这个社会就有陷入无政府主义状态的危险。①

（二）维护警察执法权威是由警察基本职责决定的

不管社会如何变革，警察行为核心的内容没有变化，即维护社会公共安全，保护群众财产、人身安全不受侵害。汉语中“警察”一词的本义是守卫和警戒，引申义为巡查和督察，后来专指担任守卫、警戒、巡查、督察任务的人员。现代警察制度源自西方资本主义国家，现代警察制度中“警察”的本

① 张应立：《论警察执法权威》，载《吉林公安高等专科学校学报》2012年第4期。

义以对危害的排除和对危害的制造者的自由限制为重点内容。[①] 我国现代警察制度中的警察概念基本上取自 police 等西方概念现代警察的基本职责的履行，要求警察执法行为必须有充分的权威。警察执法行为如果得不到绝对服从，就无法履行法定的制止违法犯罪、保护人民群众人身和财产安全、维护社会治安稳定的职责。

（三）维护警察执法权威是由法律的强制性所决定的

国家意志性、规范性、强制性是法律的三大基本属性，强制性则是法律中所体现的国家意志在社会生活中得以实现的最根本的保障。法治社会里，法律必须有权威。习近平同志在中央纪念《中华人民共和国宪法》颁布实施 30 周年大会的讲话中指出，《宪法》的生命和权威在于实施。[②] 同样，所有法律的生命和权威也在于实施。法律的实施有两种途径：一是公民的自觉遵守，二是国家机关的执行。当公民的法治意识、法律觉悟尚未达到较高水平时，法律实施的主要途径就是执行法律，简称执法。执法必然需要强制性，这种强制性靠军队、警察、法官、监狱这些国家暴力工具来保障，除发生动乱、暴动等特殊情况外，警察、法官、监狱是法律强制性的最基本的保障。从一定意义上讲，警察是法律的化身，法律的强制性决定了警察执法的权威。[③]

第二节　警察执法权威弱化及其原因分析

我国在社会转型的巨变中正处于社会失范的阵痛期。在现代化的进程中，一方面，经济飞速发展，人们物质和精神生活都得到较大提高，社会得到全面的进步；另一方面，社会秩序却面临着严重的危机，人们对法律规范和执法行为的敬畏心理大大减弱，出现大量的越轨和犯罪行为，影响社会秩序的和谐与稳定。[④] 人们挑战社会规范的最直接表现体现在对执法权威的无视和亵渎，受到削弱的执法权威在维护社会秩序上又不能发挥应有的震慑作用，进而形成恶性循环，导致社会失范现象的加重和社会秩序的更加混乱。就警察执法而言，警察权威开始降低，警民矛盾开始上升，不时出现暴力抗法、暴力

① 卜安淳：《警察行为的性质及其规范》，载《江苏警官学院学报》2012 年第 3 期。

② 习近平：《宪法的生命和权威在于实施》，载《人民日报》2012 年 12 月 5 日。

③ 张应立：《论警察执法权威》，载《吉林公安高等专科学校学报》2012 年第 4 期。

④ 张陶然：《治安秩序结构下的警察权威重塑路径》，载《北京人民警察学院学报》2012 年第 3 期。

袭警事件，警察作为维持治安秩序的重要力量，其权威地位正面临着弱化的危机。

一、警察执法权威弱化的内外在形态

（一）警察执法权威弱化的外在表现

警察执法权威弱化外在表现的极端形态——暴力袭警。据统计，2001 年全国有 68 名民警在执法活动中遭受暴力袭击英勇牺牲，3429 名民警受伤；2002 年，全国有 75 名民警在执法活动中遭受暴力袭击牺牲，3663 人受伤；2003 年，全国有 48 名民警在执法活动中遭受袭击牺牲，3786 人受伤；2005 年，全国有 27 名民警遭受袭击牺牲，1923 人伤；2006 年 1 月至 5 月，全国共发生阻碍执法、暴力袭警案（事）件 1545 起，月均发案 300 余起，共造成 11 名民警牺牲，164 名民警受伤，1733 名民警轻伤。[①] 2008 年，全国发生的阻碍执法、暴力袭警事件猛增到 7719 件，处理袭警侵害人 11821 人，其中追究刑事责任者 4338 名。[②] 2010 年，仅安徽合肥市发生民警执法时遭受侵害 89 件，依法处理袭警人员 97 人，其中刑事拘留 57 人，行政拘留 40 人。令人震惊的是，仅仅在 2011 年 4 月 11 日到 13 日三天时间，合肥市就发生了三起袭警事件，在社会上造成了极其恶劣的影响。[③] 暴力袭警主要出现在公安派出所民警、治安民警、交警、巡警、刑警等执行勤务、处置群体性事件、抓捕犯罪嫌疑人过程中。[④] 暴力袭警呈现如下特点：(1) 参与人员呈有组织性。从个人突发性抗法向有组织的集体性抗法发展，有些违法人员及其亲属为了逃避罪责，发泄个人私愤，故意煽动群众围攻或阻挠警察执法，对公共安全造成极大的影响，这种对警察执法权益的侵害，往往只严惩不法分子，而难以实现对警察执法权益的维护。(2) 手段呈暴力性。很多违法分子出于各种目的，打击报复警察，由口头谩骂、围攻、殴打民警发展为使用枪支、刀具、棍棒，采用爆炸、投毒等手段伤害警察，暴力程度不断增加，不仅侵害了警察的人身安全，而且损害了执法权威。(3) 行为呈突发性。在很多群体性事件的处置现场，

---

① 王淑波：《维护警察权益的思考》，载《吉林公安高等专科学校学报》2007 年第 1 期。

② 王帅、范再峰：《警察权威的弱化与重塑——以暴力袭警现象为切入》，载《安阳师范学院学报》2014 年第 6 期。

③ 黄娜娜：《合肥市暴力袭警事件频发》，载 http://ah.anhuinews.com/qmt/system/2011/04/14/003946896.shtml，访问时间：2015 年 3 月 29 日。

④ 文刚、陈洁宜：《父子对民警动粗，我省暴力袭警案件呈上升趋势》，载 http://www.hinews.cn/news/system/2007/03/12/010085471.shtml，访问时间：2015 年 3 月 29 日。

警察常常处于矛盾冲突的第一线，难免成为一些不明真相的群众的袭击对象。(4) 对抗方式呈多样性。有的是对正在执法的警察进行谩骂、故意刁难、侮辱人格，或是推搡、抓扯、投掷杂物，更有甚者持凶器、棍棒等暴力抗法等，对警察的正常执法工作带来很大的干扰。[①]

（二）警察执法权威弱化的内在表现

警察执法权威弱化的内在表现，主要是警察在日常社会管理中执法不规范。

1. 选择性执法

选择性执法是指执法机关何时严格执行法律、执行哪部法律、对哪些违法犯罪行为进行严格执法、哪些行为不执法、采用何种执法手段及何种执法强度等，视具体情况而定的一种执法现象。选择性执法是作为“完全执法”的理想状态的对立面而出现的。[②] 一般认为，选择性执法由于违反了平等原则、公正原则、公平原则、信赖保护原则等一系列原则。因此，其有违依法行政原则和法治之基本精神，尤其与宪法所规定的平等原则存在明显抵触。[③] “一个被选择性执法扭曲的社会，不会有执法者的威信，不会有人们对法律的敬畏，也不会有真正走得长远的高尚事业。”[④] 警察选择性执法的负面价值可以概括为：一是破坏社会对执法的预期；二是损害宪法规定的平等原则；三是选择性执法可能成为执法腐败的进路。[⑤]

2. 行政不作为

警察行政不作为是指公安机关或者人民警察在执法过程中，由于不行使或不积极行使法定职权，从而给公民、法人或其他组织造成一定损害的行为。[⑥]

警察行政不作为构成要件有三：一是公安机关及人民警察根据其职责要求负有实施某种行为的特定作为义务。这些义务有：法律规范中规定的公安机关及人民警察的作为义务、公安机关及人民警察的先行行为义务、警察行政合同

---

① 王潇：《从袭警视角谈警察执法权益的维护》，载《河南司法警官职业学院学报》2009 年第 3 期。

② 李明：《论警察的选择性执法——以刑事执法为例》，载《海南大学学报》（人文社会科学版）2009 年第 1 期。

③ 徐文星：《警察选择性执法之规范》，载《法律科学》2008 年第 3 期。

④ 张德瑞：《行政法的平等原则与行政机关的选择性执法》，载《河南社会学》2007 年第 6 期。

⑤ 李明：《论警察的选择性执法——以刑事执法为例》，载《海南大学学报》（人文社会科学版）2009 年第 1 期。

⑥ 何银松、朱清枫：《论公安行政执法中存在的不作为问题》，载《上海公安高等专科学校学报》2005 年第 3 期。

义务、公共秩序义务。二是公安机关及人民警察有履行特定作为义务的能力而未履行。三是公安机关及人民警察在程序上表现为有所不为。[①] 警察行政不作为可概括分为三种情形：一是不积极履行接警处警、解救危难群众和查处治安案件等职责职权；二是不履行或不积极颁发许可证和执照或颁发许可证和执照后不履行监管、查处义务等；三是不在规定的时间内履行听证、行政复议等职责。[②] 警察行政不作为不仅侵害了公民、法人和其他组织的合法权益，也严重损坏了公安机关在人民群众中的形象。2006 年，公安部针对群众反映的公安机关执法不严格、不公正、不文明和执法乱作为、不作为问题，将不作为列入督察的重点内容，予以重点查办。

3. 滥用职权

滥用职权是指行政主体在法定的职权范围内出于不合法动机而背离法定目的的行为。[③] 滥用职权具体表现为：违背立法目的、考虑不当、随意裁量、明显违背常理、显失公正五种情形。[④] 警察权的滥用，是指超越警察权力制约规范而在权力行使过程中出现的种种权力异化现象，其内容不应仅局限于违法、违规行为，还应包括某些违背法律意图和精神的行为。[⑤] 警察权滥用在现实生活中主要表现为：一是刑讯逼供。《刑法》第 247 条规定，刑讯逼供是指司法机关工作人员在刑事诉讼过程中对犯罪嫌疑人、被告人使用肉刑（如殴打）或变相使用肉刑（如冻饿），逼取口供的行为。警察在执法过程中，如对行政相对人或犯罪嫌疑人打耳光、踹身体、在夏天铐住其双手任蚊虫叮咬、在冬天让其穿着单薄的衣服挨冻、长时间不给饭吃、不给水喝、长时间不准其睡觉等，按《禁止酷刑和其他残忍、不人道或有辱人格的待遇或处罚公约》[⑥] 第 1 条的规定也属“刑讯逼供”，即并非这些行为发生在刑事诉讼中才是刑讯逼供决，只要是“公职人员为了向某人或第三者取得情报或供状，蓄意使某人在肉体或精神上遭受剧烈疼痛或痛苦的任何行为”，无论发生在什么领域，都是刑讯逼供。二是不规范地采取强制措施和使用警械。《治安管理处罚法》明文规定警察在治安管理中采用的强制措施有检查、扣押、传唤、管束和取缔五

---

① 李婕妤：《论公安行政不作为及其认定》，载《湖北警官学院学报》2006 年第 6 期。

② 李婕妤：《论公安行政不作为及其认定》，载《湖北警官学院学报》2006 年第 6 期。

③ 胡建淼：《行政法教程》，法律出版社 1996 年版，第 266 页。

④ 王学辉、宋玉波：《行政权研究》，中国检察出版社 2002 年版，第 201 ~ 205 页。

⑤ 郭玺、李国强：《警察权力滥用的原因分析及其控制》，载《吉林公安高等专科学校学报》2005 年第 1 期。

⑥ 该公约于 1984 年 12 月 10 日签署于纽约，于 1987 年 6 月 26 日生效。我国政府于 1986 年 12 月 12 日签署本公约，同时声明对公约第 20 条和第 30 条第 1 款予以保留。该公约于 1988 年 11 月 3 日对我国生效。

种。但是，在实际执行中却极不规范。如《治安管理处罚法》第 83 条第 1 款规定，对违反治安管理行为人，公安机关传唤后应当及时询问查证，询问查证的时间不得超过 8 小时；情况复杂，依照该法规定可能适用行政拘留处罚的，询问查证的时间不得超过 24 小时。但实际情况却是，个别警察只要传唤就是 24 小时。[①] 该条第 2 款规定，公安机关应当及时将传唤的原因和处所通知被传唤人家属。但被传唤人一旦是外来人员、流动人口或有其他联系困难的原因时，公安机关往往就不予通知。再如，《治安管理处罚法》第 89 条规定，公安机关不得随意扣押行政相对人的物品，对扣押的物品，应当妥善保管，不得挪作他用。但实践中违法扣押、扣押后不予返还并随意使用的现象也很常见。警械的使用必须遵守比例原则，只有在相对人出现暴力抗拒或者可能逃跑时才可使用。但实践中许多警察将使用警械作为一种教训或威慑手段，只要对相对人采取强制措施，只要认为相对人“不老实”，就给他们戴上手铐。如 2008 年 3 月 17 日，《南方都市报》的两名记者对深圳市罗湖区文华花园发生的一起跳楼事件进行采访，在现场竟遭到深圳市公安局黄贝派出所 2 名警察的辱骂、威胁、推搡和殴打，其中 1 名记者还被警察反铐双手，直至被推入警车带到派出所滞留近 2 小时后才被打开手铐。[②] 三是随意处罚。治安管理处罚的种类有警告、罚款、行政拘留、吊销公安机关发放的许可证、收容教育、强制隔离戒毒等。公安机关使用这些措施和进行处罚时的自由裁量权很大，这些处罚所规定金额幅度、期限幅度很大，如罚款数额从几十元到数万元，限制人身自由的期限从几日到几年，单是在处罚种类（包括是否追究刑事责任）的选择上，不仅具有很大的随意性，也对相对人产生差别巨大的影响。

二、警察执法权威弱化的原因分析

（一）民众法律信仰缺乏

法律作为行为规则，其具体实施有赖人们发自内心的法律信仰。美国法学家哈罗德·伯尔曼曾言：“法律必须被信仰，否则它将形同虚设。”[③] 我们无法期待法律信仰缺乏的人们会尊崇法律、尊重法律的执行者。作为法律的执行者，警察代表的是国家的形象与法律至高无上的尊严，警察执法应客观具备巨

① 余凌云：《公安机关办理行政案件程序规定若干问题研究》，中国人民公安大学出版社 2007 年版，第 99 页。

② 徐文阁：《记者采访被铐四大疑问待查》，载《南方都市报》2008 年 3 月 19 日第 35 版。

③ ［美］哈罗德·伯尔曼：《法律与宗教》，梁治平译，三联书店 1991 年版，第 23 页。

大权威，社会公众理应信仰法律，尊重警察执法。因为“法治的精神意蕴在于信仰，一种宗教般虔诚而真挚的对法的信仰”。[①] 然而，我国历史漫长的传统农耕社会，实行自给自足的自然经济体制，商品交易的稀缺造成行为规则的短缺，进而造成社会公众规则意识的淡漠，法律信仰缺乏，法律虚无主义盛行。[②] 加之我国古代官方机构片面宣传、理解法律的价值与属性，法律被人们普遍视为阶级统治工具，法律工具主义色彩浓厚，导致占据社会成员绝对多数的普通民众天生畏惧法律、抗拒法律、怀疑法律。我国古代惧讼、厌讼的民族心理就是这一法律情感的真实反映。[③] 实际上，“中国古代社会的所谓法治，不过是把法律作为专政的工具而已”。[④] 既然社会公众淡漠规则，畏惧法律、抗拒法律、怀疑法律，社会公众缺乏法律信仰也就必然，怠慢、轻视、抗拒作为法律执行者的警察，难以认同警察执法的价值。

（二）权力配置失范

需要指出的是，任何一项警察执法活动都存在保障人权与控制违法的两大价值目标，并且这两大价值目标并不是时时处处平行推进，而是因时间与场合的切换有所侧重。警察权力的时空配置必须遵循两大价值目标的上述要求，否则造成权力时空配置的失范，阻碍警察执法权威的形成。综观我国关于警察执法权限的立法规定，不难发现我国警察权力的时空配置存在该大的场合不大、该小的场合不小的失范现象，具体表现为警察的现场处置权力过小，非现场处置权力太大。现场处置权力过小导致警察的现场处置权威难以形成与拥有；警察非现场处置权力太大容易引起违法嫌疑人员的反感，产生强烈对抗警察心理，降低警察威信。

（三）法律规范内容偏失

1. 警察使用武器、警械的条件严苛

我国现行警务法律规范强调保护相对人的合法权益，片面限制警察执法权力，忽视警察执法权力的强制性与便捷性特质。人民警察使用警械和武器条例对警察使用警械与武器的要求过高，几乎捆住警察手脚。[⑤] 对于警察现场处警

---

① 许章润等：《法律信仰：中国语境及其意义》，广西师范大学出版社2003年版，第46页。

② 张应立：《论警察执法权威》，载《吉林公安高等专科学校学报》2012年第4期。

③ 施俊镇：《论我国警察执法权威的促进》，载《公安研究》2010年第6期。

④ 毛寿龙：《政治社会学——民主制度的政治社会基础》，吉林出版集团有限责任公司2007年版，第102页。

⑤ 台建林：《西安民警缘何频频遭袭》，载《法制日报》2005年9月23日。

遇到妨碍公务的行为，未授予警察足够的处置权力。警察面临紧急情况可以采取哪些强制手段，也无明确授权；对于即将发生的妨碍警察执行公务或者侵害警察权益的行为，法律并未授权警察可以先发制人。

2. 警察执法权威缺乏明确的法律保障

我国现有法律对暴力袭警行为没有专门的规定，针对警察这支打击违法犯罪、维护社会治安的特殊队伍没有有效的保护措施。我国《刑法》第 277 条规定："以暴力、威胁方法阻碍国家机关工作人员依法执行职务的，处 3 年以下有期徒刑、拘役、管制或者罚金。……故意阻碍国家安全机关、公安机关依法执行国家安全工作任务，未使用暴力、威胁方法，造成严重后果的，依照第一款的规定处罚。"《人民警察法》第 35 条规定："拒绝或者阻碍人民警察依法执行职务，有下列行为之一的，给予治安处罚：（一）公然侮辱正在执行职务的人民警察的；（二）阻碍人民警察调查取证的；（三）拒绝或者阻碍人民警察执行追捕、搜查等任务进入有关住所、场所的；（四）对执行救人、救险、追捕、警卫等紧急任务的警车故意设置障碍的；（五）有拒绝或者阻碍人民警察执行任务的其他行为的。以暴力、威胁方法实施前款规定的行为，构成犯罪的，依法追究刑事责任。"《治安管理处罚法》第 50 条规定："有下列行为之一的，处警告或者 200 元以下罚款；情节严重的，处 5 日以上 10 日以下拘留，可并处 500 元以下罚款：……强行冲闯公安机关设置的警戒带、警戒区的，阻碍人民警察依法执行职务的，从重处罚。"从上述关于警察执法行为保障的法律规定可以看出：一是规定不够细致、全面，对阻碍、拒绝、抗拒警察依法执法的行为，现有法律只是列举很少的部分，如不避让执行紧急任务的警用车辆，在案事件现场、警察执法办案现场等围攻、谩骂、阻挠警察执法。二是对警察执法行为的法律保障强度严重不足，抗拒警察执法行为有两种法律后果，即治安处罚与刑事责任，治安处罚不过 5 日以上 10 日以下拘留，刑事责任不过是处 3 年以下有期徒刑、拘役、管制或者罚金，抗拒警察执法成本明显过低。三是使用暴力、威胁方法阻碍警察执行职务应作如何处罚却没有单独设定，只是笼统地将其归于阻碍国家机关工作人员依法执行公务，把警察等同于一般国家机关工作人员，没有考虑警察工作的特殊性与危险性，对袭警案件只能以普通的妨害公务罪定罪量刑，缺乏法律应有的特别保护。四是不同法律规定间逻辑联系不强，或者说缺乏一致性，削弱了法律对警察执法的保障，甚至出现法律实施过程中放纵抗拒警察执法的行为。

（四）舆论传媒导向偏颇

1. 思维定式明显

我国由于长期深受小农经济影响，国民普遍谨小慎微，存在仇权、畏权、抗权心理，对官方机构存有戒慎、怀疑的习惯思维。社会舆论侧重对警察职责任务的宣传，大都忽视民众应当支持与协助警察执行职务的要求。警察执法发生警民冲突，或者发生涉警事件，舆论传媒宣传报道一边倒的思维定式十分明显，似乎警察都不是好人，尽干坏事，警察就是不对。比如轰动一时的“杨佳袭警案”，本来警察是受害者，但是在案件发生后，公安机关未能与媒体进行良性沟通，导致人们胡乱猜测，大众对警察非但不同情，反而将杨佳视为是新时代的英雄。同时人们也发出了这样的疑问，警察连自己都保护不了，怎么能保护得了人民?① 舆论的偏见不仅毁损警察形象，更是造成警察权威的丧失。

2. 媒体过分渲染

现代社会是信息社会，各种信息充斥人们的视觉与听觉，导致人们视觉与听觉疲劳。警察作为特殊社会职业群体，往往容易成为公众瞩目的焦点，当然也是新闻媒体热衷的新闻素材。而信息社会成就了新闻媒体“媒体优势”、“话语霸权”，新闻媒体有关警察的报道，往往又影响着公众对警察的看法和态度，有时甚至起到决定性的作用，还可能误导公众作出错误的判断和行动决定。部分媒体出于商业竞争的目的，加大对警察负面信息的炒作，将其作为提高自身“影响”和制造“轰动性”新闻的猛料，把对出现问题的少数警察的非议，上升为对警察群体形象的恶劣评价；把极少数民警身上存在的违法违纪问题、徇私枉法问题、贪污受贿问题等放大到对整个公安机关和队伍的敌视和愤恨上来。而这些过多的负面报道与宣传炒作，严重丑化警察，有损警察在社会公众心目中的形象，加剧社会公众仇视警察心理，降低社会公众对警察的信任，降低警察的权威。

3. 内部推波助澜

出于从严治警、纯洁队伍的需要，公安机关的监督部门查处涉警案件往往先入为主，层层批转，层层加码，从严处理有余，保障保护不足。在对警察的保障、保护方面，政工、法制、纪检监察、警务督察等管理部门未能发挥应有的职能作用，缺乏协调，保障乏力。对于查无实据的举报、投诉等往往不了了之，不能及时澄清警察清白。一些公安机关领导的思想存在模糊认识，将一些

---

① 马峰：《浅谈我国警察权威下降的原因与重塑》，载《甘肃警察职业学院学报》2009年第4期。

原本不该追究责任的警察树立反面典型，警察依法使用武器警械致人伤亡被错误追究纪律甚至法律责任的个案时有发生。这些做法显然影响警察执法权威的形成。

第三节　警察执法权威重塑的路径选择

重塑警察权威是新时期社会发展的迫切需要和必然要求，对公安机关及人民警察来说是机遇也是挑战。警察权威是警察机关和人民警察通过执行职权影响公众生活与公众对警察权力信从的统一，警察权威要求警察在执法过程中能自主地正当地行使权力、能够得到公众的认同。[①]

重塑警察执法权威的路径，可以概括为：

一、培育民众法律信仰

伯尔曼曾言："法律只在受到信仰，并且因而并不要求强制力的时候，才是有效的，依法统治者无须处处都有赖警察……真正能阻止犯罪的乃是守法的传统，这种传统又根植于一种深切而热烈的信念之中，那就是，法律不仅是世俗政策的工具，而且还是生活终极目的和意义的一部分。"[②] "所谓法律信仰，是两方面的有机统一：一方面是指主体以坚定的法信念为前提并在其支配下把法律规则作为其行为准则；另一方面是主体在严格的法律规则支配下的活动。它既是一个主观范畴的概念，也是一个可见之于主体行为的客观化的概念。"[③]法律信仰的内涵：首先，法律信仰是主体对法律的理性认识基础上的一种心理状态，是理性与非理性因素的统一。其次，法律信仰指的是主体的法律服从行为，是主观与客观的统一。最后，法律信仰是信仰主体与信仰对象的有机统一。

法律信仰的形成条件主要包括以下几个：第一，主体的权利意识。[④] 权利是法律的内核，没有对权利的要求，也就无法产生对法律的需求。第二，主体对法律价值的认同。[⑤] "主体就是通过对价值的感受、体认和认同，才转化为

---

① 王占军：《警察权威论》，载《中国人民公安大学学报》（社会科学版）2008 年第 3 期。
② ［美］哈罗德·伯尔曼：《法律与宗教》，梁治平译，上海三联书店 1991 年版，第 12 页。
③ 谢晖：《法律信仰的理念与基础》，山东人民出版社 1997 年版，第 16 页。
④ 钟明霞、范进学：《试论法律信仰的若干问题》，载《中国法学》1998 年第 2 期。
⑤ 谢晖：《法律信仰的理念与基础》，山东人民出版社 1997 年版，第 13 页

法律价值的即价值法律化，它是法律信仰产生的主观前提。”[①] 第三，市场经济是“法律信仰”的经济基础。[②] 只有在现代市场经济条件下，法律才获得了在社会整体系统中的最高地位，从而使“法律信仰”成为可能。所以，“法律信仰”的经济基础就是市场经济。

培育民众法律信仰的路径：第一，法律具有公正性。并不是所有的法律都值得人们去信仰，只有那些具有公正性的法律才可以被信仰。人们不可能对恶的法律或自身充满了矛盾的法律产生信仰。所以，要制定完备的法律，还要使法律自身充满公正性。第二，坚持长期的法制教育。“法律信仰”并不是生来就有的，它需要培养。“通过全民的法律教育，形成全社会学法、知法、守法、崇法的良好的法律文化氛围，建构现代公民的基本的法律文化素质……从而为法律信仰的普遍形成奠定坚实的社会法律文化基础。”[③] 第三，法律具有权威性。法律的实施能否保障人民的权利以及能否维护社会正义，直接关系到人们对法律的信心以及态度等。所以，要让人们树立“法律信仰”，则法律必须具有权威性。“从法律信仰中可以解证法律权威，从法律权威中同样可以解证法律信仰；法律信仰是法律权威的促进机制，法律权威是法律信仰的形成基础。”[④] 第四，增强公民的权利意识。公民法律意识的强弱是法律信仰能否形成的关键性因素。而在法律意识中，权利意识非常重要。[⑤] 也就是说，公民权利意识的增强，可以发挥法律价值的作用，从而使人们树立起“法律信仰”。

保障警察执法权威，必须培育民众法律信仰。一方面，建立健全法律法规，促使警察执法真正做到有法可依、有法必依、执法必严、违法必究，减少执法的随意，杜绝执法的地方与部门保护主义，加大对干扰执法行为的查处力度；健全内部监督制约机制，严把执法各环节，预防与减少警察执法违法案件的发生，取信于民，增强法律尊严与警察执法权威。另一方面，西方发达国家的法治进程启示我们，普法与法律观念深入人心是同立法、执法同等重要的工作。法律由精英阶层制定，却不能成为精英阶层的专利，它必须成为天下公器，为社会所有成员熟知。为此，我们要拓宽社会主义法治理念教育的对象范围，社会主义法治理念教育不仅要在政法机关进行，也要针对广大民众开展，

① 钟明霞、范进学：《试论法律信仰的若干问题》，载《中国法学》1998年第2期。

② 刘旺洪：《法律信仰与法制现代化》，载许章润等：《法律信仰中国语境及其意义》，广西师范大学出版社2003年版，第15页。

③ 刘旺洪：《法律信仰与法制现代化》，载许章润等：《法律信仰中国语境及其意义》，广西师范大学出版社2003年版，第15页。

④ 谢晖：《法律信仰的理念与基础》，山东人民出版社1997年版，第58页。

⑤ 穆丽霞、赵业福：《塑造我国公民法律信仰的路径分析》，载《理论学刊》2007年第6期。

确保民众牢固树立法律至上理念与法的统治观念，明确自己享有哪些权利，必须履行哪些义务，增强维护警察执法权威、支持配合警察执行职务的意识。

二、优化权力时空配置

在社会转型时期，社会治安状况日益复杂，公众的安全需求日益增长的前提下，警察权力的强化是必然趋势，否则即与社会治安秩序维持与控制的实际要求相违背。[①]

我国未来关于警察权力立法必须明确，警察作为国家法律执行者，执行公务必须具有绝对权威，执法相对人没有讨价还价的余地，警察出于自身安全考虑可以对犯罪嫌疑人员采取严厉的人身强制措施。现场执法警察有权合理使用警械与武器以有效防止自身或他人受到不法侵害；警察遇到暴力或者以非暴力方式阻碍其执行职务时，有权依照法律、法规的要求进行处置，以有效制止直至制伏违法犯罪嫌疑人；处置严重暴力性刑事案件或有暴力倾向的治安案件时，只要违法犯罪嫌疑人不服从现场管制，现场警察有权依法采取强制措施，以此强化警察现场处置权力。同时，为弱化警察与执法相对人直接对抗，宽缓警察与执法相对人角色冲突，未来立法需要强化执法相对人非现场的程序救济权利，引导执法相对人实质性参与案件处理决定的形成过程，“当事人通过充分发言将情绪与意见在法律允可范围与方式方面予以发泄”，[②] 达到警察与执法相对人的合意，减缓案件处理决定的单方性与强制性，促使执法相对人心悦诚服信服案件处理决定，增强警察执法案件处理决定权威性、公定力与公信力。另外，诸如拘留、逮捕、搜查、扣押等刑事强制措施与强制侦查措施的适用，不妨交由法官决定适用与否，以此体现刑事强制措施与强制侦查措施适用决定的审慎与严肃，暗示刑事强制措施与强制侦查措施适用的该当性与必要性，告诫执法相对人必须服从配合警察执法，最终达到维护法律尊严与警察执法权威目的。

（一）实现警察执法程序的正当性

程序是警察执法活动重要的“游戏规则”，也是实现警察执法公正的基本路径。[③] 通过正当的执法程序，警察执法的结果更容易获得当事人的支持和接

---

① 王占军：《社会和谐语境下警察执法权威重构的路径选择》，载《中国人民公安大学学报》（社会科学版）2010 年第 4 期。

② 左卫民：《法院制度现代化论纲》（下），载《人民法院报》2001 年 5 月 19 日。

③ 缪文升：《论提升公安执法权威的路径选择》，载《北京人民警察学院学报》2010 年第 3 期。

受，即使当事人对案件处理的内容不满意，也不得不接受程序化了的结果。反之，如果程序设计不合理，当事人则会产生强烈的不公正感，“感到其权益受到忽视，道德主体地位遭到否定，人格尊严遭到贬损”。[①] 因此，我们必须运用正当程序从不同的视角维护警察执法的权威，从而为和谐警察执法的构建提供形式要件。为此，我们可以通过正当程序确立公安执法权威的政治性，形成对公安执法的信仰。法律程序的“正当性”决定了人民可以充分表达自己的主张和异议，互相竞争的各种层次上的价值判断或利益都可以得到综合考虑和权衡。以明确、可靠的认知为基础，以公开、透明的规则为依据建立起来的公安执法制度，足以排除态意、混乱和专断。在此基础上，我们可以通过正当程序维护公安执法权威的国家性，从而保障公安执法的至上性。

要确保警察权力行使的正当性，首先，要确保警察权力来源的合法性和有效性，“合法性越强，则人们更有可能自愿服从命令而毋需强制，即使存在强制的手段。反之，如果一个命令不被承认具有权威性，人们便无一定要服从它的道德义务（尽管这个命令非常谨慎地要求人们去服从）。那些受制于命令的国民要么极力躲避之，要么暗中破坏之”。[②] 其次，要按照依法行政原则，确保警察的执法行为合理性原则、妥当性原则、必要性原则和比例性原则，确保警察的执法行为在满足合法性的基础上，实现法律的满意、群众的满意、以最小的付出得到最大的利益回报。

（二）实现警察执法的价值合理性

博登海默认为：“如果用最为广泛和最为一般的术语来谈论正义，人们就可能会说，正义所关注的是如何使一个群体的秩序或社会的制度适合于实现其基本目的和任务……满足个人的合理需要和要求，并与此同时促进生产进步和社会内聚性的程度，这是维持文明社会生活方式所必需的正义目标。”[③] 而“司法公正是人类进入文明社会以来，为解决各类社会冲突而追求或持有的一种法律理想和法律评价。它是指国家司法机关在处理各类案件的过程中，既能运用体现公平原则的实体规范，确认和分配具体的权利义务，又能使这种确认和分配的过程与方式体现公平性”。[④] 从社会主体的主观评价看，警察执法公正是社会主体对警察执法主体将法律平等地适用于相同的行为而得出相同结果

① 陈端洪：《法律程序价值观》，载《中外法学》1997年第6期。

② ［英］安德鲁·甘布尔：《政治和命运》，罗珊珍译，江苏人民出版社2003年版，第63～64页。

③ ［美］博登海默：《法理学——法哲学及其方法》，邓正来等译，华夏出版社1987年版，第238页。

④ 吕世伦、贺晓荣：《论程序正义在司法公正中的地位和价值》，载《法学家》1998年第1期。

的一种满意程序。由此可见，警察执法公正既包括实体公正，又包括程序公正。同时，实体公正是检验警察执法公正的重要标准，过程公正和结果公正都是警察执法公正的内容。[①]

三、内化民众的执法认同

警察权威作为一种合法权威，“与强制不同，权威要求自愿遵从，因为上级对下级的影响依赖于他们自己的社会规范。但是，与说服和个人影响也不同，权威要求命令控制，因为社会规范和集体制裁给个别下级施加强制性的压力，要求他服从上级指示。从下级的集体看来，遵从是自愿的，但从它的个别成员看来是强迫的”。[②] 警察权威只有赢得公众的认可和同意，并在此基础上形成共同的规范，才能使公众自愿遵从。尽管这种自愿对个别成员来说是强迫的，但因其知道这种权威是建立于公认的共同规范基础上的，不遵从这种权威必会招致社会非难，从而选择自愿遵从而非反抗。

应该指出的是，公众认同的警察合法权威要获得一种自觉服从和持久稳定的影响力，不是单凭命令服从关系所能维持的，警察权力主体业务素质能力、道德品格和心理素质，对获得公众自觉服从和维持警察权威持久稳定影响力具有重要意义。如果权威对象服从警察权威指令是出于信任警察权威有卓越的才能或专门知识，而不是依赖于其在公认权威等级中的正式地位，警察权威又能时刻考虑到何种行动能最好地服务于对象的利益与目标，警察权威就具有了合格权威要素。“主张专门知识合格，以区别于其可显示的现实，是行使权威的基础，这是一种意识形态要求，一种合法的理由。这种主张虽然不堪一击，但在科学已经成为最高认知仲裁者的时代，它尤为流行。这就赋予合格权威一种模型的意义，使其超越了作为权力关系的实际形式所具有的真正重要性。”[③] 因此，我国公安机关民警要不断提高自身业务能力，坚持全心全意为人民服务的根本宗旨。坚持以人为本，知民之所想，察民之所虑，亲民之所爱，为民之所需，在政治上认识到“民为帮本、本固帮宁”的道理，在工作上强化“为纳税人服务，受雇于人民”的观念，正确处理打击与服务的关系。深刻认识到为人民服务是其工作出发点，也是归宿点。自觉规范自己的行为，努力学习为人民群众服务的本领，树立正确的权力观，不凌驾于人民群众之上要特权，把“人民群众拥护不拥护，赞成不赞成，答应不答应，满意不满意”作为工

---

① 缪文升：《论提升公安执法权威的路径选择》，载《北京人民警察学院学报》2010 年第 3 期。

② ［美］丹尼斯·朗：《权力论》，陆震纶、郑明哲译，中国社会科学出版社 2001 年版，第 48 页。

③ ［美］丹尼斯·朗：《权力论》，陆震纶、郑明哲译，中国社会科学出版社 2001 年版，第 65 页。

作标准来塑造人民警察的良好形象。只有这样，才能使警察权威获得一种自觉服从和持久稳定的影响力。[①]

恩格斯说："文明国家的一个最微不足道的警察，都拥有比氏族社会的全部机关加在一起还要大的'权威'；但是，文明时代最有势力的王公和最伟大的国家要人或统帅，也可能要羡慕最平凡的氏族首长所享有的、不是用强迫手段获得的、无可争辩的尊敬。后者是站在社会之中，而前者却不得不企图成为一种处于社会之外和社会之上的东西。"[②] 因此，警察权威的获得依靠法律的保障，更需要社会公众的认同。

四、建设良性的警察公共关系

（一）坚持正确舆论导向

借助新闻媒体加大警察正面宣传力度，充分利用报纸、电台与电视台等新闻媒体，正确引导社会舆论，创造良好的舆论环境，积极宣传警察先进事迹，树立警察光辉形象；对于民众关注的涉及警察的事件，可以采取新闻发布会或者新闻专访等形式主动宣传报道，减少各种谣传与小道消息传播的机会，以正视听；对于侵害警察正当执法权益的事件重点宣传报道，可以结合专家点评或者群众评说等互动形式，以鲜活事例向民众讲解维护警察执法权威的积极意义，化解民众对警察的误解与偏见，消除心理隔阂，引起民众的共鸣，共同维护警察执法权威与法律尊严；加强社会舆论的正面引导，运用事实与法律影响、说服公众，修正其错误的看法、观念与行为，维护警察的执法权威。

（二）把握正面宣传尺度

实践证明，通过广泛开展警察正面宣传，确实可以取得良好效果。但是，需要准确把握宣传尺度，否则适得其反。如果正面宣传塑造警察高、大、全的英雄人物或脱离现实生活的完美形象，容易造成民众对警察的期望过高或者逆反心理。我们以往过度宣传警察的神威，导致民众"有困难找警察"的观念根深蒂固，认为警察是万能的，无论大事小事都要求警察解决，一旦警察不能满足其要求或者不能达到其目的时，便会产生怨恨情绪，甚至作出不理智的行为。因此，开展正面宣传时，应当把握宣传尺度，引导民众了解警察的真实面貌，理解警察的执法工作，维护警察正当执法权益，支持与配合警察执法。

---

① 江宜怀：《警察权威略论》，载《公安研究》2012 年第 12 期。

② 恩格斯：《家庭、私有制和国家的起源》，载《马克思恩格斯选集》（第三卷）。

（三）畅通警民沟通渠道

公安机关必须完善内部监督制度，顺畅民众投诉渠道，客观对待民众投诉，不回避、包庇问题，既要严肃认真查处民众投诉的警察违法执法问题，也要理直气壮为警察的正当执法行为撑腰，澄清事实真相，消除民众疑虑，促进警察与民众之间的了解与良性互动，促使警察与民众之间态度、行为与观念的统一，确保警察执法真正得到民众理解与支持；大力开展信访、警察接待日、警营开放日和人大代表与政协委员视察活动，增进民众对警察的理解，融洽警民关系，更深层次赢得民众的拥戴，获得广泛的民众支持基础；努力打造公众警务，总结推广群众工作典型，发挥示范作用，提高警察群众工作能力，推进群众工作深入开展，拉近警民双方情感距离。

五、完善现有法律规范的内容

（一）严厉制止妨碍警察公务行为

鉴于刑法、民法通则、人民警察法、治安管理处罚法等，关于警察执法权益的条款无一例外将警察执法权益湮没于普通民众的合法权益之中，没有凸显警察的特殊身份与地位。[①] 为此，我国刑法需要单独设立袭警罪罪名，以此加大法律对不法势力与不法分子的威慑作用，维护警察执法权威。人民警察法、治安管理处罚法等相关法律应针对各种扰警、违警、辱警行为的处罚分别予以规定，并且明文规定警察执行公务时，民众任何与警察身体的接触都被视为违法，警察有权基于保护自己对对方采取行动。

（二）弱化警察实施正当防卫条件

修改刑事诉讼法，设计“合理根据”与“可能原因”的内容，警察依照“合理根据”，如果认为犯罪嫌疑人存在犯罪的“可能原因”，警察可以当场抓捕。抓捕审理后即使认定无罪，但是只要存在“可能原因”与“合理根据”就不需承担国家赔偿责任。警察只要依照程序处置，即使发生错案也不需追究个人责任。警察的正当防卫权力应当比普通民众的正当防卫权要更宽松，警察应该是防患于未然。我国未来立法应当贯彻警察执行职务永远处于正当防卫状态的理念，更加准确规定警察实施正当防卫的适用条件、范围、运作方式、防

① 施俊镇：《论我国警察执法权威的促进》，载《公安研究》2010 年第 6 期。

卫限度等内容，以便警察在犯罪分子危及个人或他人的生命安全时，敢于与善于运用正当防卫的法律武器。这样既有助于提高警察的执法权威，又有助于保障警察的自身权益，减少警察的伤亡。

（三）改善警察个体权益救济途径

我国刑法、民法通则、人民警察法、治安管理处罚法等有关法律及司法解释应为维护警察个体权益提供有力的法律保障。建立警察权利保障快速联动反应机制，公安机关各部门各司其职，各尽其责，一旦发生侵害警察权利、冒犯警察执法权威的情况，治安、刑侦、督察部门事中及时做好证据固定工作，事后加大检查督促力度，确保将违法犯罪人员绳之以法；宣传部门及时宣传报道，澄清事实；政工、财务部门及时探望慰问，医疗保险，评功授奖，落实从优待警措施；法制部门研究有关法律规定，提供法律支持，指导用足用好相关法律，从程序与实体方面为警察依法追究侵害人法律责任提供法律服务，并可成为警察的代理人处理有关法律事务。警察执法遭遇民众直接谩骂、恶意中伤、公开威胁、恶意诽谤、投诉、诬告、殴打等辱警、谤警、袭警的行为，虽然侵害公安机关的正当执法权益，更为恶劣的是侵害警察作为公民的个体权利，应当允许、鼓励、支持警察以公民个人身份向侵权者提起民事诉讼。

六、警察社会管理的法治化

在现代社会治理中，法律作为社会纠纷解决和社会交往的基础性机制、作为有效规制权力不当运行和保障权力有效实现的权威标尺，已经取得了社会制度的核心地位。警察是国家强制力的使用，具有一定程度上的强制力垄断，自然也就具有依赖强制力的一切不足，警察的权力应当受到法律的制约。警察执法法治化可以两个方面的开展：警政配置的法治化和警务执法的法治化。首先，要求警政组织建设的法治化，即警察组织本身是法治的产物，是国家权力的运行，各种警察法律制度要坚持警察组织本身的法律保障，只有如此，警察的功能性、专业性和职业化建设才有法理依据。其次，警务行政的法治化建设，这主要解决警察管理社会过程中，警察权运行的法律规制。当前我国警察权的法治挑战可以归为“警察个体权益受侵、现场处置威信匮乏、案件裁决权威缺失、治安能力缺乏认同”等。[①] 解决这一问题，首先要做的是分析警察权的主要性质，警察权本身具有行政性和司法性，即具有管理的权力和判断的权力。结合

① 施俊镇：《论我国警察执法权威的促进》，载《公安研究》2010 年第 6 期。

中国社会实际，我们应当完善警察这两种权力的法律配置，如对警察社会执法管理赋予一定的法律权威，达到方便、快捷和高效地解决纠纷、平息社会矛盾；如对警察打击违法犯罪要加强法律制约的同时也要保证权力的运行。只有法治建警成为警政发展的主导模式，我们才可能解决警力不当内耗、警察权力失范、警察权力自主性缺失以及警察个体权利保障不足等现实问题；有了法治建警，警察执法权威保障才有真正的有效威信；有了法治建警，警察的专业化建设、功能性转变和职业化发展才有真正意义上的制度保证；有了法治建警，警务改革和警察事业科学发展的目标才会有秩序的开展。[①]

警察权威的实现，需要警察在执法过程中严格执法、公平执法、文明执法，要做到这点并不容易，除了警察的自我控制外，更需要外界的监督，这种监督除来自社会各界群众、机关、单位以及中国共产党、政府机关外，警察机关内部的自我监督也是十分重要的，这种监督是制度化的有效监督，通过制定制度来规范警察的行为，没有规矩不成方圆，制度建构的良好和完善可以规范警察行为，保证警察执法的公平和公正，“人们需要的与其说是好的人，还不如说是好的制度。我们可以设计多种制度，以使这些权力的被滥用的危险减少到最低限度”。[②]

（一）完善国家权力机关对警察执法的监督

“完善我国对于警察权的立法是完善监督机制的根本途径，基于警察权权力范围的广泛性，必须加强立法控制，尤其是必须增强法律规范的明确性和确定性，减少自由裁量权；另外，需要从程序上加强对警察权的立法控制，用程序正义确保警察权的规范化和法治化。”[③] 全国人民代表大会是最高国家权力机关，对警察权及其执法的限制，直接表现为立法监督。无论是监督主体的法律地位还是监督的效力，权力机关的监督均属于最高层次的。人大立法权对警察权的监督制约在整个警务监督体系中处于最核心的地位。

强化立法权对警察权的法律控制，是预防警察权遭受滥用的有效手段。综合考虑目前的情况，可以从以下方面对警察权进行控制：一是对警察自由裁量权予以明确限制，适度缩减治安管理处罚权和对公民人身自由予以限制的强制措施的决定权，同时对自由裁量权行使的程序作出限制；二是补充完善监督警察权的法律规范。如涉及对警察权进行监督的法律法规，立法可以进一步明确

① 贡太雷、王睽鹏：《从警察社会管理看警察执法权威建设》，载《延边党校学报》2012年第3期。
② ［英］卡尔·波普：《猜想与反驳》，傅季重等译，上海译文出版社2001年版，第48页。
③ 彭贵才：《警察行政权的法律责任及监督机制》，载《行政法研究》2008年第4期。

各监督主体的监督权限以及监督责任，同时对各监督主体监督权力的彼此关系予以协调规范，充分发挥监督效能，更大限度地凝聚监督合力。

（二）完善国家行政机关对警察执法的监督

1. 强化监察监督，完善并落实“警察执法过错责任追究”制度

公安部于1997年下发了《公安机关追究领导责任暂行规定》，1999年又颁布了《公安机关人民警察执法过错责任追究制度》。上述规范是我国现阶段对警察执法内部监督的主要依据。目前警察内部执法监督制度主要指领导责任追究制度和警察执法过错责任追究制度。强化对相关责任人的责任追究，能在一定程度上增强警察权行使过程的规范性，降低对行政相对人权益的侵害，同时能够对其他权力行使主体起到一定的劝诫和警示作用。

对警察执法过错的责任追究，根据上述法律规定，执法过错指的是具体警务人员在执行职务行为时，故意或者过失而导致的对具体案件的事实认定、法律适用出现错误，以及程序性违法行为等错误。显然，执法过错的责任追究制度，针对的是客观上出现了错误执法行为并产生一定危害结果的情形。如果是非职务行为，则上述情形当然排除适用。另外，如果造成错误执法或者发生错案的原因不在于具体的执法警察，而是不能预见或者无法抗拒的事由，则也不能追究具体警察的执法过错责任。

2. 强化行政复议

行政复议监督是行政复议机关依据行政相对人的请求对具体行政行为的合法性、合理性所进行的审查监督。依据《行政复议法》第6条第1款和第2款的具体规定，公安机关作出的罚款、行政拘留等行政处罚以及采取的其他限制人身自由或者财产自由的行政强制措施，都属于行政复议的范围。

强化公安机关的直属上级部门和设立公安机关的本级人民政府的行政复议监督，需要强调以下两个方面的问题：一是有关上级部门和行政监察部门要强化对复议机关的监督，主要目的在于尽量防止复议机关工作人员的渎职、失职行为，防止复议制度流于形式。如有上述情形，本机关有权处理的，应依据《行政复议法》第34条的具体规定，及时给予相应的行政处分；无权处理的，应及时移交相关行政监察部门处理，构成犯罪的，应移送相关司法机关依法制裁。二是关于行政赔偿的处理方式问题。《行政复议法》第29条规定，申请人在申请复议时可以一并提出行政赔偿请求，复议机关依国家赔偿法的有关规定予以赔偿。但美中不足的是，没有明确规定行政赔偿的具体操作。实践中对此类问题有两种处理方式：一种是在复议决定书中除了对具体行政行为的性质作出认定以外，还具体规定了行政赔偿的数额和履行期限；另一种则只涉及具

体性质的认定和应予赔偿的决定，而具体数额、履行期限等问题则由有赔偿义务机关与申请人协商。笔者认为，如能明确赔偿的具体细节问题，既能弥补申请人的损失，又能在一定程度上对公安机关警察权的行使起到规制作用，促进社会主义法治原则在国家机关及其工作人员履行职责时的贯彻和落实。

（三）加强国家司法机关对警察执法的监督与制约

警察权作为强大的国家权力，有着天然的攻击性和侵犯性，容易自我扩张和膨胀。无论是治安行政管理还是侦查犯罪，警察权都不可避免地会影响和限制公民的权利。[①] 当警察权与公民权发生碰撞和冲突起争议的时候，就有必要寻求超然中立的司法权，作为社会正义的最后一道防线，对纷争作出最终的裁决。因此，司法审查不仅为公民权利提供了一条有效的法律救济途径，同时对警察权的行使也可以进行有效的监督控制。公安机关的警察权，具体划分为警察行政权和警察刑事权。在我国，司法权对这两种权力的监督控制是不一样的。司法权对警察行政权最常见的控制方式就是行政诉讼。当事人在警察具体行政行为作出之后，如果认为自己的合法权益受到了侵犯，就可以向司法机关提出请求，由司法机关对警察具体行政行为是否合法进行审查并作出处理。我国对这种行政救济方式非常重视，行政诉讼法对此已作了详细规定。

诚然，这种作为事后监督模式的行政诉讼确实为警察行政权力救济提供了一个很好的途径，但是这种救济途径的“滞后性”，使它很难达到对警察行政权的预防性控制。这就必然还要寻找另一种控制行政权的方式来加以补充。英美国家在这方面已做了有益的尝试，在行政程序上确立了司法令状主义来进行事前的救济。警察机关作为行政机关在作出某些涉及公民基本权益的具体行政行为之前，必须首先向司法机关申请，经过司法机关审查同意并取得实施行政行为的令状后，才允许实施。这对于约束警察权力，及时充分保障公民的合法权益都极具意义，值得我国借鉴。

至于警察刑事侦查权，在我国还不存在司法审查制度。这主要是由我国司法流水线式的刑事司法体制决定的。在这种体制下，公、检、法机关在刑事诉讼中是一种分工负责、互相配合、互相制约的平等法律关系。法院依法拥有刑事审判权，只对检察机关起诉的被告人是否有罪以及采取什么刑罚作出判决，而对公安机关的刑事侦查权却无法监督控制。在西方法治国家，对侦查活动进行司法审查也是司法的应有之义。对侦查活动的司法审查，主要是指侦查活动

---

① 乐有金：《和谐社会视野下警察权法律规制问题研究》，载《铁道警官高等专科学校学报》2008年第4期。

中涉及剥夺或者限制人身自由或者其他基本权益的强制性措施，侦查机关只有根据司法机关的决定才能实施。如英国，除了法定紧急情况下的无证搜查、无证逮捕外，警察进行搜查或者逮捕时，必须向法院提出书面申请以获取法官的授权令状。目前，在我国虽然逮捕权由检察机关行使可以起到对公安机关的制约作用，但拘留权作为公安机关一家之权力却缺乏制约。从刑事法治的长远发展来看，将司法审查机制延伸到侦查阶段，从而有效控制警察刑事权以保障公民的正当权益是很有必要的。

良好的警察监督制度的制定需要符合以下要求：一是保障警察个体正当权益；二是保障警察机关的运行和内部协调；三是保障社会公众对社会安全的需求。警察机关应当进一步完善警察的选拔和任用制度、警察日常训练考核制度、警察权力运行保障制度、警察违法违纪惩处制度、警察权力使用监督制度等相关制度，使警察权威制度化真正落到实处。①

① 王占军：《警察权威论》，载《中国人民公安大学学报》（社会科学版）2008 年第 3 期。

参考文献

一、论文类

1. 周忠伟：《警察被害问题的思考》，载《中国人民公安大学学报》1994年第5期。

2. 刘小荣：《警察权益界说》，载《铁道警官高等专科学校学报》2006年第3期。

3. 李忠信：《浅谈人民警察执法权益的保障问题》，载《浙江公安高等专科学校学报》2001年第1期。

4. 王淑合：《俄罗斯联邦警察体制及警察的社会保障》，载《福建公安高等专科学校学报》2002年第9期。

5. 刘金玲：《试论警察正当执法权益及其保障》，载《公安研究》2003年第10期。

6. 张楚、李娜：《基层警察权益保障对策研究》，载《北京人民警察学院学报》2007年第5期。

7. 荣晓莉：《警察执法职业风险及执法权益的法律保障》，载《吉林公安高等专科学校学报》2009年第4期。

8. 吕绍忠：《对警察权益保障若干问题的思考》，载《中国人民公安大学学报》2009年第10期。

9. 叶晓川：《人民警察执法权益遭受侵害原因及其保障措施》，载《江苏警官学院学报》2007年第2期。

10. 徐天合：《警察执法权益保障机制研究》，载《湖北警官学院学报》2006年第6期。

11. 赵鸿天：《关于警察执法与人权保护的思考》，载《公安教育》2003年第3期。

12. 邵定美：《警察合法权益受侵害原因及对策》，载《吉林公安高等专科学校学报》2003年第2期。

13. 陈春蓉：《论建立和完善警察权益保障机制》，载《福建公安高等专科学校学报》2003 年 3 期。

14. 杜立战：《试论公安机关人民警察权益保护》，载《北京人民警察学院学报》2002 年第 5 期。

15. 刘卉：《我国警察权益保障的理性思考》，载《上海公安高等专科学校学报》2007 年第 2 期。

16. 裴小梅：《论对警察人身安全的保护》，载《河南社会科学》2006 年第 4 期。

17. 黄印：《论警察在执法过程中的权益保护》，载《吉林公安高等专科学校学报》2006 年第 4 期。

18. 王梅花：《论警察权益保障机制》，载《河南教育学院学报》（哲学社会科学版）2005 年第 5 期。

19. 沈惠章：《论公安民警的执法权益保护》，载《江苏警官学院学报》2009 年第 1 期。

20. 薛宗兰：《民警执法权益被侵害的现状》，载《人民公安》2007 年第 7 期。

21. 李华：《关于保护公安民警名誉权的思考》，载《铁道警察高等专科学校学报》2002 年第 1 期。

22. 孙强：《警察名誉权保障问题探析》，载《湖南警察学院学报》2011 年第 5 期。

23. 修艳玲：《论警察名誉权的民法保护——从两起警察状告嫌犯亲属侵犯名誉权案说起》，载《福建警察学院学报》2008 年第 4 期。

24. 王晓音：《我国警察健康权的缺失及其保障措施》，载《河北法学》2011 年第 2 期。

25. 任素玲、林龙：载《公安民警维权法律规定的缺陷及完善》，载《河北法学》2008 年第 9 期。

26. 张立新：《警察是否可以成为民事赔偿的请求权主体——从被劫出租车撞警车一案说起》，载《前沿》2005 年第 5 期。

27. 马新文：《警察权益的法律保护》，载《中国人民公安大学学报》2003 年第 6 期。

28. 周忠伟、李小强：《警察权益的法律保护》，载《中国人民公安大学学报》2003 年第 4 期。

29. 龚海燕：《完善警察执法法律保障——中外警察保障法律比较》，载《上海公安高等专科学校学报》2004 年第 2 期。

30. 王卉：《香港警察权益的维护》，载《公安研究》2005 年第 5 期。

31. 李云昭：《对公安民警合法权益维护问题的理性思考》，载《政法学刊》2006 年第 5 期。

32. 林青、刘国民：《关于警察权利保护的法律思考》，载《武汉公安干部学院学报》2006 年第 2 期。

33. 傅冰钢：《论保障警察正当执法权益》，载《山东公安专科学校学报》2004 年第 3 期。

34. 罗长斌：《新时期公安执法保障机制亟待完善》，载《湖南公安高等专科学校学报》2002 年第 6 期。

35. 周宝妹、郎俊义：《试论人民警察社会保障的法律保护》，载《公安研究》2005 年第 4 期。

36. 金光明：《权威的困惑与维权的路径》，载《四川警察学院学报》2008 年第 2 期。

37. 金诚、李小芽：《袭警行为研究》，载《浙江公安专科学校学报》2004 第 6 期。

38. 欧阳洁慧、连扬达：《当前民警执法权益受侵害的原因及对策》，载《政法学刊》2005 年第 6 期。

39. 谢根明：《维护民警执法权益的实践与思考》，载《江苏警官学院学报》2004 年第 5 期。

40. 陕公研：《对暴力袭警案件的调查与思考》，载《公安研究》2005 年第 11 期。

41. 湘公研：《关于公安民警合法权益保护的调查与思考》，载《公安研究》2005 年第 11 期。

42. 张立新：《警察执法的权益保护》，载《中国人民公安大学学报》2005 年第 2 期。

43. 孙茜：《警察执法权益保护研究综述》，载《湖北警官学院学报》2006 年第 6 期。

44. 李英娟：《关于维护公安机关及其人民警察执法权益问题的调查与研究》，载《公安教育》2003 年第 12 期。

45. 李英娟：《从公安机关人民警察执法实践探讨其正当执法权益维护途径》，载《公安教育》2007 年第 4 期。

46. 张兆端：《警察权益保护问题透视》，载《山东警察学院学报》2006 年第 3 期。

47. 赵建设：《警察执法权益及其保障体系建设》，载《中国人民公安大学学报》2009 年第 4 期。

48. 王平原：《论警察职业保护的国家义务性——“警察执法权益保护”之我见》，载《中国人民公安大学学报》2010 年第 4 期。

49. 张恒翔：《论公安民警正当执法权益的法律保护》，载《甘肃警察职业学院学报》2010 年第 4 期。

50. 徐心磊：《论我国警察权利的保护》，载《山西警官高等专科学校学报》2013 年第 2 期。

51. 林蕾：《我国公安民警权益保护制度的历史沿革与发展》，载《福建警察学院学报》2008 年第 5 期。

52. 许韬、刘锦城：《法治语境下的警察执法权益保障新论》，载《世纪桥》2012 年第 1 期。

53. 马云波等：《国外警察权益保障机制对我国的启示》，载《学理论》2011 年第 24 期。

54. 姬新江、金陵、王正苍：《警察执法权益保护论纲》，载《政法学刊》2010 年第 1 期。

55. 杨宝成：《论警察执法权益的法律保障》，载《学习论坛》2010 年第 10 期。

56. 杨科：《对保护人民警察执法权益的思考》，载《山东警察学院学报》2009 年第 1 期。

57. 刘卉：《警察执法权益保障的正当性分析》，载《铁道警官高等专科学校学报》2008 年第 5 期。

58. 马进保：《警察执法权益保障的辩证思考》，载《中国人民公安大学学报》2008 年第 3 期。

59. 王锐：《关于新时期警察执法权益法律保护的思考》，载《辽宁警专学报》2008 年第 6 期。

60. 刘小荣：《论警察权益及其保障机制的构建》，载《北京人民警察学院学报》2007 年第 2 期。

61. 张敏、李菲：《论警察执法权益的刑法学思考》，载《云南大学学报》2007 年第 1 期。

62. 吴小龙：《论警察执行公务的法律保护》，载《北京人民警察学院学报》2007 年第 1 期。

63. 赵杰：《略论刑事执法中警察权行使的保障》，载《中国人民公安大学学报》2006 年第 6 期。

64. 李宝对、胡素芳：《和谐社会视野下的维护警察正当执法权益工作》，载《公安研究》2011 年第 1 期。

65. 赵新彬、刘忱：《简论警察权益之保障——以公平正义为视角》，载《铁道警官高等专科学校学报》2008 年第 4 期。

66. 姜忠：《论完善公安民警执法权益的保护机制》，载《山东警察学院学报》2007 年第 4 期。

67. 谢曼娜：《论警察权益之维护》，载《北京人民警察学院学报》2004 年第 4 期。

68. 彭贵才：《论我国警察权行使的法律规制》，载《当代法学》2009 年第 4 期。

69. 李传良：《警察执法权力的边界与私法维护》，载《湖北警官学院学报》2009 年第 1 期。

70. 庄京伟、李群英：《警察职权的配置与警察权益的保护》，载《法学杂志》2007 年第 5 期。

71. 黄新春：《论警力资源的科学配置与使用》，载《公安研究》2009 年第 2 期。

72. 姜博、任亚丁：《警力资源配置问题浅析》，载《北京人民警察学院学报》2004 年第 3 期。

73. 吕卓：《大力推进警务改革，合理配置警力资源》，载《公安研究》2002 年第 10 期。

74. 何光英：《警察人力资源开发与警力提高关系的思考》，载《铁道警官高等专科学校学报》2005 年第 2 期。

75. 杨玉海：《试论警察权力与公民权利》，载《山西高等学校社会科学学报》2002 年第 11 期。

76. 陈晓济：《警察权与公民权的平衡》，载《天府新论》2008 年第 1 期。

77. 王莹：《浅谈警察执法权益的保障》，载《河北公安警察职业学院学报》2006 年第 3 期。

78. 刘杰：《我国警察权的宪法缺失》，载《河南公安高等专科学校学报》2005 年第 2 期。

79. 刘小荣：《警察权的行使及其规制》，载《吉林公安高等专科学校学报》2006 年第 2 期。

80. 陈兴良：《限权与分权——刑事法治视野中的警察权》，载《法律科学》2002 年第 1 期。

81. 王缨军、付俊华：《浅论警察权与警察职权》，载《铁路警官高等专科学校学报》2002 年第 4 期。

82. 黄忠培：《论警察权力的监督》，载《上海公安高等专科学校学报》

2004 年第 2 期。

83. 刘冰：《刑事侦查权与治安管理权分离与议》，载《政法学刊》2003 年第 4 期。

84. 高宽志：《德国警务考察印象》，载《现代世界警察》2008 年第 5 期。

85. 王淑波：《深入警务改革的几点思考》，载《公安教育》2003 年第 8 期。

86. 尤小文：《关于警察体制改革的几点思考》，载《中国人民公安大学学报》（社会科学版）2002 年第 2 期。

87. 单桔平：《试论警务社会化的路径选择》，载《湖南警察学院学报》2011 年第 6 期。

88. 王新文：《试论公共领域的警务社会化》，载《山西警官高等专科学校学报》2011 年第 1 期。

89. 方圆：《我国警务社会化的制度分析》，载《福建警察学院学报》2010 年第 4 期。

90. 王智军：《警事治理：国家警事社会化的新定义》，载《中国人民公安大学学报》2005 年第 1 期。

91. 何英：《新公共管理下的现代警务改革》，载《上海公安高等专科学校学报》2008 年第 2 期。

92. 薛典武：《警务社会化探析》，载《公安研究》2010 年第 1 期。

93. 徐甲：《中国警务社会化的理论与实践》，载《辽宁警专学报》2011 年第 3 期。

94. 张成：《警务社会化的模式分析及法律制度构建》，载《广西社会科学》2010 年第 1 期。

95. 刘须群：《中国特色警务保障论——由传统走向现代》，载《江西警察学院学报》2011 年第 2 期。

96. 曹通、张玲：《论现代警务保障的要求》，载《云南警官学院学报》2013 年第 3 期。

95. 董毅、李宁：《新时期警务保障的多维内涵》，载《公安研究》2014 年第 6 期。

97. 陈怀远、吴大江：《中国警务保障法治化相关问题研究》，载《武汉公安干部学院学报》2013 年第 2 期。

98. 任惠明：《关于公安经费保障体制建设的几点思考》，载《湖北警官学院学报》2004 年第 3 期。

99. 张立新：《关于应对阻碍警察执法行为的思考》，载《北京政法职业学院学报》2007 年第 1 期。

100. 陈春蓉：《论建立和完善警察权益保障机制》，载《福建公安高等专科学校学报》2003 年第 3 期。

101. 么子国：《试论建立和完善公安经费保障机制》，载《公安研究》2004 年第 12 期。

102. 么子国：《论公安经费保障机制的完善》，载《中国人民公安大学学报》（社会科学版）2005 年第 2 期。

103. 刘军杰、刘军：《关于新形势下公安经费保障机制建设的几点思考》，载《公安研究》2006 年第 1 期。

104. 杜雪晶、赵洪河：《我国警察权益保障的式微及改进路径探究——以犯罪嫌疑人权利与警察权博弈为视角》，载《求索》2011 年第 10 期。

105. 孙萍：《论人民警察使用武器权的法律规制与保障》（上、下），载《公安研究》2011 年第 3 期。

106. 余凌云：《警察使用枪支与警械的两个基本理论问题》，载《武警学院学报》2002 年第 4 期。

107. 余凌云：《简论警察开枪的合法情形》，载《中国人民公安大学学报》2002 年第 5 期。

108. 公安部：《〈中华人民共和国人民警察使用警械和武器条例〉宣传提纲》，载《公安法制建设》1996 年第 6 期。

109. 齐小力：《论人民警察依法使用武器》，载《中国人民公安大学学报》（社会科学版）2009 年第 2 期。

110. 金翼翔：《警察使用武器制度的批判与建构》，载《刑法论丛》2013 年第 4 卷，总第 36 卷。

111. 殷炳华：《对公安民警使用枪支若干问题的思考》，载《山东公安专科学校学报》2004 年第 3 期。

112. 王良顺：《论民警使用警械、武器的法律规制与立法完善》，载《湖北社会科学》2005 年第 5 期。

113. 高文英：《警察使用枪支的若干法律思考》，载《中国人民公安大学学报》（社会科学版）2009 年第 4 期。

114. 谷继明、吴卫军：《论完善我国袭警犯罪刑事立法的必要性和可行性》，载《上海公安研究》2003 年第 6 期。

115. 金诚、李小芽：《袭警行为研究》，载《浙江公安专科学校学报》2004 年第 6 期。

116. 金诚：《袭警行为研究》，载《公安研究》2005 年第 1 期。

117. 宋金叶、付有志：《暴力袭警问题研究》，载《广州市公安管理干部学院学报》2008 年第 2 期。

118. 杨忠民、张志国：《论袭警行为的刑法规制》，载《中国人民公安大学学报》（社会科学版）2006 年第 3 期。

119. 刘开吉：《公安民警遭遇暴力袭击伤亡的主要原因与对策》，载《中国人民公安大学学报》2005 年第 3 期。

120. 胡彬：《论完善我国袭警犯罪刑事立法的必要性和可行性》，载《犯罪研究》2004 年第 3 期。

121. 徐祥辉：《从警察执法权威缺失透析暴力袭警问题》，载《行政与法》2008 年第 6 期。

122. 王江琼：《袭警行为的特征和危害性及频发的原因》，载《广州市公安管理干部学院学报》2009 年第 1 期。

123. 左坚卫、李益明：《论增设袭警罪的隐患》，载《法学杂志》2008 年第 6 期。

124. 左家盛：《暴力袭警之刑法解读》，载《政治与法律》2007 年第 6 期。

125. 水木：《法律如何应对暴力袭警》，载《政府法制》2006 年第 9 期。

126. 叶琦：《论袭警罪设立的必要性与立法构想》，载《上海公安高等专科学校学报》2011 年第 1 期。

127. 忻文柯：《国外有关袭警罪的立法情况》，载《人民公安》2006 年第 8 期。

128. 龚海燕：《非警务活动现状梳理与探究》，载《上海公安高等专科学校学报》2004 年第 3 期。

129. 马亚雄：《消极非警务活动：形式、危害、原因与遏制》，载《中国人民公安大学学报》2003 年第 3 期。

130. 万生梓等：《关于公安民警参与非警务活动的调查》，载《公安研究》2000 年第 1 期。

131. 杨忠民、张志国：《论袭警行为的刑法规制》，载《中国人民公安大学学报》（社会科学版）2006 年第 3 期。

132. 安瑛：《我国警察职业保障制度初探》，载《中国人民公安大学学报》（社会科学版）2014 年第 3 期。

133. 张承先、王军、满俊：《内地与香港警察福利待遇保障之比较》，载《江西公安专科学校学报》2010 年第 5 期。

134. 李延军：《关于强化警察权威的思考——从警察维权说起》，载《福建警察学院学报》2008 年第 5 期。

135. 程琳：《民警执法权威受损问题探究》，载《公安研究》2013 年第 6 期。

136. 马峰：《浅谈我国警察权威下降的原因与重塑》，载《甘肃警察职业学院学报》2009 年第 6 期。

137. 张建国：《秩序控制多元化视角下警察权威的新认知——从暴力袭警案频发谈起》，载《上海公安高等专科学校学报》2010 年第 2 期。

138. 戎尽寒、周彦宁、黄建国：《信息社会背景下警察执法权威面临的挑战及其重塑》，载《公安研究》2011 年第 2 期。

139. 王占军：《警察权威论》，载《中国人民公安大学学报》（社会科学版）2008 年第 3 期。

140. 王占军：《论警察个体权威》，载《江西公安专科学校学报》，2008 年第 3 期。

141. 王占军：《社会和谐语境下警察执法权威重构的路径选择》，载《中国人民公安大学学报》（社会科学版）2010 年第 4 期。

142. 张陶然：《治安秩序结构下的警察权威重塑路径》，载《北京人民警察学院学报》2012 年第 3 期。

143. 缪文升：《论提升公安执法权威的路径选择》，载《北京人民警察学院学报》2010 年第 3 期。

144. 刘燕玲、刘亚妮：《论警察权与警察执法权威——以暴力袭警为背景》，载《中国人民公安大学学报》（社会科学版）2010 年第 3 期。

145. 张应立：《论警察执法权威》，载《吉林公安高等专科学校学报》2012 年第 4 期。

146. 王帅、范再峰：《警察权威的弱化与重塑——以暴力袭警现象为切入》，载《安阳师范学院学报》2014 年第 6 期。

147. 施俊镇：《论我国警察执法权威的促进》，载《公安研究》2010 年第 6 期。

148. 江宜怀：《警察权威略论》，载《公安研究》2012 年第 12 期。

149. 张明楷：《论作为犯罪阻却事由的职务行为——以司法工作人员的职务行为为中心》，载《北方法学》2007 年第 1 期。

150. 郭冰：《警察防卫权之思辨》，载《中国人民公安大学学报》（社会科学版）2006 年第 1 期。

151. 常菲：《警察职务防卫权行使的正当性要素及原则》，载《河南司法警官职业学院学报》2007 年第 2 期。

152. 常菲：《警察职务防卫权的法律基础》，载《公安研究》2007 年第 4 期。

153. 常菲：《警察拥有职务防卫权的合理性和正当性理论解析》，载《南都学坛》2008 年第 28 卷第 2 期。

154. 曹国鹏：《略论警察的职务防卫》，载《中国人民公安大学学报》1999年第6期。

155. 赵羚男：《人民警察防卫权立法初探》，载《实事求是》2014年第3期。

156. 金泽刚、乔青：《警察防卫新论》，载《山东警察学院学报》2010年第6期。

157. 王静思：《警察执法及其防卫权的刑事政策探析》，载《湖北警官学院学报》2012年第6期。

158. 齐文远、魏汉涛：《宽容对待处置突发恶性事件时的警察行为》，载《湖北警官学院学报》2005年第3期。

159. 赵秉志：《正当防卫立法的进展与缺憾》，载《法学》1998年第12期。

160. 罗长斌：《我国刑法应为职务防卫正名——从职务防卫的困境谈起》，载《湖北警官学院学报》2008年第6期。

161. 汤啸天：《关于我国警察教育训练的思考》，载《山东警察学院学报》2008年第2期。

162. 张云等：《公安院校人才培养模式建构》，载《云南警官学院学报》2006年第2期。

163. 王辉：《我国警察教育培训制度改革的思考》，载《甘肃警察职业学院学报》2013年第1期。

164. 陈玉川：《论现代民警培训教学体系的构建》，载《政法学刊》2008年第6期。

165. 朱菊银：《民警培训教官队伍建设存在的问题及对策》，载《武汉公安干部学院学报》2011年第4期。

166. 宋波：《公安民警在职培训良性循环的思考》，载《天津职业院校联合学报》2009年第4期。

167. 刘光明、万川：《关于公安院校办学特色的思考》，载《公安教育》2002年第6期。

168. 谢军：《论民警培训课程设置的规范化建设》，载《湖南公安高等专科学校学报》2008年第1期。

169. 陈德祥：《在职民警培训正规化建设若干思考》，载《中国人民公安大学学报》（社会科学版）2008年第6期。

170. 廖正康、唐颖：《构建警察院校互动循环人才培养模式理论初探》，载《公安研究》2004年第11期。

171. 雷鸣霞：《各国警察体制比较研究》，载《公安研究》2000年第6期。

172. 李温：《英国现代警察制度的产生、发展及其现行体制》，载《北京人民警察学院学报》2006 年第 2 期。

173. 李娟：《中外警察教育培训模式比较研究》，载《湖南公安高等专科学校学报》2002 年第 6 期。

174. 王大伟：《中国公安教育的特色与定位——从中西比较的角度考察》，载《中国人民公安大学学报》2003 年第 2 期。

175. 《中外警察教育比较研究》课题组：《中外警察教育比较研究》（上），载《山东警察学院学报》2007 年第 6 期。

176. 《中外警察教育比较研究》课题组：《中外警察教育比较研究》（下），载《山东警察学院学报》2008 年第 1 期。

177. 李英才：《中美警察教育培训体系比较》，载《中国人民公安大学学报》2002 年第 2 期。

178. 张翠梅、张小兵：《中美警察教育训练比较研究》，载《浙江警察学院学报》2009 年第 2 期。

179. 张弘毅：《中美警察教育培训体系比较研究》，载《云南警官学院学报》2009 年第 5 期。

180. 李涛：《英国警察职业变化与警察教育发展》，载《公安教育》2008 年第 5 期。

181. 袁广林：《美国警察培养对我国警察教育改革的启示》，载《公安教育》2008 年第 8 期。

182. 杨学锋：《美国警察教育史迹及借鉴》，载《吉林公安高等专科学校学报》2009 年第 1 期。

183. 李光文：《英美警察教育架构对我国公安教育的启示》，载《湖北警官学院学报》2003 年第 3 期。

184. 张淑平：《香港与内地警察教育培训制度之比较和借鉴》，载《云南警官学院学报》2010 年第 1 期。

185. 程胜军：《香港警察训练的体制和特点》，载《公安教育》2005 年第 3 期。

186. 张俪：《香港特区警察教育训练制度的特点及借鉴》，载《山西警官高等专科学校学报》2009 年第 3 期。

187. 李雪冰：《香港警察教育训练的特点》，载《江苏警官学院学报》2005 年第 1 期。

188. 冯冠强：《香港学警培训的能力本位课程浅析》，载《广州市公安管理干部学院学报》2008 年第 2 期。

189. 刘姗姗：《中法警察教育培训之比较》，载《吉林公安高等专科学校学报》2006 年第 5 期。

190. 熊一新：《法国警察教育培训体制的特点及对我国民警教育培训工作的启示》，载《公安研究》2002 年第 10 期。

191. 熊一新：《论法国警察教育培训体制的特点》（下），载《公安教育》2002 年第 11 期。

192. 王新民：《国外警察教育培训的启示》，载《公安教育》2010 年第 6 期。

193. 李云昭：《中英警察教育比较研究》，载《云南师范大学学报》2003 年第 6 期。

194. 李学阳：《浅谈英国警察教育与培训的变革》，载《公安教育》2007 年第 9 期。

195. 李涛：《英国警察职业变化与警察教育发展》，载《公安教育》2008 年第 5 期。

196. 上海公安高等专科学校：《英国警察教育训练考察报告》，载《公安教育》2006 年第 5 期。

197. 李云昭：《中英警察教育比较研究》，载《云南师范大学学报》2003 年第 6 期。

198. 张淮：《论英国警察的教育培训体系对我国警训工作的启示》，载《甘肃警察职业学院学报》2007 年第 1 期。

199. 张世瑗：《考察英国警察教育制度的几点思考》，载《武警学院学报》2000 年第 3 期。

200. 陈晓林：《德国警察教育训练考察》，载《公安研究》2008 年第 3 期。

201. 朱建义：《德国警察教育训练特点及对我国警察教育训练工作的启示》，载《公安教育》2008 年第 1 期。

202. 张杰：《俄罗斯警察教育培训体系与制度优势分析》，载《四川警察学院学报》2010 年第 5 期。

203. 寿远景：《中加两国警察教育训练体制的比较和思考》，载《公安学刊》2005 年第 2 期。

204. 栗长江：《澳大利亚警察培训的方法及启示》，载《公安教育》2007 年第 2 期。

205. 张杰：《俄罗斯警察教育印象》，载《人民公安》2003 年第 18 期。

206. 张衔复、高宏宇：《浅谈俄罗斯警察教育及其特点》，载《公安教育》2011 年第 4 期。

207. 马黎：《罗马尼亚警察教育介绍》，载《公安教育》1995 年第 3 期。

208. 孙燕：《韩国警察教育的现状及启示》，载《中国人民公安大学学报》2003 年第 3 期。

209. 浙江省警察教育考察团：《关于澳洲警察教育培训的考察报告》，载《公安学刊》2004 年第 1 期。

210. 霍塞虎、梁小锋：《日本警察教育培训模式对我国的启示》，载《云南警官学院学报》2014 年第 2 期。

211. 范瑛：《日本的警察教育与培训体制分析》，载《长春师范学院学报》（人文社会科学版）2012 年第 2 期。

212. 王兴发、高春兴：《日本的警察教育和警察管理体制及启示》，载《山东公安专科学校学报》2003 年第 2 期。

213. 程胜军、彭知辉：《芬兰警察教育的体制和特点》，载《公安教育》2006 年第 5 期。

214. 孙中华：《从世界警察体制看我国警察体制的改革》，载《公安学刊》2003 年第 5 期。

215. 王大伟：《从英国警务革命看我国公安改革热点》，载《江苏警官学院学报》2003 年第 5 期。

216. 龚驷所：《国外警察管理体制概述》，载《公安研究》2002 年第 1 期。

217. 徐春华：《美国现代都市警务运行模式及其启示——以洛杉矶市警察局为例》，载《山东警察学院学报》2007 年第 3 期。

218. 李健和：《香港警察的组织、人事管理及启示》，载《中国人民公安大学学报》（社会科学版）2005 年第 1 期。

二、著作类

1. 李士珍：《现代各国警察》，商务印书馆 1938 年版。

2. 邱华君：《警察学通论》，台湾茂昌图书有限公司 1991 年版。

3. 孟宪嘉、江礼华：《警察学》，重庆出版社 1990 年版。

4. 惠武生：《警察法论纲》，中国政法大学出版社 2000 年版。

5. 孟庆超：《中国警察近代化研究》，中国人民公安大学出版社 2006 年版。

6. 冯德文：《警察学概论》，中国人民公安大学出版社 2005 年版。

7. ［日］松井茂：《警察学纲要》，吴石译，中国政法大学出版社 2005 年版。

8. 耿连海：《警察权益保护》，群众出版社 2004 年版。

9. 李忠信：《当前警察执法面临的挑战》，群众出版社 1998 年版。

10. 王鹰：《人民警察与公民权利保护》，中国人民公安大学出版社 2003 年版。

11. 邢曼媛、孟丽萍、杨玉海：《人民警察执法权力与自身权利保护》，中国人民公安大学出版社 2005 年版。

12. ［美］罗伯特·兰沃西、劳伦斯·特拉维斯：《什么是警察——美国的经验》，尤小文译，群众出版社 2004 年版。

13. 公安部外事局编著：《美国警察体制概况》，群众出版社 2003 年版。

14. 公安部外事局编著：《日本国警察及部分执法机构概况》，群众出版社 2003 年版。

15. 公安部外事局等编著：《欧洲主要国家警察概况》，群众出版社 2003 年版。

16. 王渤：《发达国家警察管理制度》，时事出版社 2001 年版。

17. 赵可：《国外警学研究集粹》，中国人民公安大学出版社 1999 年版。

18. 吕绍忠：《中外警察法治若干问题比较》，中国人民公安大学出版社 2009 年版。

19. 王大伟：《英美警察科学》，中国人民公安大学出版社 1995 年版。

20. 朱恩涛：《世界警察教育概览》，群众出版社 1996 年版。

21. 高文英：《警察行政法探究》，群众出版社 2004 年版。

22. 霍宪丹：《中国高层次司法警官培养模式研究》，法律出版社 2004 年版。

23. 余凌云、聂福茂：《警察行政法学案例评析》，中国人民公安大学出版社 2005 年版。

24. 聂福茂、余凌云：《警察行政法学》，中国人民公安大学出版社 2005 年版。

25. 余凌云：《治安管理处罚法的具体适用问题》，中国人民公安大学出版社 2006 年版。

26. 金城：《转型期中国警务问题研究》，中国人民公安大学出版社 2007 年版。

27. 向党：《中国警务改革战略》，中国人民公安大学出版社 2010 年版。

28. 陆晶：《现代警务行为的理与法》，中国人民公安大学出版社 2006 年版。

29. 柯良栋：《公安法制建设理论与实践问题研究》，中国人民公安大学出版社 2005 年版。

30. 王光、魏永忠：《和谐社会与警务创新》，中国人民公安大学出版社 2007 年版。

31. 张兆端：《警察哲学——哲学视域中的警察学原理》，中国人民公安大学出版社 2010 年。

32. 李温：《英国警察法历史发展与当代改革研究》，黑龙江人民出版社 2009 年版。

33. 石子坚：《美国警察管理体制和执法规范》，中国人民公安大学出版社 2006 年版。

34. 袁广林：《观念创新与模式重构——中国警察素质培养研究》，中国人民公安大学出版社 2010 年版。

35. 卢建军：《警察法治化的思辨与实证》，中国人民公安大学出版社 2012 年版。

36. 李祖华：《警察公共关系》，中国人民公安大学出版社 2012 年版。

37. 喻中：《社会主义法治理念概论》，科学出版社 2012 年版。

后　记

警察是现代社会一种特殊职业，警察的合法权益与执法权威有着密切的关联性，确保广大民警合法权益受到应有的尊重和保护，是各级公安机关的一项重要职责，有必要上升到一种国家责任的范畴。警察首先是公民，然后才是警察。不能将警察泛政治化，也不宜将警察符号化。警察享有宪法和法律规定的普通公民的基本权利，同时，警察因履行职责需要，确保法律得到执行而应当享有不同于普通公民和公务员的权利和利益，担负维护社会稳定的更多的义务和责任。

多年来，由于职业的原因，笔者一直关注警察合法权益保护的相关问题。2012 年申报的《警察合法权益保护论纲》课题获公安部公安理论及软科学规划项目立项。在该项目立项后近三年时间里，全身心投入该项目的研究中。虽然在研究过程中，遭遇了数月病痛的折磨，但依然完成了项目的最终成果——《警察合法权益保护论纲》一书。

本书的完成得益于许多人的帮助和支持。感谢公安部科技化信息局、广东省公安厅科技化信息处和广东警官学院给予的经费资助；感谢广东警官学院夏蔚院长、教授给予的理论指导和帮助；感谢广东警官学院法律系主任沈晓敏教授的鼎力支持；感谢我的妻子张鸿雁女士及女儿姬煜彤同学，她们全心全意地帮我整理资料、打印手稿和校对文稿，为本书的顺利出版付出了辛勤劳动，没有她们的任劳任怨，不可能有此书的出版。最后，感谢检察出版社为本书出版付出的辛勤汗水。

姬新江

2016 年 10 月